U0061404

饒宗頤國學院漢學譯叢

百歲選

晚期中華帝國的科舉與選士

本傑明·艾爾曼 著 —————— 劉倩 譯

中華書局

本叢書出版承蒙「香港浸會大學饒宗頤國學院
－ Amway 發展基金」慷慨贊助，謹此致謝。

謹以本書紀念教我思考問題不盲從的菲力浦‧瑞夫（Philip Rieff），以及蔡素娥（Sarah Elman）。

我還要感謝晚期中華帝國科舉制度研究路上的同行者們，特別是賈志揚教授（John Chaffee，紐約州立大學賓漢頓分校）、劉海峰教授（廈門大學），李弘祺教授（Thomas Lee，臺灣交通大學）、孫開鍵教授（Hoi K. Suen，賓州州立大學）。

□ 責任編輯：黃杰華
□ 封面設計：簡雋盈
□ 版式設計：陳美連
□ 印　　務：劉漢舉

晚期中華帝國的科舉與選士

□
著者
本傑明·艾爾曼（Benjamin A. Elman）

□
譯者
劉　倩

□
出版
中華書局（香港）有限公司
香港北角英皇道 499 號北角工業大廈一樓 B
電話：（852）2137 2338　傳真：（852）2713 8202
電子郵件：info@chunghwabook.com.hk
網址：http://www.chunghwabook.com.hk

□
發行
香港聯合書刊物流有限公司
香港新界荃灣德士古道 220-248 號
荃灣工業中心 16 樓
電話：（852）2150 2100　傳真：（852）2407 3062
電子郵件：info@suplogistics.com.hk

□
印刷
美雅印刷製本有限公司
九龍觀塘榮業街 6 號海濱工業大廈 4 樓 A

□
版次
2022 年 1 月初版
2022 年 9 月第 2 次印刷
© 2022 中華書局（香港）有限公司

□
規格
特 16 開（228 mm × 151 mm）

□
ISBN：978-988-8807-28-4

目　錄

幾點說明

中國歷代王朝時間表和明清皇帝列表，見本書附錄。

在中國，如果孩子在農曆新年前出生，計算年齡時一般會多算一歲。本書用中文的「歲」字代替英文的"years"，以表示這種生下來就算一歲的計齡方式。

「士人」（literati）指擁有土地的紳士中一些特定成員，他們主要通過古典學問、宗族禮儀知識和文學出版物來維持自己的文化精英地位。「紳士」（gentry）指 1900 年以前在地方上握有權力的地主，或在省級和中央握有權力的政府官員。廣大紳士以及他們中士人的文化地位，與他們在科舉考試中取得的功名有關。此外，在晚期帝國紳士與商人逐漸合流。商人將其財力大量投入古典教育領域，讓自己的子弟成為紳士精英的一部分。

「道學」（Way learning）指宋、元、明時期發展起來的士人思想流派。有一種趨勢是用「新儒學」（Neo-Confucianism）來涵蓋從唐代（618–906）到 1911 年末代王朝清滅亡期間的各種古典知識潮流。讀者應警惕這種將「新儒學」用作寬泛籠統指稱的傾向。「道學」的定義和內容，無論是十一、十二世紀，還是十七、十八世紀，都同樣存在爭議。「程朱正統」（Cheng-Zhu orthodoxy）特指朝廷認可的程頤（1033–1107）、朱熹（1130–1200）「道學」思想對「四書」、「五經」和王朝正史這些官方正典的闡釋。這些闡釋從 1313 年起開始正式主導科舉

考試，直到 1905 年也還是帝國科舉制度的基礎。不過，儘管「道學」在十二世紀開始成為宋代古典學問主流，但在元、明、清時期才作為科舉考試的官方課程從而發揮其意識形態作用。

本書側重於文官考試制度，但我們也不應忽視與之平行的武舉制度在中華帝國統治中的作用。本書於第三章、第六章談到了武舉制度的某些方面，但宋以來的武舉制度仍需要深入研究。要想更好理解武舉制度，可從羅文（Winston Lo）〈宋代文官制度的新視角〉（"A New Perspective on the Sung Civil Service"）一文入手，該文載於《亞洲歷史雜誌》1983 年第 17 期（*Journal of Asian History*, 121–135）。薩姆·基爾伯特（Sam Gilbert）〈孟子的戰爭藝術：康熙皇帝對清代武舉制度的改革〉（"Mengzi's Art of War: The Kangxi Emperor Reforms the Qing Military Examinations"）一文重新評價了清代武舉制度的意義，該文收入狄宇宙（Nicola Di Cosmo）主編的《中華帝國的軍事文化》（*Military Culture in Imperial China*, Cambridge, MA: Harvard University Press, 2009, 243–256）一書，可與江憶恩（Alastair Johnston）的專著《文化現實主義：中國歷史上的戰略文化與大戰略》（*Cultural Realism: Strategic Culture and Grand Strategy in Chinese History*, Princeton, NJ: Princeton University Press, 1995, 40–49）對照閱讀。此外，還可參閱衛周安（Joanna Waley-Cohen）的專著《中國的戰爭文化：清王朝的帝國與軍事》（*The Culture of War in China: Empire and the Military under the Qing Dynasty*, London: I. B. Tauris, 2006），以及蘇煬悟（Ralph Sawyer）翻譯的《武經七書》（*The Seven Military Classics of Ancient China*, Boulder, CO: Westview Press, 1993）。我的論述側重於古典思想在明清政府文官部門中的作用，但讀者應該謹記於心的，是長期以來

的「重文」觀念本身就意味着「輕武」，這也造成了文官制度
一些難以解決的問題。

本書各章注釋所引文獻，第一次出現時將完整注明其
出處，再次出現時則以縮略的形式出注。相關參考書目、書
名和人名中文，見拙著《晚期中華帝國的科舉文化史》（*A
Cultural History of Civil Examinations in Late Imperial China*,
Berkeley: University of California Press, 2000）。中國歷史 *x*
人物，可參閱富路特（L. C. Goodrich）等《明人傳記辭典》
（*Dictionary of Ming Biography*, 2 vols., New York: Columbia
University Press, 1976）、恆慕義（Arthur Hummel）《清代
名人傳略》（*Eminent Chinese of the Ch'ing Period*, Reprint,
Taipei: Ch'eng-Wen Publshing Co.,1972），以及包華德
（Howard Boorman）、理查德·霍華德（Richard Howard）《民
國名人傳記辭典》（*Biographical Dictionary of Republican
China*, 5 vols., New York: Columbia University Press, 1967–
1971）等。

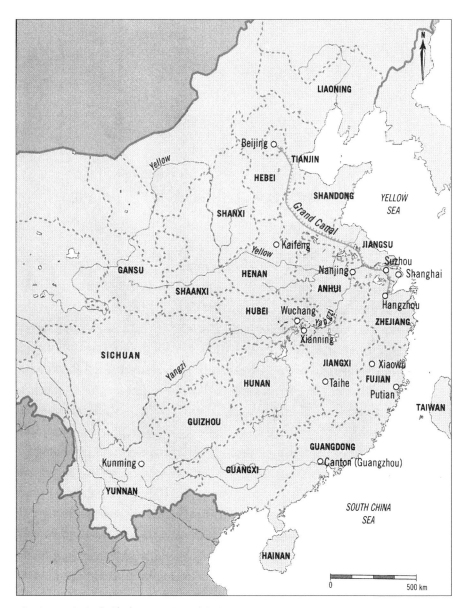

地圖 1　晚期中華帝國行政區劃圖

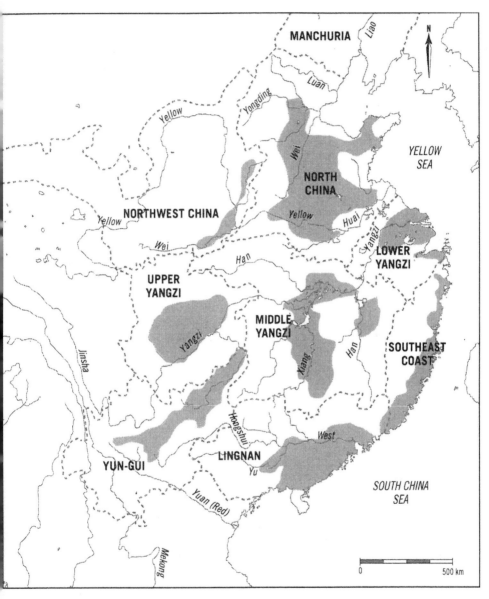

地圖 2 重農主義中國的農業大區與主要河流關係圖

引言

本書結合晚期中華帝國的歷史與其古典教育、科舉制度的歷史，重點討論教育在中國社會中的作用，以及作為近乎世界上第一個政治擇優制（political meritocracy）的文官制度在政治、社會和知識生活中的意義。中國「共和制」（Republic）興起以前的傳統教育史和帝國科舉制度史，為我們提供了一個分析的棱鏡，可以用來描畫出 1400–1900 年間個人才能（individual merit）的古典理念與教育、學習、社會化的歷史過程之間的複雜關係。

通過探究古典老師的教育理念，我們可以看到明（1368–1644）、清（1644–1911）五百年間教育的理論化和實踐過程。在沒有公立小學的情況下，社會關係、親屬關係和性別，對教育產生了甚麼樣的影響？對整個社會和國家來說，初級教育的內容和應有的功能是甚麼？科舉考試制度如何體現古典理念？清廷治下的晚期帝國規模擴大了一倍，這對於在多民族政治文化中擴大教育和學校體制產生了甚麼樣的影響？

宋代（960–1280）尤其影響了晚期帝國（1400–1900）新的教育理念。把這些理念置於後來的社會、政治語境下，我們即可看出何以漢人（無論階級、性別）和蒙、滿統治者都推崇以「道學」（二十世紀開始稱為「新儒學」〔Neo-

1　Confucianism〕）為重的道德教育。[1] 教育的內容和意義千差萬別，對不同群體意味着不同的東西。晚期帝國政府，代表了統治家族、國家官僚機構和士人精英家庭三方利益的不對稱交疊。明清時期，精英主導地方社會；他們對家庭、親屬和鄰里社區的地方義務，促使他們越來越多地向平民和女性提供一定程度的社會、教育服務。[2]

　　這些日常實踐方面在近年來的帝制中國研究中受到了忽略，這些研究傾向於：不是（1）把前現代中國教育視為死記硬背的苦行；就是（2）帶着感情色彩將宋代稱之為「道學」的古典理念的「展開過程」（unfolding）譽為中國思想史上主流士人的聲音。第一種看法好在已經登峰造極，第二種看法則力度不減。宋、明、清「新儒學」的現代擁護者，誇大了「道學」在宋以後政治能動性（political activism）、社會唯意志論（social voluntarism）和地方異議（local dissent）的相關歷史記載中的作用。明清臣民多達一億五千萬至三億人，儒家士人人數從未超過佛、道兩家宗教虔誠信徒的人數。每種思維定式（mind-set）都有大量擁躉，使得帝國體制能夠適應支撐該體制的更大社會。太平天國運動（1850–1864）以前沒有任何社會革命，1911 年共和制以前沒有任何政治革命。長期的社會鴻溝始終橫亙在農民與士大夫之間。

1　見 Wm. Theodore de Bary 狄百瑞 , *The Liberal Tradition in China* (Hong Kong: Chinese University of Hong Kong Press, 1983);Peter Bol 包弼德 , *Neo-Confucianism in History* (Cambridge, MA: Harvard University Asia Center, 2008).

2　Evelyn Rawski 羅友枝 , *Education and Popular Literacy in Ch'ing China* (Ann Arbor: University of Michigan Press, 1979) ; Rawski 羅友枝 , *The Last Emperors: A Social History of Qing Imperial Institutions* (Berkeley: University of California Press, 2001).

對文官制度的負面描述，突出了 1865 年以後的時期。這些對科舉考試的古典內容和文學形式的負面描述過於簡略，且以偏概全，目的論上充斥着對晚期帝國失敗的現代假定。此外，二十世紀初中國激進人士對傳統選拔制度的敵意，也影響了對這個制度的看法。這些看法受 1919 年五四運動革命擾攘時期各種歷史議程的驅動，如今我們則不再受這些議程的干擾。[3]

本書共八章，分為三個部分，主要討論明清時期 1400–1900 年間的科舉考試過程和官方課程（state curriculum）：（1）「道學」作為勝利和悲劇的二重性構建，它先是在南宋（1127–1280）末年成為主流古典學問，接着在明初（1370–1425）成為政治正統，代價都是成為政治犧牲品；（2）1450 年以後，訓練有素的科舉考試「失敗者」大軍所造成的意外及積極後果；以及（3）為了順應時代變化而重新調整科舉考試。

本書前兩章討論的是，到公元 1500 年經歷了一個暴力的開端後，明代中國如何創建了一個政治擇優體制（merit system），其中社會聲望和官員任命很大程度上取決於書面考試所獲得的教育文憑（科舉功名）。考試選拔確認了精英的政治地位和社會特權，這反過來又產生了新的士人社會群體，這個過程從公元 1400 年一直持續到二十世紀初。宋代「儒學」成為全國性的考試課程，覆蓋了 1350 個縣和數以萬計的村莊。

舉例而言，唐宋對有韻詩賦的重視，突然不見於明代的第

---

3 Wolfgang Franke 傅吾康, *The Reform and Abolition of the Traditional Chinese Examination System* (Cambridge, MA: Center for East Asian Studies, Harvard University Press, 1960)；Ts'e-tsung Chow 周策縱, *The May Fourth Movement: Intellectual Revolution in Modern China* (Cambridge, MA: Harvard University Press, 1960).

一次鄉試（1370）和會試（1371），但新的考試科目依然要求寫作「四書」、「五經」經義文。1370–1756 年間，科舉考試徹底摒棄詩歌，1756 年以後，考試科目的鐘擺才又決定性地恢復了詩、文平衡。儘管如此，考試政策從未阻礙詩歌和文才在士人群體中的盛行，這說明古典課程在影響知識生活方面的文化局限性。[4]

第二章是本書第一部分的結束，這一章表明考試競爭如何創建了一套考試科目，將紳士、軍人和商人家庭整合為一個從文化上定義的科舉功名持有者的身分群體（status group），這個群體（1）都使用文言文；（2）記誦同樣的經書；（3）都寫作一種被稱為「八股文」的文體。考試定義了文學文化，但考試科目也反映了士人對帝國利益的看法。道德修養是帝國朝廷長期關注的問題。朝廷試圖確保考試市場選拔出來的官員能夠忠誠地為統治家族服務。具有古典文化素養、通曉「道學」、能夠寫作簡潔優雅的考試文章，公開標誌着受過教育的士人是一個從文化上定義的科舉功名持有者的身分群體。

第二章還討論了官方知識（formal knowledge）的闡釋群體、權威標準和制度控制，這些都是考試制度和全國考場的關鍵特徵。考官出題和考生答題時都要遵循顯性邏輯，在構建學問的語義和主題範疇時則要遵循隱性邏輯。這些邏輯使得他們能夠根據當時的道德態度、社會傾向和政治要求來標記和劃分他們的認知世界。考官既是官員，又是士人知識的代理人。他

_3_

4　Etienne Zi 徐勱, *Pratiques des Examens litteraires en Chine* [Practices of the literary examinations in China]（《中華文科試實則》）(Shanghai: Imprimerie de la Mission Catholique, 1894).「四書」指《論語》、《大學》、《孟子》、《中庸》，「五經」指《易》、《詩》、《書》、《春秋》、《禮》。

們的判斷是晚期帝國的准入標準（licensing norms），從理論上說，決定了考生能否獲得重要政治任命。

這種培養古典共識和政治效能的制度性努力，實現了它的既定目的。考試還實現了一些計劃外的重要目的。本書第二部分，我們將看到古典教育如何重建社會地位、政治權力和文化聲望之間的複雜關係，就像人文主義和古典教育服務於現代初期歐洲各王國和民族國家的精英一樣。第二部分還表明為甚麼科舉考試本身不是社會流動性的直接渠道（即它並沒有為絕大多數的農民和手工業者提供進入精英圈的機會）。佔人口90%的農民、商人和手工業者，甚至不是兩年一次地方考試200萬至300萬失敗考生中值得注意的一部分。不過，平民和商人通過積累財富和教育資源，最終還是提升了他們的地位。經過幾代人的努力，他們的兒孫輩有資格參加地方進學考試（童試），考取生員，獲得生員身分應有的法律和賦稅特權。

紳士、軍人、商人背景出身的少數精英進入政府的有限社會流通，是選拔過程的一個意外副產品。此外，數量龐大的考試失敗者造就了一大批相當富裕的文學人才，他們很容易流入其他輔助行業。我們必須跳出官方擇優體制，看到數百萬科舉失敗者具有反諷意味的更大的「成功故事」。科舉考試的一個意外後果就是造就了一大批具有古典文化素養的男性（和女性），他們把自己的語言才能用於各種非官方目的：從醫生到訟師、禮儀專家和宗族管理者；從小說家、劇作家、印刷商、書商到舉業老師；從爭奪配偶和恩主的女孩、女傭、妓女，到教育兒子的母親。

第三章討論了以非技術性的道德和治國術為基礎的古典教育如何實現了中國精英的健康流通。明代科舉制度成功地從其精英中選拔出一小部分官員，在最高權力層為帝國朝廷服務。

到 1450 年——比歐洲早了幾個世紀——明政府仿效宋代先例，致力於在財政上支持每個縣都開設一所學校。[5]

第三章、第四章表明，1644 年明王朝意外滅亡，隨後的清王朝是如何立即重構科舉制度。和明代一樣，清代考試也定期在 140 個府和約 1350 個縣舉行。中古時期的考試只在京城舉行，1000–1350 年間的定期考試，只在省會和京城舉行。滿族皇帝汲取蒙古人統治漢人失敗的教訓，傾向於通過科舉制度來治理這個經濟實力非凡、人口正在發生空前變化的帝國。清代皇帝舉行的全國性考試，在政府和社會中佔據了中心教育地位，直到 1905 年科舉制度被廢除。

第四章表明，儘管最初每個縣都成功設立了官學（dynastic schools），但最終還是納入了考試體制，學校名存實亡。由於古典課程的常規化，官學幾乎沒有任何教學活動。官學成了供學生準備聲望更高的考試的中途站，也就是「考試入口」（testing enters）。試想像一下，如果美國學生想進醫學院，只需通過「普林斯頓教育考試服務中心」醫學委員會一關，而不需要上大學。宋和後來的明清，弘揚古典學問的官學都屈從於科舉體制。官學實際上成了那些沒能通過科舉考試的人的「候車站」。

宗族、家庭、寺廟這些私人領地接管了對年輕男子的白話文和文言文教育。中國官學從未考慮過以大眾教育為目的。旨在招攬人才登上「進身之階」（ladder of success）的古典教育，

5　1500–1800 年間古典學問的全球語境，見 Peter Miller, "Comparing Antiquarianisms: A View from Europe," in *Antiquarianism and Intellectual Life in Europe and China, 1500–1800,* ed. Peter Miller and François Louis (Ann Arbor: University of Michigan Press, 2012), 103–145.

成了在地方事務中獲得全國性社會、政治聲望的必要條件。帝國統治者認為以經書為基礎的教育是政府的一項基本任務，中國精英也把古典教育視為衡量自身道德和社會價值的準繩。

第四章還表明，明代教育以等級和聲望依次遞減的士、農、工、商這一早已過時的社會區分為前提。明代，商人子弟首次從法律上獲准參加科舉考試。但從所謂「賤民」（從事「不潔」行業的人）到全體道教徒、佛教徒的職業禁令，將其他很多人擋在了科舉競爭之外，更不用提及未曾明說的針對全體女性的性別偏見了。

第五章結束了本書第二部分的討論，這一章穿插描述了考試市場、精英和公共文化史。士人經常訴諸地方宗教和占卜術（mantic arts），試圖理解並合理化他們對競爭激烈的地方、省會、京城三級考試的情感反應，這些考試越來越像他們無法逃脫的「文化監獄」（cultural prisons）。通過比較士人著作、小說和故事中的通俗記載、有關考生和考官個人磨難的民間故事傳統，我們就能更清楚理解科舉考試何以成為中國文化史上的中心事件。

第五章還通過比較明清兩代殿試狀元的生平，來探究晚期帝國的考試夢和大眾傳說。狀元的成功，催生了引人注目的文學素材，內容涉及他們參觀過的寺廟、他們或他們家人做過的夢，以及他們早年生活中預示了後來成功的重大事件。士人在這些故事中編碼了他們與共同的宗教和文化——為精英和平民所共有——之間的無意識聯繫，還混合了他們自己對在考場禁地中運作的「命」的預言能力的理解。

第六章是本書第三部分的開始，這一章討論了統治者和精英通過「舉業」（a civilizing education）將社會政治秩序等同於道德政治教化時皇權的局限性。士人精英與統治者的互利

6

互惠，意味着需要改革考試制度，以維持雙方正常的社會、政治合作關係。品德高尚的官員們常常呼籲保持私人書院教育的相對自主性，以此來矯正監獄般考場中競爭慘烈的考試對古典教育目的的扭曲。私人書院往往成為不同政見的中心，也時常為此付出政治代價（十七世紀初明末東林書院就是這樣一個悲劇故事，先是被清洗，接着被搗毀）。長江三角洲地區的這些書院也是士人向學生傳授古典學問的重要教育場所。與宋代約500家、元代約400家私人書院相比，明末共約 1,000–2,000 家私人書院。清代，全國書院超過 4,000 家，考慮到 1800 年的 3 億人口，數量還是很少。[6]

第七章表明，十八、十九世紀古典學問的新思潮如何成功滲透考試科目。據科舉文獻中保存的鄉試、會試策問試卷，我們可以看到，「道學」的基本學說如何日漸被在其家鄉長江三角洲地區以外充任考官的考證學家的策問題所否定。這些考官使考試與 1650 年以後變化中的知識語境保持了更緊密的聯繫。

第七章還回顧了明清時期關於策問在科舉考試中的作用的長期討論。首先，我追溯了「考據學」（reliable learning）作為一種策問類型如何在十五世紀末成了一種普遍現象。這是「考據學」這個術語首次被廣泛用作一種學術範疇，而這一發現使我們得以將後來在十七世紀興起的「考證學」（evidential research）與科學考試策問的早期演變聯繫起來，也為後來十八、十九世紀出現的考證學方面的策問的復興確立了一個明代先例。

6　白新良：《中國古代書院發展史》（天津：天津大學出版社，1995 年）；Benjamin A. Elman 艾爾曼, "Imperial Politics and Confucian Societies in Late Imperial China: The Hanlin and Donglin Academies," *Modern China* 15, no. 4 (1989): 379–418.

　　十八世紀，「古學」（Ancient learning）的指導思想也應用於考試科目。結果扭轉了科舉考試中「道學」對唐宋詩賦（belles lettres）的拒斥。史學策問的基調和內容都發生了變化，從明代倡導「道學」的歷史理想主義轉變為推崇漢代的史學傳統。策問的範圍和內容，反映了清代古典學術，特別是考證學的學術進展。

　　第八章的討論，轉向了十八世紀後半葉的考試改革。1740年代以來，翰林院和禮部的官員圍繞一系列挑戰明初以來確立的古典課程的新舉措而展開討論。清代官員在科舉考試中恢復了宋以前的一些內容，如詩歌、「論」，這些內容在元、明時期曾一度被取消。現存的奏疏表明，1757－1758年間，一些憤怒的官員對取消論題的決定提出質疑，因為「論」對於「道學」和帝國正統來說非常重要。1756年以後，地方、省會、京城三級考試恢復詩歌，這是一系列科目改革的第一步，對人數越來越多的具有古典文化素養的考生來說，考試變得愈來愈困難。此外，詩歌的形式要求，也使考官在八股文以外多了一種手段，可以更有效地——即使不是更公平地——評定考卷。

　　第八章還討論了太平天國運動何以是科舉制度史上的一個重大分界線。1865年以後，為了應對太平天國和西方帝國主義所帶來的挑戰，科舉制度開始了更為激進的改革。1850年以後，清王朝的腐敗程度，以及為內亂籌集政府應急資金而出售低級甚至省級科舉功名的程度，都史無前例。作為一種令人滿意的、合情合理的選拔體制，在兩年一次和三年一次的競爭中選拔人才，選拔標準本身就經常受到審視。這種審視常常表現為士人的言論，而朝廷無情的考試制度依然存在，吸引數百萬人相互競爭，記誦古典課程。反諷的是，太平天國也意識到了這個制度的功效，建立了以基督教為基礎的考試制度，在首次

8

全面抨擊考試的古典內容的同時，又保留了考試的制度形式。

如第八章「尾聲」所示，從清王朝向中華民國的過渡時期，出現了新的政治、制度和文化形式，挑戰了晚期帝國的信仰體系，瓦解了它的政治制度。皇帝、他的官僚機構和士人文化形式，很快成了落後的象徵。例如，傳統形式的自然知識，被不加批判地貼上了「迷信」的標籤，歐美形式的「現代科學」則受到新知識階層的推崇，被視為通往知識、啟蒙和國力的道路。也許最有代表性的變化，便是從 1370 年一直持續到 1905 年的明清科舉制度的政治、社會和文化功能的倉促瓦解。新共和國拿不出甚麼替代方案，實際上只是去典律化（de-canonized）了前代制度，但卻未能提供另一種持久的教育制度或信仰體系。

我的目的不是為帝制中國的考試制度正名。這個制度 1905 年就消亡了。但是，在它消亡一個多世紀以後，我們可以感受到，1400–1900 年間這個精心平衡、爭議不斷的教育、社會工程是如何通過帝國朝廷與其士紳精英之間的合作來實現的。這種合作相當成功，直到太平天國內亂，士人文化和帝國體制才開始災難性地走向衰落。

我更傾向於把晚期中華帝國的考試制度視為 1900 年後全球範圍以擇優為基礎對精英進行社會選拔和政治流通的早熟先驅。清代中國，考試制度是一個有缺陷但運轉順暢的「教育陀螺儀」（educational gyroscope），每隔兩、三年它在京城、省會、府縣考場中激烈地、以自我為中心地運動，是紳士官員和貴族統治者彼此之間，以及在面對整個社會時保持適當平衡和方向的必要條件。1865 年以後，失去方向的、衰落的清王朝重新校準了這個教育陀螺儀。朝廷及其官員不單沒有意識到王朝成功的來源，反而最終拆解了這個陀螺儀。

當然，反諷的是，世界其他地方發生的情況則恰恰相反。

9

如今，大規模的考試制度撐起了全球公共教育，包括中華人民
共和國在內。例如，我們忘記了倫敦大學在十九世紀中葉初辦
時是一所「考試大學」。只有灰漿，沒有師資，只有管理人員
監考，授予合格者學位。如果說倫敦大學是考試制度和「遙距
教學」的現代例子，那麼，中國就是這種制度第一個且最早熟
的代表。明清古典考試是其現代版本被低估的先驅。[7]

　　1850 年以後的全球事件，不應被用來作為衡量一個官僚
再生產體制的簡單標準，這個體制以其晚期帝國形式一直完整
地持續到 1905 年。我們應該更為慎重地看待這個文化、教育
體制，因為在 1905 年以前，有數以百萬計的漢人和數以千計
的蒙古人、滿人心甘情願地服從這個體制，也有數以千計的人
反抗這個體制，還有很多人試圖以作弊的方式進入這個體制。
全國有五萬至七萬五千（甚或更多）的生員，年齡一般在十五
歲至五十歲不等，每三年忐忑不安地聚集在全國 17 個鄉試
考場門口，而明末和清代的取士率很可能只有 1%–3%，這在
二十世紀以前是前所未有的。

　　為了評價這種教育體制及其外部機制的歷史意義，我們需
要深入徹底的社會文化研究，而不是把這種選拔機制視為理所
當然。否則，我們就無法理解為甚麼這個制度能夠持續如此之
久，也無法理解它為甚麼被朝鮮、越南而不是日本所仿效。數
百萬各個年齡層的中國男子，以及他們的家人和家族，都夢想
着進入省會和京城的考場禁地，從外往裡看，這些考場更像是
「文化監獄」而不是教育機構。到底裡面發生了甚麼事？

10

7　倫敦大學創辦於 1838 年，在 1858 年成為教學型大學以前，它
　　只是一個考試機構，為各學院和其他合法機構的學生頒發學位。
　　見 Negley Harte, *The University of London, 1836–1986* (London:
　　Athlone Press, 1986).

第一部分

成為主流：
晚期帝國的「道學」

第一章　明代的皇權、文化政治與科舉考試

　　從帝制時代初期的秦漢（約前 221–220）到中古時期的隋唐（581–907），中國政府在皇帝與官僚機構之間保持着平衡。沒有哪個王朝的利益只取決於統治者或官員中的任何一方；也沒有哪個服務於皇帝及其朝廷的實質性「國家」（essentialized "state"）不面臨官僚機構和在這些機構中效力的士大夫的阻力。儘管如此，晚期帝國政府在很多重要方面還是由科舉登第後充實官僚機構的有地紳士精英半自治的。統治家族維持皇室貴族血統，其利益往往與紳士精英以階級為基礎的利益不對稱。朝廷基於自身的利益來考慮政治問題。換句話說，明王朝與士人的合作關係，無論有時多麼棘手，從歷史上看都很重要。[1]

　　非漢族主導的王朝，如蒙元（1280–1368）和滿清（1644–1911），朝廷利益可能取代官僚機構或地方漢族精英的利益。鑑

1　James C. Scott, *Seeing Like a State: How Certain Schemes to Improve the Human Condition Have Failed* (New Haven, CT: Yale University Press, 1998). 我把在文化上扮演重要角色的地方有地紳士精英稱為「士人」（literati），如果擔任政府要職，則稱為「士大夫」（scholar-officials）。

於帝國利益與士人價值觀之間的不同，每個王朝都重新定義了統治者與紳士—官員之間的合作關係。這種動態安排使帝國的政治文化充滿了活力和彈性。不過，明代（1368–1644）初期，權力的天秤向統治者傾斜，進而改變了蒙古征服以前朝廷與士人理念大致重合的和平故事。

13

明初統治者實施了削弱官僚機構行政部門的恐怖政治。1380–1402 年間的血腥政治清洗，讓人覺得皇帝們似乎終於無所不能。但後世所謂的明代「專制」，並不是國家與社會之間合作關係的終結。雖然朝廷權力大增，士人依然能夠說服明初皇帝們強化「道學」在政府中的作用。有論者把這種強化單純視為明代專制統治的政治合法性。但為甚麼選擇程朱（程頤〔1033–1107〕、朱熹〔1130–1200〕）「道學」呢？明代皇帝需要官員的有效治理，並繼續採用相對公平的科舉制度來選拔官員。統治者還把紳士精英的價值觀作為王朝的神聖學說，部分也是因為明代精英和統治者自身也聲稱信奉這些學說。[2]

宋代「道學」為甚麼會成為晚期中華帝國的王朝正統學說？為甚麼需要如此多的政治暴力？提出這兩個問題時，我們就從教育、文化立場不受時間影響的完整性（timeless integrity），轉向了特定歷史語境下思想觀念的政治、社會、文化和經濟的偶然性（contingencies）。我們不但要審視「文本」中思想觀念的普遍「意義」，還要破譯它們如何揭示了那些受這些觀念影響並據之採取行動的人的特定「語境」。本章將討論「道學」理想，以及明清統治者、士大夫和士人對它的

2　見 F. W. Mote 牟復禮, "The Growth of Chinese Despotism," *Oriens Extremus* 8, no. 1 (1961), 1–41；Wm. Theodore de Bary 狄百瑞, *Neo-Confucian Orthodoxy and the Learning of the Mind-and-Heart* (New York: Columbia University Press, 1981), 158–168.

歷史利用。[3]

明初的發展

　　王安石（1021–1086）在 1060 年代和 1070 年代對宋代
（960–1280）政府的改革以失敗告終，警示了所有人。以程
頤、程顥（1032–1085）為首的一些宋代士大夫精英，以及
其他古典學者提出了後來被稱為「道學」的新論述，將話術
（rhetoric）從贊同激進的政治經濟改革轉向回歸保守的道德議
程，以此來重新考量王安石的治國舉措。後王安石時代的這種
保守視野，提出了一套有說服力的形而上學學說和重視人格養
成的倫理教義。這些教義主張：（1）士人的道德修養，是自我
覺醒的基礎；（2）家庭和宗族的和諧，源於個人品德的完善；
以及（3）官員的道德修養，會帶來開明的治國之道。從此以
後，士人最迫切的一個理想就是「成聖」。[4]

　　不過，在 1127 年宋都開封意外落入女真侵略軍之手以
後，「道學」的倡導者們面臨了幾個困境。宋王朝發現自己
被東亞地區幾個處於依附地位但又相對平等的國家所包圍，
其中最重要的是契丹人的遼國（916–1125）和女真人的金國
（1115–1234）。契丹人和女真人在中國東北部立朝建國的動態

14

3　見余英時：《朱熹的歷史世界》（臺北：允晨文化事業股份有限
　　公司，2003 年）；Peter Bol 包弼德, *Neo-Confucianism in History*
　　(Cambridge, MA: Harvard University Asia Center, 2008). 另見
　　Elman 艾爾曼, "The Failures of Contemporary Chinese Intellectual
　　History," *Eighteenth Century Studies* 43, no. 3 (2010): 371–391.
4　Peter Bol 包弼德, *"This Culture of Ours": Intellectual Transitions
　　in T'ang and Sung China* (Stanford, CA: Stanford University Press,
　　1992), 出色地討論了士人為復興宋王朝而做出的各種主要選擇。

角色，意味着他們都可以合法地聲稱重建一個「大中國」是他們的存在理由。1127 年，宋王朝殘餘勢力收縮，將都城南遷至浙江海港城市杭州。遠離華北平原的內陸城市開封，南宋（1127-1280），如這個名稱所示，作為大唐帝國遺產的領受者之一，岌岌可危地存活了下來。[5]

「道學」的傳播也是宋王朝政治、社會南遷的一部分，它穩打穩扎地滿足了政治去中心化（decentralization）時期南方士人日益增長的自治要求。1127 年以後，那些意識到士人自治與「道學」之間具有潛在親和力的人，從宋王朝的軟弱中得到了有利於自己的東西。不是王朝或統治者，而是士人，代表了道德修養和成聖理想的價值觀。例如，在王安石改革失敗和北方淪陷後，東南內陸地區江西和毗鄰的浙江南部要塞婺州（明代改稱「金華」）的士人成了「道學」的主要倡導者。他們的影響在蒙元時期與日俱增。巧合的是，婺州，正是元末殘酷內亂時未來的明代第一任皇帝朱元璋（1328-1398）及其軍隊的盤桓地，並被他改名為金華。[6]

宋元時期，「道學」正統思想的傳播局限在婺州等地。而且，「道學」與帝國政治的合作關係在風雨飄搖的南宋時期也猶疑不定。例如在 1197 年左右，南宋政府正式給「道學」貼上

15

5　Jesse Sloane, "Contending States and Religious Orders in North China and in East Asian Context, 906-1260" (PhD diss., Princeton University, 2010), chapter 1.

6　1358 年，朱元璋恢復婺州古名，改稱寧越；1360 年，為慶祝擊敗元軍，又改名為金華。見《金華府志》（1480 年）（臺北：學生書局，1965 年），〈商輅「序」〉，頁一上，以及卷一，頁三。

了「邪學」標籤，將朱熹軟禁至死。[7]隨後的元代，蒙古朝臣與少數漢族士大夫展開有限合作，說服忽必烈（1215–1294）及其繼任者們利用正統標準在一定程度上恢復宋代的科舉制度，並在1314年恢復了考試。惟元代在1315–1368年間只舉行了15次會試，取進士1,136人，年均21人；這個數字遠低於宋代共取進士39,000人，年均124人的比率。[8]

此外，在元代，由於文人學者不能在政府中擔任高官，故很多轉而從事其他職業。不滿或貧窮的士人選擇了從醫學到文學、戲劇藝術等非傳統職業。士人隱逸（eremitism）是漢人對異族統治的合法回應，也意味着明正式取代元以後，新統治者必須設法吸引地方學者出任公職。皇帝招攬才士、讓他們在官僚機構和地方治理中任職的能力，是其合法性的核心，但明初皇帝希望按照他們的條件進行這種合作。[9]

十三、十四世紀，「道學」繼續廣泛傳播，儘管只是一種

7　Conrad Schirokauer 謝康倫, "Neo-Confucians under Attack: The Condemnation of (*Wei-hsueh*)," in *Crisis and Prosperity in Sung China,* ed. John Haeger 海格爾 (Tucson: University of Arizona Press, 1975), 163–196；Peter Bol 包弼德, "The Rise of Local History: History, Geography, and Culture in Southern Song and Yuan Wuzhou," *Harvard Journal of Asiatic Studies* 61, no. 1 (2001): 37–76.

8　Elman 艾爾曼, *A Cultural History of Civil Examinations in Late Imperial China* (Berkeley: University of California Press, 2000), 56–57.

9　Araki Toshikazu 荒木敏一：《宋代科舉制度研究》（京都：東洋史研究會，1969年），頁450–461。另見 Robert Hymes 韓明士, "Not Quite Gentlemen? Doctors in Song and Yuan," *Chinese Science* 7 (1986): 11–85；Stephen West 奚如谷, "Mongol Influence on the Development of Northern Drama," in *China under Mongol Rule,* ed. John Langlois Jr. 蘭德璋 (Princeton, NJ: Prince ton University Press, 1981), 435–442.

地方性的士學，卻也足以成為明代自身主流視野的一個重要選項。[10] 惟本章想要表明，明代的一些歷史事件，造就和完善了「道學」的無上地位。例如，程氏兄弟的著述和朱熹的「集注」，在元末有限的科舉考試中可能也已成為核心課程，但程朱學說作為國家正統的大規模再生產，則是在明初。儘管 1368 年開局不利，但程朱學說在 1384 年獲得了作為王朝正統意識形態的政治力量，通過從地方縣、府到省會、京城的全國性科舉考試而傳播。考題自上而下，考生自下而上。但皇帝仍需確保這個雙向過程能夠尊奉他的合法性，而不單是那些有文化抱負的士人的合法性。

16

1360 年代，剛剛戰勝長江三角洲地區死敵的朱元璋，就預見了一個在皇帝領導下平衡文武官僚機構的政府。歷經契丹人、女真人、蒙古人馬背上的統治後，文官制不一定能自動主導武官制。比如說，明代的科舉考試制度，是仿效南宋和金國側重於文學的考試制度呢？還是賡續元代先例，偏重「道學」，拋棄宋人在詩賦與經義文之間所作的平衡？[11]

元代學者虞集（1272–1348）認為，官方認可程朱「理學」（School of principle）是蒙古王朝的一大重要成就，[12] 特別是由

10　Schirokauer 謝康倫, "Neo-Confucians under Attack," 163–196.

11　《元史》（北京：中華書局，1976 年），卷八十一，頁 2015–2022。參閱 Peter Bol 包弼德, "Examinations and Orthodoxies: 1070 and 1313 Compared," 29–57, 及 Benjamin Elman 艾爾曼, "The Formation of 'Dao Learning' as Imperial Ideology During the Early Ming Dynasty," 58–82, 收入 Culture & State in Chinese History, ed. Theodore Huters 胡志德等 (Stanford, CA: Stanford University Press, 1997).

12　虞集：《道園學古錄》（上海：商務印書館，1929–1941 年），卷三十五，頁 588–589。

於南方浙江學者劉基（1311–1375）——1333 年考中元代進士，
1366 年以後又成為朱元璋最信任的謀臣之一——的介入，皇帝
選擇了以「道學」為基礎的元代模式來取士選官。[13]

　　在 1368 年登基前一年，朱元璋宣布將根據文武科舉考試
來選拔官員。他從過去婺州／金華的支持者那裡獲知的信息很
明確：文人學士將會再次積極響應政府徵招出仕。為彌合女真
和蒙古治下帝國體制中存在的民眾、文化和種族差距，1368
年，朱元璋邀請士人薦舉地方才人出任公職。作為早年間反
抗蒙古統治的千年白蓮教派的信徒，皇帝在南方浙江（1355–
1360 年間，他的軍隊曾駐紮這一地區）士人精英的勸說下，披
上了古代聖王的意識形態袍子，重新團結帝國士人，重拾宋王
朝正統「道學」的遺產。[14]

　　由於急需獲得漢族士人的支持，1369 年，朱元璋正式承
認古典視野，稱「治國之要，教化為先，教化之道，學校為
本」。他下令各府、縣設立官學，按照士人理念在官學中培養
官員，並通過教育來改善治理。這些措施反過來又將長養百姓

17

---

13 John Dardess 竇德士 , *Confucianism and Autocracy: Professional Elites in the Founding of the Ming Dynasty* (Stanford, CA: Stanford University Press, 1983), 195；張朝瑞：《皇明貢舉考》（明萬曆年間刊本），卷一，頁十八下。

14 John Dardess 竇德士 , "The Transformation of Messianic Revolt and the Founding of the Ming Dynasty," *Journal of Asian Studies* 29, no. 3 (1970): 539–558; John D. Langlois Jr. 蘭德璋 , "Political Thought in Chin-hua under Mongol Rule," in *China under Mongol Rule,* ed. John D. Langlois Jr. 蘭德璋 (Princeton, NJ: Princeton University Press, 1981), 184–185；Romeyn Taylor 戴樂 , "The Social Origins of the Ming Dynasty (1351–1360)," *Monumenta Serica* 22 (1963): 1–78.

的需求，幫助他們養成健康的風俗習慣。[15]

　　為了以新官員充實官僚機構，在 1370–1372 年間，已平定的省分每年都要舉行鄉試。1371 年，南京舉行了明王朝的第一次會試。[16] 明代的第一任皇帝沿襲但又超越了元代模式，重建了選拔任用的程序，有效取代了蒙古人的統治，建立了京城和省會以外的選官渠道。選拔過程第一次定期深入到縣、府，網羅具有古典文化素養的男性士人進入官場。此外，朱元璋還擴大了宋元科舉取士的地方範圍，首次確立了定期的縣、府進學考試制度（童試），此時商人子弟也有資格參加選拔。[17]

　　不過，明初官僚機構的再生產不是只以士人通曉「道學」為前提，還有更深層次的政治、文化問題。明初皇帝擔心選拔制度削弱自己的權力，讓南方考區在官僚機構中獲得過多的政治權力。作為明代開國君主的洪武帝朱元璋，由於擔心經書中的政治異議段落，在 1373–1384 年間還暫停了科舉考試，即使江西和婺州／金華精英向他推薦程朱學說。

　　乍一看，金華版的程朱學說似乎為洪武皇帝及其繼任者們披上聖王外衣，提供了所需的皇權文化語言。他們可以有效地重獲「道統」（legitimate transmission of the Way），並重建士人眼中的「治統」（political legitimacy）。但這種挪用說起來

---

15 陳建撰、江旭奇補：《皇明通紀集要》（臺北：文海出版社重印明末刊本，1985 年），卷四，頁三二上；張朝瑞：《皇明貢舉考》，卷一，頁十八上。

16 張弘道、張凝道：《皇明三元考》（1618 年以後刊本），卷一，頁一上至二上。見 Tilemann Grimm 葛林, *Erziehung und Politik in konfuzianischen China der Ming-Zeit* [Education and politics in Confucian China during the Ming] (Hamburg: Gesellschaft fur Natur- und Volkerkunde Ostasiens e.V., 1960), 61–64.

17 《明史》（北京：中華書局，1974 年），卷七十，頁 1724–1725。

容易，做起來困難。士人也通過程朱學說的語言來理解自身。
就士人對「道學」的理解而言，重新擁有「道」的是士人，而
不是統治者。他們可以同賢明的皇帝合作，但皇帝也必須與他
們——作為在地方社會擁有莫大影響力的潛在聖賢——分享權
力。[18]

　　現在，要正確掌握「四書」、「五經」課程，就需要「道
學」。科舉考試體制的政治、社會、文化導向（regulations），
偏重於古典的治理標準，但又受制於後元時期的歷史條件。文
官選拔制度，其課程設置、考試形式和官員任用程序，使它成
為銜接蒙古時期的關鍵制度之一，並使南宋「道學」從立足於
婺州／金華等地的地方性士人運動躍升為在清代更為廣泛繁榮
的全國性正統學說。[19]

　　1371–1384 年間，朱元璋向他的古典學謀臣們開戰，處死
了很多人，包括他偏愛的金華士人。朱元璋及其皇位繼承者們
所青睞的「道學」，不是像南宋和元以來婺州／金華學者所寄
望的那樣，將士人置於統治者之上。重塑以士人為中心的「道
學」話術以適應明王朝，需要改變的不只是概念化過程和話
語。洪武皇帝還通過大清洗來改造他的官僚機構，使成千上萬
的官員喪命。通過國家對符號暴力和肉體暴力的控制，明初皇
帝們試圖確保朝野上下最響亮的「道學」聲音是統治者的聲
音，而不單是士人的聲音。國家與士人在「道學」的政治意義
問題上迎面對峙。

18　饒宗頤：《中國史學上之正統論》（香港：龍門書局，1977 年）；
　　Bol 包弼德 , "The Rise of Local History," 37–76.
19　陶福履：《常談》（上海：商務印書館，1936 年，叢書集成初編
　　本），頁 24–25。「五經」指《詩》、《易》、《書》、《春秋》、《禮記》。
　　宋以來，《孟子》與《大學》、《中庸》、《論語》合稱「四書」，重
　　要性超過「五經」。

孟子與明代科舉考試

明初，金華和江西士人特別希望洪武皇帝復興宋代的文化理想。朱元璋雖然對此表示贊成，但卻認為權力已從統治者手中旁落到他的官員和臣民身上。明代開國皇帝不能容忍他的政權合法性面臨任何公開威脅，也不能容忍他的個人權力受任何古典限制。[20] 這個曾是農民─士兵的君主，依靠他的南方金華謀臣們來謀求政治合法性，還學會了讚賞《周禮》所說的國家主義（statist）制度和禮儀。《周禮》這一帝制時代初期以來的傳統治國原典，曾被用來支持北宋失敗的改革方案，在明初也時常被人援引。例如，朱元璋控制農村的稅收制度和戶籍登記制度，就出自《周禮》最常被人徵引的段落（locus classicus）。[21] 根據同樣的邏輯，皇帝還被說服，認為基於「道學」的經書正典（classical canon）最適合用作明代的科舉考試課程，就像其曾服務於元代一般。[22]

然而，「四書」中的《孟子》激怒了朱元璋。朱元璋以往沒受過正規的古典教育，但他學得很快。[23]「道學」奉孟子為正

---

20 S. R. Schram, ed., *Foundations and Limits of State Power in China* (London: University of London, 1987), 各處。

21 Benjamin Elman 艾爾曼 and Martin Kern 柯馬丁, eds., *Statecraft and Classical Learning: The Rituals of Zhou in East Asian History* (Leiden: E. J. Brill, 2010). 另見 Benjamin Elman 艾爾曼, *Classicism, Politics, and Kinship: The Ch'ang-chou School of New Text Confucianism in Late Imperial China* (Berkeley: University of California Press, 1990), 125–126.

22 Dardess 竇德士, *Confucianism and Autocracy,* 各處。

23 朱元璋試圖成為古典士人的努力，見陳建撰，卜世昌、屠衡補：《皇明通紀述遺》（臺北：學生書局重印 1605 年刊本），卷二，頁十四上、十七上。

統思想譜系中孔子學說的繼承人。[24] 激怒洪武皇帝的是《孟子》（這是明代鄉試和會試第一場考試的一部分）中就官員對君王的忠誠度設限的段落：「君之視臣如土芥，則臣視君如寇仇。」孟子主張君王應服務於民眾：「民為貴，社稷次之，君為輕。」[25]

朱元璋認為，這類政治言論挑戰了他的君權，而君權強調的是統治者的天賦權力。但在孟子看來，王朝的權力來自民眾。前漢（前207–8）時期，孟子的觀點引發了唯意志論（voluntarist）傾向，合法化了孔子的「素王」地位並譴責偽王。[26] 這些對新王朝君權的威脅是朱元璋難以容忍的。在考慮是否取消科舉考試時，他下令將《孟子》從科舉考生的閱讀書目中刪除，因為書中含有「欺君思想」（lèse-majesté），損害了「四書」的正典地位。此外，他還下令祭祀孔子時不得以孟子配享，把孟子逐出孔廟所祀的聖賢、學者、忠烈之列。[27]

大臣們試圖沖淡皇帝所開的危險先例，因為這威脅到「道學」學說。他們同意刪除《孟子》中那些令人反感的段落，但

---

24 陳建撰、江旭奇補：《皇明通紀集要》，卷九，頁五下至六上。

25 涂山：《明政統宗》（臺北：成文出版社，1971年），卷五，頁十一上。另見 D. C. Lau 劉殿爵, trans., *Mencius: A Bilingual Edition* (Hong Kong: Chinese University Press, 2003), 315；Lau 劉殿爵, trans., *Confucius. The Analects* (Harmondsworth, UK: Penguin Books, 1979), 113.

26 Elman 艾爾曼, *Classicism, Politics, and Kinship*, 205–213; Michael Nylan 戴梅可, "The *Chin Wen/Ku Wen* Controversy in Han Times," *T'oung Pao* 80 (1994): 83–136. 高本漢（Bernhard Karlgren）低估了偽經在漢代古典學問中的影響，見 Karlgren 高本漢, "The Early History of the Chou Li and Tso Chuan Texts," *Bulletin of the Museum of Far Eastern Antiquities* 3 (1931): 1–59.

27 張朝瑞：《皇明貢舉考》，卷一，頁八五下。見涂山：《明政統宗》，卷五，頁十一上；Ho Yun-yi 賀允宜, *The Ministry of Rites and Suburban Sacrifices in Early Ming* (臺北：雙葉書店，1980), 95.

20　也成功捍衛了剩下的其他文本。由於 1373 年停止科舉考試，這場擾攘直到 1384 年才平息下來。在朱元璋成功清洗文武官僚機構中的敵人後，科舉考試開始使用刪節版的《孟子》。[28]

朱元璋以所謂叛逆罪處決了 1378–1380 年間擔任首輔的胡惟庸（1380 年卒），強化了王朝專制。此前，他還根據胡惟庸提出的叛逆指控，處死了浙江謀臣劉基。由於擔心內閣謀劃篡權之心不死，皇帝清算了官僚機構的所有行政職位，並把官僚機構中所有文武官員都置於他的控制下。1380 年的血腥清洗，在 1390–1393 年間再次上演。死亡數字說法不一。據朱元璋自己的估計，大概有 5 萬至 7 萬人被處決。[29]唐代（618–907），高級官員與皇帝平起平坐，他們的社會地位相同；從宋代開始，他們站在坐着的皇帝面前；從明到清，官員則要在皇帝面前跪拜磕頭。觀見禮儀的這些變化，與明初登峰造極的皇權日益擴大的專制性質相一致。[30]

1384 年重新恢復科舉考試時，考官們開始把心性的道德修養與皇帝而不是士人的聖賢品質聯繫起來。考官出題，經常

---

28 《明史》，卷一三九，頁 3982；陳建撰、江旭奇補：《皇明通紀集要》，卷九，頁五下至六上。參閱賈乃謙：〈從《孟子節文》到《潛書》〉，《東北師大學報》1987 年第 2 期，頁 43–44。

29 見 Thomas P. Massey, "Chu Yuan-chang and the Hu-lan cases of the early Ming dynasty" (PhD diss., University of Michigan, 1983).

30 Tilemann Grimm 葛林 , "State and Power in Juxtaposition: An Assessment of Ming Despotism", in *The Scope of State Power in China,* ed. S. R. Schram (London: School of Oriental and African Studies, University of London; Hong Kong: The Chinese University of Hong Kong Press, 1985), 27–50.

追問考生對「心法」及其在帝國統治中的中心地位的看法。[31] 這一先例在後來滿清治下的考試文章中被原樣複製,成了歌頌滿清皇帝文化威望的口頭禪。[32] 到了明中葉,因重建「道統」而備受人稱揚的是皇帝而不是士人,而宋元時期剛直強項的婺州／金華士人從未公開承認過皇帝的這一地位。[33] 例如,1547 年進士一甲第三名胡正蒙(1512–1566)在殿試策答中這樣寫道:「夫漢、唐、宋之諸君有其位而無其學,周、程、朱之四子有其學而無其功,此上下千數百年之間,道統之傳所以不續也。」結果是只有明初皇帝們才成功地結合了「道學」與帝國統治。金華和其他江西士人默許自己的理想遭到了背叛,否則就有殺頭之禍。[34]

　　由於明代皇帝選擇以程朱學說來表述自己的統治,他們就把王朝的存在理由與這種學說捆綁在一起,並使官僚機構在學校和科舉考試中致力於對這種學說進行教育宣傳。有時候,主流古典學問是分散性的(diffuse),來自更廣泛的士人圈,包括明初金華士人;有時候,它又是科舉考試課程的狹窄核心。「道學」作為一種道德哲學,為明代統治者和官員提供了為合法政治主權背書的概念、論述和信仰。至於「道學」的概念和

21

31　蔣一葵輯:《皇明狀元全策》(1591 年刊本),卷二,頁十九上至二十上。見 Elman 艾爾曼, "Philosophy *(I-li)* versus Philology *(K'ao-cheng):* The *Jen-hsin Tao-hsin* Debate," *T'oung Pao* 59, nos. 4–5 (1983): 175–222.

32　Chin-shing Huang 黃進興 , *Philosophy, Philology, and Politics in Eighteenth-Century China* (Cambridge: Cambridge University Press, 1995), 157–168.

33　Bol 包弼德 , "The Rise of Local History," 37–76.

34　〈殿試策問〉、〈策答〉,《進士登科錄》(1547 年),頁三下至八下、頁十九下至三三下。

信仰如何通過考試而成為教育實踐和述行政治（performative politics），最終說了算的是皇帝，以及為他代言的官僚機構，而不是地方士人。[35]

然而，孟子的政治理想主義還是存活了下來。皇權不可能徹底消除士人異議。1385 年殿試，面對朱元璋的策問，江西士人練子寧（1350–1402）給出了一個大膽無畏的回答。洪武皇帝的策問，重在強調他在建立明王朝時如何致力於尊奉古代模式。[36] 練子寧則大膽地把治國不善歸咎於皇帝本人。他指責皇帝製造了以古代法家思想為主導的政治氣候，結果背叛了皇帝想要付諸實踐的聖王理想。在這樣的政治旋風中，皇帝還怎能指望獲得有能力的官員呢？

> 陛下責望之意非不深也，委任之意非不甚專也，然而報國之效，茫如搏風。……以小善而遽進之，以小過而遽戮之，陛下求賢之急雖孜孜，而賢才不足以副陛下之望者，殆此也。且夫天下之才，生之為難，成之為尤難。陛下既知生之成之之難矣，又豈忍以區區之小故，而即付於刀鋸斧鉞之地哉。……又何必忍於殺戮，而後曰吾能用天下之才也哉。[37]

22

---

35 Langlois 蘭德璋, "Political Thought in Chin-hua under Mongol Rule," 184–185.

36 《練中丞金川集》（1762 年刊本），卷二，頁一上至七上。見 John Langlois Jr. 蘭德璋, "The Hung-wu Reign," in *The Cambridge History of China*, vol. 7, part 1: *The Ming Dynasty, 1368–1644,* ed. Frederick W. Mote 牟復禮 and Denis Twitchett 杜希德 (Cambridge: Cambridge University Press, 1988), 150; Dardess 竇德士, *Confucianism and Autocracy,* 263.

37 《練中丞金川集》，卷二，頁一下至七上。

　　大膽勸諫的練子寧，奇跡般地活了下來。他知道皇帝將會閱讀這篇策答，於是借機表達自己的觀點，表明古典的治國之道不是統治者的專利。朱元璋處決了數以千計謀求權力和涉嫌貪腐的官員，也許他在練子寧身上聽到了一個廉潔士人的聲音，而這正是他孜孜以求的官員。皇帝和他的考官們不但放過了練子寧，還擢他為殿試一甲第二名，授翰林修撰。不過，練子寧沒有入職，而是返鄉處理家事。後來，他與朱元璋繼位者的衝突，以江西士人被血腥屠戮而告終。

　　1384 年的其他考試改變，還包括繼承漢唐傳統，將法律知識和公文寫作納入考試範圍。如表 1.1 所示，鄉試和會試第二場，帝國考官側重於公文寫作：漢詔、唐誥、宋表。相關詔令還延續了唐宋考生登第後表達感謝的儀式。明清兩代，狀元要帶領新科進士列隊向皇帝呈上「謝表」，這是他們作為帝國官員所做的第一件事。[38]

　　從表 1.1 可以看出，作文能力依然是明清時期精英社會地位的一個明顯標誌。聯想到後來聲名狼藉的「八股文」在「道學」中的中心地位時——八股文既是掌握「道學」內容所需的文學訓練，又是應試文體——我們即可明白「道學」對唐宋詩賦的勝利多麼的不徹底。明清考試文章明確以內容（「理」）和形式（「文」）作為衡文標準，但詩歌自始至終都是「文化人」/「文人」（man of culture）的標誌。

38　Oliver Moore 莫歐禮 , "The Ceremony of Gratitude," in *Court and State Ritual in China,* ed. Joseph P. McDermott 周紹明 (Cambridge: Cambridge University Press, 1997).

表 1.1：明代（1384–1643）鄉試和會試形式

場次	題數
第一場	
1.「四書」	引文三段
2.《易經》	引文四段
3.《書經》	引文四段
4.《詩經》	引文四段
5.《春秋》	引文四段
6.《禮》	引文四段
第二場	
1. 論	引文一段
2. 詔誥表	三道
3. 判語	五條
第三場	
1. 策問	五篇

注：第一場，要求所有考生在「五經」中專攻一經，並就該經撰文。這個規定一
直延續到 1756 年。

　　被稱為「判」的法律文題，常見於唐宋時期的專業考試。[39]
這種法律專業知識考試，側重於刑法的兩大領域：（1）規定性
的行政法；（2）強制性的刑法。科舉考生，應展示他們對法典

23

---

39 P. A. Herbert 何漢心, *Examine the Honest, Appraise the Able:
Contemporary Assessments of Civil Service Selection in Early T'ang
China* (Canberra: Australian National University, 1988), 31–34.

條文具體內容的瞭解程度。[40] 明初會試引入「判語」的這一改革，體現了響應洪武皇帝倡導「實學」（practical learning）的一種有意識的努力。

如前所述，1372 年以後朱元璋取消了科舉考試，因為他認為科舉出身的官員缺乏實際鍛煉。[41]《大明律》初編於 1373 年，修訂於 1376 年，完成於 1389 年。1381 年，朱元璋下令所有官學學生都要學習法律法規。[42] 從 1384 到 1643 年，明代鄉試、會試第二場都要考法律條文。這個考試制度一直沿用到清代的 1756 年，才取消法律試題，改考唐宋律詩。[43]

利用「道學」，朱元璋整合了晚期帝國的科舉考試模式：（1）按照程朱道德哲學考「四書」、「五經」；（2）要求考生以古文形式寫作行政文書，並掌握王朝法典；（3）策問時務。漢代的策問和中古時期的專業考試——時間上早於經義文的出現——隨着程朱學說而復興，所有這些都是 1384–1757 年間每　　*24*

---

40 Brian McKnight 馬伯良 , "Mandarins as Legal Experts: Professional Learning in Song China," in *Neo-Confucian Education: The Formative Period,* ed. Wm. Theodore de Bary 狄百瑞 and John Chaffee 賈志揚 (Berkeley: University of California Press, 1989), 493–516; John Chaffee 賈志揚 , *The Thorny Gates of Learning in Sung China,* new ed. (Albany, NY: SUNY Press, 1995), 15, 189.

41 張朝瑞：《皇明貢舉考》，卷一，頁十九上；閻湘蕙：《鼎甲徵信錄》（1864 年刊本），卷一，頁一上。

42 張朝瑞：《皇明貢舉考》，卷一，頁九二上。

43 Wada Masahiro 和田正宏：〈明代科舉制度の科目の特色——判語の導入をめぐって〉，《法制史研究》第 43 期（1993 年），頁 271–308。

三年一次鄉試和會試的固定特徵。[44]

　　接着，1384 年進入翰林院的劉三吾（1312–1400），於 1394 年受命編寫官方版《孟子》，刪去了皇帝反感的八十八段文字。這個刪節版題為《孟子節文》。此後，刪節過的《孟子》成了科舉考生的標準文本，直到 1414–1415 年間，在一次宮廷政變後，原書才又奇怪地恢復如初。但朱元璋成功將孟子牌位逐出曲阜孔廟，明確表示明王朝反對孟子民貴君輕的主張。[45]

　　朱元璋也對科舉考試制度心存疑慮，因為他不信任南方士人；尤其是以蘇州府為中心的長江三角洲地區的紳士讓他深感頭痛，因為他們在元末王位爭奪戰中站在他的對手那一邊。他們的財力和文化聲望與他起自安徽農村的卑微出身形成了鮮明對比。對明清統治者來說，「南方」代表了一個難以融入帝國但又必不可少的地區。[46] 而且，如果容許考試制度在不設地區定額的情況下運作，南方士人就會在考試競爭中佔據主導地位。防止南方人劫持官僚機構，也就成了明初一個重要的帝國目標。取士定額政策一直延續到 1904 年，末代王朝才取消了教育管理中的定額制。

44　同上注。另見 Wejen Chang 張偉仁 , "Legal Education in Qing China," in *Education and Society in Late Imperial China,* ed. Benjamin Elman 艾爾曼 and Alexander Woodside 伍思德 (Berkeley: University of California Press, 1994), 294–296, 323n7, 325n26, 326n27.

45　見劉三吾：〈孟子節文序〉（1395 年刊本），收入《北京圖書館古籍珍本叢刊》（北京：書目文獻出版社，1988 年），第 1 冊，頁一上。

46　Silas Wu 吳秀良 , *Passage to Power: K'ang-hsi and His Heir Apparent, 1661–1722* (Cambridge, MA: Harvard University Press, 1979), 83–105；Philip Kuhn 孔飛力 , *Soulstealers: The Chinese Sorcery Scare of 1768* (Cambridge, MA: Harvard University Press, 1990), 187.

南北取士定額

　　科舉考試考的是古代經典文本，所以本質上考的是一種不同於白話的書面語言。明代中國的各種方言，尤其是北方方言，深受與異族交往的影響。[47]為獲得入仕所需的文化訓練，絕大多數考生都要掌握書面的文言文；文言文的精練、數以千計的生僻字和古奧的語法形式，必須從小到大記誦不輟。古典教育及其所培育的讀寫能力，是考試成功的最低保證。[48] *25*

　　北宋以來，取士名額有限，尤其是人人艷羨的進士，競爭異常酷烈，這意味着獲得官方任命沒有任何保證。考生通過最後一級考試的可能性為 1：10，這個比例並不罕見。[49]南方經濟生產力更高，人口更多，可以轉化為優越的文化資源，用於應試所需的嚴格的私人教育，故此，南方各省考生甚至更難通過鄉試一關。[50]東南各省鄉試中式比例為 100：1，西北各省則為 10：1。[51]

　　由於這種南北差異，參加殿試的南方考生在所需的文學方面準備得更充分。南方出現了對文風的推崇，北方士人則強

47　Hashimoto Mantaro 橋本萬太郎：〈北方語〉，收入《言語學大辭典》第三卷（東京：三省堂，1992 年），「世界言語編」（2–1），頁 1088–1089、1091–1092。

48　Harvey Graff, *The Legacies of Literacy* (Bloomington: Indiana University Press, 1987), 2–5, 384–386.

49　馬端臨：《文獻通考》（上海：商務印書館，1936 年），卷三十，頁 284。

50　Robert Hartwell 郝若貝 , "Demographic, Political, and Social Transformations of China," *Harvard Journal of Asiatic Studies* 42, no. 2 (1982): 365–426.

51　馬端臨：《文獻通考》，卷三十，頁 292。

調實質內容，亦即古典學說。[52] 南方人在早期科舉考試中的主導地位，成了洪武皇帝及其繼位者的棘手問題。朱元璋為限制南方人在考試中的優勢地位並進而限制南方人擔任政治職務，這導致他暫停了科舉考試。為防止考試市場被南方人壟斷，朱元璋重申了宋代士人對東南「文」（refinement）和西北「質」（simplicity）的文化區分。[53]

長江三角洲地區的精英在元末 1365–1367 年間的最後幾次軍事行動中支持朱元璋的宿敵稱王，也使得他暫停科舉考試的決定成了明初經濟政策的一部分。[54] 洪武皇帝明確禁止蘇州人或松江人在戶部任職，目的就是要防範這些來自富庶州府的官員控制其本鄉本土的財政管理。[55] 朱元璋雙管齊下，既控制南方的經濟資源，又竭力阻止南方將財富轉化為登第為官所需的文化資源。[56]

26   北方較不富裕，家庭和宗族勢力相對較弱，在以文辭測試古典學問的考試競爭中處於文化劣勢。[57] 南方的宗族學校是受到精心呵護的私人財產，南方社會尤其是長江三角洲地區的精英藉此相互競爭，爭奪社會、政治和學術上的優勢地位。因此，

---

52 陳建撰、江旭奇補：《皇明通紀集要》，卷一，頁六下至七上。

53 Danjo Hiroshi 檀上寬：〈明代科舉改革の政治的背景——南北卷の創設をめぐって〉，《東方學報》第 58 期（1986 年），頁 499–524。

54 鄭克晟：《明代政爭探源》（天津：天津古籍出版社，1988 年），頁 16–24。

55 陳建撰、江旭奇補：《皇明通紀集要》，卷七，頁十一下至十二上。

56 Danjo Hiroshi 檀上寬：〈明初建文朝の歷史地位〉，《中國社會と文化》（1992 年），頁 167–175。

57 Philip Huang 黃宗智, *The Peasant Economy and Social Change in North China* (Stanford, CA: Stanford University Press, 1985), 54–66; and *The Peasant Family and Rural Development in the Yangzi Delta, 1350–1988* (Stanford, CA: Stanford University Press, 1990), 40–43.

宗族地產對維持宋以來南方紳士和商人在教育上佔主導地位的經濟、政治環境起到了核心作用。到了晚明，長江三角洲地區還出現了商人子弟學校。[58]

如果說 1380 年代洪武皇帝試圖阻止南方士人壟斷科舉考試，那麼，他失敗了。例如，1385 年會試共取士 472 人，其中 340 人（72%）來自南方各省，來自北方各省的只有 132 人（28%）。會試不像鄉試那樣有地區限額，但朱元璋仍然擔心南方問題。1389 年，皇帝與劉三吾討論治民之道，劉三吾帶着幾分優越感地稱北人粗糙（「剛勁」）、南人文雅（「柔弱」），朱元璋則反駁說南方人壟斷不了君子身分。[59]

1397 年春殿試，洪武皇帝發現所有 52 名進士都是南方士人。[60] 他要求主考官劉三吾重閱會試落第試卷，確定是否有所偏袒。劉三吾是南方士人，他回報稱沒有必要重新排名，並解釋說：「我們取士時並無南北之分，只不過江南士人優秀者甚眾，北方士人就是比不上南方人。」皇帝憤怒地回答說：「江北怎麼可能像你說的那樣沒有優秀士人呢？」

朱元璋大怒，至少處決了兩名讀卷官（有人被磔殺棄市），但念在過去的功勞上赦免了劉三吾。隨後，皇帝親自重閱會試考卷。重新排名後，他舉行了第二次殿試。反諷的是，這次的殿試題目是皇帝抱怨自己執政三十餘年仍需以刑罰補充文治。

58　Evelyn Rawski 羅友枝, *Education and Popular Literacy in Ch'ing China* (Ann Arbor: Center for Chinese Studies, University of Michigan, 1979), 28–32, 85–88；Elman 艾爾曼, *Classicism, Politics, and Kinship*, 36–73.

59　陳建撰、江旭奇補：《皇明通紀集要》，卷九，頁一下至二上；谷應泰：《明史紀事本末》（1658 年刊本，臺北：三民書局，1969 年），卷十四，頁 153–154。

60　陳建撰、江旭奇補：《皇明通紀集要》，卷十，頁六。

27　在皇帝的這種高壓下，1397 年會試和殿試重取進士 61 人，全為北方人。此後，考官開始留意殿試考生籍貫，並制定了地區分卷制度，把糊名考卷分為「北卷」和「南卷」。[61]

　　1397 年皇帝的這次干預並沒有把進士名額永久固定下來，但他確實提出了這個問題，讓官僚機構仔細斟酌。殿試考生中南方人仍佔大多數，始終保持在 80% 以上，直到洪熙皇帝（1425 年在位）才制定地區定額，會試取士給予北方考生 40% 的名額。1427 年會試，取士名額略作調整，北方人為35%，南方人為 55%，「中部地區」（「中卷」）考生為 10%。1427 年確立的中部考生取士名額，面向的是一些邊緣地區。這一取士比例一直沿用到明末，並在清代被再次重申。[62]

　　取士定額，為南方紳士—士人的主導程度設置了上限，但僅靠定額本身並不能讓殿試一甲排名競爭變得更平等，殿試排名決定了進士的初次任命是在朝廷、京城、省會為官，還是在地方府、縣任職。排名最高的進士一般來自南方，因此他們更有可能進入與朝廷關係密切的翰林院，或擔任京城其他要職。1425 年的取士定額改革，確實保證了北方人有機會出任低級別公職。[63] 但是，只有在 1450 年推行了一個差強人意的進士地

61　張朝瑞：《皇明貢舉考》，卷二，三七下至三八上；張弘道、張凝道：《皇明三元考》，卷一，頁二十。

62　《明史》，卷七十，頁 1686–1687、頁 1697。北部地區，含順天（京畿地區）、山東、山西、河南、陝西五省；南部地區，含應天（南方陪都）及所轄的東部蘇松諸府，以及浙江、江西、福建、湖廣、廣東；中部地區，含四川、廣西、雲南、貴州，以及南方陪都以西的幾個府縣。

63　蔣一葵輯：《皇明狀元全策》，卷三，頁四六上。

區定額制以後，科舉考試才成了通往高官要職的主要途徑。[64]

從篡位者到聖人：永樂朝

朱棣（1360–1424）的永樂朝（1402–1424），始於1399年的分裂性內戰，以及隨後1402年的南京大屠殺。到1424年永樂朝結束時，朱棣，原北平燕王，已被稱為躋身古代聖王行列的君王。永樂皇帝還聲稱他和他的父親重獲了「道統」，而漢、唐、宋諸帝從未獲得過「治統」。[65]

28

朱棣的這種說法離不開士人的支持。如果不改善「道學」與洪武皇帝的麻煩聯姻，朱棣也不可能成功宣稱自己是聖王。儘管掌權路上沾滿了鮮血，朱棣還是通過打破他父親所設的限制，擴大科舉考試課程的範圍和規模，從而恢復了王朝與士人的合作關係。此後，「道學」越發滲入明代政治生活。但士人遭受的悲慘屠殺，未被寫入明代「道學」正統的敘述之中。滿族統治者推翻明王朝後，才對這段被消聲的歷史予以謹慎承認。[66]

1402年，朱棣試圖靠武力自立為「永樂」皇帝，他邀請

---

64 傅吾康（Wolfgang Franke）注意到每三年一次所取進士平均人數呈上升趨勢，1388–1448年間為150人左右，1451–1505年間為290人，1508–1643年間為330人。見Franke 傅吾康, "Historical Writing during the Ming," in *The Cambridge History of China*, vol. 7, part 1: *The Ming Dynasty, 1368–1644,* ed. Frederick W. Mote 牟復禮 and Denis Twitchett 杜希德 (Cambridge: Cambridge University Press, 1988), 726.

65 朱棣：《聖學心法序》（臺北：中國子學名著集成，1978年，據1409年刊本影印）。

66 De Bary 狄百瑞, *Neo-Confucian Orthodoxy*；Bol 包弼德, *Neo-Confucianism in History,* 簡要概述了當時的政治處決。

浙東學者方孝孺（1357–1402）和吏部侍郎練子寧為自己服務。我們還記得，練子寧曾在殿試策答中批評朱元璋無情處決大臣。方孝孺只仕建文皇帝（1399–1402年間在位）一朝，練子寧則仕洪武皇帝及其繼位者建文皇帝兩朝。練子寧斥責燕王篡位，朱棣令人割其舌、噤其聲。對於自己佔領都城南京、取代建文登基稱帝的行為，朱棣辯稱：「我只是想效法周公輔佐年幼的成王罷了。」[67]

練子寧以手蘸口中之血，在地上寫下「成王安在」幾個字。[68] 方孝孺直面對抗朱棣的故事，也同樣令人顫慄。一開始，燕王禮請方孝孺——建文皇帝的心腹，可能也是最後一個看到建文皇帝還活着的官員——草擬即位詔書。方孝孺則稱朱棣為罪人，兩人展開了激烈辯論：[69]

> 燕王：我法周公輔成王耳。
>
> 方孝孺：成王安在？
>
> 燕王：伊自焚死。
>
> 方孝孺：何不立成王之子？

29

67 Elman 艾爾曼, "Ming Politics and Confucian Classics: The Duke of Chou Serves King Ch'eng," 收入林慶彰、蔣秋華主編：《明代經學國際研討會論文集》（臺北：中央研究院中國文哲研究所籌備處，1996年），頁95–121。

68 《明史紀事本末》，卷十八，頁209。其他版本，見屠叔方：《建文朝野彙編》（萬曆年間刊本），收入《北京圖書館古籍珍本叢刊》（北京：書目文獻出版社，1988年），第11冊，卷十，頁十五上至三一上。

69 陳建撰，卜世昌、屠衡補：《皇明通紀述遺》，卷三，頁六六；《建文朝野彙編》，卷七，頁一上至二八下；《明史紀事本末》，卷十八，頁206–207；Albert Mann, "Fang Hsiao-ju in Light of Early Ming Society," *Monumenta Serica* 15 (1956): 305–307。

　　燕王：國賴長君。

　　方孝孺：何不立成王之弟？

　　燕王：此朕家事耳。

燕王怒，令人予筆以方孝孺，促其擬詔。方孝孺擲筆於地，繼續含淚痛斥：

　　方孝孺：死即死耳，詔不可草。

　　燕王（呵斥）：汝安能遽死，即死，獨不顧九族乎？

　　方孝孺：便十族奈我何？

　　燕王意識到方孝孺——方孝孺知道建文皇帝的遭遇——絕不肯承認自己為新君，下令侍從以刀割裂其嘴至雙耳。後來，方孝孺被擲回獄中，其友人門生被一一帶至方氏面前，方拒而不見，於是悉數被殺。至死，方孝孺依然嘲笑朱棣的篡位野心，作絕命詞留傳後世。[70]

　　「成王」（即建文皇帝）可能已經身亡，火後廢墟中只發現皇后及其長子遺骸。南京陷落一週後的 7 月 20 日，朱棣為建文皇帝舉行了葬禮，但有明一代關於建文皇帝出亡的傳言始終不絕如縷。[71] 練子寧被處決，其家人和整個親族無人倖免；超過 150 人遇害，其中有些人不過是九族、十族的遠親。數百人被流放。至於方孝孺，其親族死者約 873 人。除方孝孺和練子寧

70　練子寧、方孝孺的反抗，相關記載多有重合之處。

71　Harold Kahn 康無為, *Monarchy in the Emperor's Eyes: Image and Reality in the Ch'ien-lung Reign* (Cambridge, MA: Harvard University Press, 1971), 14–46.

外，建文皇帝其他忠臣的親族也牽連被殺。據估計，1402 年
遇害的官員及其親族總人數高達萬人。[72]

建文朝被歷史記錄抹去，其在位年間被計入早已去世的洪
武皇帝（1398 年卒）治下的第三十一至三十五年。[73] 明初「實錄」
被兩次篡改，洪武朝實錄的最終版本也被造假修改，以便肯定
朱棣為合法繼承人。[74] 永樂皇帝朱棣成為了一代強主，死後廟號
「太宗」、謚號「文皇帝」；鑑於 1402 年朱棣以武力從侄子建
文皇帝手中奪得皇位，「文皇帝」這個謚號的選擇，充滿了反
諷意味。1538 年以後，嘉靖皇帝（1522–1566 年間在位）又改
永樂皇帝廟號為「成祖」；和朱棣一樣，嘉靖皇帝也另創了新
的帝位傳承譜系。[75]

朱棣成了明王朝的第二位開國者（1415–1421 年間，他把
都城從南京遷往北京）。篡位後，朱棣積極提倡古典研究，特
別是「道學」這一士人學說。朱棣自己的著作《聖學心法》完
成於 1409 年，並賜給他指定的繼位者。在他心目中，這本書
是「道統」的象徵，把他和他的繼位者與「治統」聯繫在了一

30

---

72 《明史紀事本末》，卷十八，頁 206–219。
73 《建文朝野彙編》，卷二十，頁二四上。
74 Chan Hok-lam 陳學霖 , "The Rise of Ming T'ai-tsu (1368–98): Facts
and Fictions in Early Ming Historiography," *Journal of the American
Oriental Society* 95 (1975): 679–715; Romeyn Taylor 戴樂 , trans.,
Basic Annals of Ming T'ai-tsu (San Francisco: Chinese Materials
Center, 1975), 10; Wolfgang Franke 傅吾康 , "The Veritable Records
of the Ming Dynasty," in *Historians of China and Japan,* ed. W. G.
Beasley and E. G. Pulleyblank 蒲立本 (Oxford: Oxford University
Press, 1961), 60–77.
75 Carney Fisher 費克光 , *The Chosen One: Succession and Adoption in
the Court of Ming Shizong* (Sydney: Allen and Unwin, 1990).

起。朱元璋和朱棣都被尊奉為承繼聖王譜系的帝王。[76]

　　為了成為道德楷模，朱棣謹慎地恢復了孟子的政治理想主義傾向。這種理想主義讓方孝孺和練子寧付出了生命代價，但同時也把他們神化為士人殉道者。朱棣篡奪建文皇位，指控建文無能、信奉異端，稱建文臣子為「奸臣」，朱棣實際上是孟子合法化弒君主張的獲益者。他不過是除掉了一個被他指控為腐化、不道德的皇帝罷了，他父親朱元璋預見並反對的「改天命」，結果方便地滿足了他的政治需要。[77]

　　奇怪的是，冒犯了朱元璋的孟子言論，卻受到了朱棣的歡迎，成了他採取軍事行動的正當理由。他的侄子被正當地趕下了臺。早在 1404 年，朱棣就決定《孟子》應重新納入帝王的經筵課程，儘管到 1409 年，會試仍以刪節版《孟子》作為官方文本。[78]1409 年，朱棣在《聖學心法》序言中全盤接受了孟子的「民本」思想。[79]朱棣作為皇帝，只要把道德高地讓渡給「民」，恢復朝廷與士人的合作關係以獲得公眾的支持，他就可以藉着經書正典掩藏或公開自己的真實意圖。[80]

　　「道學」的道德哲學在一定程度上被用作政治意識形態，

<hr />

76 《聖學心法序》，頁一上至二八上。參閱 Cheuk yin Lee 李焯然：〈治國之道：明成祖及其《聖學心法》〉，《漢學研究》第 9 卷第 1 期（1991 年），頁 211–225；朱鴻：《明成祖與永樂政治》（臺北：臺灣師範大學歷史研究所專刊，1988 年），頁 81–129。

77 陳建撰、江旭奇補：《皇明通紀集要》，卷十一，頁八上；卷十二，頁十七下。另見《明史紀事本末》，卷十六，頁 193。

78 陳建撰，卜世昌、屠衡補：《皇明通紀述遺》，卷四，頁八下至九下；李調元：《制義科瑣記》（上海：商務印書館，1936 年，叢書集成初編本），卷一，頁二九至三十。

79 《聖學心法序》，頁十上。

80 毛佩琦：〈從《聖學心法》看明成祖朱棣的治國理想〉，《明史研究》第一輯（1991 年），頁 119–130。

以轉移人們對 1402 年事件的注意。[81] 但建文諸忠烈也受迫切的士人政治理想的驅動，這種理想在動蕩的十五世紀初依然是「道學」的一部分。與此同時，政治篡位者朱棣在文化上挪用「道學」，成了有明一代的聖王。雙方都主張古典正統。朱棣是政治權力世界的勝利者，練子寧和方孝孺則成了江西、浙江地方傳說中長青的傳奇人物。

朱元璋和朱棣作為聖王的無縫敘述——儘管不能明說他們處決了數以千計的官員——在科舉考試中被不斷複製，明初朝廷可以通過考試來控制其政治、文化合法性的公開記錄。明初對明代聖王的理想化具有重要的歷史意義，因為朱棣 1402 年的成功篡位，被後來的滿清皇帝學習仿效，作為他們征服明王朝的正當理由。明清統治者對「道學」的意識形態利用不是偶然的。例如，在唐代，626 年，李世民（626–649 年間在位）射殺他的兄長，即皇位指定繼承人，迫使父親高祖皇帝（618–626 年間在位）讓位給自己；638 年，作為太宗皇帝，李世民又下令編纂《五經正義》，為唐代科舉考試提供古典學問的權威注解。[82]

宋亡以後，元、明、清統治者都選擇「道學」來服務於這

81　見 Chan 陳學霖 , "The Chien-wen, Yung-lo, Hung-hsi, and Hsuan-te Reigns, 1399–1435," in *The Cambridge History of China*, vol. 7, part 1: *The Ming Dynasty, 1368–1644,* ed. Frederick W. Mote 牟復禮 and Denis Twitchett 杜希德 (Cambridge: Cambridge University Press, 1988), 214–221.

82　Howard J. Wechsler 魏侯瑋 , "T'ai-tsung (reign 626–49) the consolidator," in *The Cambridge History of China,* vol. 3, part 1: *Sui and Tang China, 589–906,* ed. Denis Twitchett 杜希德 (Cambridge: Cambridge University Press, 1979), 182–187, 214–215；賈乃謙：〈從《孟子節文》到《潛書》〉，《東北師大學報》1987 年第 2 期，頁 45。

一意識形態功能。相較於佛教、道教和民間宗教——蒙、漢、　　*32*
滿各族皇帝也都密切接觸它們來主張自己王朝在民眾中的合法
性[83]——提供的其他選項，訴諸「道學」能讓統治者與最有文
化、最有影響力的精英，即漢族士人保持接觸。[84]明王朝（統治
者及其官僚機構）與士人思想（「道學」）之間的選擇性親和
力（elective affinity）被雙方加以利用。1402年動蕩事件的背
後，就潛藏着統治者與士大夫之間文化和政治的便利聯姻。[85]

　　另一方面，方孝孺、練子寧等忠烈不顧意識形態和地位選
擇了以身殉道。「道學」為雙方所用。權力和理想主義的存在
理由都見載於經書正典。我們分析明初帝國意識形態的確切文
化內容，即可看出1402年以後「道學」如何服務於帝國目的
和精英利益。儘管如此，練子寧和方孝孺的慘烈傳奇逃過了語
境化。他們從歷史的偶然性躍升為永恆性。「建文忠烈」的行
為從未成為明清科舉考試課程的一部分，直到十七世紀明亡前

83　Romeyn Taylor 戴樂, "Official and Popular Religion and the Political
　　Organization of Chinese Society in the Ming," in *Orthodoxy in Late
　　Imperial China,* ed. Kwangching Liu 劉廣京 (Berkeley: University of
　　California Press, 1990), 126–157. 另見 K'o-k'uan Sun 孫克寬, "Yü
　　Chi and Southern Taoism during the Yuan Period," in *China under
　　Mongol Rule,* ed. Langlois 蘭德璋, 212–253; and James Watson 華
　　琛, "Standardizing the Gods: The Promotion of T'ien Hou ('Empress
　　of Heaven') along the South China Coast," in *Popular Culture in Late
　　Imperial China,* ed. David Johnson 姜士彬, Andrew Nathan 黎安友,
　　and Evelyn Rawski 羅友枝 (Berkeley: University of California Press,
　　1985), 292–324.
84　參閱 Bol 包弼德, *This Culture of Ours,* 32–75.
85　Pierre Bourdieu and Monique de Saint-Martin, "Scholastic Values and
　　the Values of the Educational System," in *Contemporary Research
　　in the Sociology of Education,* ed. J. Eggleston (London: Metheun,
　　1974), 338–371.

夕才成為官方學習的對象。但是，隨着數百萬明清科舉考生一再學習《書經》中周公盡忠輔佐其兄長之子成王所樹立的聖賢典範，他們的傳說也流傳後世。

晚期帝國「道學」課程的確立

強化朱棣「道學」合法性所需的文化工作，是由那些從侍奉建文皇帝後又轉投永樂皇帝而良心很少覺得不安的人完成的。江西出了一個練子寧，但江西也出了其他很多像翰林學者楊榮（1371–1440）一樣的士人，* 他迎接燕王進入南京，欣然選擇侍奉新君。楊榮本名子榮，被朱棣選入內閣，並賜名榮（改名，見第五章）。楊榮是建文朝 1400 年殿試進士。[86]1400 年殿試的考官和 110 名進士證明，他們絕大多數人都沒能遵從後來一些士人主張的古典律令「不二臣」—— 只要曾在建文朝出仕為官，就不應侍奉殺害他的兇手。[87]

（一）明初的士人合作者

方孝孺是建文朝 1400 年殿試的讀卷官之一，江西人解縉（1369–1415）則是負責收受考卷的受卷官。他們兩人都是翰林學者。解縉，1388 年進士，1402 年時沒有以身殉難，而是選擇了難度最小的一條路。因為他的忠誠，朱棣重新任命他為翰林學者，並立即委派他審查建文朝檔案，刪除任何可以用來質

---

* 譯案，楊榮為福建建寧府建安（今福建建甌）人。

86 〈1371 年殿試〉，《殿試登科錄》（1400 年），卷一，頁 14，收入《藝海珠塵》（清刊本）。

87 《殿試登科錄》（1400 年），卷一，頁 1–68。涉及當朝統治者時，言辭則趨於沉默。

疑篡位事件的材料。同一年，永樂皇帝還讓他主持朱元璋「實錄」的第一次重修，以肯定朱棣的皇帝地位，並詆毀建文的帝位不合法。解縉助修的這一版「實錄」（後來還作了第二次修訂），稱朱棣在朱元璋存世諸子中年齡最大，1392 年他的兄長去世時，他就應該被立為皇儲。由於後來那些侍奉建文皇帝的謀臣寡廉鮮恥，沒有繼位資格的「皇孫」反倒登上了皇位。[88]

胡廣（1370–1418），1400 年殿試狀元。他和練子寧一樣，也是建文朝中突出的江西精英之一。進入翰林院前，建文皇帝為他改名，因為他的本名與漢代的一位官員重名。[89]另一個江西人金幼孜（1368–1431），也是 1400 年殿試進士。[90]金幼孜與練子寧同出江西新淦，兩人一起長大，年輕時都研習孔子《春秋》以應科舉。[91]1402 年以後，胡廣和金幼孜都侍奉永樂皇帝。他們認為，與這位篡奪了建文帝帝位的叔父合作，是與一位急需士人支持的統治者達成公共和平的一種方式。

通過向其官員讓渡部分道德高地，朱棣克服了江西地區練子寧支持者的反對。胡廣立即恢復本名。改名或許可以緩解人們面臨的道德困境。[92]他被朱棣重新任命為翰林學者，又於 1414 年奉命主持編纂《五經四書大全》，強化科舉考試所需的「道學」正統。金幼孜也與胡廣、解縉一起參與了這一影響頗

34

88 《殿試登科錄》（1400 年），卷一，頁 3。解縉生平，見《明史》，卷一四七，頁 4115–4123；Chan 陳學霖, "The Rise of Ming T'ai tsu," 688–691.

89 張弘道、張凝道：《皇明三元考》，卷一，頁三四。

90 《殿試登科錄》（1400 年），卷一，頁 11、15。

91 《建文朝野彙編》，卷十，頁十五。

92 《狀元圖考》，卷一，頁十三上。

大的文化工程。[93]

　　除修訂洪武朝「實錄」外，1403 年，朱棣還令解縉召集學者約 147 人將現存所有經史子集文字輯錄為一書。1404 年書成，皇帝命名為《文獻大成》。這個編纂工程繼承了前朝的類似工程。例如，朱元璋在位期間的 1388 年，解縉就提議洪武皇帝敕修一部關於經書的「道學」精華著作。此前的 1373–1374 年間，朱元璋也意欲仿效唐代帝王，纂修古典學問和古代典章制度著作的權威定本，供闡釋「四書」、「五經」之用。[94]

　　篡位後不久，《文獻大成》就倉促上馬，而且還選擇剛完成洪武朝「實錄」初步粉飾工作的解縉擔任纂修官，說明朱棣在授意解縉開始收集古典學問的所有相關文獻時，既有政治動機，也有文化動機。[95] 除收集文獻外，編纂者還可排查有損朱棣王位合法性的材料。這些文獻的最終編定有其黑暗的一面，政治陰影將深入十八世紀，當時，乾隆皇帝非常清楚朱棣的動機，也熟悉永樂朝的歷史記錄，他在 1770 年代和 1780 年代敕修卷帙浩繁的《四庫全書》，部分原因也是為了排查反滿作品。[96]

93　見林慶彰：〈《五經大全》之修纂及其相關問題探究〉，《中國文哲研究集刊》1991 年第 1 期，頁 366–367。

94　《明史》，卷一四七，頁 4115–4116；張朝瑞：《皇明貢舉考》，卷一，頁七六上至八一下；陳建撰、江旭奇補：《皇明通紀集要》，卷六，頁十下。另見邱漢生：〈明初朱學的統治地位〉，《中國哲學》1988 年，頁 142–143。

95　張朝瑞：《皇明貢舉考》，卷一，頁八一下。另見張忱石：〈《永樂大典》史話〉，收入《古代要籍概述》（北京：中華書局，1987 年），頁 187–192。

96　Kahn 康無為 , *Monarchy in the Emperor's Eyes*, 44–46.

　　朱棣對 1404 年編成的《文獻大成》並不滿意。[97]1405 年，他欽點自己的心腹、佛教僧人姚廣孝（1335–1418）再作增修。姚廣孝手下的編纂隊伍多達 2,169 人，其中包括佛教僧人和醫學專家，他們梳理了所有已知文獻，還抄寫了副本。姚廣孝，對「道學」持批評態度的佛教徒，曾慫恿朱棣起兵反對建文皇帝，是朱棣最親信的謀臣之一。1407 年完成這項被稱為《永樂大典》的百科全書纂修工程後，姚廣孝又被委派主持洪武朝「實錄」的第二次修訂，修訂工作從 1411 年持續到 1418 年。解縉第一次修訂的所有副本，就像之前原件的所有副本一樣，都被焚毀，只留下了姚廣孝的第二次修訂本。[98]

　　1404 年永樂朝第一次會試，共取士 472 人。這是 1385 年以來取士人數最多的一次，當時朱元璋需要補充他嚴重缺員的官僚機構。同樣，1404 年進士人數大增，也說明永樂皇帝需要立即再生產忠誠於他的士人。當考官徵詢 1404 年取士定額時，皇帝回答說想把名額定為歷年最高，但「後不為例」。[99] 殿試結束後，皇帝下令覆試此科會試所有落第舉人，擇其文詞佳者。於是，又選出忠誠的士子 60 人進入國子監，以待下科會試。[100]

　　1406 年，25% 的進士來自練子寧的家鄉省分江西。1411年，這一比例升至 32%。[101] 江西士人如解縉被擢升為大學

<hr>

97　張朝瑞：《皇明貢舉考》，卷一，頁八一下；陳建撰、江旭奇補：《皇明通紀集要》，卷十三，頁九上。

98　見 Chan 陳學霖 , "The Rise of Ming T'ai-tsu", 689–690.

99　張弘道、張凝道：《皇明三元考》，卷二，頁一上至二下；張朝瑞：《皇明貢舉考》，卷二，頁四七至四八下。

100　陳建撰、江旭奇補：《皇明通紀集要》，卷十三，頁六上。

101　俞憲輯訂：〈皇明進士登科考〉（1548 年），收入《明代登科錄彙編》（臺北：學生書局，1969 年），卷三，頁二上。

士，[102] 說明只要忠於新君，特別是江西精英，就能很快得到回報。據記載，有一次，朱棣會見他的七大謀臣，其中大部分是江西人（包括解縉、胡廣、楊榮、金幼孜），他讚賞他們所有人對自己 1402 年掌權以來的支持。整個永樂朝，每三年一次殿試所取進士，江西人佔 25%–30%，這個比例在十六世紀初才有所下降。[103]

36   朱棣在翰林學者幫助下，於 1409 年完成了《聖學心法》，並賜給皇儲（即日後的洪熙皇帝）供其作道德修養之用，宣揚「道統」與「治統」合一。[104] 作為 1414–1415 年間修纂的「道學」綱要《性理大全》的前奏，《聖學心法》對經書注解的選擇，意味着朱棣再次把「道學」認證為文化正統。皇帝徵引朱熹及其門徒的對話，以示他完全讚同朱熹的觀點：作為道德原則場域的「道心」應該是主宰，作為私慾場域的「人心」應該聽命於前者。皇帝實際上是挪用朱熹的說法來教育他的兒子和臣民。[105]

作為聖王，朱棣一舉兩得：他利用程朱學說支持自己的政治合法性（「治統」），同時他自己又成了宋代「道學」迄今為止最偉大的帝王扶持者。他的士人支持者同樣也可以兩全其美：他們利用「道學」來恢復士人在政府中的影響力，同時又確保了程朱學說在官方修辭中佔據優勢地位。

朱棣的《聖學心法》序言也有模棱兩可之處。談及統治者對其官員忠誠度的期望時，他這樣寫道：「受君之爵，食君之

---

102 陳建撰、江旭奇補：《皇明通紀集要》，卷十三，頁七下。

103 陳建撰，卜世昌、屠衡補：《皇明通紀述遺》，卷四，頁十二上。

104 張朝瑞：《皇明貢舉考》，卷一，頁八二上。

105 見朱棣：《聖學心法》，頁二下至三上；Elman 艾爾曼 , "Philosophy *(I-li)* versus Philology *(K'ao-cheng)*," 177–180.

祿，當憂國如家，忘身徇國。」[106] 練子寧、方孝孺和其他建文
忠烈都踐行了這一理念，不像朱棣那些身居高位的合作者如解
縉、胡廣等人。有時，如 1413 年，皇帝也真心希望練子寧歸
順自己。另一方面，1418 年胡廣去世時，皇帝又竭力表彰他
的功績。至於解縉，由於他反對永樂皇帝指定的皇位繼承人，
招來後者的忌恨，1411 年以欺君罪被捕下獄，1415 年死於獄
中。[107]

（二）「道學」經典

　　除了篡改歷史記錄，朱棣政權還需要教育合法性來為這
種記錄背書。永樂皇帝希望「成為聖君、百姓師、學問的扶持
人」。[108] 文化上的這些努力在 1415 年達到了高潮，當時頒行了
三部經典大書：（1）《四書大全》，（2）《五經大全》，（3）《性
理大全》。這三部大全，明確限定了縣級以上所有官學數百萬
考生準備科舉考試的資料來源。

　　翰林院編纂的這三部大全，把「道學」奉為圭臬。《五經
大全》和《四書大全》編纂得相當倉促，從 1414 年到 1415
年，胡廣及其僚屬只用了九個月時間就把宋元人的注解融會貫
通為對「四書」、「五經」的逐段注釋。也許是為了給 1415 年
朝廷即將遷都北京的多項活動增添文化光彩，這些倉促而就的

37

---

106 《聖學心法》，頁二四下至二五上。

107 見陳建撰、江旭奇補：《皇明通紀集要》，卷十四，頁十一下、頁
　　十八下；陳建撰，卜世昌、屠衡補：《皇明通紀述遺》，卷四，頁
　　十七。

108 Chan 陳學霖, "The Chien-wen, Yung-lo, Hung-hsi, and Hsuan-te
　　Reigns," 221.

注解，招致了後人對其內容不周的批評。[109] 這三部大全均為翰林學者所編，他們同時還受命修訂洪武朝「實錄」、協助纂修《永樂大典》，因此，後世學者懷疑「三部大全」的真正目的是想在古典學問中抹掉建文朝。顧炎武（1613–1682）等明清士人往往把古典研究的衰落歸咎於永樂皇帝的修纂工程：

> 上欺朝廷，下誑士子，唐宋之時有是事乎？豈非骨鯁之臣已空於建文之代，而制義初行，一時人士盡棄宋元以來所傳之實學。上下相蒙以饗祿利，而莫之問也。嗚呼，經學之廢實自此始。[110]

其他清代學者也時常把明代古典研究的衰落怪罪於永樂皇帝的修書工程及其科舉考試的廣泛影響。清代的《明史》修纂者也有類似抱怨。[111]

1415 年，當最後一部大全《性理大全》編成、三部大全正式頒印時，朱棣親自撰寫了序言。序中說，所有聖王即位後都「以道治天下」，因此，他自己「承皇考太祖高皇帝（朱元璋）鴻基即位」後，便下令翰林學者編纂三書，「凡有發明經義者

38

---

109 陳恆嵩：〈《書傳大全》取材來源探究〉、楊晉龍：〈《詩傳大全》取材來源探究〉，均收入林慶彰、蔣秋華主編：《明代經學國際研討會論文集》（臺北：中央研究院中國文哲研究所籌備處，1996 年）。

110 顧炎武：《日知錄》（臺北：臺灣商務印書館，1956 年），第 3 冊下，卷十八，〈四書五經大全〉，頁 104–105。此前完成的《永樂大典》也有助於「三部大全」的編纂。

111 1780 年代《四庫全書》編者的相關評論，見《四庫全書總目》，卷三十六，頁十三下至十四下；卷九十三，頁七下至八下。另見《明史》，卷二八二，頁 7222。

取之，悖於經旨者去之」。[112] 胡廣和其他編纂者（包括江西人楊榮、金幼孜）也附和朱棣的謊言，稱建文皇帝並不存在，朱棣才是合法繼位者，對朱棣不吝溢美之詞：「未有大作為之君能明六經之道、紹承先聖之統如今日者。」[113]

《性理大全》最為明確地表達了對宋明「道學」課程的支持。它是明清時期近五百年時間科舉考試的必備書目，其中的《孟子》也是未經刪節的完整版，可見朱棣並不擔心弒君的合法性問題。[114] 因為這種讓步，三部大全代表了「四書」、「五經」研究和闡釋的不斷變化的政治環境。作為文本豐碑，三部大全超越了它的歷史語境，成了後朱熹時代評注傳統的見證，直到十八世紀以前，其顯赫地位都超過了漢唐注疏（見第七章）。[115]

明政府確保這些版本的「道學」經典出現在全國各級學校裡。宋元時期從未有過這種全國性的權威注本。作為獨立著作的漢唐注疏被廢棄，只在三部大全所收的宋元人注解中被選擇性徵引。例如明代翰林學者全盤接受了源於程朱天理／人慾二分法的嚴格道德主義。後來，清代學者批評他們接受了佛教的善惡觀，相較於朱熹批駁佛教時所闡明的更微妙的二元論而

39

---

112 朱棣：〈御製性理大全序〉，收入《性理大全》（京都：中文出版社，1981年，據永樂十三年〔1415〕御製序本影印），頁一上至三下。

113 見胡廣等：〈進書表〉，收入《性理大全》，頁三下。另見《大明太宗文皇帝實錄》（臺北：中央研究院影印本），卷一五八，頁二上至四上。

114 陳建撰、江旭奇補：《皇明通紀集要》，卷十一，頁八上；卷十二，頁十七下。另見《明史紀事本末》，卷十六，頁193。

115 邱漢生：〈明初朱學的統治地位〉，《中國哲學》1988年，頁144–147。

言，這種善惡觀更形式主義。[116]

　　舉例而言，編纂《四書大全》的翰林學者在選擇《孟子》經文的注解時，只選擇那些對孟子關於官員和民眾有正當理由反對邪惡統治者的說法加以限制的注解。對於《孟子》中激怒洪武帝卻被永樂帝容忍的那些段落，胡廣選擇的注解強調孟子的言論只適用於戰國時期（前 476 / 453– 前 221）混亂的歷史局勢。因此，孟子的立場只是對過去歷史的一種指導，而不是對當下的批評。孟子對古代暴君的批評，也就不能作為明代這個開明時代的先例。[117]

　　儘管對孟子的政治學說作出了重大讓步，永樂皇帝的合法性及其君權，仍然是基於武力所宣示的皇權。即使士人持有異議，他們的異議形式也在政治上受到了限制。統治者——哪怕是通過內戰奪權的統治者——被賦予了道德高地，皇帝和官員則共同決定了孟子學說的可接受程度。永樂皇帝通過恢復完整的、未經刪節的《孟子》，放棄了他對任何經書闡釋的直接權威。一些晚明士人最終還是挑戰了朝廷的皇權觀，同時還恢復

116　胡廣等人對「仁」的注解，見《論語集註大全》，卷十二，頁四下至五上，收入《四書大全》（四庫全書本）。另見 Elman 艾爾曼，"Criticism as Philosophy: Conceptual Change in Ch'ing Dynasty Evidential Research," *Tsing Hua Journal of Chinese Studies,* n.s., 17 (1985): 165–198.

117　《孟子集註大全》，卷二，頁二八上至二九下（胡炳文語）；卷八，頁五下至八下；卷十，頁三四上至三五下，收入《四書大全》。另見 Lau 劉殿爵 , *Mencius,* 189. 參閱 Yun-yi Ho 賀允宜 , "Ideological Implications of Ming Sacrifices in Early Ming," *Ming Studies* 6 (Spring 1978): 55–67.

了建文皇帝、方孝孺和練子寧的相關歷史記錄。[118]

　　道德勸諫作為一種政治異議形式——練子寧和方孝孺的生平事跡就是最好的例證——起到了以「道學」的普遍古典標準來衡量明代統治者的作用。但明清時期，統治者經常關閉這一異議通道，或是將其轉化為官僚監督的一種形式。[119] 儘管 1415年恢復了《孟子》全本，但在 1372 年困擾朱元璋的那些段落，卻幾乎從未被考官選為鄉試或會試的作文題目。下面這個耐人尋味的例外事件，也證明了這一規則。《孟子》中著名的「民為貴」一語，在 1624 年江西鄉試時被考官用來表達對宦官擅權的不滿。[120] 艾南英（1583–1646）的答卷備受讚譽（詳見第七章），但據說他的言論是對朝中某個權宦的批評，故被處以鄉試停考九年。艾南英終身未獲進士功名，但卻成了晚明士人中的文章大家和領軍人物，他們根據 1402 年的悲慘事件來重新評價明初的合法性問題。[121]

　　未經審查的孟子（這是朱棣對其官員的一大讓步），得以同他的讀者言說，這些讀者絕大部分都是科舉考生。聖王朱棣

118　Elman 艾爾曼 , "Where Is King Ch'eng? Civil Examinations and Confucian Ideology during the Early Ming, 1368–1415", *T'oung Pao* 79 (1993): 64–67；"Imperial Politics and Confucian Societies in Late Imperial China," *Modern China* 15, no. 4 (1989): 393–402.

119　Charles Hucker 賀凱 , "Confucianism and the Chinese Censorial System," in *Confucianism in Action,* ed. David S. Nivison 倪德衞 and Arthur Wright 芮沃壽 (Stanford, CA: Stanford University Press, 1969), 182–208.

120　見 Andrew Lo, trans., "Four Examination Essays of the Ming Dynasty," *Renditions* 33–34 (1990): 176–178.

121　見艾南英：〈年譜〉，卷上，收入《天傭子集》（臺北：藝文印書館，1980 年，據 1699 年刊本影印），頁一上；《天傭子集》，卷十，頁十六上至十八上。另見《明史》，卷二八八，頁 7402。

是古代經典所能提供的一切的受益者。只要他恢復與士人精英的協作關係，接受他們的道德價值觀，經典中的異議內容也會轉而變得對他有利。

永樂的遺產

1425 年以後，科學考試成為補充官僚機構高級官員的主要手段。只有明初 1385 年和 1404 年的兩次會試，才在範圍和規模上接近於宋代的科學選官。因此，儘管「道學」在 1241 年受到南宋朝廷禮遇，1313 年成為元代科學考試正典內容，但這些還只是起步階段。正是在明代的文化、政治生活中，政府才第一次把「道學」作為帝國意識形態在整個帝國範圍內全面付諸實踐。明代的科學考試制度，確保了 1415 年確立的以「道學」和「三部大全」為基礎的官方課程將會在隨後的五百年間被億萬科學考生學習和掌握。

一些清代士人天真地相信明初帝王是經典令人羨慕的忠實支持者。[122] 但「道學」在明初成為王朝意識形態的勝利，付出了代價。專制權力與程朱哲學話語的結合，是在中國歷史上可能最強勢的皇帝朱棣與提倡「道學」道德修身理想的官員之間苦樂參半的調和中完成的。偽善在所難免。明代士人是幸運的，他們再也沒有遇到像洪武皇帝朱元璋或他兒子永樂皇帝那樣的奇里斯馬型（charismatic）「聖王」。

朱棣篡位的記憶，沉重地壓在明人的良心上。江西士人吳與弼（1392–1469）拒絕參加科學考試，因為他不願意侍奉

---

122 賈乃謙：〈從《孟子節文》到《潛書》〉，《東北師大學報》1987 年第 2 期，頁 43–44。

永樂帝，認為永樂帝是篡位者。這使得他與父親吳溥（1363–1426）關係疏遠。吳溥為建文朝1400年會試第一，1403年又在永樂朝參與修訂重刊洪武朝「實錄」（為此被朱棣迅速提拔），後又任《永樂大典》副總裁。吳與弼的個人操守，影響了他的江西弟子胡居仁（1434–1484）。胡居仁也拒不應試，即使永樂皇帝早已去世，他還在著作中間接訴諸孟子反對政治篡弒的主張。吳與弼和胡居仁都成了模範「道學」學者，他們的正直和道德修養受人尊崇。[123]

練子寧和方孝孺的命運不被官方記錄承認，他們提出的問題「成王安在」依然沒有答案。1416年，朱棣從剛從江西參加母親葬禮回朝的胡廣那裡得知民眾終於得到了安撫後，他對建文忠烈家屬的迫害有所緩和。[124] 此後幾朝，被處決官員的倖存家屬得到了赦免。如1425年，洪熙皇帝恢復了方孝孺數千浙江後裔的名譽。[125] 次年，宣德皇帝（1426–1435年間在位）赦免了練子寧的江西遺屬。[126] 1573年，所有建文忠烈都被赦免。[127]

晚期帝國的意識形態和科舉考試的正統學說，通過政治、道德、制度相互勾連的線索馴化了「道學」，永樂皇帝及其士人合作者利用這些線索織就了他們的晚期帝國形態。即使漢武 *42*

---

123 胡居仁：《居業錄》（四庫全書本），卷七一四，頁36–44。另見 Wing-tsit Chan 陳榮捷，"The Ch'eng-Chu School of Early Ming," in *Self and Society in Ming Thought,* ed. Wm. T. de Bary 狄百瑞等 . (New York: Columbia University Press, 1970), 45–46.

124 《明史》，卷一四七，頁4125。

125 焦竑：《國朝獻徵錄》（臺北：學生書局，1984年，據1616年萬曆年間刊本影印），卷二十，頁五六。

126 皇帝詔令，見〈練公遺事〉，《練中丞公文集》（明萬曆年間刊本，1573–1619年），「附錄」，頁一上至三上。

127 1573年皇帝赦令，見〈練公遺事〉，頁四上至五下。

帝（前 140– 前 87 年間在位）、唐太宗（627–649 年間在位）、宋太祖（960–976 年間在位）都是這種帝國努力的歷史前驅，即使宋理宗（南宋，1225–1264 年間在位）、元仁宗（1312–1320 年間在位）也先後把「道學」作為禮制和科舉考試正統的帝國基座，朱棣及其政權依然為明清兩代留下了更豐厚的遺產。十九世紀末轟然倒塌的帝國王朝及其「道學」正統，其歷史譜系可以直接追溯到明初。

當康熙皇帝（1662–1722 年間在位）授意翰林學者纂修「道學」手冊《性理精義》（1715 年頒行）和百科全書《古今圖書集成》（1728 年由雍正皇帝〔1723–1735 年間在位〕修訂頒行）時，朝廷以永樂朝為榜樣，把滿族統治者呈現為一個與精英合作的「道學」聖王形象。乾隆皇帝及其朝廷也如法炮製，1773 年他們下令纂修中國歷史上最大的書目工程《四庫全書》以監控反滿作品，像其前身《永樂大典》一樣，試圖控制可接受知識的官方版本。

此前的 1673 年，康熙皇帝在為重刊明本《性理大全》所作的序言中，就把清初的政治合法性（「治統」）與洪武、永樂皇帝的「道學」文化政策聯繫在了一起，還把這種合法性建立在「心法」也從前代聖王傳給清代聖王的基礎上。滿族統治者也再次挪用「道」，成了文化合法性（「道統」）的接收者。[128] 明清皇帝及其大臣都訴諸聖王之道，而聖王之道是自古以來歷代治理的榜樣。不僅如此，他們還聲稱，古代的道德原則是通過程朱學說，以心傳心，從前代聖王傳至當今皇帝的。此後，皇帝、滿大人（mandarins）和「道學」彼此之間都共享這種

43

---

128 康熙：〈序〉，見《四庫全書》，卷七一〇，頁 1–2；Huang Chinshing 黃進興, *Philosophy, Philology, and Politics*, 157–168.

親和性。

　　孤立地看，明清「道學」課程往往被視為一個只與「四書」、「五經」和王朝正史有關的哲學、歷史話語的文化場。這個文化場固然受地方士人擁護，但考試生活，它的備考儀式和晉級步驟，也與從宋代開始的錯綜複雜的政治、社會、經濟、文化再生產過程密切相關。[129]正如下一章我們將會看到的那樣，作為社會、政治的試金石，進學考試／童試（licensing examinations）是一道目的明確的關卡，旨在把至多粗通文墨的普通大眾與有着充分古典文化素養的精英隔絕開來，這些精英才是維持帝國制度的全面合作夥伴。

　　明代政府為擴大宋元取士制度的政治效能所作的努力，其獨特之處在於它在實現制度設計的既定目標方面取得了顯著成功。從其自身的基本功能來看，文官選拔過程體現了五百年間社會地位、政治權力和文化聲望之間的複雜關係。通常情況下，晚期中華帝國的考試制度也只是因為其自身的功能才被承認，即政府維持公共秩序和政治效能的諸多手段中的一種。從王朝的角度看，再生產訓練有素、忠心耿耿的士人官員始終是頭等大事。帝國對教育和考試的支持，取決於考試制度能不能選拔出可為帝國所用的忠誠人才。但與此同時，宋以來這個制度造就的「考試失敗者」大軍，又為那些超出帝國控制能力的

129　Bourdieu and Passeron, *Reproduction in Education, Society, and Culture* (Beverly Hills, CA: Sage Publications, 1977), 194–210. 參閱 Hilde De Weerdt 魏希德, *Competition over Content: Negotiating Standards for the Civil Service Examinations in Imperial China (1127–1279)* (Cambridge, MA: Harvard University Asia Center, 2007).

具有古典文化素養的人打開了前所未有的其他成功就業渠道。

由於精英教育與朝廷取士選官的首要目標密不可分，因此，如果像很多同時代人那樣，只從經濟或科學上的貧瘠（sterility）來看待科舉考試制度，就會錯失其重點。我們也不能單純認為選拔制度只為帝國利益服務。中國精英能夠通過這個選拔制度獲得一定的社會、文化認可和自主性，正是因為皇帝及其朝廷——即使是洪武、永樂時期——必須與京城和省級考試官員合作，才能維持選拔制度的知識、道德標準。

元明以來，官員所秉承的社會習性、政治利益和道德價值觀，通過王朝學校教育和科舉考試制度而被官方再生產出來（同時也伴隨着很多官方和非官方的異議），這個制度成熟於十五世紀初，並一直延續到 1904 年。下一章，我們將進一步探究這個促進古典文化素養、強調通曉「道學」的全國性重要政治機制的社會、文化、語言維度。

第二章　從明到清：「道學」標準與八股文

伴隨着取士選官的考試和選拔過程，各種公共儀式也尊奉皇帝為帝國之師。一旦大挫士人銳氣，洪武、永樂皇帝就給予科舉登第者以社會政治地位和文化聲望。從此以後，具有古典文化素養、通曉「道學」、能夠寫作簡潔優雅的考試文章，就成了金榜題名的士人的公開標誌。文官選拔，成功創建了一套王朝課程，把全國的紳士、軍人和商人家庭整合為一個從文化上定義的科舉功名擁有者的身分群體，他們使用相同的文言，記誦同一批經典。

一定程度上由考試課程定義的文學文化，也影響了士人對自身品格和良知的定義。為應試而記誦的內容，強化了官僚政府和個人作為王朝精英僕從的角色重合。士人的道德修養是朝廷長期關注的問題。朝廷確保自己遴選的官員能以統治家族的名義服務於民眾。作為地位最高的社會群體，士人既是王朝的合作夥伴，又是那些政治、社會地位不如他們的人的榜樣。在士人看來，重要的是王朝要符合古典理念，支持歷經宋、元、明時期而發展形成的「道學」正統。而「道學」國家權威地位的確立，也關乎士人的文化轉型，即成為民眾和統治者的政治僕從。

語言、古典主義和書法

　　文言是政治選拔過程的一種賦權性語言（empowering language）。「道學」的道德意義和哲學意涵，要求我們討論官方所確立的帝國正統的社會價值和政治權力。把語言納入這一討論，我們就可以分析權威性的文言所具有的雙重功能：它既是社會、政治政策的工具，又是受過古典教育的士人的通用語（lingua franca）。[1] 由於 1898 年以前沒有公立學校，絕大多數男性平民（特別是鄉下農民、手工業者和商販）在語言上，故而在文化上被排除在了考試市場之外。教育資源分配不平等，意味着那些來自文化素養有限的家庭的人不可能在科舉功名市場上與那些來自古典文化素養深厚的家庭的人成功競爭。科舉考試依然是排他性的，它從地方精英中遴選人才並確認其地位。[2]

　　儘管存在這種精英主義，孝道和祖先崇拜還是超越了階級和文化壁壘。即使是蒙書《千字文》、《百家姓》和《三字經》，幾乎所有家庭和地方學校都用它們來訓練兒童掌握實用讀寫能力所需的 1500 個不同漢字，也是以社會所推崇的古典價值觀

1　Ann Waltner 王安 , "Building on the Ladder of Success: The Ladder of Success in Imperial China and Recent Work on Social Mobility," *Ming Studies* 17 (1983): 30–36. 參閱 Pierre Bourdieu, "The Economics of Linguistic Exchanges," trans. Richard Nice, *Social Science Information* 16, no. 6 (1977): 645–668.

2　David Johnson 姜士彬 , "Communication, Class, and Consciousness in Late Imperial China," in *Popular Culture in Late Imperial China,* ed. David Johnson 姜士彬 , Andrew Nathan 黎安友 , and Evelyn Rawski 羅友枝 (Berkeley: University of California Press, 1985), 59.

編成的。通俗白話在非精英階層中十分普及，[3] 但這種文化程度不像古典文化素養那樣在政治上具有賦權力量。自帝制時代的早、中期以來，語體（linguistic registers）就有白話、半文半白和文言之別，確保了具有充分古典文化素養的士大夫進入一個地方社會中很少有人能夠參與其中的書面話語世界。因此，語體也體現了一種等級感。[4]

現代初期的歐洲曾以拉丁語和口語白話區分中小學教育，[5] 但晚期中華帝國口語（官話）和書面語（文言）的區別在於，每個人都有自己的白話方言，文言卻是一種精英訓練。學生需要記住「四書」、「五經」中的約 40 萬個不同漢字。這個數字還不包括卷帙浩繁的王朝正史（「正」史，至宋代有十七部，至清代則有二十二部）。

47

3　Angela Ki Che Leung 梁其姿, "Elementary Education in the Lower Yangtzu Region in the Seventeenth and Eighteenth Centuries," in *Education and Society in Late Imperial China,* ed. Benjamin Elman 艾爾曼 and Alexander Woodside 伍思德 (Berkeley: University of California Press, 1994), 391–6; Evelyn Rawski 羅友枝, *Education and Popular Literacy in Ch'ing China* (Ann Arbor: Center for Chinese Studies, University of Michigan, 1979), 140–154.

4　Charles Ridley, "Educational Theory and Practice in Late Imperial China: The Teaching of Writing as a Specific Case" (PhD diss., Stanford University, 1973), 369–90; Evelyn Rawski 羅友枝, *Education and Popular Literacy in Ch'ing China*, 1–23. 不過，我們不應認為「文言」和「白話」之間有明確的二分法。歷史上，文白兩種語體相互作用，相互影響，是一個統一的，甚至是混合的語言體系的一部分。見 Benjamin Elman 艾爾曼等, *Rethinking East Asian Languages, Vernaculars, and Literacies* (Leiden: E. J. Brill, forthcoming). 編者案：此書已於 2014 年出版。

5　R. A. Houston, *Literacy in Early Modern Europe: Culture and Education 1500–1800,* 2nd ed. (New York: Longman, 2002), 24–33.

　　1415 年以後，朝堂之上和官員中間盛行的主流價值觀、觀點、問題和論爭，都以文言形式表達出來，其發音大致基於華北京畿地區宮廷的標準普通話（官話），而不是人口更多、經濟更繁榮的南方方言。明代，作為南都的南京，其政府各部門也使用一種「南方」官話。1425 年以後，中國的地理區劃與方言區分聯繫起來，意在抑制南方的經濟優勢。明代的官方語言，即「北方」官話和「南方」官話，都是有特權的外來者在教育和社交的基礎上經過多年訓練才能掌握的口語和書面語。後來在清朝治下，即使官方語言增加了軍事精英的滿語和蒙古語，士人的文言也依然是官僚機構的公開語言。清代，由於沒有南京那樣的陪都作為競爭，北京話就成了官員的標準語言。[6]

　　這樣一來，就等於宣布了那些鮮有遊歷機會、只會說京城以外的土語方言或只是「粗通文墨」（primer-literate）的人是昧於古典文化素養（classical illiteracy）的。「粗通文墨」的人，可能成為抄工、刻工，甚至地方法律訴狀的作者，但沒有任何科舉功名，他們就沒有資格進入旨在從地方精英中選拔政治精英的科舉考場。[7] 要獲得入仕資格所需的合法文化訓練，絕大多數考生（特別是南方考生）需要掌握一門口語（北方官話或南方官話）作為第二語言，另外還要掌握一門書面語言（文言）。文言的精練、數千個生僻字和古奧的語法，必須從小到

6　見 Pamela Kyle Crossley 柯嬌燕 , "Manchu Education," in *Education and Society in Late Imperial China,* 340–8; Man-kam Leung 梁文錦 , "Mongolian Language and Examinations in Beijing and Other Metropolitan Areas during the Manchu Dynasty in China (1644– 1911)," *Canada-Mongolia Review* 1 (1975): 29–44.

7　見 Fuma Susumu 夫馬進：〈訟師秘本的世界〉，收入 Ono Kazuko 小野和子主編：《明末清初の社會と文化》（京都：京都大學文科學研究所，1996 年），頁 189–238。

大記誦不輟。[8]

　　政治成功所需的「道學」，在明代南北兩都官場再生產了共同的口語和書面語。清代，南方人的母語方言不同於北方官話，他們通過把自己的財富轉化為更廣泛的社會交往和更優越的教育資源與設施，克服了最初在語言上的劣勢，但代價是認同更廣泛的全國性精英。帝國各地的紳士、軍人和商人家庭彼此之間在文化上、語言上的共同點，多於他們與原籍下層社會群體的共同點，後者仍與地方傳統、寺廟和方言土語聯繫在一起。精英在地方、省會和京城圈中流通，非精英則局限於說同一種方言、共享同一個傳統的地方群體。準備科舉考試，需要在文言、思想、感知、品識和舉止方面明辨正統與地方的分野，從階級和個人的角度看，這些方面都與士人文化和作為「文化人」（man of culture）的士人聯繫在一起。

　　東南的廣東士人與全國各地士人在「言」（官話）和「文」（文言）上有着重要的共同之處。1415–1421 年以後，北京官話作為官方口語的制度化，以及科舉考試對古代經典文本的要求，意外造成了具有古典文化素養、講官話的各縣、州、府、省「外籍」官員精英與這些地區講不同方言的非精英或半文盲之間的壁壘。理論上說，紳士和商人活躍於不同但又往往交疊的語言傳統：一個立足於地方，有着豐富的非官方文化和宗族傳統；一個則是全國性的，即代表政治權力的書面文言和官話。西北的山西士人與東南的廣東士人可以超越口語隔閡，即

8　Hsiao-tung Fei 費孝通, *China's Gentry: Essays on Rural-Urban Relations*（《中國紳士》）(Chicago: University of Chicago Press, 1953), 71–72.

使他們只用毛筆進行書面形式的交流（「筆話」）。[9]

科舉考試旨在實現一定程度的文化、語言統一，這只有古典教育才能提供。但這個目標從未完全實現。語言統一，使廣泛的地區文本傳統和地方學術傳統成為可能。[10] 士人為文官選拔所確立的古典課程，則代表了一整套語言符號（超過 40 萬個不同漢字）、文體範疇（八股文修辭形式）和道德觀念（「道學」學說）。語言、文化的重合，確保了政治權力和社會地位將以政府可接受的方式定義，並與士人共享。不管是好是壞，有意還是無意，宋代「道學」都為王朝的文化政治合法化以及擴大主流身分群體的社會聲望確立了指導思想。儘管洪武、永樂年間的政治恐怖，明代士人還是全面參與了經書正典的文化建設；也因為士人的參與，科舉考試才獲得了政治、社會支持。

熟練掌握官話、具有古典文化素養，是精英親族發展策略的核心要素，就像「粗通文墨」之於其他很多平民一樣。修家譜，寫訟狀，開具收養或抵押契約，都需要語言專長和政治交際，而這些只有親屬群體中的精英才能提供。古典教育是文化認可的封印。就像十五、十六世紀的歐洲精英需要在中等教育階段完成從口語到古典拉丁文的轉變一樣，明清時期絕大多數漢人、滿人和蒙古人如果想進入考場，就要把他們的母語擺在官話和文言之後。[11]

9　鄧嗣禹：《中國考試制度史》（臺北：學生書局，1967 年），頁 343–347；John DeFrancis 德范克 , *The Chinese Language. Fact and Fantasy* (Honolulu: University of Hawai'i Press, 1985), 53–66.

10　Elman 艾爾曼 , "Qing Schools of Scholarship," *Ch'ing-shih wen-t'i* 4, no. 6 (1979): 51–82.

11　Houston, *Literacy in Early Modern Europe,* 90–98; James Watson 華琛 , "Chinese Kinship Reconsidered: Anthropological Perspectives on Historical Research," *China Quarterly* 92 (1982): 601.

和紳士家庭一樣，商人也成了古典學術的文化贊助人。儘管明代「商籍」名義上仍為世襲（雖然只是具文而已），但這些商人與紳士精英幾乎沒有分別。長江三角洲地區的商人就曾出資興辦地方學校和私人書院。[12] 商人在地方社會，尤其是在城市中心的成功，說明了商業利潤與較高社會地位之間的相關性。古典學術因商人贊助而興盛，書籍刊刻與收藏的數量比以往任何時候都要多。[13]

明清時期，通過嚴格執行所有考生都必須寫作一種後來被稱為「八股文」的僵化對仗體散文的要求，進一步鞏固了精英文學文化；這種文體在科舉考生中聲名狼藉，也擋住了「粗通文墨」的商人、農民和手工業者。[14] 除這些文化期望外，還增加了考生應擅長書法藝術的儒雅要求，書法是掌握書面文言最有特色的文化訓練形式之一。正確書寫漢字的儀軌始於童蒙時期，學童從小就要在蒙書上一遍遍描畫漢字，所用文具與士人文化的關係歷史悠久：毛筆、墨、硯臺、鎮紙、絹帛、宣紙（見圖 2.1）。筆、墨、硯、紙，被稱為「文房四寶」。中國的高雅文化既要求掌握文學形式，又要求通過藝術訓練，漂亮地

50

12　Leung 梁其姿 , "Elementary Education in the Lower Yangtzu Region," 381–391.

13　Okubo Eiko 大久保英子：《明清時代書院の研究》（東京：國書刊行會，1976 年），頁 221–361；Ping-ti Ho 何炳棣 , *The Ladder of Success in Imperial China* (New York: Wiley and Sons, 1962), 130–168.

14　鄧嗣禹：《中國考試制度史》，頁 281–282；Ching-i Tu 涂經詒 , "The Chinese Examination Essay: Some Literary Considerations," *Monumenta Serica* 31 (1974–1975): 393–406; Alexander Woodside 伍思德 , "Some Mid-Ch'ing Theorists of Popular Schools," *Modern China* 9, no. 1 (1983): 11–18.

書寫這些文學形式。[15]

　　全國科舉考試要求以「正楷」書於宣紙，卷面無汙漬或挖補。地方一級考試，試卷不糊名，縣、州、府考官閱卷時兼重文章與書法。同樣，書法也是決定無謄卷環節的殿試最終排名的一個重要因素。進入翰林院後，書法仍是既定規程，翰林編修要接受定期的文學考試。[16] 考生以官定的「正楷」答題，但文化人還要掌握草書、行書，甚至古「篆書」。篆書和草書，只有最博學的人才能辨認。層次越高，讀寫文言的相關儀式使書法這種美學技巧顯得更加神秘。[17]

　　將文化表達的古典內容、文學形式和書法等同於社會地位的「業餘」士人理想（也僅僅只是「理想」罷了），確實在精英，尤其是尚在求學階段、未出任公職的年輕士子中具有話語優勢（rhetorical precedence）。[18] 這種備受推崇的「君子」

51　（gentleman）理想及其文學、美學情趣，在很大程度上排斥了

15　Lothar Ledderose 雷德侯, "An Approach to Chinese Calligraphy," *National Palace Museum Bulletin* 7, no. 1 (1972): 1–14. 另見 Marilyn 王妙蓮 and Shen Fu 傅申, *Studies in Connoisseurship: Chinese Paintings from the Arthur M. Sackler Collections in New York, Princeton, and Washington, D.C.* (Princeton, NJ: Prince ton University Press, 1973), 9.

16　傅增湘：《清代殿試考略》（天津：大公報社，1933 年），頁九下至十一下。唐宋時期，書法就已列入考試。

17　Elman 艾爾曼, *From Philosophy to Philology: Intellectual and Social Aspects of Change in Late Imperial China* (Los Angeles: UCLA Asian Monograph Series, 2001), 228–235; Arthur Hummel 恆慕義, ed. *Eminent Chinese of the Ch'ing Period* (臺北：成文書局，1972), 676.

18　John Dardess 竇德士, *Confucianism and Autocracy: Professional Elites in the Founding of the Ming Dynasty* (Stanford, CA: Stanford University Press, 1983), 13–84.

圖 2.1　1388 年狀元文具，見顧鼎臣、顧祖訓：《明狀元圖考》
　　（1607 年刊本）

非精英參與這些由高雅文化定義的備受矚目的休閒方式（繪畫、書法、詩歌等）。

　　儘管明代科舉以策問的形式查考法律、醫學、制度、財政等專業內容，但南宋以後的文官選拔制度取消了大部分專業考試，這標誌着技術性科目不再享有社會、政治聲望。[19] 這些技術領域雖然並沒有自動被人遺忘，但此後法律、醫學、天文、財政等方面的訓練，往往成了普通胥吏、衙門幕友、官員副手，甚至穆斯林和歐洲人的專屬領域，他們供職於明清官僚機構中以技術為主的衙門。只有在異族統治時期，如蒙古人和十七世紀的滿族人治下，才有相當數量的士人再次轉向仕途以外的職業。[20]

　　明代，文化再生產方便地支持了政府的政治目的，儘管這種再生產為社會精英所壟斷。科舉考生用官話死記硬背「四書」和一部「五經」（1787 年以前），這種做法一直受人詬病，但卻從未得到解決。現代初期的歐洲強調秩序與順從，死記硬背（如教義問答手冊）在教育過程中起到了根本性的作用；[21] 同樣，晚期中華帝國的教育家也推獎死記硬背地接受正統學說。在影響文化共識、制約思維和修辭形式的諸多因素中，科舉考

19　張鴻聲：〈清代醫官考試及題例〉，《中華醫史雜誌》1995 年第 2 期，頁 95–96。

20　John Chaffee 賈志揚, *The Thorny Gates of Learning in Sung China,* new ed. (Albany, NY: SUNY Press, 1995), 70–71; Joseph Levenson 列文森, "The Amateur Ideal in Ming and Early Qing Society: Evidence from Painting," in *Chinese Thought and Institutions,* ed. John Fairbank 費正清 (Chicago: University of Chicago Press, 1957), 320–341. 參閱 Elman 艾爾曼, *From Philosophy to Philology*, chapters 3–4.

21　Houston, *Literacy in Early Modern Europe,* 61–69.

試是一個根本性的因素。[22]

1475年以後的八股文與文學形式主義

不管文學上如何評價——就像1900年左右日本藝術史家時代錯置地用「頹廢」（decadent）來形容傳統中國畫那樣，[23] 晚期帝國考試文章最直接的根源在於從唐宋詩賦向十一世紀王安石（1021–1086）所倡導的「經義文」（classical essay）的轉變。不過，直到明初，經義文才作為一種重要文學形式在帝國範圍的科舉考試中固定下來。晚至1800年，八股文依然風行一時，人們為推重它的文學譜系做了很多努力。

絕大多數明清士人把這一文體形式追溯到北宋1057–1071年間對科舉考試以文章取代詩賦的論爭。也有人認為，以經書文句為題作文，間接源於唐代，當時考生根據一個短語就要背出整段經文。還有人把這種文體歸結為金元戲曲創作中的戲劇角色（dramatis persona）。[24] 不過，八股文的歷史相當複雜，還有其他幾個來源：（1）古代的策論文；（2）中古時期的駢文；（3）北宋的「古文」。駢文和古文的擁護者，一度都喜歡聲稱八股文是這些合法文學傳統的近親文體（kindred genre）。八股文的「股」，可以追溯到駢文和古文兩種文體。

---

22 Pierre Bourdieu, "Systems of Education and Systems of Thought," in *Knowledge and Control: New Directions for the Sociology of Education,* ed. Michael Young (London: Collier Macmillan, 1971), 189–207.

23 Brij Tankha, ed., *Okakura Tenshin and Pan-Asianism: Shadows of the Past* (Folkestone, UK: Global Oriental, 2009).

24 陳德芸：〈八股文學〉，《嶺南學報》第6卷第4期（1941年6月），頁17–21，歸納了八股文緣起的六種說法。

　　清代古典學者稱八股「時文」（contemporary-style essay）源於中古時期以四六字相間成句、展開對仗論述的駢文。為了反對這種說法，那些傾心於「道學」的人，如為乾隆皇帝（1736–1795 年間在位）編纂《欽定四書文》的方苞（1668–1749），就把八股文與古文和「道學」聯繫在一起。[25] 不過，八股文首次正式出現是在明成化年間（1465–1487）。人們在構建八股文歷史譜系時往往回溯到漢、唐、宋時期，卻忽略了這一文體在 1480 年代的突然出現。儘管八股文緣起於更早的朝代，本章仍然首先側重於它在明中葉的出現，然後再嘗試闡明它在士人作者中的文化意義。就像以往類似情況一樣，創製這種經義文寫作新潮流的是士人，而不是帝國朝廷。

　　八股文的批評者從一開始就收穫了共鳴，但 1500 年以來也有很多人成了它的支持者。如晚明的李贄（1527–1602），在很多問題上都是一個反傳統的人（iconoclast），[26]卻在八股文中讀出了士人對古代價值觀的不懈追求。在李贄看來，八股時文證明了它在培養名臣方面的價值。[27] 同樣，袁宏道（1568–1610）和李漁（1611–1680），文學上也以不拘一格著稱，認為八股文是當時文學的鏡子。在他們看來，八股文不只是一種形

54

25　同上注，頁 20–21；Elman 艾爾曼, *Classicism, Politics, and Kinship: The Ch'ang-chou School of New Text Confucianism in Late Imperial China* (Berkeley: University of California Press, 1990), 290–295.

26　Wm. Theodore de Bary 狄百瑞, "Individualism and Humanitarianism in Late Ming Thought," in *Self and Society in Ming Thought,* ed. Wm. Theodore de Bary 狄百瑞 et al. (New York: Columbia University Press, 1970), 188–222.

27　李贄：〈時文後序〉，收入氏著：《焚書》（北京：中華書局，1975年），頁 117。

式訓練要求,它本身就是一種自具價值的重要文學體裁。它是考場內外具有古典文化素養的老少男性使用的一種文化形式。[28]

翰林學者梁章鉅(1775–1849)作於十九世紀初的《制義叢話》,談到了選拔過程中的積弊,但也稱讚八股文深受中國人生活的滋養,具有較高的藝術、文化水平。他認為,目前還沒有人能夠提出可行的替代方案。[29]此書的清人序言,也將八股文置於整個文化背景(cultural relief)之中,稱讚清代在推動該文體的深入發展方面所做的貢獻。[30]

(一)明中葉的八股文起源

儘管宋、明考試文體有着明顯的連續性,一些清初學者認為八股文的最終定型是在明初。《明史》修纂者把這種新的「制義文」(crafted essays)追溯到明初洪武年間。[31]十七世紀末,顧炎武把八股文出現的歷史時間更精確地上溯到十五世紀末:

經 義 之 文 , 流 俗 謂 之 「 八 股 」。 蓋 始 於 成 化

---

28 Andrew Plaks 浦安迪 , *"Pa-ku wen,"* in *Indiana Companion to Traditional Chinese Literature,* ed. William Nienhauser 倪豪士 (Bloomington: Indiana University Press, 1986), 641–3; and Plaks 浦安迪 , "The Prose of Our Time," in *The Power of Culture: Studies in Chinese Cultural History,* ed. W. J. Peterson 裴德生 , A. H. Plaks 浦安迪 , and Y. S. Yu 余英時 (Hong Kong: Chinese University Press, 1994), 206–217.

29 梁章鉅:《制義叢話》(臺北:廣文書局,1976 年,重印 1859 年刊本),〈例言〉,頁一上至五上。

30 楊文蓀:〈序〉(1843 年),見梁章鉅:《制義叢話》。

31 Charles Ridley, "Educational Theory and Practice in Late Imperial China: The Teaching of Writing as a Specific Case", 419–424;另見《明史》(北京:中華書局,1974 年),卷七十,頁 1693。

（1465–1487）以後。股者，對偶之名也。天順（1457–1465）以前，經義之文，不過敷演傳注，或對或散，初無定式。……嘉靖（1522–1567）以後，文體日變，而問之儒生，皆不知「八股」之何謂矣。[32]

55

這裡，有意思的是，顧炎武把八股文的首次出現時間係於成化年間，但卻沒有把這種文體歸因於任何具體作者。

早期最著名的八股文作者是士大夫王鏊（1450–1524）。王鏊，1474 年應天府鄉試第一，[33] 1475 年會試第一，[34] 但殿試時，不幸遇到了主讀卷官商輅（1414–1486）——當時明代科舉唯一的「三元」（見第五章）。為了確保王鏊不會成為第二個「三元」，商輅把王鏊的最後一篇策答由其他考官評定的第一名壓到了第三名。[35] 商輅之所以能夠認出王鏊的試卷，是因為殿試不像鄉試和會試那樣糊名閱卷。商輅的同鄉謝遷（1450–1531）被擢為這一科狀元，他是 1474 年浙江鄉試第一，即鄉試和殿試「二元」。[36]

儘管名次被抑，王鏊的經義文卻在科舉闈場和翰林院外聲名大噪。時人稱：「文讓王鏊，貌讓謝遷。」商輅出於嫉妒篡改官方排名，謝遷的文章卻難以企及王鏊，王鏊的獨特文風

---

32 顧炎武：《日知錄集釋》（臺北：臺灣商務印書館，1968 年），第 2 冊，卷十六，〈試文格式〉，頁十九至二十。

33 見《進士登科錄》（1475 年），稿本，無頁碼。

34 見《會試錄》（1475 年），頁十八上。

35 梁章鉅：《制義叢話》，卷四，頁六；《進士登科錄》（1475 年）。

36 張朝瑞輯：《南國賢書》（1633 年），卷一，頁六下；張弘道、張凝道：《皇明三元考》（1618 年後刊本），卷四，頁十三上；焦竑編、吳道南校補：《狀元策》（明末刊本），卷上，頁六上至十三上。

開啟了後來被稱為八股文的文體的演進歷程。[37] 王陽明（1472–
1529）讚賞的王鏊論「性」之文，即基於其會試策答，曾在
1475 年會試第二道策答中被評為最佳。王陽明在為王鏊所作
的傳記中稱，1474 年南京應天府鄉試考官對王鏊的文章激賞
有加，將其比作宋代文豪蘇軾（1037–1101），還在最後的官
方報告鄉試錄中不易一字地錄其論和策答上呈。[38]

　　此外，與 1477 年致仕的商輅不同，王鏊在十五世紀末多
次充任會試考官，他的經義文有機會成為他所監理的考場中
數千考生的範文。王鏊是 1487 年會試同考官（應試考生 4,000
人），1496 年會試兩位主考官之一。顧炎武認為，正是這兩
科考試，八股體式首次被用作衡文標準。王鏊另外還充任過
1490 年會試同考官、1508 年會試主考官。[39]1795 年河南鄉試，
第三題策問考試文章，便是有針對性地提問王鏊文章是不是八
股文的先驅。[40]

　　在 1487 年八股文明確成為官方定式以前，我們對早期八
股文的初步觀感，可以王鏊 1475 年會試就《孟子》「周公兼夷

56

---

37 《會試錄》（1445 年），頁四五上至四七上；蔣一葵輯：《皇明狀元
　　全策》（1591 年刊本），卷四，頁十八上至二四上。另見梁章鉅：
　　《制義叢話》，卷四，頁。六下。

38 《會試錄》（1475 年），頁四九上。另見王守仁：《陽明全書》（臺北：
　　中華書局，1979 年，四部備要本），卷二十五，頁十二上至十四
　　下。

39 《會試錄》（1487 年），頁三上至四上；（1490 年），無頁碼；（1496
　　年），卷二，頁十二。另見王鏊：〈序〉，《會試錄》（1508 年）；《皇
　　明程世典要錄》（明末刊本），卷二，頁三一下。

40 《河南鄉試錄》（1795 年）。

狄，驅猛獸，而百姓寧」句所作之文為例。[41] 這次會試，王鏊還有兩篇《詩經》經義文（共三篇）、一篇表和兩篇策答，因「理明詞達」而被考官圈中。邱濬（1420／1421–1495），主考官之一，著名的翰林學者，稱王鏊這篇《孟子》四書文「修辭深而立意大」。王鏊第三場的策答也因「有考據」而受到讚譽，這位先知先覺的考官觸及了後世考證學的興起（見第七章）。[42]

下面王鏊的這篇八股文，曾被作為範文收入清代選本，是就《論語》「百姓足，君孰與不足」句所作的一篇「四書」文。文章討論了君主有責任改善民生的問題。[43] 王鏊的所有文章被一代又一代科舉考生抄寫、刻印和研習。這裡，我以對偶句的形式把這篇文章抄錄如下：[44]

[1. 破題：]

百姓足，君孰與不足？民既富於下，君自富於上。

[2. 承題：]

蓋君之富藏於民者也。民既富矣，君豈有獨貧之

理哉？

[3. 起講：]

---

41 《會試錄》（1475 年），頁六下至八下。另見 D. C. Lau 劉殿爵，trans., *Mencius: A Bilingual Edition* (Hong Kong: Chinese University of Hong Kong Press, 2003), 115.

42 《會試錄》（1475 年），頁六下至七上、二一、四十上、四八上至五二下、六二下至六九上；Ching-i Tu 涂經詒, "The Chinese Examination Essay," 403.

43 D. C. Lau 劉殿爵, trans., *Confucius. The Analects* (Harmondsworth, UK: Penguin Books, 1979), 114.

44 方苞：《欽定四書文》（臺北：商務印書館，1979 年，據 1738 年四部備要本影印），卷三，頁三上至四上。英譯，轉引自 Ching-i Tu 涂經詒, "The Chinese Examination Essay," 400–402，字句略有改動。

有若深言君民一體之意以告哀公，蓋謂公之加賦以用之不足也。[45] 慫足其用，盍先足其民乎。

[4. 起股：]

誠能

　　百畝而徹，恆存節用愛人之心，

　　什一而徵，不為厲民自養之計，

則

　　民力所出，不因於徵求，

　　民財所有，不盡於聚斂。

　　閭閻之內，乃積乃倉，

　　而所謂仰事俯育者無憂矣。

　　田野之間，如茨如梁，

　　而所謂養生送死者無憾矣。

[5. 續股：]

百姓既足，君何為而獨貧乎？

[6. 中股：]

吾知

　　藏諸閭閻者，君皆得而有之，

　　不必歸之府庫而後為吾財也。

　　蓄諸田野者，君皆得而用之，

　　不必積之倉廩而後為吾有也。

　　取之無窮，何憂乎有求而不得？

　　用之不竭，何患乎有事而無備？

[7. 後股：]

犧牲粢盛，足以為祭祀之供；玉帛筐篚，足以資

45　有若，孔子弟子。

朝聘之費。

　　藉曰不足，百姓自有以給之也，其孰與不足乎？

　　饔飧牢醴，足以供賓客之需；車馬器械，足以備
征伐之用。

　　藉曰不足，百姓自有以應之也，又孰與不足乎？

　　[8. 大結：]

　　籲！徹法之立，本以為民，而國用之足乃由於
此，何必加賦以求富哉！

　　王鏊的文章被收入乾隆初年方苞編纂的《欽定四書文》，
方苞評論其文：「層次洗發，由淺入深；題意即畢，篇法亦
完。此先輩真實本領，後人雖開闊照應，備極巧變，莫能繼武
也。」[46]

（二）八股文中的認知問題（cognitive issues）

　　王鏊撰寫這篇文章時，結構上特別講究使用排偶和類比。
全文通篇恪守「對句」和「屬對」格式，這個特點在他用來構
架論述的「起股」、「中股」和「後股」中尤為突出。[47] 考試文
章的篇幅從明末的 500 字增加到清中葉的 700 多字，但文章的
基本結構保持不變。嘉靖年間（1521–1567），1543 年山東鄉
試因一篇文章在「大結」中隱晦批評皇帝而引發爭議，導致文
章結尾大飾修辭的做法逐漸式微。[48] 到了康熙年間，論令廢除

46　方苞：《欽定四書文》，卷三，頁三上至四上；Ching-i Tu 涂經詒，
　　"The Chinese Examination Essay," 402.

47　Plaks 浦安迪，"The Prose of Our Time," 206–210.

48　李調元：《制義科瑣記》（上海：商務印書館，1936 年，叢書集成
　　初編本），卷一，頁三七至三八。

「大結」，代之以更簡略的「收結」。[49]清代制義文往往多增一股，意味着要以對偶工整、字數相同的四段文字來圍繞指定的經書引文作文。[50]

59

論述鏈（chain arguments）圍繞成對的互補命題展開，其說服力源於數個世紀以來對早期和中古時期駢文、古文文學傳統的繼承。[51]對仗的散體文，以成對互補的句子和段落推動論述展開，並借助類比法進行表述和澄清，避免了論述的散漫無章。最好的八股文能以「雙重視角」印證「四書」、「五經」中的聖人視角，這種雙重視角又與各股的對仗句法密不可分。[52]

上舉王鏊《論語》四書文，「起股」權衡了統治者遵循聖人治理之道的經濟後果。「中股」，先後通過「閭閻」/「府庫」、「田野」/「倉廩」兩組類比，表達了王鏊的個人看法。「後股」，從君王祭祀和牢禮的需求出發，進一步申論，同時強調百姓應先於賦稅和財富。基於這三股對仗，王鏊總結說加賦不是聖人首選的治國之道。

「起股」明確辨析的因（薄賦）果（民富）關係，幾乎是

49　見商衍鎏：《清代科舉考試述錄》（北京：三聯書店，1958 年），頁234、257。

50　見梁章鉅：《制義叢話》，卷二，頁八；Charles Ridley, "Educational Theory and Practice in Late Imperial China: The Teaching of Writing as a Specific Case", 459–469. 八股文的篇幅，見陳德芸：〈八股文學〉，頁 48–49。

51　Yu-shih Chen 陳幼石, *Images and Ideas in Chinese Classical Prose: Studies of Four Masters* (Stanford, CA: Stanford University Press, 1988), 1–13, 109–114.

52　E. R. Hughes 修中誠, "Epistemological Methods in Chinese Philosophy," in *The Chinese Mind,* ed. Charles Moore (Honolulu: University of Hawai'i Press, 1967), 28–56.

亞里士多德式的。[53]「中股」進一步申論，如果藏富於民，薄賦就將增加整個國家的財富。「後股」緊扣論點，表明何以薄賦將直接惠及朝廷而不僅僅是百姓。這樣一來，王鏊的結論就反駁了源於法家傳統的有關王朝財富和權力的國家主義話語。王鏊成功地把他的論述轉化為一種圍繞孔子民本政治思想建構的士人話語。

八股文作為一種基本的、被廣泛使用的文學體裁，其認知層面反映了數以百萬計的中國男性精英從年少時起為準備地方考試而不斷練習的說理形式。從「比較認識論」（comparative epistemology）的角度來理解晚期帝國的八股文，[54] 在歷史上是有益的：八股文的「股」可以理解為自上古時期演變而來的一種說服的修辭風格，堪比亞里士多德的三段論（syllogism）。在全面強調古典文化素養的時期，八股文充分展現了士人在公開的文學話語和法律等其他相關領域如何組織、表達並論證自己的觀點。[55] 晚期帝國的醫科考試也要求八股文體式，太平天國的科舉考試也是如此，只不過論題換成了中國基督教主題。[56]

60

53　Chung-ying Cheng 成中英 , "On Implication *(tse)* and Inference *(ku)* in Chinese Grammar," *Journal of Chinese Philosophy* 2, no. 3 (1975): 225–243.

54　Hughes 修中誠 , "Epistemological Methods," 92.

55　Fu-mei Chang Chen 陳張富美 , "On Analogy in Qing Law," *Harvard Journal of Asiatic Studies* 30 (1970): 212–224. 參閱 Joachim Kurtz 顧有信 , *The Discovery of Chinese Logic* (Leiden: Brill, 2011), 160, 183, 364。另見 Wejen Chang 張偉仁 , "Legal Education in Qing China," in *Education and Society in Late Imperial China,* ed. Benjamin Elman 艾爾曼 and Alexander Woodside 伍思德 (Berkeley: University of California Press, 1994), 309–310.

56　徐珂：《清稗類鈔》（上海：商務印書館，1920 年），〈考試類〉，頁 165–166、173。

十九世紀在華傳教的天主教傳教士，根據中世紀和文藝復興時期拉丁話語的推理形式，深知八股文的修辭屬性。因此，在把八股文翻譯成拉丁文時，他們尊重這種文體的文學手法，還探討這種雄辯和詩意的技巧是如何悅服士人的。[57] 從下面列出的八股文修辭形式的拉丁化對譯中，我們多少可以看出早期西方人對這個文體的尊重：[58]

1. 破題：*Apertura*
2. 承題：*Continuation*
3. 起講：*Exordium*
4. 起股：*Anterior pars*
5. 續股：*Propositio*
6. 中股：*Media pars*
7. 後股：*Posterior pars*
8. 大結：*Conclusio*

對仗在中國考試文章中的認識論意義，意味着文學、修辭和論述都是 1470 年代興起的形式化的八股「格」（grid）整體中的一部分。這種文學、修辭和論述的統一，確立了一套精準的衡文標準：衡量身體上禁閉於考場、認知上禁錮於八股文的數百萬考生的古典才華。「格」強調了 1475 年以後更為形式化的八股修辭範疇：先前考試文章的文「體」（genre）隨着

---

57 Jacques Le Goff, *Intellectuals in the Middle Ages* (Cambridge: Blackwell, 1993), 88–92.

58 P. Angelo Zottoli, SJ. 晁德蒞, *Cursus Litteraturae Sinicae*, vol. 5: *Pro Rhetorices Classe pars Oratoria et Poetica* (Shanghai: Catholic Mission, 1882), 12–44.

時間的流逝而發生變化，並在十五世紀被正式確定為技術性的修辭特徵，被明清考官用來評定文章等級。鄉試、會試考官要仔細審閱這些糊名試卷的抽象思維能力、說服能力和聲韻形式（prosodic form）。[59]

根據形式對仗的「八股格」的特定要求，考官和老師要檢查文章的股數和字數。在現存的作有標記的試卷中，我們總能看到眾多小圈，圈出每股的「正對」或「反對」。[60] 鄉試和會試第三場策問，儘管不要求以八股格行文，考官也還是會以一套記號來劃分試文的「大旨」、「段落」、「要字」和「條對」。[61]

這種要求字、詞、句對仗的文章格式，為考官提供了一種簡單而公正的衡文標準。[62] 八股格還包括卷面書寫格式，要求文字上下左右都要有一定間距。例如，提到在位的皇帝時，應抬二格以示強調，並避皇帝名諱。文章正文，應從每欄低幾格處寫起。清初以來存留的試文草稿表明，考生要把文章抄在分欄分行的試紙上，以便謄錄者和考官核查文章是否違式。[63] 如果考生在字數、對仗和添注方面沒有嚴格遵循格式要求，那麼試卷

---

59 Hughes 修中誠，"Epistemological Methods," 92, 99；Robert F. Campany 康儒博，*Strange Writing: Anomaly Accounts in Early Medieval China* (Albany, NY: SUNY Press, 1996), 21–24. 這裡，我用「格」而不用「體」，因為「體」體現了宋以來考試文章的延續性。

60 部分做有標記的文章，見 T. C. Lai 賴恬昌，*A Scholar in Imperial China* (Hong Kong: Kelly and Walsh, 1970), 16–18.

61 劉坦之輯注：〈凡例〉，《近科全題新策法程》（1764 年），頁一上至二上。

62 Ch'ien Mu 錢穆，*Traditional Government in Imperial China: A Critical Analysis*（《中國歷代政治得失》），trans. Chün-tu Hsueh 薛君度 and George Totten 陶慕廉 (Hong Kong: Chinese University Press, 1982), 113.

63 〈條例〉，《臨文便覽》（1875 年），頁一上至五下。

就會被判為劣等。[64] 在八股對句中,如有誤置之字,或一個字用得過多或過少,都有可能導致文章被黜落。鑑於 1350 個地方考試衙門以及鄉試考場的考生數以百萬計,考官自然會覺得以風格化、程式化的八股格為標準是必要的,這讓他們在有限的時間內評閱成千上萬份考卷的工作變得更快捷、更公正。當然,這種標準也可能適得其反。如果考官誤取為魁首的試文只有兩股,而不是規定的三股,就會見笑於考生。[65]

到了明末,顧炎武、方以智(1611–1671)等很多士人都認為,儘管格式嚴苛,考生只要潛心揣摩近科中式者的文章,哪怕以經書中任意一句引文為題,都可以寫出合格的文章來。1637 年,方以智〈七解〉談到一個年輕富家子弟的職業選擇時說:「獨呫嗶一卷,誦制義數千篇,一逾年而又不適時用,則又編新得第者之章句而誦之。」[66]

八股文篇幅,明代字數限制為 500 字,清代為 700 字,但明清兩代都要求考生用八股格的對仗形式來「代聖人立言」。[67] 像這樣明確要求士人懸擬主流態度聲音,與本書第一章所論的明清皇帝在策問中自居為聖王政治衣缽傳人,可謂相映成趣。士人可以通過八股文重獲「道統」,但重建「治統」的特權仍

62

---

64 陳德芸:〈八股文學〉,頁 23–48;商衍鎏:《清代科舉考試述錄》,頁 231–238。

65 李調元:《淡墨錄》,收入《函海》(1881 年刊本),卷十三,頁十二下至十三下;陳德芸:〈八股文學〉,頁 48。

66 顧炎武:《日知錄集釋》,卷十六,頁 386–387;Lung-chang Young, "Ku Yen-wu's Views of the Ming Examination System", *Ming Studies* 23 (1987): 51. 另見 Willard Peterson 裴德生, *Bitter Gourd: Fang I-chih and the Impetus for Intellectual Change* (New Haven, CT: Yale University Press, 1979), 47.

67 梁章鉅:《制義叢話》,卷一,頁十下。孔子「制春秋之義以俟後聖」,據說是以「制義」指稱八股文寫作的源頭。

屬於皇帝，皇帝才有資格賦予那些認同他的文化權威視野的士
人以權力。

　考生要根據其所記誦的朱熹注解，自主地闡釋一段經文，
就像是出自經書作者聖人之口一樣。「代聖人立言」作為一種
修辭形式，還要求使用能夠體現古人語言應有的措辭和情感力
量的感歎詞和連詞。這樣一來，書面文章就摻入了演說元素，
也突出了以對字、對句形式呈現的語言的表演性。[68]

　王鏊在這篇論述「百姓足，君孰與不足」的文章中，以嚴
格的對偶結構，對君王加賦提出了相當溫和的批評。文章援引
了孔子弟子有若的君民一體觀，這種觀點在時間上早於孟子的
「民貴君輕」論（見第一章），使得王鏊能夠建構大開大闔的
各股論述，以此反覆勸諫君王不要按照自己的直覺行事。只要
百姓富足，君王就會無缺、無求、無憂。王鏊從修辭上反對加
賦——這是君王增加國家財富最本能的做法，主張改善民生。
在程式化的八股格中，王鏊扮演了士人（讀起來像是出自「聖
人」之口）長期以來的勸諫角色。

　對聲名狼藉的八股文的文化抨擊，始於十九世紀，並在
二十世紀達到頂峰。批評家們指責說這些「四書」、「五經」制
義文是中國文學僵化的代名詞，還說這類文章本身就是中國文
化停滯和經濟落後的原因之一。直到最近，大多數中國文學研
究著作，要麼不承認制義文是一種文學形式，要麼以毫不掩飾
的輕蔑態度來對待它們。王鏊的文章說明了這種輕蔑態度的局

63

68　陳德芸：〈八股文學〉，頁 19–20；商衍鎏：《清代科舉考試述錄》，
　　頁 230；Ching-i Tu 涂經詒，"The Chinese Examination Essay," 405.
　　八股文的聲調性，見啟功：《說八股》（北京：北京師範大學出版
　　社，1991 年），頁 56–58。

限性。[69]

考試文章的編輯和出版

明清時期，鄉試和會試考場內，考官們手下有一大批抄工、刻工、印刷工負責在印造房中編刊考卷。他們以木版刊刻帶有考官批語的中式者文章，按排名裝訂成冊。這些集子被稱為「闈墨」，也稱為「朱卷」、「墨卷」。考生用墨筆答卷，但考官實際閱讀的是以朱筆重新謄錄過的糊名考卷。考生可以要求返還原卷。最後形態的考卷包括了各房同考官的評語，「房」則按「五經」，以及主考官的意見來劃分。因此，這些考卷公開出版時又稱為「房稿」。此外，鄉試、會試最好的經義文或策問文，都會列入考官的官方報告（「試錄」），上呈朝廷，交由翰林學者審閱。

考試文章的編刊，元代曾一度中斷，明代才又重新恢復。晚明出版熱潮中，考試文章的地位日益突出。[70]宋代也有考試範文，其中很多文章後來被收入南宋「類書」，在元末明初重刊發行。[71]明中葉個人和商業性的考試文集日益增多，部分原因在

69 鄧雲鄉：《清代八股文》（北京：中國人民大學出版社，1994 年），頁 277–301；Ching-i Tu 涂經詒, "The Chinese Examination Essay," 393–394；Andrew Lo, trans., "Four Examination Essays of the Ming Dynasty," *Renditions* 33–34 (1990): 167–168.

70 Craig Clunas 柯律格, *Superfluous Things: Material Culture and Social Status in Early Modern China* (Urbana: University of Illinois Press, 1991), 118.

71 陶福履：《常談》（上海：商務印書館，1936 年，叢書集成初編本），頁 18–19；李調元：《制義科瑣記》，卷四，頁一三三。另見 Lucille Chia 賈晉珠, "The Development of the Jianyang Book Trade, Song-Yuan," *Late Imperial China* 17, no. 1 (1996): 38.

64

於成化年間八股文體的定型化。考試市場的擴大——明清時期除京城和省會外還定期舉行第三級考試，共有 1350 多個縣試考場和 140 個府試考場——使得對這類考試文集感興趣的全國考生人數大幅劇增，從明代的一百萬人增加到清代的二、三百萬人。唐代，有資格參加京城考試的考生約六萬人。宋代，只定期舉行鄉試和會試，考生約四十萬人。[72]

　　明末，考試範文作家數量激增。[73] 除萬曆年間（1573–1619）流行的「房稿」外，1587 年還首次下令禮部和翰林院編纂「四書」制義文，收錄開國至嘉靖初的中式文章。接著出現了定期出版的「時文」選本，收錄當時最好的八股範文。1592 年出版了另一部時文選本。單個作家的八股文集盛行於弘治年間（1488–1505），稱為「稿本」，通常不是真正的科舉考試文章。王鏊的八股文章，最初即以《守溪文稿》為題刊刻出版，並多次重印。[74]

　　很多其他考試讀物刊刻於明末清初。特別是福建和長江三角洲地區各省商業出版業的擴張，使考試文章比宋元時期更為廣泛易得。考試文集並不是近年來研究中日漸受到關注的印刷出版業的主要產品，但累積起來，這些考試文集，以及數量愈來愈多的文摘、曆書和通俗文學作品，都表明十六、十七世紀

---

72 劉祥光：〈時文稿——科舉時代的考生必讀〉，《近代中國史研究通訊》第 22 期（1996 年），頁 49-68；Peter Bol 包弼德，"The Examination System and Song Literati Culture," in *La société civile face à l'état* [Civil society faces the state], ed. Léon Vandermeersch 汪德邁 (Paris: école Francaise d'extremeorient, 1994), 55；Chaffee 賈志揚，*The Thorny Gates*, 33–36.

73 梁章鉅：《制義叢話》，卷四至卷六。另見劉祥光：〈時文稿——科舉時代的考生必讀〉，頁 54。

74 商衍鎏：《清代科舉考試述錄》，頁 244–245。

白話文學和文言文學在絕對數量上的增長。[75] 到清末，經書和王朝正史的銷量依然不如更流行的八股文集，但八股文集的銷量又屈居白話小說之後。[76]

除明末文社為整頓文風而編刊「社稿」（行卷）外，[77] 出版新科會試、殿試進士試文集也獲利甚豐，儘管流行時間較短。幼年時即有「神童」之稱的王世貞（1526–1590），其文章被人廣泛效仿。[78] 作為在歷次考試中成績優異的翰林學者，他的文章和觀點代表的是朝中翰林圈內人士，他們試圖以自己的公開成就來影響士人品味。王世貞的兒子王士驌（1566–1601）從未獲得過較高官職，但他是編刊含有批點文字的八股選本的第一人。[79]

考場外競爭的士人觀點

私人出版業所迎合的讀寫群體的增長，為其他那些考試不

75　Ellen Widmer 魏愛蓮, "The Huanduzhai of Hangzhou and Suzhou: A Study in Seventeenth-Century Publishing," *Harvard Journal of Asiatic Studies* 56, no. 1 (1996): 77–122, 特別見頁 118–119。另見賈晉珠, "The Development of the Jianyang Book Trade, Song-Yuan," 10–48；Cynthia Brokaw 包筠雅, "Commercial Publishing in Late Imperial China: The Zou and Ma Family Businesses of Sibao, Fujian," *Late Imperial China* 17, no. 1 (1996): 49–92.

76　康有為：〈日本書目志識語〉（1897 年），收入陳平原等編：《二十世紀中國小說理論資料》（北京：北京大學出版社，1989 年），第 1 卷，頁 13。

77　劉祥光：〈時文稿——科舉時代的考生必讀〉，頁 62–65。

78　L. C. Goodrich 富路特 et al., ed. *Dictionary of Ming Biography* (New York: Columbia University Press, 1976), 2 vols.

79　戴名世：〈庚辰會試墨卷序〉，收入李國鈞主編：《清代前期教育論著選》（北京：人民教育出版社，1990 年），中冊，頁 223。

太順利的人提供了出版自己文章、獲得公眾認可的空間。[80] 歸有光（1506–1571），六次鄉試落榜，1540 年才中舉，期間卻憑着古文確立了廣泛聲譽，足以成為王世貞的勁敵——儘管歸有光直到 1565 年六十歲時才成為進士，且在同科進士排名中叨陪末座。[81]

艾南英，1624 年江西鄉試時他那篇著名的八股文因隱晦抨擊宦官擅權而引發軒然大波，雖然從未獲得進士功名，卻是公認的八股文大家。他選評的八股文集流傳最廣，成為明末清初八股文選本的典範。[82] 後來，他的很多文章，包括他因之獲罪的那篇以《孟子》「民為貴」為題的政論性文章，被收入方苞編纂的《欽定四書文》。這與人們通常以為八股文政治上無害（大多數時候確實如此）的印象相悖，也讓我們想到了明初《孟子》所面臨的審查（見第一章）。[83]

明遺民呂留良（1629–1683）的八股選本，在清初士人中的流行程度最終超越了艾南英選本，儘管最初呂留良不過是評注艾氏稿本。據說呂留良八歲時就能寫作八股文，但他始終未能跨過浙江鄉試這道難關，最後於 1666 年棄舉從醫，還成了廣受歡迎的八股文選本的編纂者。他不僅在選本中加入自己對考官取士排名的評論，有時還「謗議」蠻族統治。這些評論在

66

---

80 Kai-wing Chow 周啟榮，"Writing for Success: Printing, Examinations, and Intellectual Change in Late Ming China," *Late Imperial China,* 17, no. 1 (1996).

81 歸有光：《歸有光全集》（臺北：盤庚出版社，1979 年），頁 375–381。另見 Goodrich 富路特 et al., ed. *Dictionary of Ming Biography*, 759–761；Peterson 裴德生，*Bitter Gourd*, 53–54.

82 艾南英：《艾千子先生全稿》（臺北：偉文圖書出版社，1977 年）。

83 方苞：《欽定四書文》，卷九，頁三四上至三六上；Lo, "Four Examination Essays of the Ming Dynasty," 176–178.

他身後的雍正朝（1722–1735）引發了大案。[84]

戴名世（1653–1713）也以八股文大家著稱，儘管 1680 年代江南鄉試屢試不售，但他編輯評注的八股文選本，被考生廣泛閱讀和仿效。通常說來，知名學者應先通過科舉考試，再出版自己的文章。1709 年，戴名世會試第一、殿試第二，授翰林編修。這樣的成功證實了他作為大文章家的名聲，但他也失去了自己的文化自主性。兩年後的 1711 年，他因在撰寫南明史時使用晚明年號被控「大逆」，1713 年被處死，所有著述悉數被銷毀。[85]

呂留良、戴名世、李紱（1673–1750）等學者有效地顛覆了八股文的官方排名。如今出現了兩個公共法庭：一個來自官方排名；另一個出自考場外的士人，他們對中式文章和考官的批評，代表了八股文更普遍的公眾品味，也反映了考場失意者遠多於得意者的現實。失意者往往讚同考場外文化裁判者的觀點，後者常常譴責考官對八股文缺乏判斷力。1702 年，戴名世評論當年墨卷的等級次第時說：「有定者在天下，無定者在

84　容肇祖：《呂留良及其思想》（香港：崇文書店，1974 年），頁 1–18；Arthur Hummel 恆慕義, ed. *Eminent Chinese of the Ch'ing Period*, 551, 701. 見戴名世：〈九科大題文序〉，收入李國鈞主編：《清代前期教育論著選》中冊，頁 226–228；Pierre-Henri Durand 戴廷傑, *Lettrés et Pouvoirs: Un procès littéraire dans la Chine impériale* [Letters and power: A literary case in imperial China] (Paris: école des Hautes études en Sciences Sociales, 1992).

85　戴名世撰寫的幾篇時文選本序言，見李國鈞主編：《清代前期教育論著選》中冊，頁 213–240。另見 Elman 艾爾曼, "Qing Schools of Scholarship," 15–17.

主司而已矣。」[86] 然而，對考官標準的這些批評，不是出自專業批評家之手。士人文化活動的「職業化」，無疑包括那些以編選、評注中式文章——特別是「四書」文——為生的士人，但這些職業關注是零散的，在前現代中國的文化經濟中還沒有確立正式地位。[87]

（一）爭奪帝國經典

李攀龍（1514–1570）、李夢陽（1472–1529）等著名散文家被稱為明代「前七子」，因為他們試圖仿效漢唐古文，還通過編撰「四書」研究著作來傳播自己的觀點。「四書」也被視為典型的漢代文學作品，其風格簡練、中正，是古文寫作的必要前提。如李攀龍《四書正辨》出現的時代，既有王陽明批駁朱熹對《大學》的闡釋，又有豐坊（1523 年進士）等人偽造《大學》石經「古本」——豐坊聲稱得自石經拓片。[88]

佛教和道教的影響愈來愈大，王陽明等明代文人學士也讚同當時流行的「三教合一」說。林兆恩（1517–1598）儘管曾中秀才，卻在 1551 年摒棄舉業，開講授徒，傳播他自創的「心法」。袁黃（1533–1606），晚明三教合一思潮的領袖之一，

---

86 戴名世：〈壬午（1702 年）墨卷序〉，收入李國鈞主編：《清代前期教育論著選》中冊，頁 238。李紱的觀點，見李國鈞主編：《清代前期教育論著選》中冊，頁 330–333。

87 Elman 艾爾曼, *From Philosophy to Philology: Intellectual and Social Aspects of Change in Late Imperial China* (Los Angeles: UCLA Asian Monograph Series, 2001), chapter 4；Sano Koji 佐野公治：《四書学史の研究》（東京：創文社，1988 年），頁 103–155、365–368。

88 Sano Koji 佐野公治：《四書学史の研究》，頁 371–373；James J. Y. Liu 劉若愚, *Chinese Theories of Literature* (Chicago: University of Chicago Press, 1975), 90–92.

認為善書可與程朱學說兼容並包，為此還撰寫了《四書刪正》。佛道思想慢慢滲入科舉考試。[89]

　　從很多反映王陽明學說的「四書」版本和時文選本可以清楚看出王陽明《大學》觀對士人生活的影響程度。王陽明在其重建的《大學》「古本」中認為，朱熹把他自己的評論混入「格物」一段冒充原典，從而歪曲了《大學》原本。這場文本之爭，成了後來專事此類難題的文獻學和考證學興起的源頭之一。[90]

　　嘉靖年間，王陽明的觀點在科舉考生中大行其道。例如，1523 年會試，考官出了一道意在批評王學的策問題，而王門弟子人數眾多，其中幾位江西考生拂袖而去，以示抗議，另一位門人則借機宣揚王學，得中進士。其他進士也對王陽明學說印象深刻。隆慶年間（1567-1572），考官中的反王之風趨弱。此後，程朱支持者眼中的「邪學」便逐漸滲入科舉考試。[91]

　　嘉靖年間的各種「四書」評注，也反映了從正統程朱闡

68

89　袁黃：〈凡例〉，《四書刪正》（無刊刻時間），頁一下；俞憲：《皇明進士登科考》（1548 年），收入《明代登科錄彙編》（臺北：學生書局，1969 年），第 1 冊、第 2 冊。另見 Cynthia Brokaw 包筠雅，*The Ledgers of Merit and Demerit: Social Change and Moral Order in Late Imperial China* (Princeton, NJ: Prince ton University Press, 1991), 17–27, 231–2; Judith Berling 白居迪，*The Syncretic Religion of Lin Chao-en* (New York: Columbia University Press, 1980), 49–61, 73–74; Wei-ming Tu 杜維明，*Neo-Confucian Thought in Action: Wang Yang-ming's Youth* (Berkeley: University of California Press, 1976).

90　Sano Koji 佐野公治：《四書学史の研究》，頁 375–378。另見 Bruce Rusk 阮思德，"The Rogue Classicist: Feng Fang (1493–1566) and His Forgeries" (PhD diss., University of California, Los Angeles, 2004).

91　李調元：《制義科瑣記》，卷二，頁六一；Goodrich 富路特 et al., *Dictionary of Ming Biography,* 1103.

釋到王陽明及其門人新說的部分轉向。[92] 焦竑（1541–1620），
1589 年狀元、翰林學者，在古典學問上持兼容並包態度。他
在 1594 年編輯的《皇明百名家四書理解集》中，除收錄堅持
程朱正統的諸家學說外，也收錄了王陽明及其門人的見解，以
突出明人對道德原則的理解。[93] 這種兼容並包，甚至在程朱忠實
門徒中也不罕見，他們對十七世紀初王門左派的批評，比對王
陽明本人的批評更為激烈。古典學問上的這種兼容並包，也讓
此類著作吸引了更多的買者和讀者。[94]

　　雖然這些「四書」評注的觀點各不相同，新思潮也很明
顯，但就現存作品而言，大多數還是秉持了「道學」主流。湯
賓尹（1568 年生）的《四書衍明集註》稱書中所收諸家注解也
是朱熹在世時願意採錄的。[95] 但很少有人不受王學堅定支持者的
影響。明末清初的「道學」，在很多方面都是後王陽明時代所
復興的程朱學說，影響了科舉考試和各種「四書」注本對「道
學」的闡釋。隨着萬曆年間（1573–1619）愈來愈多「四書」
注本公開吸收王學思想，也為佛道思想滲透科舉制義和「四書」
傳注敞開了大門。[96] 俞長城（1685 年進士）就站在清人的角度
回顧過去，指出佛家禪學滲透士人思想應歸咎於王門弟子。艾

69

92　徐爌：《四書初問》（1563 年刊本），卷三，頁九八下；蔣一葵：
　　〈序〉，頁一下至三上。

93　焦竑：《皇明百家四書理解集》（約 1594 年刊本），卷上，頁八下。

94　Elman 艾爾曼, *Classicism, Politics, and Kinship*, 76–77, 104–105.

95　湯賓尹：〈凡例〉，《四書衍明集註》（刊刻日期不詳）。

96　周延儒（1588–1644，1615 年狀元）：《四書主意》。另見 Kai-wing
　　Chow 周啟榮, "Writing for Success," 132.

南英和顧炎武都抨擊萬曆年間的八股制義充斥着禪宗學說。[97]

　　除了受佛道影響的士人的八股制義中所見的異端因素外，晚明學術的另一思潮是恢復明初官方古典課程所擯棄的漢唐注疏。一些明代學者對永樂年間的「三部大全」日益不滿，轉而試圖結合考據學與「四書」研究來復興古典學問。1516 年浙江鄉試就有一篇策答批評了十五世紀以來明代科舉考試中出現的「考據學」（reliable learning）傾向。方苞也批評明中葉的八股文不得漢唐注疏要領。[98]

　　明末張溥（1602–1641）在主持復社期間撰寫的《四書考備》，是一部關於「四書」人物的考據性著作。此書出版於 1642 年，是薛應旂（1500–1573?）於 1557 年刊刻的《四書人物考》的續作。到了清初，考據學家閻若璩（1636–1704）則撰寫了地理研究方面的《四書釋地》。證據和分析，如今用在了作為經書的「四書」上。[99]

　　1780 年代乾隆朝《四庫全書》的編纂者們在回顧「四書」研究的發展時，這樣評論十六世紀以來的大變化：「明代儒生，以時文為重，時文以『四書』為重，遂有此類諸書（即薛應旂《四書人物考》），襞積割裂，以塗飾試官之耳目。斯亦經術之極弊。」[100] 清人的這種傲慢評價，說明明代「四書」研究先轉向王學、再轉向考據，其偏離程朱正統到了何種地步。

　　清初「四書」注解沿襲了明末離棄王學的趨勢。1645 年，

70

97　梁章鉅：《制義叢話》，卷五，頁十下；李調元：《制義科瑣記》，卷一，頁四十。另見 Sano Koji 佐野公治：《四書学史の研究》，頁 406–418；Goodrich 富路特 et al., *Dictionary of Ming Biography*, 975–8. 另見顧炎武：《日知錄集釋》，卷三，頁 111–112。

98　Sano Koji 佐野公治：《四書学史の研究》，頁 379–380、420–424。

99　Elman 艾爾曼, *From Philosophy to Philology*, 140.

100　《四庫全書總目》，卷三十七，頁十四。

清廷頒定科場條例,確定鄉試和會試首場「四書」三題順序:
《大學》、《中庸》擇一而考,《論語》、《孟子》為必考。1658
年,會試「四書」考題由皇帝欽命。[101] 前述呂留良、戴名世的
時文選本與艾南英選本的不同之處在於,前者注重以漢唐注疏
補充程朱之說。十八世紀「古學」(Ancient Learning)復興的
高峰時期,八股文取宋前注疏風氣最盛。1779 年,乾隆皇帝
親閱順天鄉試《論語》題試文,指責這些文章不合漢唐注疏,
令人難以接受。[102]

　　明代開啟的「古學」轉向,在清代達到了頂峰。這反過來
又影響了古典研究和科舉制義。毛奇齡(1623–1716)等人對
「四書」漢唐注疏重要性的強調,也影響了後來的戴震(1723–
1777)等人,他們將反對程朱「道學」闡釋。接着,漢學大師
阮元(1764–1849)編纂了一部關於科舉考試中「四書」及其
注解歷史變化的權威著作,題為《四書文話》,類似於梁章鉅
1843 年出版的影響頗大的《制義叢話》。《制義叢話》也是一
部詳細論述八股文文學內容和體制源流的著作,讀者甚眾。[103]

(二)文學品味的官方化

　　清代欽定時文以明代為藍本。除 1737 年尊崇宋學的桐城
古文大家方苞奉旨揀選「以古文為時文」的制義文而編成《欽
定四書文》外,1704–1750 年間還出版了很多這類文選。受戴
名世「逆案」牽連的方苞,在政治上平反後,試圖統合「道學」
與古文傳統,使八股文在以漢學為主導的考證學日益興盛的時

71

---

101 見陶福履:《常談》,頁 33、35。
102 Sano Koji 佐野公治:《四書学史の研究》,頁 420–422。
103 毛奇齡:《四書改錯》(上海:商務印書館,1936 年),頁 19;商
　　衍鎏:《清代科舉考試述錄》,頁 248。

代恢復生機，有裨於時。[104]

　　方苞的《欽定四書文》分為明文四集（共 486 篇）、清初至雍正朝（1735 年）文一集（共 297 篇）。方苞在序言中概述了八股文自 1465 年以來的文學演變。據方苞所述，明中葉（1465–1506）考生仍秉承明初傳統，堅持「四書」、「五經」經文及其注解，他們行文拘謹，恪守形式規範，但卻常常曲解傳注。[105]

　　方苞認為，明文發展的第二個時期，即 1506–1566 年間，唐順之（1507–1560）、歸有光等著名作家「以古文為時文」，明文盛極一時。到了第三個時期，即 1567–1620 年間，是八股文的衰頹期，作者過分關注文學技巧，疏於古典義理。同樣，第四個時期，即 1621–1644 年間，文體弊壞，考生往往借題橫議，抒發自己的主觀看法。話雖如此，書中所收第四時期文章仍多於其他三個時期。

　　方苞對書中所收清代文章的評價較為謹慎。他自己在滿清治下的流放經歷，令他深知文學與政治可以是一種爆炸性的混合物。收入艾南英對天啟朝（1621–1628）的政治批評文章，已是他所能做的極限。而對於清代文章，他盛讚它們能夠綜合明代四個時期文章的精華，並在序末總結說書中所收清文皆能就「正學」（即「道學」）而「發明義理」。當時，面臨古學與駢文的挑戰，方苞希望把八股文與宋前駢文聯繫在一起，以八

104　Kent Guy, "Fang Pao and the *Ch'in-ting Ssu-shu wen*," 168–175, and Kai-wing Chow 周啟榮 , "Discourse, Examination, and Local Elite," 187, both in *Education and Society in Late Imperial China,* ed. Benjamin Elman 艾爾曼 and Alexander Woodside 伍思德 (Berkeley: University of California Press, 1994).

105　方苞：〈凡例〉，《欽定四書文》，頁一上至二上。另見 Ching-i Tu 涂經詒 , "The Chinese Examination Essay," 403–404.

72　股文來捍衛程朱學說。[106]

　　不過，方苞的成功之處在於，他在歸有光和其他明代士人——非官方的外人，但擅長八股文寫作——的基礎上進一步提高了八股文在中國文學史上的突出地位。當時，艾南英、呂留良、戴名世等人已把八股格從其陰鬱的文化監獄中解放了出來，使其在出版界成為一種自成一體、切合時用的文體。他們構建的文學譜系僅限於官方考場之外的士人生活，因而也賦予了八股格一定程度的文學自主性。

　　方苞則把這個譜系帶到了清廷的廟堂之上，並對八股文讚賞有加。有些人並未金榜題名，但其文章也被方苞收入書中。[107] 這樣一來，八股格就在體裁上兼容了科舉考試和士人品味，而這種趨勢是滿清朝廷樂於接受的。此外，方苞此書還否定了十七世紀顧炎武等士人對八股文的批評傳統，現代學者漫不經心地轉引這些批評，視之為主流，而不是例外。1740–1793 年間正是考試科目的大變革時期，方苞編纂此書獲得了朝廷支持。八股文經受住了批評，成了科舉考試和士人選本的一種公認文體。1781 年和 1814 年都有官員奏請重刊或續補方苞此書。[108] 晚清對八股文的抨擊——在 1898 年戊戌變法時最為激烈——輕忽了這一文體的文化譜系，剝奪了它在士人生活中的意義和重要性。

　　十八世紀末，李調元（1734–1803）在其著述中盛讚明初以來科舉考試在選拔官員方面所發揮的長期重要作用。他對明

106　方苞：〈凡例〉，《欽定四書文》，頁二下至三上。另見 Guy, "Fang Pao," 167–168；Kai-wing Chow 周啟榮 , "Discourse, Examination, and Local Elite," 188–190.

107　Guy, "Fang Pao," 166–167.

108　《禮部題本》，1781 年 2 月福建御史董之銘奏請續編方苞之作。

清科舉制度的開創性研究——本書多次徵引——估量了其對民眾日常生活的影響，很能代表十八世紀末對科舉考試的總體積極評價，雖然他也談到了這個制度的諸多不足。

這種積極評價還包括肯定士人充任考官的作用。這些士人考官負責與朝廷一起共同制定科舉考試可接受的文學和學術標準，不時調整官方科目查考的知識範圍。當這些士人被任命為考官時，他們可以劃定策問範圍，影響考生入仕為官所需掌握的知識。1425 年以後，士人考官成了朝廷調整（gauging）考試市場的合作夥伴。

73

朝廷控制知識的權威標準與局限

官僚機構為全國性考試制度的人員配備和運作投入了巨大財力。反諷的是，這種投入的主要後果是明末考官再也無法花時間仔細閱讀每一篇文章。最後的考試排名，甚至八股文排名，都極其隨意。在承認現行課程對教育的影響的同時，我們必須警惕，不能把考場內不堪重負的考官的衡文標準過度解讀為他們在自上而下強推正統學說時具有一致性或連貫性。考官在維持排名標準方面時的作用，愈來愈像是一種複雜的猜謎遊戲。他們往往只能注意到較為明顯的錯誤。

闡釋群體、權威標準、對官方知識的制度控制，這三個方面通過全國考場中的考官而結合在一起。但這種公共政治權力並不能轉化為一個有關文學品味的封閉的知識世界，也不能轉化為一個永恆不變的「道學」正統。考官做出道德判斷（moral reasoning）的分析框架以語言方面的重要假定為前提，即假定測試道德範疇和文學才華能夠影響行為表現，但這些假定在實踐中總是被推翻。科舉考官作為經學和文學專家群體為朝廷服

務，他們闡釋經書正典，制定具體的考試制度，決定排名的文學標準。有了這些文化和制度機制，從理論上說，他們就控制了官僚機構中最為重要的政治任命權。明初經書正典的歷史完整性（見第一章）很大程度上保持不變，直到十八世紀，滿族統治者才在士人謀臣的勸說下開始了一個考試科目大改革的時代（見第八章）。

74

考官監督從「四書」、「五經」和王朝正史中選取引文，截斷牽搭作為考題。作為科舉登第者，他們實際上是古典學問的持證從業者。他們的闡釋權威有助於再生產或改變考場中正統「道學」學說的權威。他們控制闡釋的努力，確保了王朝文化保守主義立足於一套固定經典的權威。但他們不是總能控制考生作文時所用的闡釋手段，如王門弟子的所作所為。新穎性和文學創造性不能通過立法加以禁止。新的文風和新的闡釋，使經義文在考場外演變成了一種重要文體。[109]

反諷的是，考試文章的語法、修辭和對仗措辭，把「道學」變成了一場文學比試。「道學」的正統闡釋與道德修辭的既定論述鏈，要經受八股文體的篩選。考官不僅是朝廷及其官僚機構的代表，還是士人文化的參與者，與士人文化的變遷步調一致。他們的闡釋風格，往往窄化了文言的表達力，濾除了所需的概念化過程，限制了一些受歡迎的文體，還把某些文體如詩歌完全排除在外（1756 年以前）。[110]

---

109 Frank Kermode, "The Canon," in *The Literary Guide to the Bible,* ed. Robert Alter and Frank Kermode (Cambridge, MA: Harvard University Press, 1987), 600–610. 另見 Kermode, "Institutional Control of Interpretation," *Salmagundi* 43 (1979): 72–86.

110 Kenneth Burke, *On Symbols and Society* (Chicago: University of Chicago Press, 1989), 63–70.

考生應潤色古代，這就需要用公式化的語言來表達古人的觀點。而這種「古代」，又是基於程朱對經書正典的重建（見第一章）。對「道學」的強調，雖然難免被死記硬背所削弱，但卻意味着如果每個士人都成為道德典範，那麼王朝、精英和百姓就能繁榮昌盛。晚明，王陽明把道德知識等同於人的行為。對王學和程朱學說來說，政治、社會、文化的和諧，取決於每個個體的道德嚴謹。

考官的標準，轉化為官方圈子所能接受的鑑別形式。考場外的異議、大眾宗教和占卜術挑戰但從未推翻這些古典基礎（見第五章）。被具體化為一套文化體裁（古文、駢文等）、通過八股格來表達的經義文，成了朝廷選拔官員和士人表達古典聖王視野的交匯地。從 1475 年左右王鏊的時代起，一直到 1900 年，考官都選擇以八股文形式寫就的試文作為仿效的範本。

（一）最終排名

不過，想通過科舉考試實現官方知識的制度化，就需要對現有的文學形式主義進行實質性的改造。[111] 實際上，明代科舉考試的規模和範圍令人望而生畏。1523 年會試主考官指出，在選出 400 名中式者的過程中，17 位同考官和兩位主考官分入 15「房」，評閱試文約 3,600 卷；三場考生共 3,800 人，差不多一人一卷。55 位考試官員每人要應付考生約 69 人、試文 65 卷。同考官每人要評閱試文 220 多卷。[112]

111　參閱 Eliot Freidson, *Professional Powers: A Study of the Institutionalization of Formal Knowledge* (Chicago: University of Chicago Press, 1986), 1–17.

112　〈序〉，《會試錄》（1523 年），頁一下。

到了清代，童試和鄉試考生人數大增，考官即使職級有所提高，也難以跟上試卷數量。如 1742 年會試主考官報告稱，4 名主考官和 18 名同考官評閱了 5,913 名考生的 5,073 卷試文，取士 319 人，從中選出 22 篇文章列入官方報告（「試錄」）。每位同考官要評閱 328 名考生的試文近 282 卷。取士率只有 5.4%。[113]

1711 年朝廷延長了閱卷期限，但 1729 年廣東鄉試主考官在其官方報告的序言中稱，用了 20 天時間評閱了約 9,000 名考生的試卷，考官共取士 78 人（0.9%），選出排名靠前的文章 22 篇。[114] 錢大昕（1728–1804）監理了 1759–1774 年間的四次鄉試，在匯報 1762 年湖南鄉試情況時，指出考官在維持高標準方面所面臨的實際困難：

> 文卷浩繁，而時日有限。謂所去取者必皆允當而無一遺才，臣誠未敢自信也。然臣之心力不敢不盡矣，寬其途以收之，平其心以衡之……[115]

1465 年以後，鄉試、會試前三名，通常是那些能就「四書」三段引文之一寫出最好文章的人。然後再根據第一場經義文、第二場「論」或第三場策答的名次，來確定前三名的排名先後。直到 1787 年，也還是根據「五經」文選出前五名。因此，儘管明代重「四書」八股制義，但考官們評定等級時仍然手忙腳亂。明清之際，「四書」文評閱方面出現了重大變化。

---

113 〈序〉，《會試錄》（1742 年），頁一上。

114 〈序〉，《廣東鄉試錄》（1729 年），頁五。

115 〈湖南鄉試錄序〉，收入錢大昕：《潛研堂文集》（臺北：商務印書館，1968 年），卷二十三，頁 327–328。

　　清初的評定方式有所改變。鄉試、會試考官往往把一個考生的三篇「四書」文均列為第一，以此證明其排名高的合理性。規則是選出一個考生作為「四書」文魁首。程序上的這種改變帶來了很大不同，考生從最後排名和官方報告中可以看出這種變化。這意味着清代考官僅憑「四書」文就能決定最終排名，不像明代那樣還需要再確定前三名的具體名次。對「四書」的這種重視，也意味着考官可以根據他們對「五經」文、論和策答的判斷，來佐證基於「四書」文的排名。

　　從明到清，考官對優秀文章的評語篇幅大為縮減，也證實了這一變化。明代考官一般會在最後的官方報告中寫上幾句評語。清代考官則幾乎沒有時間，只能寫下八字（如「思深力厚，氣足神究」）[116]、四字（如「學有本原」）[117]或單字（如「取」或「中」）[118]短評。這些短評不足以說明文章何以特異於他人之作。到了最後，清代考官的評語甚至從八字減至一字。[119]

　　明代，朝廷已經開始抱怨策問沒有得到足夠重視。1527年和1564年，嘉靖皇帝要求考官重視策問，下令策答不佳者不取，無論其「四書」文或其他經義文水平如何。[120]明代大多數時候，策問雖然不那麼重要，但也受到了重視。鄉試、會試的最好文章，往往都出自前五名之手，有助於考官確定最終排名。1445年，商輅連中「三元」，但他會試所作八股文沒有哪

77

116　《順天鄉試錄》（1788 年），頁一上（策問）。

117　《順天鄉試錄》（1831 年），頁四五上。

118　《順天鄉試錄》（1882 年），頁三三上。

119　明代考官評語，見《明代登科錄彙編》，各處。清代考官評語，見《清代朱卷集成》（臺北：成文出版社，1993–1994 年），第 420 冊。

120　張朝瑞：《皇明貢舉考》（明萬曆年間刊本），卷一，頁二五上。另見《明史》，卷六十九，頁 1685、1688–1689；卷七十，頁 1693–1694、1698–1699。

一篇被評為最佳；排名第一，是因為他第二、第三場的論、表和策答文章都非常出色（見第五章）。[121]

清代重「四書」，意味着第三場策問愈來愈受人輕忽（見第七章）。1654 年以後，策答被評為最佳的考生，經常排不進前十名。除短暫恢復策問重要性的 1660 年代和 1890 年代外，排名低至第 88 名（1693 年）或第 90 名（1852 年）的考生，其策答都被評為最佳。1825 年順天鄉試排名第 68 的考生，其五篇策答都被評為最佳，這種情況在明代聞所未聞。清代考官如此疲憊不堪，他們把一個考生的所有策答都評為最佳，這樣就不必就五道策問分別選出不同的人來。清初評定「四書」文的做法，又在晚清評定策答時重演。

清代的這種做法，導致很多考生在準備第二、第三場考試時只是走過場，因為他們知道考官是根據第一場成績來確定名次的。評卷和排名的組織管理規模（logistical scope），使考官和考生都偏離了單純以道德和文學標準取士的「古典地圖」（classical map）。每道試題涉及的古典知識沒能像預期的那樣體現出來。考官代表了當時的文學和經學思潮，他們選擇性地影響了向考生展示「道學」、古典學問、歷史知識和文學品味的方式。迫於文卷浩繁、時間有限，考官的現實考慮壓倒了考試科目所依據的形式主義標準。[122]

（二）排名的隨意性

排名的隨意性嚴重削弱科舉考官的權威性和古典課程的

---

121 《會試錄》（1445 年），收入《明代登科錄彙編》，第 2 冊，頁 369–444。

122 《清史稿》（北京：中華書局，1977 年），卷一〇八，頁 3149、3152。

公信力，使命運觀廣泛滲入閱卷人和考生心靈中的，是每次考試或者說逐級考試的排名缺乏一致性。很少有人每次考試都能名列前茅，以至於人們認為，任何一次考試，人人都有機會考中第一，上次考試排名第一的人，也可能在下次考試中排名墊底。

　　部分原因在於考官無能或腐敗。更重要的是，明末考生數量大增，在地方層面上造就了一大批具有古典文化素養的男性群體，他們很多人在正規教育方面與考試市場上的其他人一樣有競爭力。地方考試（童試、歲試和科試）淘汰文盲、粗通文墨者和半文盲，鄉試再淘汰其他 99% 的人，一般只有復讀生才能跨過鄉試這道難關，然後再進京考進士。[123]

　　甚至明代會試、殿試兩場考試的排名也很少有關聯性。如 1469 年狀元，會試排名第 240，鄉試排名第 83。1568 年狀元，鄉試排名第 84，會試排名第 351（考生共 410 人）。翻看登科錄，鄉試和會試排名結果關聯程度高的情況很少見。這就是 1445 年連中「三元」的商輅聲譽如此顯赫的原因所在，也是他在 1475 年阻止別人復刻他事跡的原因所在。[124]

　　排名的隨意性，也見於有清一代。除 1820 年連中「三元」的陳繼昌（1791–1849）、1685 年連中「兩元」的陸肯堂（1650–1696）外，清代狀元在鄉試、會試、殿試中的排名很少有關聯性：會試排名在 100 名開外的有 21 人（佔樣本的35%），在 200 名開外的有 7 人（12%）；在會試中排名前十的狀元只有 16 人（29%），在鄉試中排名前十的更少，只有 15

79

123　Iona Man-cheong 文朵蓮, "Fair Fraud and Fraudulent Fairness: The 1761 Examination Case," *Late Imperial China* 18, no. 1 (1997).

124　《會試錄》（1586 年），收入《明代登科錄彙編》，第 20 冊，頁11135–11174。

人（25%）。就我的樣本而言，在鄉試和會試中排名前十的狀元總共只有 5 人（8%）。

1756 年以後增試詩歌，1793 年不再考「論」，進一步改變了衡文和排名標準。1786 年以後要求考生記誦全部「五經」的新規，也改變了重「四書」、輕「五經」的態勢。標準、經典闡釋、對官方知識的控制，都因為考試制度的龐大規模而受到了影響。考場外的士人意見，浸染了大眾宗教和占卜術，常常對考試體制提出質疑。

明清通俗文學把考官描繪成糊塗蛋的刻板套路，正是源於這一現實，畫出了選拔過程的可笑背景。就連莊存與（1719–1788）這樣有權勢、有影響力的翰林編修和內閣學士，也有可能首當其衝，成為考生的笑柄，他們嘲笑他出了名的「酷好短篇」。莊存與充任考官時，八股文不超過 300 字（清中葉的標準為 550 字）的考生都有機會名列前茅。莊存與肩負着評閱數千份考卷的艱巨任務，考生們則不怎麼同情他的困境。[125]

從明末到清中葉，儘管考生文章在修辭和文學上有所不同，卻再現了古典內容的整體一致性，這也增加了閱卷的難度。這一領域，與地方士人論爭私域中觀點的多樣性形成了鮮明對比。士人所持的學術觀點和古典立場各有不同。但在考試體制內部，除十六世紀和十八世紀的士人異議外，多樣性很大程度上都被汙名化了。把「道學」作為普遍原理，無意中為晚期帝國提供了一個統一的意識形態，以對抗王陽明等人挑起的對政治和道德現狀的可見威脅。十八世紀考證學的文獻學原教旨主義（philological fundamentalism），引發了更嚴重的威脅。

---

125 李調元：《淡墨錄》，卷十三，頁十二下至十三下。

反抗形式、政治團體與有組織的異議

考場派駐守衛，是為了防止作弊、腐敗和違規行為。1800年以後，鄉試、會試考場還增派兩名官醫。問題越多，越需要「特派」更多監考人員（「委官」）。通道有專人看守，防止考生傳遞紙條。其他守衛則被安排在考官的中央衙門樓頂或考院的角樓上，監視內外人等傳遞信息。作弊和腐敗程度，反映了對蓄意監控的反抗。考生不像表面上那麼溫順，他們想了很多辦法來對抗他們所認為的這個程序的壓迫性。他們試圖對抗他們眼中偽裝成正統知識的權力。[126]

（一）作弊與違規

唐宋考官經常討論作弊問題，並採取了應對措施。如南宋，1225 年考場舞弊之風盛行，1230 年代和 1240 年代抄襲等違規行為也時有發生。明代，作弊者的手法由來已久，有時還與考官相勾結，常見的作弊手法包括：（1）冒名頂替，由一個有經驗的、通常是年長的槍手代替真正的、更年輕的考生坐在號舍裡代考；（2）考題公布後，把考場內外其他人所作之文傳遞給號舍裡的考生；（3）把材料秘密藏在衣服裡帶進考場號舍（見圖 2.2）；[127]（4）賄賂考官；（5）在自己的糊名試卷上留出

81

126　徐珂：《清稗類鈔》，〈考試類〉，頁 73。

127　Andrew Plaks 浦安迪, "Research on the Gest Library 'Cribbing Garment,'" *East Asian Library Journal* 11, no. 2 (2004): 1–39. 見 Lucille Chia 賈晉珠, "*Mashaben:* Commercial Publishing in Jianyang from the Song to the Ming," in *The Song-Yuan-Ming Transition in Chinese History,* ed. Paul Smith 史樂民 and Richard von Glahn 萬志英 (Cambridge, MA: Harvard University Asia Center, 2003), 284–328.

空白頁或寫上事先商定好的兩三個字作為暗號，向受賄考官示意；（6）事先從考官或吏員手中購買考題。[128]

作弊是當時大眾想像和通常由考試失敗者所作的小說、戲曲、故事中的一種策略。[129] 受歡迎的悲劇主人公是那些屢戰屢敗的人，他們有時也會屈服於以作弊的方式取得成功。在大眾想像中，考官才是無情的惡人，合法登第者和取錄他們的考官的威信體系被顛覆了。

考官及其屬吏想了很多辦法來應對這些違規行為。例如，考題公布後不久，吏員要檢查每間號舍，在每份考卷上蓋章，以防這份考卷被其他考卷或其他人的考卷偷換。吏員還要定期巡視所有號舍，核對考生的入場簽與其目前所在號舍的編號。如果考卷或入場簽上的戳記有出入，就要取消該考生的考試資格。如蒲松齡 1687 年山東鄉試落第，就是因為他作文時無意中（至少他聲稱如此）漏寫了一頁答題紙。[130] 控制作弊的另一個辦法是把最好的考生（依據地方科試名冊）安排在離考官衙

---

128 李調元：《制義科瑣記》，卷二，頁四八、五四；卷三，頁八七；張朝瑞：《皇明貢舉考》，卷一，頁五三下至五四上；徐珂：《清稗類鈔》，〈考試類〉，頁 18–20、33–34；Chung-li Chang 張仲禮, *The Chinese Gentry* (Seattle: University of Washington Press, 1955), 188–197.

129 Wu Ching-tzu 吳敬梓, *The Scholars*（《儒林外史》），trans. Yang Hsien-yi 楊憲益 and Gladys Yang 戴乃迭 (Beijing: Foreign Languages Press, 1957)；P'u Song-ling 蒲松齡, *Strange Tales from Liaozhai*（《聊齋誌異》），trans. Lu Yunzhong 盧允中, Chen Tifang 陳體芳, Yang Liyi 楊立義, and Yang Zhihong 楊之宏 (Hong Kong: Commercial Press, 1988). 參見 Cyril Birch 白之, trans., *Scenes for Mandarins: The Elite Theater of the Ming* (New York: Columbia University Press, 1995), 200–206.

130 Allan Barr 白亞倫, "Pu Songling and the Qing Examination System," *Late Imperial China* 7, no. 1 (1986): 89.

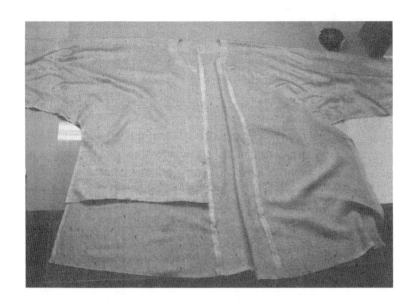

圖 2.2　作弊衣衫（上圖為全景，下圖為局部細節），普
　　　　林斯頓大學東亞圖書館和格斯特特藏（© The East
　　　　Asian Library and the Gest Collection, Princeton
　　　　University）

門最近的幾排號舍內，這種「榮幸」使他們很難有機會與考院內其他不那麼有才的考生互通消息。[131]

　　把數以千計的考生集中在考院內，場面可能會變得很難看，顛覆溫順的考生在面對「老師」監考時的應有禮儀。除火災外，流行病也會威脅考場，因為考場把各地考生集中在一個封閉的場所長達數天。如果考生聽信謠言，認為考試過程中存在違規行為或考官腐敗的情況時，就會引發騷亂。考題中出現錯字，也會導致罷考和抗議。[132]1567 年南京鄉試，考生得知取士名額大幅縮減時發生了騷亂，還出言辱罵主考官。[133]1603年，蘇州地方考試發生騷亂事件，生員對監考的知府涉嫌篡改某些考生的試卷感到憤怒，當下一輪考試開始時，有考生抗議，知府下令毆打其中一名考生，在隨後的混戰中，考生和考場外圍觀的群眾開始投擲石頭磚塊，考試抗議就此變成了一場公共騷亂。知府身上掛彩，後被允許辭職。[134]

　　清代，抗議也會惡化為騷亂。1699 年順天鄉試，有人舉報違規，主考官顯係無辜，但一開始還是受到了責罰。1705年，順天鄉試考生上街遊行，象徵性地砍掉了代表兩個主考官的稻草人的腦袋。1711 年，揚州府發生騷亂，發榜後，失望的考生指控滿族主考官向鹽商子弟出售科舉功名，騷亂者上街遊行，發帖表達不滿，還闖入府學，扣押教育官員作為人質，

131　Justus Doolittle 盧公明, *Social Life of the Chinese* (New York: Harper and Brothers, 1865), 421–428.

132　徐珂：《清稗類鈔》，〈考試類〉，頁 24–25。

133　Yuan Tsing 袁清, "Urban Riots and Disturbances," in *From Ming to Qing: Conquest, Region, and Continuity in Seventeenth-Century China,* ed. Jonathan Spence 史景遷 and John Wills 衛思韓 (New Haven, CT: Yale University Press, 1979), 286.

134　Yuan 袁清, "Urban Riots and Disturbances," 292–293.

滿漢總督相互指責,事件拖到 1711 年,康熙皇帝將二人罷職。[135]1711 年,江南鄉試兩位考生被發現「文理不通」,主考官被革職。後來,調查人員發現,這兩名考生在 8 月份鄉試開考前就已巧妙地將書面材料埋藏在了考院內。甚至總督也牽連案中。[136]

此外,十八、十九世紀旗人武舉作弊之風臭名昭著。1758 年,皇帝的貼身顧問、長江三角洲地區士人莊存與因嚴格考場關防引發旗人騷亂而差點被革職。最初莊存與被認為應對事件負責,但乾隆皇帝替他擔保,把矛頭指向旗人的惡劣行徑:

84

> (八旗子弟)即欲學習漢文,亦當潛心誦讀,量力應考。若自揣不能成文,而徒以傳遞懷挾,妄冀僥倖功名,是方其學習漢文時,已視為玩法舞弊之具。[137]

(二)賄賂及其後果

考生往往來自富裕家庭,有能力賄賂社會地位通常而言較低的胥吏和守衛。胥吏與考生的社會地位差異是個嚴重的問題,特別是 1384 年以來,胥吏子弟被禁止參加科舉考試,注定只能在地方衙門中世襲閒職,他們認為這種回報與他們的

---

135 同上注,頁 301–302。

136 黃光亮:《清代科舉制度之研究》(臺北:嘉新水泥文化基金會,1976 年),頁 262–264。譯案,1711 年揚州府騷亂和江南鄉試案是同一個案子。

137 Elman 艾爾曼, *Classicism, Politics, and Kinship*, 107–108.

服務不相稱。[138] 有時候，胥吏子弟也能參加鄉試，他們在所需的結保單上填報虛假信息，再由受賄的知縣把結保單送至省上。[139] 如果胥吏可以這種方式賄賂知縣，那麼，地方精英也可確保他們的子弟排在鄉試名單之首。明清時期監生身分的合法買賣，把官位與財力劃上了等號，賄賂與合法購買的區別就成了地位與財富的問題。[140]

從朝廷的角度看，最嚴重的問題是賄賂主考官和同考官，這通常涉及巨額金錢，如果消息走漏，可能會引發考場騷亂。學政最易受到影響，因為他在省上任職三年，定期巡視轄區，監督童生和生員考試。知府和知縣也有能力把某些生員置於鄉試名單之首，作為對親友的恩惠。[141]

晚明鄉試，主考官和同考官都是禮部專門指派的朝中人士，他們在各省很難發揮影響力。一些同考官來自翰林院，如果沒有到位的親友關係，地方考生就更難接近他們。[142] 不過，批評者指出，翰林學者接到鄉試考官任命後，他的用度和差旅所需均由他途經的縣、州、府支付。此外，可以想見，翰林考

85

138　陸深（1477–1544）：〈科場條貫〉，收入《儼山外集》（明嘉靖刊本），卷二十二，頁四上；張朝瑞：《皇明貢舉考》，卷一，頁一〇六下至一〇七上。見 John Dardess 竇德士, *A Ming Society: T'ai-ho County, Kiangsi, in the Fourteenth to Seventeenth Centuries* (Berkeley: University of California Press, 1996), 146–149；T'ung-tsu Ch'u 瞿同祖, *Local Government in China under the Qing* (Stanford, CA: Stanford University Press, 1962), 36–55.

139　徐珂：《清稗類鈔》，〈考試類〉，頁 126–127。

140　Dardess 竇德士, *A Ming Society,* 163–164.

141　Doolittle 盧公明, *Social Life of the Chinese,* 425–428.

142　同上注，頁 26–27；李調元：《制義科瑣記》，卷二，頁四八至四九、五五、七二至七三。

官在考前和考後還會收到地方官員和地方精英的餽贈。[143]

　　會試時，翰林考官的壓力也可能來自朝廷。明代，朝中高官影響考官的最著名案例涉及首輔張居正（1525–1582），據說他試圖影響 1574 年會試考官，好讓他的長子進入當年的殿試。後來，他的次子考中 1577 年進士，第三子為 1580 年殿試狀元。很多人相信張居正有能力影響考官，因為萬曆皇帝把日常行政事務交由他全權處理。但這類指控從未得到證實。[144]

　　腐敗問題是結構性的，儘管乾隆皇帝 1741 年諭令要求考官嚴防鄉試中的違規行為，[145] 但十八、十九世紀的腐敗現象依然是全國性的。1752 年順天鄉試，有監考官接受考生賄賂，這位考生原來是監考官的侄子，最後，侄子被取消鄉試舉人身分，叔父則被降職調用。[146] 現代作家魯迅（即周樹人，1881–1936）的祖父周福清（1838–1904），是出自紹興的翰林學者，也是周氏第一個重要學者，因試圖賄賂 1893 年浙江鄉試考官而被捕下獄。這起醜聞在經濟上和社會上都影響了魯迅的家庭。魯迅後來離開紹興私塾，在南京水師學堂開始了新的道路 *86*

143　Chang 張仲禮, *The Chinese Gentry,* 194–195.

144　《明史》，卷七十，頁 1702；卷二百十三，頁 5650；李調元：《制義科瑣記》，卷二，頁六三至六四。參閱 Ray Huang 黃仁宇, *1587: A Year of No Significance* (New Haven, CT: Yale University Press, 1981), 9–26, 33–41.

145　1741 年乾隆帝就順天鄉試嚴防舞弊和賄賂行為的諭令，見李國鈞主編：《清代前期教育論著選》下冊，頁 7–8。

146　黃光亮：《清代科舉制度之研究》，頁 270–271。譯案：實際上，叔侄二人均被處斬。

（1898–1899），後又轉入江南陸師學堂附設礦務鐵路學堂。[147]

　　針對科舉考試中的腐敗和賄賂行為，清代法律有專門的「徇私」條例。該條例規定了官員「貢舉非人」（「可取者置之不等，不可取者置之上等」）的杖刑次數。這類規定沿襲了明代刑法。官員受賄，則加重處罰。清代律例規定，鄉試、會試考官如與考生勾結，應立即斬決涉案人等。雖然處罰的嚴厲程度在實踐中打了折扣，如上舉周福清案（他沒有因為勾結考官被處死，而是一直在獄中受折磨，1901 年才獲釋），但法典明確要求吏部致力於維護科舉考試的公正性。[148]

（三）考生抗議與勾結考官

　　科舉考試是讓當前和未來的帝國精英成群聚集在一起的唯一機會。競爭造成考生的分化，腐敗和舞弊又把他們團結起來，特別是當考官明顯偏袒或不公時。[149] 如果考官涉嫌腐敗引發騷亂，涉案人等的後果將會很嚴重。不滿的考生經常提出指控，朝廷必須小心行事。如果指控不實，憤怒的皇帝往往會援引 1397 年洪武帝的先例，下令群情激憤的考生重考。[150]

　　明代著名士人出任考官時被成功或不成功地指控為腐敗的記載

147　徐珂：《清稗類鈔》，〈考試類〉，頁 87。Howard Boorman 包華德 and Richard Howard ed., *Biographical Dictionary of Republican China* (New York: Columbia University Press, 1967), 417；Mary Buck, "Justice for All: The Application of Law by Analogy in the Case of Zhou Fuqing," *Journal of Chinese Law* 7, no. 2 (Fall 1993): 118–127.

148　Buck, "Justice for All," 127–137。

149　《欽定科場條例》（1832 年刊本）。另見商衍鎏：《清代科舉考試制度述錄》，頁 325–350；黃光亮：《清代科舉制度之研究》，頁 258–275。

150　李調元：《制義科瑣記》，卷二，頁四八至四九。

隨處可見。有人因提前出售考題而被捕。[151]1597 年順天鄉試同考官
受到指控，某些試卷上出現了老莊道家語，被視為考官辨認試卷作
者的可能暗號。[152] 明末還有幾位考官請辭，引退官場數年。[153]

　　清初也有類似案例，滿漢旗人征服精英試圖控制南方考生
的作弊行為。1657 年江南鄉試，考官被控腐敗，差點引發落
第考生騷亂。考生們得知，一些本應由考生自備的答題紙上沒
有印上姓名信息，可能是考官事先留給他偏袒的考生的。他們
聚集在當地供奉文昌（掌管文運的神明）的文廟，憤怒地唱着
歌謠，謗訕考官。調查後，皇帝立即罷免主考官和同考官所有
職務，要求將涉嫌行賄的考生押送北京進一步調查。此外，皇
帝還下令所有沒有參加鬧事的考生在 1658 年覆試。後來，雖
然主考官被免職，但念在過去的功勞上，他們保住了性命。[154]

　　唐以來，科舉考試就捲入了宮廷政治。登第士子的慶賀儀
式，在舉子與考官之間製造了明顯的社會和知識團結，加劇了
朝中黨爭，而科舉取士制度本應防止出現這種情況。為了抵消
「鄉飲酒禮」（地方士子出門趕考前感謝老師的禮儀）和京城
「謝恩禮」（會試後確立考官與舉子主客關係的禮儀）的影響，
唐末以來，朝廷開始禁止這類謝恩禮。[155]

---

151 Ku Chieh-kang 顧頡剛 , "A Study of Literary Persecution during the
　　Ming"（〈明代文字獄禍考略〉）, trans. L. Carrington Goodrich 富
　　路德 , in *Harvard Journal of Asiatic Studies* (1938): 282–285.

152 李調元：《制義科瑣記》，卷二，頁七八至七九。

153 黃崇蘭：《前明貢舉考略》（1834 年），卷二，頁三二。參閱李調
　　元：《制義科瑣記》，卷二，頁七二至七七；焦竑編、吳道南校
　　補：《狀元策》（1733 年懷德堂刊本），卷上，頁六上。

154 李調元：《淡墨錄》，卷二，頁八下至十上；黃光亮：《清代科舉制
　　度之研究》，頁 259–261。譯案：「答題紙」之說不知源出何處，
　　「文廟」不是文昌廟，考官不是被從輕發落，而是被嚴懲，「以兩
　　大主考赴西市，房考十八人皆議絞」（《淡墨錄》卷二）。

155 Oliver J. Moore 莫歐禮 , *Rituals of Recruitment in Tang China*
　　(Leiden: Brill, 2004).

五代（907–960）和北宋時期，這種控制有所鬆動，慶祝儀式的重點從感謝考官轉向表達對皇帝的忠誠愛戴。宋代政府重視皇帝親任主考的殿試儀式，進士應先參加對皇帝的感恩儀式，再到太學祭祀孔子。明清時期，感謝皇帝的「恩榮宴」儀式愈來愈隆重，但即使重點落在統治者身上，也始終無法克服士子對考官的虔敬。晚明，利瑪竇（Matteo Ricci，1552–1610）注意到士子對考官感激涕零，指出這種場合足以結下終生情誼。但這類情誼造成的政治聯盟和考試勾結，也困擾了明清兩代。[156]

（四）士人黨爭、宮廷政治和「逆案」

此外，地方政治或突發事件可能會轉移人們對用作試題的經文中的永恆原則的注意力。考官和考生都要小心謹慎，以免考題或答案被讀為政治諷喻。如果考試文章涉及某些敏感問題或使用違禁字詞，就會引發災難。落第的一個常見原因是考生作文時使用違禁字詞。1456年，負責順天鄉試的翰林主考官被控出題犯禁，未避皇帝名諱，同考官還被指控放任考場內的作弊行為。同樣，1537年南京鄉試，兩位主考官被控策問國家戎事，有「欺君」之嫌。[157]這類指控背後，往往涉及指控者

---

156 Pasquale M. d'Elia, SJ. 德禮賢, ed., *Fonti Ricciane: Documenti originali concernenti Matteo Ricci e la storia delle relazioni tra l'Europe e la Cina* [Ricci sources: original documents concerning Matteo Ricci and the story of the relations between Europe and China] (Rome: Libreria dello Stato, 1942), 1:49.

157 Ku 顧頡剛, "A Study of Literary Persecution", 279–290；Frederic Wakeman Jr. 魏斐德, *The Great Enterprise: The Manchu Reconstruction of Imperial Order in Seventeenth-Century China,* 2 vols. (Berkeley: University of California Press, 1985), 358n127.

的特殊利益。[158]

如前所述，1624年江西鄉試，艾南英在策答中批評京城宦官擅權而引發軒然大波，被禁考三科。當時很多考官都是無錫東林書院黨人，他們把宮廷政治帶到了各省。同樣，1624年派往南京和杭州的鄉試考官，據說因不尊重宦官頭目魏忠賢（1568-1627）——當時魏忠賢對東林黨人的清洗已勝利在望——而被革職，失去了選任考官的權利。[159]

其後，1629年在蘇州成立的復社，成了一個令人生畏的組織，致力於支持其成員參與朝中黨爭。復社是有明一代最大的政治利益集團，而考試成功是它獲得權力的一貫途徑。[160]1630年南京鄉試，考生共7,500人，中式150人，其中復社成員30人，佔20%。1631年北京會試，這個成功故事又再次上演，進士347人中，復社成員有62人（18%）。復社成立兩年，就有好幾名成員進入翰林院。[161]

1643年殿試進士400人，一甲前三名均為復社成員，三

89

---

158 Elman 艾爾曼, "Imperial Politics and Confucian Societies in Late Imperial China," *Modern China* 15, no. 4 (1989): 393–396；Ono Kazuko 小野和子：《明季黨社考》（東京：同朋舍，1996年）。另見 John Meskill 穆四基, "Academies and Politics in the Ming Dynasty," in *Chinese Government in Ming Times: Six Studies,* ed. Charles Hucker 賀凱 (New York: Columbia University Press, 1966), 160–163.

159 黃崇蘭：《前明貢舉考略》，卷二，頁三八下；顧炎武：《日知錄集釋》，卷十六，頁388。

160 William Atwell 艾維四, "From Education to Politics: The Fu She," in *The Unfolding of Neo-Confucianism,* ed. Wm. Theodore de Bary 狄百瑞 (New York: Columbia University Press, 1975), 333–367.

161 《應天鄉試錄》（1630年），頁十九下至二二上。見 Atwell 艾維四, "From Education to Politics," 341; Wakeman 魏斐德, *The Great Enterprise,* 230–231, 279–280, 890–891.

人都有資格進入翰林院。1631 年以來，還有好幾位成員出任大學士。不過，隨着明王朝滅亡、滿族征服者入主中原，復社停止了活動，儘管其部分成員也通過了清代的科舉考試。[162] 明代特色的黨爭迅速消失，而明王朝滅亡的原因，部分就在於東林、復社等政治團體的破壞性影響，它們試圖通過科舉考試來強推自己的政治議程。

滿族統治者最初尚能防止再次出現士人通過科舉考試來擴大其政治影響的結黨情況。但「逆案」時有發生。1726 年山西鄉試，學政查嗣庭（1664–1727）被控欺君，因為其所出八股文試題首尾二字，看起來像是皇帝年號「雍正」被去頭，故有弒君之嫌。

調查發現他的筆札詩鈔有煽動性文字，皇帝下令把他關進監獄。次年，查嗣庭死於獄中，仍被戮屍示眾。查嗣庭家鄉浙江停罷鄉試，他的兩個兄長被逮捕。浙江全省舉人不得參加 1727 年會試。[163] 繼任學政經過深入調查，未發現任何謀反證據，說服朝廷如期舉行 1729 年浙江鄉試。[164]

在 1740 年的一起案件中，乾隆皇帝開始擔心謝濟世（1689–1756）所作的「四書」、「五經」評注中可能存在煽動性內容。謝濟世，康熙年間進士（1712 年）、翰林學者，雍正年間任監察御史（1726 年），因「誣告」雍正皇帝寵臣被判死刑，後改為充軍阿爾泰。當地軍事長官仔細檢查謝濟世流放期

90

---

162 Wakeman 魏斐德, *The Great Enterprise,* 113–126.

163 Hans Bielenstein 畢漢思, "Chinese Historical Demography, ad 2–1982," *Bulletin of the Museum of Far Eastern Antiquities* 59 (1967): 23–24.

164 商衍鎏：《清代科舉考試述錄》，頁 327–328。另見 Arthur Hummel 恆慕義, ed. *Eminent Chinese of the Ch'ing Period*, 22.

間的著述，發現他對朱熹的正統注釋提出了質疑。謝濟世再次被判死刑，但 1730 年從寬免死。1735 年乾隆皇帝即位後，被召回京，再任御史。

1736 年，謝濟世上疏大膽抨擊殿試內容僵化，批評考官取士只靠固定的文風和書藝。1740 年，再次立案調查時，發現他的經學近著含有偏離「道學」學說的非正統觀點。他的出版著作和版刻被悉數銷毀。負責調查的督軍報告稱謝氏已悔過自新，不然他將第三次被判處死刑。

最後要談的兩個案子都是晚清市民抗議的一部分：一是 1876 年四川省東鄉縣的縣考抗議；一是 1895 年康有為（1858–1927）領導的會試抗議，大批考生藉着考試聚集眾人的機會而抗議時政問題。四川東鄉考生不滿於 1870 年代地方官員以暴力手段鎮壓抗稅事件，他們不是按題作文，而是在試卷上寫下申訴，以此向時任四川學政的張之洞（1833–1909）表明態度。張之洞就抗稅事件上奏朝廷，促使事件最終裁定不利於盤根錯節的地方官員利益。[165] 在京城層面，1895 年北京會試前的抗議是前所未見的，標誌着甲午中日戰爭（1894–1895）清廷戰敗後皇帝在政治事務上的無能，以及士人日益強大的輿論力量。

91

接下來是本書的第二部分，共三章，我們的討論將從明清時期作為古典正統的「道學」轉向取士制度的意外後果。第三章先討論 1425 年以後科舉考試的政治機制，這將有助於我們理解這個精英有限流通的全國性擇優體制為何能持續五百年之久。

92

165　Guangyuan Zhou, "Illusion and Reality in the Law of the Late Qing," *Modern China* 19, no. 4 (1993): 442–443.

第二部分

科舉考試的意外後果

第三章 明清精英的流通

　　分析晚期帝國科舉制度的結構和流程，可以看出明代的成功在於它完善並改進了宋元考試模式。經歷 1350–1450 年間的經濟蕭條後，科舉取士的歷史演變，一方面，是其制度機制從京城擴大並深入到全國所有 1,350 個縣，明中後期高度的商業化、緩慢而穩定的人口增長（到 1600 年達到了 2.31 億人），都促成了這種擴大；另一方面，從明到清，考生人數持續增長，使數量不斷減少的進士（相對於人口增長而言）對數量日益增多的生員和舉人的優勢愈來愈大。用現代術語來說，就是「博士」學位重於「學士」和「碩士」學位。[1]

　　本章和下一章，我將討論主要與文官選拔有關的明代擴大化態勢的社會政治後果。後面幾章將討論考試市場與精英文化史的相互作用。考試過程及其制度演變的具體細節，帶來了意想不到的社會、政治、經濟和文化後果。如果只從功能或目的論的角度分析制度部分，就無法解釋這些後果。考試體制的歷

---

[1] Martin Heijdra 何義壯, "The Socio-Economic Development of Rural China during the Ming," in *The Cambridge History of China,* vol. 8, ed. Denis Twitchett 杜希德 and Frederick W. Mote 牟復禮 (Cambridge: Cambridge University Press, 1998), 437–439, 基於對低（1.85 億）、中（2.31 億）、高（2.89 億）三種增長程度的合理假設，估算了 1600 年的明代人口總數。這裡我取中位數，這大幅提高了 1600 年的中國人口總數。

95　史後果與其原本的預期功能在分析上是有區別的。

　　除何炳棣的開創性工作外，相關研究大都把晚期帝國的科舉制度視為現代化的一種制度障礙。但更全面的看法告訴我們，沒有任何先驗理由表明，1850 年以前經由考試體制再生產出來的紳士—官僚管理精英作為前工業時代的政治、社會管理者天然就是低效無能的。[2]如果只根據學術專業化和經濟生產力的現代目標來衡量士人教育，就會歷史地歪曲精英文化與帝國制度之間的社會、政治互動關係。本章將討論明清科舉制度中具有可比性的事件和過程，同時突出兩個朝代的顯著不同之處。清代對明代科舉考試制度的重大改變，或者說 1644 年以後做法上的重大變動，則留待後面幾章加以討論，後面幾章將側重於科舉考試制度——它最終消亡於 1905 年——在 1850 年以前的最後發展階段。

官員的政治再生產

　　明代官僚機構通過一種選官制度進行自我再生產。據《明史》，選官之法，大略有四：學校、科目（文武科舉）、薦舉和銓選。宋代選官之法則包括六個方面：科目、學校試、銓法、補蔭、保任、考課。明清雖然維持了與宋代類似的考績程

2　Liang Ch'i-ch'ao 梁啟超, *Intellectual Trends in the Qing Period*(《清代學術概論》), trans. Immanuel Hsu 徐中約 (Cambridge, MA: Harvard University Press, 1959), 28. 參閱 Anthony Grafton and Lisa Jardine, *From Humanism to the Humanities. Education and the Liberal Arts in Fifteenth-and Sixteenth-Century Europe* (Cambridge, MA: Harvard University. Press, 1986), 161–220. 另見 Ping-ti Ho 何炳棣, *The Ladder of Success in Imperial China* (New York: Wiley and Sons, 1962).

序，但其他方面，如鞏固家族連續性的補蔭和保任政策，晚期
帝國都加以限制，以保持精英流通體制的健康與活力。[3]

　　明清時期，以科舉功名步入仕途的人，是更大的行政程序
的一部分，涉及掌教育的禮部和掌官員銓敘的吏部。唐宋時期
官職與官階沒有固定關係，明代則要求二者嚴格對應（即官員
只能出任與其官階相對應的職位），同時還削弱了有損科舉考
試公平性的宋代蔭襲特權制。[4]

　　科舉考試反過來又催生了宋代下至府、明清下至縣的官學
制度。[5] 這些高級別官學，一縣一所，最初意在幫助考生參加
考官主持的書面考試。作為全國性的學校網絡，官學一開始取
得了成功，最終卻納入了考試體制，明清時期已名存實亡。官
學基本上沒有實際教學活動，只是學生自行準備科舉考試、領
取助學津貼的定額制中轉站。[6]

　　進入官學的前提是具備古典文化素養。白話和文言素養的
培訓都留給了私人領域，直到二十世紀初，官學才開始考慮以
大眾教育為目標。古典教育，旨在招攬人才進入何炳棣所準確
形容的「進身之階」（ladder of success），是在京城和地方事
務中獲得社會、政治聲望的關鍵。帝國統治者本身就以古代和

96

3　《明史》（北京：中華書局，1974 年），卷六十九，頁 1675；《宋史》
　　（北京：中華書局，1977 年），第 11 冊，卷一五五，〈選舉一〉，
　　頁 3603–3604。

4　John Chaffee 賈志揚, *The Thorny Gates of Learning in Sung China,*
　　new ed. (Albany, NY: SUNY Press, 1995), 95–115; Winston Lo 羅
　　文, *An Introduction to the Civil Service of Sung China* (Honolulu:
　　University of Hawai'i Press, 1987), 30–31, 141–170.

5　宋代學校制度延伸到縣一級，但科舉制度沒有。

6　Thomas Lee 李弘祺, *Government Education and Examinations in
　　Sung China* (Hong Kong: The Chinese University of Hong Kong
　　Press, 1982), 55–137.

古典主義為導向，他們承認以經書為基礎的精英教育是政府的一項基本任務，中國紳士也認為古典教育是衡量其道德、社會價值的正當標準。古代智慧，只要推廣和灌輸得當，就能培養男性成為領導者，為他們在中央和省級官僚機構，以及地方衙門中行使政治權力做好準備。[7]

帝國對精英教育的控制以朝廷有權選拔官員為前提，因此，政府更關心考試的組織制度化，而不是興辦學校或培養教師。政府允許文言教育和考試培訓脫離官學，轉入私塾、書院和宗族學校等私人領域。到 1500 年，考試制度吸引了 100 多萬老少男子參加選拔過程，通常一個縣有考生 1,000 多人。從兩年一次的地方考試開始，到三年一次的鄉試和會試結束，明代科舉考試通過制度矩陣（institutional matrix）的無情機制來調動人力資源。雖然屢遭詬病、改革不斷，但考試生活，就像死亡和稅收一樣，成了精英社會和大眾文化再自然不過的一個固定組成部分（naturalized fixture）。[8]

不管皇帝是好是壞、是暴君還是昏君，對王朝來說，更重要的是，選拔機制確保了每三年就有新一批具有古典文化素養的成年男子進入政府部門。新人和新活力，雖說最終難免被常態化，卻使得明清官僚體制不至於像 1865 年以後那樣無可挽回地受制於腐敗、專制主義（absolutism）或不切時務。[9]1384

7　Alexander Woodside 伍思德, "Some Mid-Ch'ing Theorists of Popular Schools," *Modern China* 9, no. 1 (1983): 3–35.

8　Chung-li Chang 張仲禮, *The Chinese Gentry* (Seattle: University of Washington Press, 1955), 165–209；Chaffee 賈志揚, *The Thorny Gates of Learning,* 3–9, 166–181.

9　Frederick W. Mote 牟復禮, "Introduction," in *The Cambridge History of China,* vol. 7, part 1: *The Ming Dynasty, 1368–1644,* ed. Frederick W. Mote 牟復禮 and Denis Twitchett 杜希德 (Cambridge: Cambridge University Press, 1988), 6–7.

年以後，明代鄉試和會試在一個不斷流動的精英社會中像鐘錶裝置一樣定期舉行，幾乎從未錯過一個選官節拍。清代，為慶祝皇室成員誕辰或其他吉慶事件，滿族皇帝還常常加開「恩科」考試。[10]

明清政府肯定資歷是官僚機構自主性（bureaucratic autonomy）的保障。官員任命和升遷的嚴格程序，應大於個人喜好。經過明初幾任皇帝的重大干預後（見第一章），官僚機構在面對皇帝諭令時恢復了一定程度的自主性，這削弱但並未消除統治者對公共事務的影響力。通過人事制度，士大夫獲得了與他們作為王朝合作者身分相稱的自尊，而這個身分正是公正的考試成功賦予他們的。朝廷兼顧精英利益，精英則為朝廷提供合法性和人力資源。[11]

鑑於帝國政府官員密度較低、人口穩步增長，朝廷為地方、省會、京城三級考試設置了嚴格的取士定額，把考生人數限制在可控範圍內。[12]明清考試制度把各省的城鎮整合為一體，因為「逐級上升的學術階梯再現了各級行政中心的層級制度」。[13]地方縣、府的官學及私人書院被動員起來，成為帝國官

98

10　Iona Man-cheong 文朵蓮, *The Class of 1761: Examinations, State, and Elites in Eighteenth-Century China* (Stanford, CA: Stanford University Press, 2004) 一書稱清代共舉行了 25 次恩科考試。

11　Lo, *An Introduction to the Civil Service,* 19–22, 217–218；Thomas Metzger 墨子刻, *The Internal Organization of Qing Bureaucracy* (Cambridge, MA: Harvard University Press, 1973), 397–417.

12　Susan Naquin 韓書瑞 and Evelyn Rawski 羅友枝, *Chinese Society in the Eighteenth Century* (New Haven, CT: Yale University Press, 1987), 106–114, 123–127, 224–225.

13　G. William Skinner 施堅雅, "Introduction: Urban and Rural in Chinese Society," in *The City in Late Imperial China,* ed. G. William Skinner 施堅雅 (Stanford, CA: Stanford University Press, 1977), 272.

僚體制的供料機構（feeder institutions）。[14] 地方城鎮的「嵌套層級結構」（nested hierarchy），對應於朝廷對知縣、知府和省學政授予地方文武科舉功名的控制。[15]

鑑於人口增長、縣治合併，中華帝國縣城數量的穩定性（漢為 1,180 個，唐為 1,235 個，宋為 1,230 個，元為 1,115 個，明為 1,385 個，清為 1,360 個）很容易迷惑人。[16] 縣城總數意味着官僚機構中知縣、知府的職位數量相對穩定，但 1500 年以後這些職位的候選人數也急劇增加。「政府效率持續走低」，原因在於行政部門的官員密度愈來愈低（1585 年應設 4,000 個縣，1850 年應設 8,500 個縣，這樣才比得上早期帝國的地方官員密度）。人口在十六世紀增至我們估計的 2.31 億，十九世紀增至 4 億–4.5 億，這影響了王朝調節稅收和法律制度的能力。不過，相較於行政效率長期持續走低，科舉取士制度依然是一個重要例外，直到太平天國運動（1850–1864）爆發。[17]

試圖通過科舉考試擴大其影響力的地方精英，與希望把精英社會流通的「閥門」置於政治控制之下的教育官員，展開了一場拉鋸戰。在生員人數激增時降低取士名額，是教育政策的一貫特點。例如，清代統治者就把明王朝的滅亡歸咎於不滿生

---

14 Tilemann Grimm 葛林, "Academies and Urban Systems in Kwangtung," in *The City in Late Imperial China,* 487–490, 496–498.

15 G. William Skinner 施堅雅, "Cities and the Hierarchy of Local Systems," in *The City in Late Imperial China,* 338–339. 譯案，學政，主管一省教育、科舉事務的官員，明清有提學官、督學使之稱，為行文方便，中譯統稱為學政。

16 G. William Skinner 施堅雅, "Introduction: Urban Development in Imperial China," in *The City in Late Imperial China,* 19–20.

17 同上注，頁 21–23。

員人數太多。[18] 此外，如第一章所述，1425 年以後，朝廷還對京城會試實行了額外的地區定額制，以保持南北地理平衡。[19]

　　明清時期，皇帝及其官員常常試圖限制官學體系以外的私人書院的擴張，因為不時有少數異議者挑戰考試制度，雖說一般都不成功（見第二章）。[20] 引發爭議的，還有士人就甚麼樣的教育最能發揮其社會、政治作用持有不同看法。品德高尚的官員和地方士人往往主張在私人書院或家中「修身」，以此矯正慘酷的考試過程對古典目標的扭曲。明末，私人書院一度成為不同政見的中心。在 1620 年代朋黨之爭和宦官擅權引爆政治危機以前，這些挑戰本身可以從制度上被導入文官選拔過程。[21]

　　士人異議很少挑戰文官制度的社會選拔過程或政府通過

18　Robert Oxnam 安熙龍 , *Ruling from Horseback: Manchu Politics in the Oboi Regency, 1661–1669* (Chicago: University of Chicago Press, 1975), 84–89; Lawrence Kessler 凱思樂 , *K'ang-hsi and the Consolidation of Qing Rule* (Chicago: University of Chicago Press, 1976), 154–158. 參閱 William Ayers, *Chang Chih-tung and Educational Reform in China* (Cambridge, MA: Harvard University Press, 1971), 44–50.

19　Chaffee 賈志揚 , *The Thorny Gates of Learning,* 119–156；Ping-ti Ho 何炳棣 , *The Ladder of Success,* 222–254.

20　Elman 艾爾曼 , "Imperial Politics and Confucian Societies in Late Imperial China: The Hanlin and Donglin Academies," *Modern China* 15, no. 4 (1989): 387–393.

21　John Meskill 穆四基 , "Academies in the Ming Dynasty," in *Chinese Government in Ming Times: Seven Studies,* ed. Charles O. Hucker 賀凱 (New York: Columbia University Press, 1969), 66–138；Mizoguchi Yuzo 溝口雄三 :〈所謂東林派人士的思想〉,《東洋文化研究所紀要》第 75 冊（1978 年 3 月），頁 111–341。另見 Ono Kazuko 小野和子 :〈東林黨考（一）〉,《東方學報》第 52 期（1980 年），頁 563–594；〈東林黨考（一）〉,《東方學報》第 55 期（1983 年），頁 307–315。

教育政策決定社會等級的權利。教育承認男女之別，承認按等級和聲望遞減的士、農、工、商之間的社會區別。當這種社會觀念變得不合時宜時，朝廷教育觀念的變化最多也只是在十四世紀末允許商人子弟參加考試競爭。明代，朝鮮人和越南人偶爾也能參加科舉考試，但清廷堅決拒絕了海關總稅務司赫德爵士（Sir Robert Hart，1835–1911）通曉漢籍的兒子參加光緒（1875–1908 年間在位）初年京城順天鄉試的請求，因為這一請求引發了士人的抗議。[22]

　　1860 年以前，相較於工商部門或軍隊中的同等職位，文官部門的職位聲望更高，權力更大，俸祿更豐厚。進入官場，於是就成了負擔得起應考所需的教育時間和費用的人的目標。政府的最低要求是教育體系有助於灌輸和強化「道學」的政治、社會、道德價值觀以維持王朝，這個要求與士人話語——標榜程朱學說的神聖性，強調士人價值觀作為社會、道德價值衡量標準的優先地位—— 相一致。

　　朝廷對這些合法文化符號（cultural symbols）的壟斷，使統治者得以辯稱政府人員配置所需的制度條件是正當的。分級考試制度，實際上是通過把商業或軍事成功所帶來的財富和權力轉移到文官體制中來再生產可接受的社會等級。但最終能夠入仕為官的只是極少數人，不到 5%，因此，通過教育傳播的政治合法性之所以能夠成功，正是因為提高社會地位是各級考試競爭的一個重要副產品。

100

22　徐珂：《清稗類鈔》（上海：商務印書館，1920 年），〈考試類〉，頁 85。

精英流通

官僚機構招攬具有古典文化素養的人才進入官場的做法，在明代首次從京城、省會向下滲透到所有府、縣。[23] 唐代，科舉考試只在京城舉行。漢代和隋代（581–618），候選人由地方精英薦舉。[24] 宋代，考試擴大為州（相當於明清的省）和京城兩級，雖然也有地方一級的「童子舉」，但原則上仍以薦舉為主。[25] 元代地方一級考試範圍有限，意味着科舉考試還沒有成為登進高官的有效渠道（見第一章）。[26]

如圖 3.1 科舉考試流程圖所示，在明代，兩年一次的「歲試」和三年一次的「科試」在縣、州、府衙門舉行，選拔合格生員參加三年一次的鄉試。理論上，地方考試三年兩考，由知

23 《明史》，卷七十一，頁 1724–1725。見 William Rowe 羅威廉，"Success Stories: Lineage and Elite Status in Hanyang County, Hupeh, c. 1368–1949," in *Chinese Local Elites and Patterns of Dominance,* ed. Joseph Esherick 周錫瑞 and Mary Rankin 冉枚鑠 (Berkeley: University of California Press, 1990), 51–81.

24 Seo Tatsuhiko 妹尾達彥：〈唐代の科舉制度と長安の合格禮儀〉，收入唐代史研究會編：《律令制——中國朝鮮の法と國家》（東京：汲古書院，1986 年），頁 239–274。

25 Denis Twitchett 杜希德，*The Birth of the Chinese Meritocracy: Bureaucrats and Examinations in T'ang China* (London: China Society Occasional Papers, 1974), 12. 參閱 Robert Hymes 韓明士，*Statesmen and Gentlemen: The Elite of Fu-chou, Chiang-hsi, in Northern and Southern Sung* (Cambridge: Cambridge University Press, 1987), 29–30；Chaffee 賈志揚，*The Thorny Gates of Learning,* 23–24. 明清時期，「府」通常由幾個縣組成，級別低於省。

26 王圻：《續文獻通考》（上海：商務印書館，1936 年），卷四十一，頁 3185。

縣、知府或學政主持。[27]

　　鄉試之後是會試和殿試，都在京城進行，是考試過程的最後階段。通常情況下，考生在秋季參加鄉試（秋闈），中式後則於次年春季在南京（1421 年以前）或北京（從 1415 年起）參加會試（春闈）。[28] 會試中式者參加皇帝主持的最後殿試，這是皇帝的個人試金石，以確保考生對他政治忠誠，以及最後排名公平公正。這個最後階段，代表了宋代模式對唐代考試的重大改變，唐代考生對考官的忠誠遠甚於對統治者的忠誠。總的說來，這種三級考試制一直延續到了 1905 年，雖然清代每場考試的題型時有變動。[29]

101

地方進學考試（童試）和鄉試資格考試（科試）

　　地方考試每兩年一次，一天內考完，合格後方可進入官學。地方考試還與重新認定生員身分（即有資格參加更高級別考試的考生）的歲試合併舉行。官學新生由知縣、知府、學政主持的縣、府、院三級考試選拔。所有官學新生和新認定的生員都要撰寫兩篇文章，一篇「四書」文，一篇「五經」文。此

27 商衍鎏：《清代科舉考試述錄》（北京：三聯書店，1958 年），頁 1–21；Etienne Zi 徐勱, *Pratiques des Examens litteraires en Chine* [Practices of the literary examinations in China]（《中華文科試實則》）(Shanghai: Imprimerie de la Mission Catholique, 1894)，35–80.

28 李調元：《制義科瑣記》（上海：商務印書館，1936 年，叢書集成初編本），卷一，頁二九至三十。

29 Oliver Moore 莫歐禮, *Rituals of Recruitment in Tang China* (Leiden: E. J. Brill, 2004), 181–229.

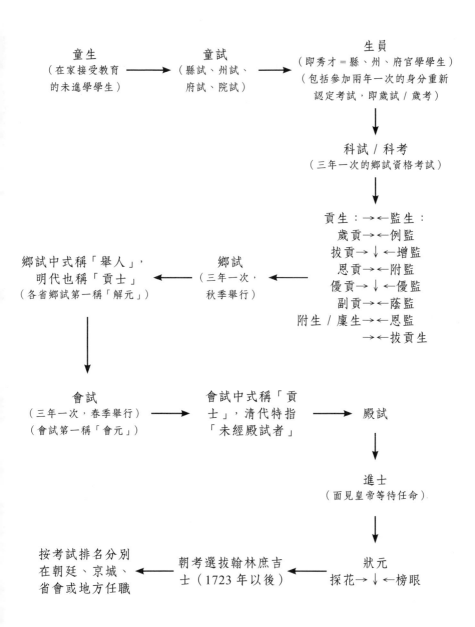

圖 3.1　明清科舉考試流程圖及科舉功名，見本傑明・艾
　　　　爾曼：《晚期中華帝國的科舉文化史》（*A Cultural
　　　　History of Civil Examinations in Late Imperial China*,
　　　　Berkeley: University of California Press, 2000）

102

外，也考策問；1756 年以後還要考詩歌。[30]

　　明初，在太祖洪武帝的堅持下，地方考生還應記誦皇帝的《大誥》，這是一本關於道德和法律訓誡的小冊子。後來，繼任的明代皇帝認為有必要降低文學在科舉考試中的分量，又以太祖的《聖諭六言》取代《大誥》。[31] 這些額外增加的考試內容，成了清代地方考試考康熙皇帝 1670 年《聖諭》和雍正皇帝 1724 年《聖諭廣訓》的先例。地方官員宣講「鄉約」時也會誦讀這些文本。[32]

　　衙門考官根據童生和生員試卷的書法、文風、內容評定其等級，[33] 合格者再進入類似的第二、三輪考試，這個過程持續好幾天，直到大多數人被淘汰。例如，晚明著名畫家、書法家董其昌（1555–1636），上海縣人，十七歲第一次參加府試時排

30 商衍鎏, "Memories of the Chinese Imperial Civil Service Examination System"（《科舉考試的回憶》）, trans. Ellen Klempner, *American Asian Review* 3, no. 1 (Spring 1985): 54–56. 晚清地方考試中的經學和詩歌考題，見 Victor Purcell 伯塞爾, *Problems of Chinese Education* (London: Kegan, Paul, Trench, Trubner, 1936), 27–28.

31 Omura Kodo 大村興道：〈清朝教育思想史に於ける聖諭廣訓について〉，收入 Hayashi Tomoharu 林友春編：《近世中國教育史研究》（東京：國土社，1958 年），頁 233–246。另見 Miyazaki Ichisada 宮崎市定, *China's Examination Hell,* trans. Conrad Schirokauer 謝康倫 (New Haven, CT: Yale University Press, 1976), 23.

32 Victor Mair 梅維恆, "Language and Ideology in the Written Popularizations of the *Sacred Edict,*" in *Popular Culture in Late Imperial China,* ed. David Johnson 姜士彬, Andrew Nathan 黎安友, and Evelyn Rawski 羅友枝 (Berkeley: University of California Press, 1985), 325–359.

33 John Dardess 竇德士, *A Ming Society: T'ai-ho County, Kiangsi, in the Fourteenth to Seventeenth Centuries* (Berkeley: University of California Press, 1996), 146–149.

名第二，排名第一的是他的堂侄。董其昌詢問原因，得知自己
文章雖好，但書法較差。鑑於他日後在繪畫和書法上的名氣，
這很有諷刺意味。顯然，此後他就下定決心苦練書法了。[34] 經
過多次考試歷練倖存下來的考生，按「文理」──根據「道學」
學說來衡量──分為六個等級。[35]

　　接着，合格的新童生集中在府上參加「院試」，院試有時 103
也與生員的「科試」（鄉試資格考試）合併舉行。院試由定期
在省內各地巡考的學政主持，決定誰能成為官學新生員。如果
當年時機合適的話，學政還會從新老生員中分批選出少數人繼
續參加鄉試。學政主持的「院試」（進學考試，童試的最後一
關）和「科試」（鄉試資格考試），其考試形式和科目與縣、
州、府舉行的初級考試相同。

　　在縣、州、府官學中獲得一席之地，意味着考生可以參加
同樣由學政主持的三年一次的科試，有資格前往省會參加鄉試
了。不過，如果府的規模較小，名額也就較少，大部分人往往
不能出發參加鄉試。鄉試落第者則需要回來重新參加下一輪的
歲試和科試。

　　很少有生員能夠成為鄉試舉人，所以明代要求生員不斷參
加歲試以維持其法律地位。歲試通常與縣、州、府的進學考試
合併舉行，這些考試對於希望成為新生員的年輕考生（一般在
二十歲以下）和試圖維持地位的老生員（二十歲到六十歲不等）
來說都是必須的。知縣、知府和學政還有其他職責，從後勤組
織上說，他們不可能每隔一年就主持這麼多場不同的考試。如
果不合併地方文武科舉，知縣和知府就要連軸轉地主持和監理

34 Arthur Hummel 恆慕義, ed. *Eminent Chinese of the Ch'ing Period*
（臺北：成文書局，1972), 788.

35 《兩浙學政》（1610 年刊本），頁二下至五下、二三下至二五上。

考試。因此，很多時候，地方文武科舉都合併在一起進行，而不是分開考試。

如果條件允許，新考生和老生員一起考試，通常按年齡分批進行，以二十歲為界。每批考生，考題不同，但考試形式一樣。同樣，如果科試和院試合併舉行，新老生員就會有重合。如果條件允許，院試（進學考試的最後一關）、歲試（重新認定生員身分）和科試（鄉試資格考試）可以合併舉行。老少考生聚集一堂，同時參加這種聯合考試，連續幾天分批考試。

104

定額與考試市場

新生員（清代年齡一般在十七歲至三十七歲之間）[36] 人數，據各縣、州、府每年的名額而定。每個生員都有米糧津貼，其家庭也免除稅役。[37] 明代，各地生員總定額，最初為每府 40 人，每州縣 30 人。宣德年間（1426–1435），南北兩京京畿地區增至 60 人，其他各府仍為 40 人。1392 年，官學學額限定為府學每年 2 人，縣學每年 1 人，州學每三年 2 人。這個學額標準一直延續到十六世紀，但那時已成了一紙空文。1465 年

---

36 Charles Ridley, "Educational Theory and Practice in Late Imperial China: The Teaching of Writing as a Specific Case"(PhD diss., Stanford University, 1973), 150–153.

37 顧炎武：《日知錄集釋》（臺北：臺灣商務印書館，1968 年），卷十七，頁 392–397；Makino Tatsumi 牧野巽：〈顧炎武の生員論〉，收入 Hayashi Tomoharu 林友春編：《近世中國教育史研究》（東京：國土社，1958 年），頁 221–229。雍正治下的 1720 年代，曾取消生員家庭免除稅役的規定，乾隆時期又重新恢復。

以後，很多縣參加地方考試的生員總數約為 2,000 人。[38]

童試和鄉試的取士定額，體現了朝廷控制精英選拔市場的努力，就像以稅收額度來平衡物質資源的徵收一樣。明代，相較於從地方社會取用財富和勞力的賦稅制度，其文官取士制度持續時間更長，選拔紳士精英予以政治任命更為有效。十六世紀，明王朝失去了對物質資源的控制，稅賦負擔更多落在平民身上，他們不像官宦家庭那樣能夠獲得優厚豁免。清初曾試圖遏制華南地區的普遍逃稅行為，但晚期帝國政府始終未能重新控制物質資源。[39] 相較而言，基於地方取士定額的精英政治選拔始終行之有效，直到十九世紀中葉大規模的農民起義、空前的人口增長，以及為了籌集資金而廣行捐納，才嚴重損害了科舉取士制度的效率和誠信。[40]

按考生成敗比例來確立定額，意味着考試競爭的初級階段最能感受到政府對精英成員構成（elite composition）的干預。[41]精英的社會地位和官方政治職位，是明代在經過蒙元時期

105

---

38 《明史》，卷六十九，頁 1680–1681；Ping-ti Ho 何炳棣, *The Ladder of Success,* 177（表 20）.

39 Ray Huang 黃仁宇, *Taxation and Governmental Finance in Sixteenth-Century Ming China* (Cambridge: Cambridge University Press, 1974), 313–323; Qing-lien Huang, "The *Li-chia* System in Ming Times and Its Operation in Ying-t'ien Prefecture," *Bulletin of the Institute of History and Philology* (Academia Sinica, Taiwan) 54 (1983): 103–155.

40 劉錦藻：《皇朝續文獻通考》（上海：商務印書館，1936 年），頁 8452–8453。

41 Thomas Lee 李弘祺, "The Social Significance of the Quota System in Song Civil Service Examinations," *Journal of the Institute of Chinese Studies* (Chinese University of Hong Kong) 13 (1982): 287–318.

的中斷後決定在中國社會將全國性科舉考試制度化的雙重產
物。官員的政治再生產與地方紳士的社會再生產是一致的（見
第四章）。朝廷給予精英合法地位，同意他們研習他們喜歡的
課程。公正平等的古典理想的說辭，成功掩蓋了科舉考生機會
不平等的現實。科舉考試的成功，演變為地方社群有錢有勢者
的特權。在地方定額和考試成功的競爭中，手工業者、農民和
胥吏都沒有甚麼手段能夠利用科舉制度所謂的開放性。晚期中
華帝國，能夠獲得紳士身分的人，不到總人口的 2%。[42]

　　到 1400 年，總人口約 8,500 萬，其中生員約 3 萬人，幾
乎是每 2,800 人中才有生員 1 人。[43]1700 年，總人口 2.68 億，
生員人數增至 50 萬，每 540 人中有生員 1 人。從明到清，儘
管生員身分的競爭似乎不那麼激烈了，生員在總人口中的佔比
愈來愈高，但他們通過更高級別的考試而出仕為官的可能性卻
愈來愈渺茫。實際上，在清代，生員身分已不那麼罕見或特
殊，而是像今天的大學學位一樣，只是成為精英一員的一種社
會必需品。[44]

　　從十五世紀開始，明代科舉取士過程的每個階段都會淘汰
絕大部分考生，每個階段的成功幾率或許稍好於清代的六千分

42　Wolfram Eberhard 艾伯華, *Social Mobility in Traditional China*
　　(Leiden: E. J. Brill, 1962), 22–23; Lo, *An Introduction to the Civil
　　Service,* 22–34；Frederic Wakeman Jr. 魏斐德, *The Fall of Imperial
　　China* (New York: Free Press, 1975), 22, 36n7.

43　王鏊（1450–1524）:《震澤長語》（臺北：商務印書館，1965
　　年），卷上，頁 20。另見 Heijdra 何義壯, "The Socio-Economic
　　Development of Rural China during the Ming," 437.

44　顧炎武:《日知錄集釋》，卷十七，頁 392–397；Ping-ti Ho 何炳棣,
　　The Ladder of Success, 173–183；Mi Chu Wiens 居密, "Lord and
　　Peasant. The Sixteenth to the Eighteenth Century," *Modern China* 6,
　　no. 1 (1980): 9–12.

之一（0.01%）。但是，隨着人口的增加，愈來愈多的潛在候選人爭取名額更為固定的京城、省會和地方職位（1500 年左右文官職位為 20,400 個，1625 年左右為 24,680 個）[45]，意味着無從獲得官職任命的絕大多數生員可能會造成地方安全問題：或是因功名期望得不到滿足而心生叛逆，或是不擇手段地謀求賦役豁免。官員還擔心生員過剩會產生異端邪說，並削弱地方宗族制。王陽明的「道學」新觀點，其主要受眾是十六世紀的生員群體，他們讚同他對程朱學說的批評，對尊奉程朱學說、競爭日趨激烈的考試市場深感不滿。[46]

　　鄉試和會試考場看起來更像是監獄而不是學校，是大有原因的。與同時期貴族價值觀盛行的歐洲和日本不同，明清時期，土地兼併（landed affluence）和商業財富與科舉功名交織在一起，從而消解了中國社會出現階級反抗的某些潛能。但是，要想保持科舉考試制度的可信度，就必須對激烈的競爭加以管控。

作為新政治群體的舉人

　　1450 年以後，鄉試和殿試的競爭明顯加劇，首次達到了宋代科舉考試競爭的激烈程度。[47]「剩餘」（residualism），即屢試不售，成了「考試生活」的典型特徵。明代每科鄉試的全國落第人數，1441 年為 850 人，1495 年增至 3,200 人，1573 年

45　王鏊：《震澤長語》，卷上，頁 20；Dardess 竇德士，*A Ming Society,* 140.

46　見 Lü Miaw-fen 呂妙芬：《陽明學士人社群》（臺北：中央研究院近代史研究所，2003 年）。

47　Chaffee 賈志揚，*The Thorny Gates of Learning,* 35–41.

增至 4,200 人，132 年間增加了四倍。[48] 十五、十六世紀鄉試競爭如此激烈，以至於明末長江三角洲地區出現了把南京（應天府）鄉試形容為「金舉人，銀進士」的謠諺，因為鄉試中舉比中進士要激烈得多。[49] 到 1630 年，三年一次的鄉試，全國考生共約 49,200 人——比「盛清」少 45%——競爭 1,287 個舉人功名，只有 2.6% 的人能成功。

清代，約有 200 萬考生報名參加每三年兩次的地方院試和科試，其中只有 3 萬人（1.5%）能取得生員資格。[50]1850 年以前，全國 17 個省有鄉試資格的考生保守估計約為 8.96 萬人，中舉者不到 1,300 人（1.5%）。[51] 明代因此出現了一種新的社會態勢。明代以前，如果考生通不過京城和宮廷考試，就要回家重頭再來。[52] 明初改變了這種做法，允許鄉試中式者保留他們來之不易的舉人身分。他們除了有資格選任低級官職外，還自動獲得參加下一科會試的資格。此外，他們還可以進入「國學」

48　Wada Masahiro 和田正宏：〈明代舉人層の形成過程に關する考察——科舉條例の檢討を中心として〉，《史学 志》1978 年第 3 期，頁 36–71，特別是頁 43。

49　顧公燮：《消夏閒記摘抄》（約 1797 年刊本），收入《涵芬樓秘笈》第二集（上海：商務印書館，1917 年），卷下，頁二上。

50　參閱 Wakeman 魏斐德, *The Fall of Imperial China,* 21–23；Miyazaki 宮崎市定, *China's Examination Hell,* 121–2，估算了明清兩代的中舉人數。另見 Allan Barr 白亞倫, "Pu Songling and the Qing Examination System," *Late Imperial China* 7, no. 1 (1986): 92–103.

51　Chang 張仲禮, *The Chinese Gentry,* 168. 另見 T. L. Bullock, "Competitive Examinations in China," in James Knowles, ed., *Nineteenth Century* (London), 36 (1894): 91.

52　Chaffee 賈志揚, *The Thorny Gates of Learning,* 30–34.

（後稱國子監），繼續爭取考中進士。[53]

　　有史以來第一次，一個鄉試舉人群體在明代形成，他們享有特殊的社會地位和政治特權。這個群體可分為三大類：（1）有資格出任地方教育官員的副榜；（2）進入國子監繼續深造的舉人，因此也有資格選任低級官職；（3）回鄉準備下科進士考試的舉人。由於進士功名愈來愈重要，鄉試舉人寧願在會試中碰運氣，也不願出任小官。這說明，只有進入政府最高層，才是最富有的精英所能接受的前途。很多有經濟能力的士人寧願留在家中，也不願在國子監中等待候補低級官職。[54]

　　學校體制未能獲得獨立地位，這要追溯到明初。大多數學生選擇科舉登進之路，地方官學是萬不得已的最後途徑。由於官學變成了考試體制的一部分，不具有獨立性，國子監學生得不到像參加殿試那樣的社會、政治利益。因此，很多鄉試舉人選擇繼續參加科舉考試，而不是在國子監體系中等待官職任命。學校單純變成了考試中心。[55]

　　官學通過季考和月考來查考生員學業。外國人或海外華人，主要來自琉球群島、日本、朝鮮、越南和暹羅（泰國），根據朝貢體制，也可以作為貢生就讀官學。儘管中國考生繼續利用選官制度中的薦舉、蔭補和捐納程序，但明清高級文官絕大多數都基於他們在地方、省會、京城考試中的成功，特別是1459年以後，明王朝廢除了薦舉制。[56]宋代世襲制損害了功名

108

53　Wada Masahiro 和田正宏：〈明代舉人層の形成過程に關する考察〉，頁38–39.

54　同上註，頁37–63。

55　Watari Masahiro 渡昌弘：〈明初の科舉復活と監生〉，《集刊東洋学》第49號（1983年），頁19–36。另見 Chaffee 賈志揚, *The Thorny Gates of Learning,* 30–31.

56　Dardess 竇德士, *A Ming Society,* 142–146, 160–161.

市場的公平性，[57] 明代則不同，蔭補者只能獲得低級職位。[58]

科舉功名如此重要，以至於到了嘉靖年間（1522–1557），如果學生通不過更高級別的科舉考試，官學教育就不名一文。留在官學的學生注定只能出任小官，幾乎沒有任何機會在帝國政治中有所建樹。到了明末，即使得中鄉試舉人，他們也發現自己很難獲得有聲望的政府職位。[59]

明初，鄉試舉人在政府部門很活躍，但最終被愈來愈多的殿試進士所取代。[60] 仕途登進三途並用，分別為殿試進士、鄉試舉人、從地方衙門中輕選的吏員，但進士才是高級政治職位和精英社會聲望的唯一保證。[61] 儘管很多進士在中央和省級官僚機構中擔任要職，但 1500 年以後，大多數進士也任職地方，擔任知縣、知府和各級衙門副職。特別是 1574 年以後，進士往往出任知縣或知府。

教育官員的地位變化

明代前中期，鄉試舉人還擔任府、州、縣的教育官員，這使得他們有資格充任鄉試考官。三年一次的鄉試和會試考試時

---

57 Chaffee 賈志揚 , *The Thorny Gates of Learning,* 108–113.

58 《明史》，卷六十九，頁 1675–1676、1677–1678、1679、1682；卷七十一，頁 1713；《清史稿》（北京：中華書局，1977 年），卷一〇八，頁 3108。見 Karl Wittfogel 魏特夫 , "Public Office in the Liao Dynasty and the Chinese Examination System," *Harvard Journal of Asiatic Studies* 10 (1947): 38–39.

59 《明史》，卷七十一，頁 1717。

60 Dardess 竇德士 , *A Ming Society,* 158.

61 《明史》，卷六十九，頁 1680；卷七十一，頁 1715、1717。見 Dardess 竇德士 , *A Ming Society,* 146–149.

間長、程序複雜，需要配備足夠的監考官員。儘管中古時期以來考試官員就極為重要，但直到十五世紀中葉，從縣試到京城會試和殿試的教官和考官的全面官僚化才正式確立。[62]

　　明代，地方教育官員在各省學政的督導下負責管理官學。如果只看明末的數據（140 個府、193 個州、1,138 個縣），則全國地方一級共有教官 1,471 人、助教 3,415 人（不含明代衛所學校的教育官員），由 13 個省和南京、北京兩個京畿地區的學政督導。[63]1385 年，會試落第舉人全都被任命為地方官學教官，說明當時也認可舉人出任教職是合適的。不僅如此，明初殿試進士被任命為地方教官，人們也不覺得有甚麼不尋常。但是，到了十五世紀中葉，有志向的士人都覺得教職是死路一條。[64]

　　十六世紀末，地方教官的地位明顯下降，進士把持了京城、省會和地方的大多數重要職位。雖然進士更多被任命為知縣、知府，但他們也佔據了大部分學政職位，而學政是地方教官地位急劇下降後碩果僅存的一個重要職位。因此，舉人不願出任低級教職，而是想繼續爭取獲得進士身分。

　　為了補上精英不願出任的教職，明代政府從 1450 年開始

109

62　Tilemann Grimm 葛林 , "Ming Education Intendants," in *Chinese Government in Ming Times: Seven Studies,* 130–139.

63　《明史》，卷四十，頁 882；卷六十九，頁 1686。見吳智和：《明代的儒學教官》（臺北：學生書局，1991 年），頁 19–20、267–269；Dardess 竇德士 , *A Ming Society,* 161. 譯案：明清地方教育官員，府稱「教授」，州稱「學正」，縣稱「教諭」，其副職皆稱「訓導」。

64　張朝瑞：《皇明貢舉考》（明萬曆年間刊本），卷一，頁四十上；《明史》，卷六十九，頁 1679–1680。見吳智和：《明代的儒學教官》，頁 25–32；Tai-loi Ma 馬泰來 , "The Local Education Officials of Ming China, 1368–1644", *Oriens Extremus* 22, no. 1 (1975): 11–27.

任命歲貢生擔任地方教官。選擇地方士人出任教職，雖然解決了職位空缺問題，但卻將這些職位降格為低級文官。[65] 很多人抨擊明代地方教職弊壞，[66] 言下之意，明代教官配不上教官這個稱號。直到雍正年間（1723–1735），才再次試圖提高地方教官在科舉考試中的地位和制度作用（見第六章）。[67]

鄉試舉人地位下降

明代的科舉選官，總體上出現了地位下降的趨勢。1465年以來，科舉功名不高的人，特別是鄉試舉人，都有很大機會被任命為教官和鄉試考官。舉人主持鄉試的模式一直延續到1585年左右。1465–1585年間，絕大多數鄉試主考官和同考官，都是從全國各地官學的4,200名教官中選任的（根據回避制度，鄉試考官不能是本省人），且大多為舉人。[68]1585年以前舉人先任教官、再充任外省鄉試主考官和同考官的做法，意味着未來的進士要在考場中受舉人考官的監督。1549年浙江鄉試，很多進士充任吏員、受卷官和彌封官，10名主考官和同考官全都是舉人。[69] 同樣，1567年浙江鄉試，同考官也是外省舉

110

65 Ma 馬泰來，"The Local Education Officials of Ming China," 17–21；吳智和：《明代的儒學教官》，頁 26–28、80–93、256–257。

66 呂坤：〈教官之職〉，收入高時良主編：《明代教育論著選》（北京：人民出版社，1990 年），頁 532–533。

67 Araki Toshikazu 荒木敏一：〈雍正時代に於ける學臣制の改革〉，收入東洋史研究會編：《東洋史研究》（京都：同朋社，1986 年），頁 503–518。譯案：第六章沒有提及教官問題。

68 《明史》，卷六十九，頁 1688。

69 《浙江鄉試錄》（1549 年），頁一上至六下。

人。[70]

　　1585 年以後，選調鄉試考官的政策發生了變化。例如，1583 年，萬曆皇帝（1573–1619 年間在位）指派京城翰林學者充任鄉試主考官，表明朝廷試圖更直接地控制鄉試。此前，翰林學者主要充任會試、殿試考官，一般也只充任南北京畿地區鄉試主考官。[71]1585–1594 年間，充任主考官和同考官的進士人數急劇增加。到了明末最後幾年，進士已取代舉人充任絕大部分鄉試考官。

　　因此，1585 年以後，明代政治上、社會上出現了三個過程：（1）進士逐漸取代舉人充任鄉試主考官和同考官；（2）外地知府和知縣逐漸取代外地官學教官充任鄉試主要考官；（3）鄉試競爭日趨激烈，中式率只有 2%–3%。進士人數愈來愈多，把持了明代官僚機構中的大部分高級職位，出任知府、知縣，還控制了對舉人的選拔。1585 年以前，舉人充任教官和考官，選拔與他們同級的舉人。到了明末，有權有勢的職位，舉人都被進士取代，舉人的社會地位下降一直延續到清代。

111

　　1600–1900 年間，舉人和教官社會地位的普遍下降，說明官員政治甄補的社會條件發生了重大變化。即使是進士，最終也被二十世紀初的改革派汙名化。明代科舉考生的激增——部分是由於商業發展和人口增長——使各級科舉功名貶值，只有鼎甲進士才能獲得高級職位。舉人政治地位下降的一個後果，是個人和家庭對功名不高者的期望與他們實際擁有的政治機會之間的差距愈來愈大。明末官僚機構的 24,680 個職位中，大臣、督撫、學政等要職或知府、知縣等職，均由進士把持。剩

70 《浙江鄉試錄》（1567 年），頁一上至六下。

71 張朝瑞：《皇明貢舉考》，卷一，頁四一上。

下的其他職位留給舉人、貢生和拔貢。

　　1600 年以後，很少有舉人能在政治上取得成功。他們降低自己的期望值，利用地位降低後的殘存福利，出任地方小官。對很多人來說，成為舉人本身就已達成目的，而這本是成為夢寐以求的進士道路上必經的中間站。十五、十六世紀的這些變化，粉碎了明初數百萬考生的青春夢，他們意識到成功的可能性只屬於極少數人。生員和舉人更多被排除在高級公職之外，雖有與其功名相應的社會、法律福利（1720 年代曾短暫取消了這些福利）作為補償，但他們也付出了巨大的心理代價。失敗的壓力引發了個人和家庭的焦慮，通過夢和噩夢表達出來，對此，明清精英抱着好奇和驚懼的態度加以記錄和評論（見第五章）。

會試和殿試考官的變化

　　晚明考試市場最終出現的進士過剩現象，既使得舉人地位下降，也對二、三甲進士造成了負面影響。一甲前三名和二甲第一名能進入翰林院，充任皇帝秘書。1371–1415 年間，他們中只有少數人被任命為會試考官。1478 年以後，會試主考官和同考官中翰林學者往往佔 80%，甚至更多。

　　選派翰林學者擔任同考官的政策變化是以犧牲原本充任這些職位的教育官員為代價的，並在 1454 年會試時開始實施。[72] 1527 年，鄉試主考官也推行了任用翰林學者的政策。1504 年，充任這些職位的人，由省教育官員升格為進士。

72　李調元：《制義科瑣記》，卷三十三；《明史》，卷七十，頁 1698-
　　1699。

1523 年以後，舉人考官大多充任低級別的受卷官、彌封官、謄卷官或對讀官。[73]

　　到十六世紀，由鼎甲進士組成的翰林「俱樂部」，牢牢把持了會試和殿試主要考官的職位。他們也愈來愈多地被任命為鄉試主考官。清代，翰林學者還被選任為鄉試同考官，從而以朝廷和禮部的名義全面掌管了鄉試和殿試選拔。明代，從十六世紀起，形成鮮明對比的是，皇帝及其內廷，一方面失去了對經濟繁榮發展的控制，另一方面又直接控制了全國的中高級考試市場。[74]

　　清康熙（1662–1722）初年，這一趨勢進一步加劇，翰林學者在文官部門和各省教育工作中發揮的作用愈來愈大。1680 年，翰林成員出任北京京畿地區學政；1681 年，出任長江三角洲地區的浙江、江蘇學政。1699 年，翰林學者還循例監督京城為鄉試舉人舉行的特殊「覆試」，覆試合格的舉人—— 通常來自南方各省—— 可參加會試。選派狀元主持鄉試的做法，則始於 1669 年。此前，狀元一般充任會試同考官。[75]

　　明代，在那些只能就着舉人身分輾轉騰挪的人中，就有聲名狼藉的泉州府士人李贄（1527–1602），他在 1552 年福建鄉試中排名第 22，當時考生共 3,000 人，中式者 90 人（中式率為 3%）。李贄中舉前只是府學附學生員，這個身分是家裡出錢

113

73　張朝瑞：《皇明貢舉考》，卷一，頁四三下至四四上。另見《會試錄》（1502 年），頁一上至四下，收入《明代登科錄彙編》，第 5 冊。

74　李調元：《制義科瑣記》，卷一，頁十一至三三。

75　李調元：《淡墨錄》，收入《函海》（1881 年刊本），卷三，頁十八下至十九下；徐珂：《清稗類鈔》，〈考試類〉，頁 13。另見李調元：《制義科瑣記》，卷四，頁一三七。

買來的，但由於家庭經濟困難，他沒能繼續參加會試或殿試。[76]

　　後來，李贄以反傳統和批判「道學」正統著稱。他二十五歲時通過常規鄉試，說明他已經掌握了日後他所抨擊的經書的正統注解。只有舉人身分，無法獲得重要官職，不過，1555年，他幸運地獲得了河南輝縣教諭一職，這也是十六世紀舉人渴望的少數任命之一。1561年，他前往北京，等了大約兩年時間才獲任國子監博士，這是失業舉人的最後出路，但因祖父去世，又辭職回家守喪。[77]

　　此後，他在北京禮部和南京刑部擔任過一些低級職位。1578年，終於獲任雲南姚安知府，三年後辭職，就此結束了平淡無奇的官場生涯。一般說來，進士在其仕途生涯早期就有資格出任知府。李贄所經歷的磨難，是明代舉人的寫照，他們大多數人都沒能獲得他那樣的名聲（或者說惡名）。後來，李贄在〈聖教小引〉一文中回顧了自己的學生時代：

> 余自幼讀《聖教》不知《聖教》，尊孔子不知孔夫子何自可尊，所謂矮子觀場，[78] 隨人說研，和聲而已。是余五十以前真一犬也，因前犬吠形，亦隨而吠之，若問以吠聲之故，正好啞然自笑也已。[79]

114

76　邵捷春輯：《閩省賢書》（晚明刊本），卷五，頁十五上。另見《福建鄉試錄》（1552 年），頁十七上，收入《明代登科錄彙編》，第 12 冊，頁 6015。

77　L. C. Goodrich 富路特 et al. ed. *Dictionary of Ming Biography* (New York: Columbia University Press, 1976), 807–8.

78　「矮人觀場」，語出朱熹：《朱子語類》（1473 年刊本，臺北：中正書局，1982 年），卷一一六，頁十四上。

79　李贄：《續焚書》（北京：中華書局，1975 年），卷二，頁 66。

明代考取進士有多難？以進士總人數較高的福建省福州府為例，1370–1546 年間，共出進士 306 人。但這 176 年間，進士年均不到 2 人；舉人約 1,227 人，年均 7 人。進士名望遠超舉人。科甲鼎盛的地區，往往會留下相關文獻記錄，也會被採入地方志。明代，到 1636 年，福建出了翰林學者 92 人，其中殿試進士一甲前三名有 33 人，前五名有 53 人。這類記錄也彰顯了家族的成功。

福建地方志中的「選舉志」明顯偏重進士，較少記錄鄉試舉人——鄉試第一（解元）除外——說明舉人身分在明代已司空見慣。進士仍然很重要，值得在表彰地方精英的省方志中寫上一筆。當然，總的說來，方志中的「選舉志」雖然偏重進士，但也重視舉人，往往還記錄本地生員姓名。

殿試進士與翰林「俱樂部」

文官的公平選拔過程，結束於皇帝主持的最後的殿試。唐宋以來，皇帝實際上是首席考官，象徵性地要求這些成功的公職候選人宣誓效忠。從明代開始，統治者被視為「道學」聖王（見第一章）。還是皇儲的時候，皇帝就要師從翰林學者——從科甲高第者中選拔——學習王朝合法性的古典原理。[80]

會試取士名額沒有硬性規定，但 1475 年以後，三年一次的殿試進士人數一般為 300–350 人。然而，取士名額波動很大，特別是在動蕩的明初。例如，1385 年只取進士 32 人，1406 年進士登科錄則載有 472 人姓名，分別是明代進士人數

115

---

80 Harold Kahn 康無為, *Monarchy in the Emperor's Eyes: Image and Reality in the Ch'ien-lung Reign* (Cambridge, MA: Harvard University Press, 1971), 115–181.

較少和較多的一次。何炳棣估計，整個明代，會試年均取士 89
人（每科取士 289 人）。[81]1450 年以後，參加三年一次會試的舉
人一般為 3,000–4,000 人，取 250–350 人進入殿試，意味着只
有 7.5%–10% 的人能成為進士。1550 年以後，會試考生人數
增加到 4,500–4,700 人，進士人數則沒有明顯變化，取士率在
1601 年降至 6.4%。晚明時期，1549–1589 年間舉行的 14 次會
試中，約 6.2 萬名舉人競爭約 4,200 個進士名額。隨着明清長
期的人口增長勢頭，十八世紀清代會試難度增加了 100%，中
式率則降至 3.5%。[82]

　　唐宋時期，翰林學者還不是官僚機構的正式成員，最初
只是皇帝的私人顧問，皇帝選擇他們，是因為他們的聲望和資
歷。宋代，翰林學者的職能從政治事務轉向文化事務，並逐漸
開始為皇帝草擬詔令。作為私人秘書，翰林成員因為近侍皇帝
而從官僚機構中獲取了政治權力。翰林侍讀負責為皇帝和皇子
講授經史。元代，翰林院的政治影響大幅削弱，但翰林學者仍
然受命處理文化事務，特別是修撰王朝正史。[83]

　　1385 年以來，翰林院延攬一甲進士。1404 年，永樂皇帝
肯定了這種做法，他選授 29 名進士為翰林學者在朝廷任職。
此後，明清兩代，進士一甲前三名一般都直接進入翰林院，前
20–40 名都有資格成為低級別的翰林學者。[84] 翰林院是最有聲望

<!-- margin note: 116 -->

81　Ping-ti Ho 何炳棣, *The Ladder of Success,* 189.

82　Wada Masahiro 和田正宏:〈明代舉人層の形成過程に關する考
　　察〉，頁 69。

83　Yamamoto Takayoshi 山本隆義:〈元代に於ける翰林學士院につい
　　て〉，《東方學》（1955 年），頁 81–99。

84　《明史》，卷七十，頁 1695。見 Adam Y. C. Lui 呂元驄, *The Hanlin
　　Academy: Training Ground for the Ambitious, 1644–1850* (Hamden,
　　CT: Shoe String Press, Archon Books, 1981).

的學術機構，也是高官顯爵的培養地，故此成了鼎甲進士邁向政壇前沿的關鍵平臺。[85]

明代文官體制下的翰林院，成了一個完善的政府機構。洪武朝，隨着官僚機構中的所有行政部門受到清洗，翰林院的政治職能有所加強。十五世紀，其職責包括監督殿試、會試和鄉試；出版文學作品；從事特殊的文化工程，如永樂朝時編纂《永樂大典》和「三部大全」；與皇帝講論經史；臨時充任朝廷欽差。與唐宋前輩相比，明代翰林學者在政治決策中的作用有所下降。他們更多擔任「大學士」，作為皇帝的執行代理，負責官僚機構和考試市場。1646 年以後，所有鄉試和會試的前幾名，只要取中殿試進士，就能進入翰林院。[86]

翰林學者的意見，代表高等第殿試進士的意見，受皇帝和內廷的重視。他們注定要成為具有全國性影響力的官員。身在科舉考試過程的最頂層，翰林院成了在朝廷和官僚機構發揮政治影響的踏腳石，如果任職禮部的話，就能帶來重要的文化影響。[87]明清時期殿試狀元、榜眼和探花的仕宦履歷，典型代表了翰林學者的仕途模式。在這種模式中，翰林院、禮部與大學士密切相關。翰林仕途，體現了通過互補和互有重合的政府機構來實現政治晉升的模式。就像清代官修《明史》所說的那樣：「非進士不入翰林，非翰林不入內閣，南北禮部尚書、侍郎及 *117*

85 Jerry Dennerline 鄧爾麟, *The Chia-ting Loyalists: Confucian Leadership and Social Change in Seventeenth-Century China* (New Haven, CT: Yale University Press, 1981), 18–21.

86 Peter Ditmanson 戴彼得, "Intellectual Lineages and the Early Ming Court," *Papers on Chinese History* 5 (1996): 1–17.

87 《國朝歷科翰林館課》（1603 年刊本），各處。

吏部右侍郎，非翰林不任。」[88]

　　翰林院是朝廷與官僚機構進行政治合作關係的中心紐帶，直到十八世紀初，滿清政府設立軍機處，內閣才與翰林院和禮部脫鈎。[89]1380 年以後，大學士在協調、監督六部方面的作用愈來愈大，而禮部，由於處於內外朝權力的中間地帶，也變得更加重要。後來，明代皇帝，特別是十六、十七世紀時，把大部分權力下放給內閣成員，大學士與禮部的密切關係所形成的仕途模式，對明清兩代的官僚機構都產生了重大的政治、制度影響。

　　明代，大學士大多出自禮部，[90]他們一開始也多為翰林院成員。明代大學士共 165 人，其中 124 人（75%）出自翰林。[91]而且，據何炳棣，這些大學士中，有 109 人（66%）曾任職禮部，其中 93 人（56%）直接從禮部出任大學士。

　　一個明代官員的典型仕宦履歷可以概括為：成功考中殿試進士（通常排名很高）後，先進入翰林院為朝廷服務，擔任修撰、編修、鄉試考官或皇帝的私人秘書。接着，擔任各種職

---

88 《明史》，卷七十，頁 1702；李調元：《制義科瑣記》，卷四，頁一三一至一三二。

89 Ho Yun-yi 賀允宜, *The Ministry of Rites and Suburban Sacrifices in Early Ming* (Taibei: Shuangye Bookstore, 1980), 60–75；Beatrice Bartlett 白彬菊, *Monarchs and Ministers: The Grand Council in Mid-Qing China, 1723–1820* (Berkeley: University of California Press, 1991), 2–7, 17–64.

90 Otto Berkelbach von der Sprenkel, "High Officials of the Ming: A Note on the Ch'I Qing NienPiao of the Ming History," *Bulletin of the School of Oriental and African Studies* 14 (1952): 98–99.

91 HoYun-yi 賀允宜, *Ministry of Rites,* 16; and Ku Hung-ting 古鴻廷, "Upward Career Mobility Patterns of High-Ranking Officials in Qing China, 1730–1796," *Papers on Far Eastern History* 29 (1984): 45–66.

務，但最終還是落在禮部，往往充任殿試或會試考官。禮部又是升任內閣大學士的跳板，而直到十八世紀初，大學士都是官僚體制中的最高顧問機構。[92]

　　殿試進士一甲前三名保送翰林院，但其他進士也以別的原因入選翰林。如 1646–1659 年間的會試第一名，無論其殿試排名如何，都能自動進入翰林院。後來，鄉試第一名也有幸入選翰林。1673–1685 年間，如果同一个人連中會試、殿試第一，則當年所有鄉試第一名都能進入翰林院。[93]

　　明清時期，翰林院設有庶常館，新進士考得庶吉士資格者入館學習，三年期滿後參加專門考試，考古典學問和詩賦。儘管明初以來科舉考試取消了詩賦，但卻是翰林院考試的主要內容。成績優良者留館，授以編修、檢討等職，其餘則「散館」進入官場，出任京官或地方官。不管結果如何，在翰林院的時間使他們成了進士中的精英。這個專屬俱樂部的成員是一個特殊群體，明清時期大部分要職的候選人都出自這個群體。[94]

漢人和滿人

　　1644 年清廷定都北京後不久，滿族政權就恢復了明代的文武官制。官員選拔沿用明代先例，仍由四個方面組成：學校、科舉考試、薦舉、銓選。[95] 但也有一些重要變化，特別是

92　Ho Yun-yi 賀允宜, *Ministry of Rites,* 16–19；Lui 呂元聰, *The Hanlin Academy,* 29–44.

93　李調元：《制義科瑣記》，卷四，頁一三一至一三二。

94　章中如：《清代考試制度》（上海：黎明書局，1931 年），頁 41–42。

95　李調元：《淡墨錄》，收入《函海》，卷一，頁六上至八上。

這個擴張的帝國的學校教育體制方面。除國子監外，還為八旗（滿、蒙、漢軍旗人）子弟設立專門的官學，並為皇室子弟設立宗學。[96] 在 1627 年建立明代模式的官僚機構後，1634 年即開始在東北地區以滿、蒙、漢語合考滿、蒙、漢旗人。[97]

1646 年清廷第一次殿試，順治皇帝（1644–1662 年間在位）年僅八歲，攝政王多爾袞（1612–1650）和其他謀臣，就提出了滿漢關係這個敏感問題。攝政王想知道朝廷如何才能使滿漢官民為了一個共同目標而團結在一起。王朝第一個狀元傅以漸（1609–1665）回答說，滿漢將攜手共建新朝，只要這個倡議出自懂得「二帝三王之命以道為本，其道以心為本」的聖王之口，這是明代士人長期以來奉為正統的「道學」道德口頭禪（見第一章）。[98]

1649 年殿試，皇帝詢問如何處理好科舉考試中的滿漢取士比例問題。他要求考生說明如何「聯滿漢為一體，使之同心合力」。王朝第二個狀元劉子壯（1609–1652）答得最好，他主張文化統一，而不是設立滿漢取士比例。而這種文化統一，同樣也是從「道學」道德修養的角度來定義的。劉子壯的這篇策答，以長期以來的南北士人之別來形容滿漢差異：「滿人尚質，以文輔之；漢人尚文，以質輔之。」[99] 這裡，可以看出一種改頭換面的刻板觀念，把滿人定義為有道德的北方人，把漢人定義為有文化的南方人。

---

96 《清史稿》，卷一〇八，頁 3099–3100。

97 李調元：《淡墨錄》，卷一，頁三上至六上、十五下至十六上；徐珂：《清稗類鈔》，〈考試類〉，頁 8。

98 焦竑編、吳道南校補：《狀元策》（1733 年懷德堂刊本），卷八，頁一上至五下。

99 同上注，卷八，頁一上至十上；李調元：《淡墨錄》，卷一，頁十六上。

　　滿族征服精英一開始覺得北方漢臣比南方漢臣更值得信賴。明末最後兩次山東鄉試，1639 年的 85 名舉人中有 19 人（22%）、1642 年的 90 名舉人中有 31 人（34%），參加了滿清舉行的進士考試。清廷急於接納這種投誠行為。如 1646 年會試，前一年的山東鄉試舉人中有 53% 的人通過會試，成為殿試進士。1644 年以後，清廷依靠北方合作者的政策在政治上和軍事上大獲成功，這也是清初科舉考試的一個特點。[100]

120

　　朝廷任命考試官員時也很慎重。充任會試主考官的滿漢旗人，多於非旗籍漢人。充任會試主考官和同考官的前明進士，絕大多數仍從北方人中選派，直到 1658 年，清廷自己選拔的忠誠進士才足以填補考試機構中的官員空缺。1649 年，兩名南方人首次被任命為會試考官。1658 年，所有 22 名主考官和同考官都是非旗籍漢人，其中 13 人為 1655 年殿試進士，而且很多都是南方人。[101]

　　同樣，清初 1645 年、1646 年和 1648 年鄉試，北方考官的比例非常高（超過 70%）。但從 1651 到 1660 年，南方考官的比例逐漸增加。從 1647 到 1658 年，明末南方士人網絡顯然逐漸恢復，南方人再次在殿試進士中取代北方人佔據了主導地位。[102] 清初，殿試取士比例滿漢為 40：60，參照了明代的南北定額。1652 年和 1655 年，會試和殿試分漢人、八旗兩榜舉行，1658 年又恢復合考。1652 年和 1655 年八旗科舉，滿、

100　Wakeman 魏斐德，*The Great Enterprise,* 1129–35；John Williams, "Heroes within Bowshot: Examination Administration, the Lower Yangzi Delta, and the Qing Consolidation of Empire," *Late Imperial China* 30, no. 1 (2009): 48–84.

101　《會試錄》（1658 年刊本），頁一上至二下。

102　Wakeman 魏斐德，*The Great Enterprise,* 886–890.

蒙、漢旗人進士定額為 4：2：4。1655 年以後，令人艷羨的進士一甲前三名，再無滿人或蒙古人。從此以後，漢人考官因為不給予滿人科甲高第而受到指責（或讚揚）。[103]

1651 年，專門為滿族旗人舉行特別考試。不懂漢語文言的滿人可以用滿語考試。雍正年間，正式確立了滿人的「翻譯科」鄉試。1735 年，准許蒙古人參加翻譯考試。[104] 最初，滿蒙翻譯鄉試只考一場，一題為公文寫作（章奏），一題為就「四書」或「五經」的一段經文作文。到了乾隆年間，要求變得嚴格起來，鼓勵滿蒙考生寫作文言文，以期文武雙全。絕大多數滿人在鄉試和會試中競爭不過漢人。此外，還要求負責暹羅、回回等外交事務的四夷館中的漢人參加翻譯考試。這些翻譯機構的設置可追溯到明初，隸屬翰林院。後來還增設俄文館。[105]

此外，進入翰林院的漢人必須學習滿語，這種做法始於 1647 年。[106]1688 年殿試，來自杭州的漢人考生凌紹雯（1643–

---

103 李調元：《淡墨錄》，卷一，頁十下至十三上；Hans Bielenstein 畢漢思 , "Chinese Historical Demography, AD 2–1982," *Bulletin of the Museum of Far Eastern Antiquities* 59 (1967): 6, 28. 參閱 Wang Chen-main 王成勉 , *The Life and Career of Hung Ch'ung-Ch'ou, 1593–1665* (Tucson: University of Arizona Press, 2000); 徐珂：《清稗類鈔》,〈考試類〉,頁 9、127。參閱 John Williams, "Heroes within Bowshot," 62–72.

104 李調元：《淡墨錄》,卷一,頁一上至三上、十四上至十五下；Man-kam Leung 倫馬凱 , "Mongolian Language and Examinations in Beijing and Other Metropolitan Areas during the Manchu Dynasty in China (1644–1911)," *Canada-Mongolia Review* 1 (1975): 29–44; Oxnam 安熙龍 , *Ruling from Horseback,* 122–124.

105 Pamela Crossley 柯嬌燕 , "Structure and Symbol in the Role of the Ming-Qing Foreign Translation Bureaus *(Siyiguan),*" *Central and Inner Asian Studies* 5 (1991): 38–70.

106 李調元：《淡墨錄》,卷一,頁九下至十上。

1713）以漢語文言和滿語回答策問，他憑着雙語能力被選為翰林庶吉士。[107] 翰林學者有專門的滿語作文考試和漢譯滿翻譯考試，確保公文和奏折能被兩種官方語言準確記錄。[108]1748 年，乾隆帝申斥兩名翰林學者滿語學習表現較差。[109]

　　隨着帝國擴張，清廷認為地方教育事務也應適當關注其他少數民族。如江西棚民問題，1730 年，朝廷定棚童學額，各州縣童生數滿 50 人者額外另取棚童 1 人，滿 100 人者另取棚童 2 人，最多以 4 人為限。1762 年，江西學政周煌（1785 年卒）奏請將江西棚童一體劃入土籍考試，毋庸另立棚籍。1763 年，江西巡撫湯聘（1736 年進士）大致同意周煌意見，認為應將江西十州縣棚童歸入土籍考試，鼓勵他們定居下來，放棄遊民生活方式。[110]

　　不過，少數民族定額卻成了西南地區漢人謀求地方生員資格的目標。1767 年，廣西學政梅立本（1722–1769）奏稱，有五個州府出現了漢人冒佔土著定額獲得生員資格的情況，因為漢人定額的競爭激烈得多。[111] 同樣，1785 年，西北的陝甘總督福康安（1754–1796）奏稱應在回民中興辦學校，培養正統儒生。福康安曾在 1784 年率領清軍平定甘肅回民叛亂，他認為

122

---

107 同上注，卷六，頁十下。

108 《清史稿》，卷一〇八，頁 3169；劉錦藻：《皇朝續文獻通考》，頁 8424–8425、8429、8433、8440、8447、8450。

109 Arthur Hummel 恆慕義, ed. *Eminent Chinese of the Ch'ing Period*, 158.

110 〈江西學政奏〉，《禮部移會內閣》，1762 年 8 月 19 日，臺灣中央研究院史語所藏明清檔案。棚童學額，另見《禮部題本》，1763 年 4 月。

111 〈廣西學政奏〉，《移會鈔簡》，1767 年 7 月 28 日。

科舉考試是把回民納入帝國主流的一種方式。[112]

　　1730 年代以來，雲南布政使、教育改革家陳宏謀（1696–1771）談到了多份涉及西南少數民族特殊需求的奏疏和諭令。[113]1807 年，湖南學政李宗瀚（1769–1831）奏請給予苗族鄉試考生專門名額，這樣他們就不必同漢族考生競爭。他很快又補充說，地方官員要警惕一些人——尤其是漢人——冒稱苗族。李宗瀚的目的同樣也是試圖通過地方考試定額把苗族納入士人主流。[114]

　　1640 年代和 1650 年代的鄉試和會試取士名額都定得比較高，但 1660 年，滿族統治者又刻意降低了漢族大省的童試和鄉試取士名額。他們認為，明末取士名額過高，致使政府失去了對地方社會中紳士、商人和軍人家庭的控制。1645–1700 年間，三年一次的鄉試舉人總人數減少了近一半。明代以來的鄉試副榜，使地方上的舉人人數增加了 10%，1662 年則被取消。生員名額也削減，大府減至 20 人，大縣 15 人，小縣僅 5 人。[115]

　　收緊教育政策以重新控制王朝的人力資源，與 1660 年代

---

112 《禮部移會內閣》，1785 年 1 月 26 日。譯案：福康安平定的是川西小金川藏族土司叛亂，在今四川省阿壩藏族羌族自治州。

113 William Rowe 羅威廉，"Education and Empire in Southwest China," in *Education and Society in Late Imperial China,* ed. Benjamin Elman 艾爾曼 and Alexander Woodside 伍思德 (Berkeley: University of California Press, 1994), 421–433.

114 劉錦藻：《皇朝續文獻通考》，頁 8438。

115 《欽定大清會典事例》（臺北：中華書局，1968 年），卷三四八，頁一、五；卷三五〇，頁二下；卷三七〇，頁一。見黃光亮：《清代科舉制度之研究》（臺北：嘉新水泥公司文化基金會，1976 年），頁 377–425；Ping-ti Ho 何炳棣，*The Ladder of Success,* 179–181.

滿清統治者打擊長江三角洲地區紳士家庭逃稅行為、控制物質資源以供朝廷所用的努力密切相關。此外，儘管地方和省級行政機構中的滿人不太顯眼，但中央官僚機構中充斥着滿漢旗人，留給漢人的文官職位較少。從 1645 年到 1667 年，三年一科的進士總人數下降了 61%，從 1645 年最高的 399 人，降至 1667 年的 155 人，到 1676 年，又下降了 30%，降至 109 人，期間只有 1670 年短暫升至 299 人。[116]

順治初年，鄉試解額非常寬裕，如江南（安徽、江蘇兩省）和順天（京畿地區）鄉試取 160 多人參加會試，多於明末的 100 人。但到了 1660 年，鄉試解額大幅削減，大省減至 60 人左右。雖然康熙年間取士人數逐漸增加，但仍遠低於明末，而 1700 年全國人口已多達 3 億左右。[117]晚至 1765 年，安徽學政才奏請增加長江三角洲各省鄉試取士名額，並稱對如此繁華的地區來說，這些名額還是太少了。[118] *123*

和明代一樣，清代會試取士人數沒有固定限制，但仍有南北定額。1646 年殿試取士 399 人，58% 來自南方，38% 來自北方，4% 來自中部地區。這個數字與明代實行的 55：35：10 地區定額相一致（見第一章）。最後，南北比例確定為 60：40，中部地區的名額被二者瓜分。制定了西南各省的取士定額，1701 年會試時，皇帝將其定額翻倍。[119]

三年一科的會試和殿試，取士人數往往在 300 人左右。據

---

116 Kessler 凱思樂, *K'ang-hsi,* 30–39; Oxnam 安熙龍, *Ruling from Hors back,* 87–88, 101–108.

117 《清史稿》，卷一〇八，頁 3157–3158。

118 《安徽學政題本》，1765 年 7 月 26 日，臺灣中央研究院史語所藏明清檔案。

119 李調元：《淡墨錄》，卷三，頁十九下至二十上。

何炳棣統計，清代每科進士人數為 239 人（比明代少 50 人），年均 100 人左右（比明代多 10 人）。清代實際上年均取士人數更高，因為常有特殊考試，如 1679 年和 1736 年的「博學鴻詞科」。此外，除三年一次的常規考試外，清王朝還經常加開「恩科」取士，為統治者祝壽或慶祝皇室成員誕辰。[120]

本章描述的科舉考試的結構和流程，不能脫離其教育、社會和政治實踐形式。通過瞭解明清時期科舉考試長期的制度層面，我們可以看到，晚期帝國的科舉考試如何成功調動精英，並將「道學」置於古典學問的優先地位。我們還看到，1580 年以後，殿試進士雖然是極少數，其地位卻愈來愈突出，壟斷了帝國的上層官僚機構，代價則是犧牲了大量的舉人和生員，更不用說數以百萬計的縣試童生。進士的優勢地位，意味着 1600 年以後士人與朝廷的合作關係愈來愈局限於一個專屬群體，他們往往出自最富有的家庭和最精英的世家。

擁有進士功名的地方精英成員，演變為文化和社會地位上的貴族。隨着時間的推移，就連宋代進士的名望也被清代考試市場超越，到了十八世紀末，考生人數不斷增加，哪怕功名不高的舉人身分，也只屬於 1% 的人。絕大多數士人不得不面對考試失敗，而這些失敗引發了我們將在第五章討論的對考試體制的各種形式的抵制。

接下來的第四章，我將探討根源於政治、文化架構（construction）的科舉考試體制的社會動力學。考場是帝國利益與士人利益相互鬥爭、相互妥協的場所。成為鄉試舉人和殿

---

120 《清史稿》，卷一〇八，頁 3099、3158–3159。另見 Ping-ti Ho 何炳棣, *The Ladder of Success*, 189.

試進士，意味着身處一座由成功和失敗砌成的金字塔的塔尖，其底座是一系列縣、州、府衙門考場和鄉試考場。這些考場把成功者送上「進身之階」（ladder of success），留下那些失敗者原地踏步。它們還把皇權及其影響向下輸送至地方城鎮和社區。

125

第四章　晚期中華帝國的古典文化素養

　　古典文化素養（classical literacy）在晚期中華帝國起到了核心作用。文言作為官僚機構的官方語言，有助於定義中國人的社會身分，直到 1905 年。明清時期沒有任何「公立」學校，科舉中式者的社會出身和地理來源，與民辦教育——宗族學校、慈善學校（「義學」）、寺廟學校，或是在家接受教育——的關係尤為密切。在這些場所，年輕人獲得了通過地方童試（獲得進學資格，成為生員）和歲試（重新認定生員資格）所需的古典訓練。一旦成為生員，就可進入縣、州、府地方官學。官學學額，一般說來，是進一步在鄉試和會試中取得成功的踏腳石，但官學與其說是學習場所，不如說是中轉站，很像十九世紀中葉的倫敦大學，那時它只是一所「考試大學」。[1]

　　本章重點討論紳士和商人精英是如何獲取並壟斷文化資源，從而獲得入仕資格的。文官制度把社會選拔過程作為對士人才能（merit）的一種測試。掌握不是用白話寫就的古典文本、通曉「道學」學說，這樣的教育要求，在那些獲准進入考場的考生與那些因為昧於古典文化素養而被排除在考場之外的

1　Negley Harte, *The University of London, 1836–1986* (London: Athlone Press, 1986).

126　人之間製造了一種語言壁壘。地方社會中古典文化素養較高的紳商精英壟斷了進入帝國官僚機構的渠道，這種壟斷也引發了強烈的公開抵制。

紳士精英的社會再生產

　　各朝代都需要官僚機構中的忠誠官員與帝國朝廷共享權力。入仕為官之所以成為職業首選，是因為其他職業的社會地位和政治聲望難以望其項背。考試過程的參與者把這個體制轉化為個人、家庭和宗族成功最有威望的一種手段。但這種成功需要投入大量的時間、精力和教育訓練。對家庭、家族和宗族來說，政治選拔過程就成了當地社會再生產的機會目標。只要負擔得起讓年輕人應試所需的財力和人力代價（即「投資」）的人家，都會這麼做。孝道與考試成功的關係，見載於史籍，是通過家庭做出犧牲，兒子勤學苦讀，最後考取功名，回報長輩的支持來體現的。也有人在履行對父母的社會義務和實現個人的志向抱負之間搖擺不定，但名利心一般都會戰勝個人理想主義。[2]

　　能夠進入官學體制的考生，已經經過了學校和家庭教育的「社會化」，他們說「官話」（Mandarin，即帝國京畿地區官員所說的語言），有能力讀寫文言。官學以學生具備讀寫能力為

2　David Nivison 倪德衛 , "Protest against Conventions and Conventions of Protest," in *The Confucian Persuasion,* ed. Arthur Wright 芮沃壽 (Stanford, CA: Stanford University Press, 1960), 177–201；Willard Peterson 裴德生 , *Bitter Gourd: Fang I-chih and the Impetus for Intellectual Change* (New Haven, CT: Yale University Press, 1979), 44–63.

前提，以準備考試為導向。[3] 這樣一來，培養下一代人入仕為
官的初級教育階段，就成了試圖獲得或維持紳士精英地位的宗
族自身的責任。科舉考試是調節帝國利益、家族發展策略和個
人志向的中心焦點。

　　精英家庭對男性的教育和女性的養育截然不同。女性被禁
止進入考場（小說和故事除外，她們女扮男裝），儘管這種做
法只是文化上強加的，法律上也從未受過質疑。宋以來很多女
性能讀會寫，[4] 但家庭教育中的這種性別分化一直保持不變，直
到十七世紀，精英家庭中的女性教育才逐漸變得普遍起來。由
於父親在外為官，很多精英子弟都從母親那裡接受早期古典教
育。[5] 教育對男女來說意味着不同的東西，但這種不同也不是絕
對的，特別是在精英階層中。漢族人普遍存在的性別觀念，一
方面保證男孩在科舉考試中具有競爭力，從而在社會上獲得政
治、社會和經濟的領導地位，一方面又把女性定義為妻子、母

127

3　Charles Ridley, "Educational Theory and Practice in Late Imperial
　　China: The Teaching of Writing as a Specific Case" (PhD diss.,
　　Stanford University, 1973), 145–206.

4　Beverly Bossler 柏文莉, "Women's Literacy in Song Dynasty China:
　　Preliminary Inquiries"，收入田餘慶主編：《慶祝鄧廣銘教授九十華
　　誕論文集》（石家莊：河北教育出版社，1997 年），頁 322–352。

5　Ping-chen Hsiung 熊秉真, "Constructed Emotions: The Bond
　　between Mothers and Sons in Late Imperial China," *Late Imperial
　　China* 15, no. 1 (1994): 97–99. 參閱 Benjamin Elman 艾爾曼,
　　*Classicism, Politics, and Kinship: The Ch'ang-chou School of New
　　Text Confucianism in Late Imperial China* (Berkeley: University of
　　California Press, 1990), 57–59; Dorothy Ko 高彥頤, *Teachers of the
　　Inner Chambers* (Stanford, CA: Stanford University Press, 1994),
　　29–67；Susan Mann 曼素恩, *Precious Records: Women in China's
　　Long Eighteenth Century* (Stanford, CA: Stanford University Press,
　　1997).

親、女家長這些從屬角色。[6]

　　1450 年以後，有科舉功名的人再次壟斷了社會、政治聲望，沒有科舉功名的人，如商人、手工業者和農民，則被排除在高級官職以外，除非他們考取或購買低級別功名。[7]有科舉功名的人，即使從未擔任過官職，也可以通過賦稅優惠（明代免除徭役）和法律特權（減免刑責）來提高他們的社會地位，這些都是選拔／淘汰過程中的重要副產品。一個具有縣級生員身分的年輕人，即使過不了更高級別的鄉試和會試難關，也足以回報其家庭投入的教育資源。[8]

　　作為組織良好的親屬群體，地方宗族有能力把社會、經濟實力轉化為科舉考試成功，這反過來又強化了宗族對地方文化、教育資源的支配地位。就父係親屬群體的延續而言，教育往往比財富或高官顯爵重要得多。[9]後來，愈來愈多的高門大族——南方尤為密集——需要有文化、有地位的領導人物在精英圈中左右逢源，代表親屬群體與縣、省、京城各級行政長官斡旋。這些高門大族聯合地方宗族支派，成立共同族產。特別是繁榮的長江三角洲地區，這些富裕宗族由於經濟寬裕，族

6　Patricia Ebrey 尹沛霞, *The Inner Quarters: Marriage and the Lives of Chinese Women in the Sung Period* (Berkeley: University of California Press, 1993), 21–44.

7　張朝瑞：《皇明貢舉考》（明萬曆年間刊本），卷一，頁一〇四上；Arthur H. Smith 明恩溥, *Chinese Characteristics* (Port Washington, NY: Kennikat Press, 1894), 28.

8　Maurice Freedman, *Chinese Lineage and Society: Fukien and Kwangtung* (London: Athlone Press, 1971), 68–96. 1720 年代取消了法律上的特權，見 William Roure, *China's Last Empire* (Cambridge, MA: Harvard University Press, 2009), 114。乾隆朝又恢復了這些特權。

9　Elman 艾爾曼, *Classicism, Politics, and Kinship*, 22–25, 52–59.

中大宗支派成員更有機會接受古典教育，在科舉考試中取得成 　*128*
功，這反過來又增強了宗族在外的政治、經濟實力。[10]

　　例如，明清時期江蘇常州府的莊氏、劉氏兩大望族，有
充足的教育資源讓子女接受官話教育，從而更廣泛地社會化，
特別是有些人舉家在外省做官時。同時，他們也在家中為男孩
和女孩提供了比大多數家庭更為嚴格的經書正典教育。1600–
1800 年間，其族中年輕男性在科舉考試中成就非凡，但這種
成功基於一種典型的社會文化模式。

　　莊氏、劉氏這些望族利用了複雜親緣組織所提供的財政、
社會和政治優勢。兩個成功宗族相互聯姻，加大對免稅宗族地
產的共同投入。他們是全國士人家庭的典型代表，利用財力
和義田（charitable estates）來推進他們的教育策略。把更大
的經濟資產轉化為優越的教育資源，是莊、劉兩大姻親宗族
成為「職業精英」（professional elite）的根本原因所在，他們
在十八世紀帝國官僚體制中的成功前所未有，被很多家族仿
效。[11]

　　如安徽徽州，到了明末，地方宗族的領導權逐漸轉移到了

10　Joseph Esherick 周錫瑞 and Mary Rankin 冉枚鑠 , eds., *Chinese Local Elites and Patterns of Dominance* (Berkeley: University of California Press, 1990). 另見 John Dardess 竇德士 , *A Ming Society: T'ai-ho County, Kiangsi, in the Fourteenth to Seventeenth Centuries* (Berkeley: University of California Press, 1996), 70.

11　Elman 艾爾曼 , *Classicism, Politics, and Kinship*, 36–73；Hilary Beattie, *Land and Lineage in China: A Study of T'ung ch'eng County, Anhwei, in the Ming and Qing Dynasties* (Cambridge: Cambridge University Press, 1979)，各處。另見 Harriet Zurndorfer 宋漢理 , "Local Lineages and Local Development: A Case Study of the Fan Lineage, Hsiu-ning *hsien,* Hui-chou, 800–1500" , *T'oung Pao* 70 (1984): 18–59.

有生員身分的宗族成員手中。由於生員功名較低，不足以獲任公職，他們愈來愈多地成了族產的實際管理者。[12] 特別是繁榮的長江三角洲地區，富裕宗族經濟寬裕，族中富裕支派成員更有機會接受古典教育，取得科舉考試的成功，這反過來又帶來了宗族以外的政治和經濟權力來源。[13]

成功需要經濟資源，能為族中男性成員提供長期的文言教育。長江三角洲地區、浙江和福建的很多高門大族，在日後社會、政治地位的提升方面有着先天的地方優勢：他們是書香門第，有古典學問家學淵源；他們能說官話，因為家中有男性出任公職。教育不只是社會地位的標誌。在一個主要由文盲、只懂白話或其他方言的半文盲或「初通文墨者」（primer-literate）組成的社會中，掌握官場生活所用的口語，以及古典文本中的書面語，就具有了社會和政治優勢。

例如，福建紳士在家庭和宗族導向外，還堅持「教育導向」，擔負起了提供教育資源的私人責任，以此維持他們在地方上的主導地位。清代福建和臺灣的文獻表明，中等收入家庭也籌集免稅基金，以促進教育和考試成功。如果一個家庭有足夠資產，他們就會留出一部分收入來支持家中年輕男性參加文

12 Joseph McDermott 周紹明，"Land, Labor, and Lineage in Southeast China"，「宋元明轉型」會議論文，加州箭頭湖（Lake Arrowhead），1997 年 6 月 5 日–11 日，頁 15、31–32。

13 Patricia Ebrey 尹沛霞 and James Watson 華琛，eds., *Kinship Organization in Late Imperial China 1000–1940* (Berkeley: University of California Press, 1986). 另見 Beattie, *Land and Lineage,* 51；Kai-wing Chow 周啟榮，"Discourse, Examination, and Local Elite: The Invention of the T'ung-ch'eng School in Qing China," in *Education and Society in Late Imperial China*, ed. Benjamin Elman 艾爾曼 and Alexander Woodside 伍思德 (Berkeley: University of California Press, 1994), 197–205.

武科舉。兒子要考功名級別更高的舉人或進士，預留的金額就更多；考生員預留的金額則相對少很多。

　　1797 年福建的一份家庭契約，談到了當地家庭在父親去世後如何決定將支付喪葬費後所剩的個人退休金用於投資並成立教育基金。這份契約稱：「我們認為學習可以提高社會地位，光宗耀祖……教育基金旨在鼓勵子孫們（在考試中）取得成功，任官於上，榮親於下。」每個家庭都應當支持兒童教育。教育基金則意在吸引成年男性參加鄉試和會試競爭。而且，鄉試舉人和殿試進士，一輩子都能獲得額外的基金收入，只不過這筆收入不能傳給子女。家庭分割教育財產時，不僅教育基金收入要在兒子中間分割，書籍、房子和其他資產也都要分給兒子。[14]

　　科舉考試是有雄心的男性及其家庭的夢想，因此，精英身分的一個決定性特徵就是考試成功。社會優勢通過「文化資源」（布爾迪厄稱之為「符號資本」〔symbolic capital〕）轉化為學術優勢。[15]財富為接受充分的語言、文化教育提供了資源，教育則使成功的考生獲得合法地位，提高其聲望。商人家庭一旦獲准參加科舉考試，也從中看到了獲得更多的財富、更正統的成功的道路。考試成功和隨後擔任公職，使那些與中式者關係最密切的人擁有了直接的權力和聲望，這是維持長期的宗族聲望所必需的。如果嫁入一個科甲鼎盛的宗族，地方聲望的流動就

130

14 David Wakefield 魏達維, *Fenjia: Household Division and Inheritance in Qing and Republican China* (Honolulu: University of Hawai'i Press, 1998)；Elman 艾爾曼, *Classicism, Politics, and Kinship*, 6–15.

15 Elman 艾爾曼, *Classicism, Politics, and Kinship*, xix.

會按照宗族和姻親內部各種父係親屬關係而進一步廣為擴散。[16]

　　商人、手工業者和其他平民往往得不到足夠的語言訓練，也缺乏教育設施，無法掌握士人的政治、道德話語。為瞭解決這個問題，地方精英愈來愈多地創辦「義學」，有的只限於宗族內部，大多數則對外開放。這類學校是紳士慈善機構、初級教育和地方慈善事業的混合體，是對朝廷開辦的「社學」（community schools）——為需要幫助的地方平民提供教育——的補充。在這些半官方性質的慈善機構中，來自貧困家庭或富裕宗族中的貧困之家的小學生能夠成為「粗通文墨者」。佛教寺廟學校也有這種功能，其課程一般分為兩種，分別面向初學者和更高級的應試教育。

　　宗族捐資興辦的學校也為族內寒家子弟的發展提供了更多機會，如果宗族勢力較弱，就難以做到這一點。繼嗣群體（descent groups）作為一個整體，無論其出身多麼卑微，都能受益於宗族中有科舉功名的人。因此，一個宗族中，即使單個家庭未能在幾代人中維持科舉功名，其他同宗或姻親的學術成就也能抵消這種失敗。作為一個集合體，宗族的社會流通不同於單個家庭的社會流通。[17]

---

16 Denis Twitchett 杜希德, "The Fan Clan's Charitable Estate, 1050–1760," in *Confucianism in Action,* ed. David Nivison 倪德衞 and Arthur Wright 芮沃壽 (Stanford, CA: Stanford University Press, 1959), 122–123；Rubie Watson 華若璧, *In Equality among Brothers: Class and Kinship in South China* (Cambridge: Cambridge University Press, 1985), 7, 98, 105, 175.

17 Okubo Eiko 大久保英子：《明清時代書院の研究》（東京：國書刊行會，1976 年），頁 339–349；Angela Ki Che Leung 梁其姿, "Elementary Education in the Lower Yangzi Region in the Seventeenth and Eighteenth Centuries," in *Education and Society in Late Imperial China*, 382–391；William Rowe 羅威廉, "Education and Empire in Southwest China: Ch'en Hung-mou in Yunnan, 1733–8," in *Education and Society in Late Imperial China*, 427–443.

　　文化上佔優勢地位的長江三角洲地區或福建省，高門大族和商人新富通過為有才華的男性後代提供優越的教育設施來維持自身較高的社會地位。宗族學校和商人出資興辦的書院（如揚州，鹽商為其子弟開設書院）成了備受呵護的私人財產，地方精英相互競爭，爭奪社會、政治和學術上的優勢地位。因此，成功的宗族在延續經濟和政治環境方面發揮了核心作用，在這種環境中，一旦在法律上被賦予權力，紳士和商人就會佔據主導地位。親屬關係的說辭轉化為當地的慈善事業，並有利於那些已在當地社會扎根的人。[18]

　　手工業者或農民家庭一般都不能奢侈地花上幾年時間，讓自己的兒子接受文言教育，這種語言有點脫離白話語法和當地方言。偶爾也有窮學生為了參加科舉考試，白天騎牛在田間勞作，晚上在油燈下苦讀到深夜，但正因為這樣的人不多，才為人所稱頌。儘管科舉考試對所有人開放，但就考試內容所使用的語言而言，超過九成的中國人從第一步起就被排除在了這個「進身之階」之外。以古典課程為中心的語言、文化資源的社會分配不平等，意味着沒有甚麼家學根柢的家庭無法在科舉功名市場上同有家學淵源的書香門第成功競爭。科舉考試，實際上主要考的是出身於士人或商人家庭的年輕男性的才能。[19]

18　Evelyn Rawski 羅友枝，*Education and Popular Literacy in Ch'ing China*（Ann Arbor: Center for Chinese Studies, University of Michigan, 1979），28–32, 85–88.

19　姜士彬（David Johnson）估計清代至少有 500 萬男性平民受過古典教育，約佔 1800 年男性人口總數的 5%，佔 1700 年男性人口總數的 10%。明代相關數據更低，因為私立學校還不太普及。見 David Johnson 姜士彬, "Communication, Class, and Consciousness in Late Imperial China," in *Popular Culture in Late Imperial China,* ed. David Johnson 姜士彬, Andrew Nathan 黎安友, and Evelyn Rawski 羅友枝 (Berkeley: University of California Press, 1985), 59. 另見 Okubo Eiko 大久保英子：《明清時代書院の研究》，頁 78–85。

寒門子弟難得一見的成功，讓考試過程變得神秘起來。下層階級的「教育死亡率」（educational mortality）被合法化，因為他們（好鬥的道士、僧人除外）承認古典教育是士人考試成功的合法基礎。那些在法律上有資格、但語言上被排除在選拔程序之外的平民，應該承認自己命不好是因為缺乏古典訓練。受過古典教育的精英反過來卻指責這些沒受過古典教育的文盲，說他們無知。

紳士的社會優勢

晚期中華帝國的社會流通主要發生在那些擁有文化、語言資源的人中間，他們可以讓自己的兒子為嚴苛的「考試生活」做好準備，這種生活的基礎是記誦以古奧文言文寫就的古代文本。據柯睿哲（Edward Kracke）和何炳棣對宋、明、清進士的研究，在會試中式以前，這些官員的直系男性祖先至少有三代人為平民出身的比例分別為 53%、49.5%、37.6%。近來的研究表明，這些關於社會「流動性」不斷下降的數據仍有虛誇成分，因為它們低估了與官員有同宗或姻親關係的平民人數。有些人表面上看是一介平民，但這種同宗或姻親關係對他們學業有成的可能性來說很可能是決定性的。[20]

科舉考試實行糊名制，這使得統治者、精英和平民相信士

20 E. A. Kracke 柯睿哲, "Family vs. Merit in Chinese Civil Service Examinations during the Empire," *Harvard Journal of Asiatic Studies* 10 (1947): 103–23; Ping-ti Ho 何炳棣, *The Ladder of Success in Imperial China* (New York: Wiley and Sons, 1962), 70–125, 特別是頁 114 表 10；Robert Hymes 韓明士, *Statesmen and Gentleman: The Elite of Fu-chou, Chiang-hsi in Northern and Southern Sung* (Cambridge: Cambridge University Press, 1987), 34–48.

人公共生活成功的夢想可以成真，從而遮蔽了其實際後果——失敗的噩夢。作為在鄉試和會試階段對試卷進行彌封的擇優制度，作為對社會和政治地位世襲特權加以限制的選拔過程，考試體制轉移了人們的注意力：考試之前，語言關實際上已經淘汰了一大批人。從科舉考試的角度來看待社會流動性，就會掉入一個意想不到的陷阱。把中式者從應試考生大軍中孤立出來，只重建這些中式者的社會背景，我們得到的就只能是偏頗的「倖存者」人數。更有用的做法是強調科舉考試在造就一個更廣泛的具有古典文化素養的男性階層時所起的作用，這個階層包括參與選拔過程的所有競爭者，包括那些失敗者。科舉考試的把關功能，是這個選拔過程一個沒有明說的社會後果。[21]

　　朝廷的社會中立性（朝廷及其士人是官僚機構中的合作夥伴）是假象，私立學校和書院的文化自治性（只要不涉足政治）是幻覺。以古典學問作為淘汰標準，淘汰過程越徹底，愈不利於社會階層流動。明王朝認為這是地域問題，但也只是試圖限制南方精英對北方精英的優勢（見第一章）。[22] 那些不能達到考試最低要求、通過最低級別考試的人，並不是隨機分布在明清社會的不同階層中間。依靠兒子勞力的農、工、商家庭，無力為兒子提供參加多級考試所需的多年教育。此外，很多背負錢

133

21　Etienne Balazs 白樂日, *Chinese Civilization and Bureaucracy,* trans. H. M. Wright (New Haven, CT: Yale University Press, 1964), 6–7. 參閱 Pierre Bourdieu and Jean-Claude Passeron, *Reproduction in Education, Society, and Culture,* trans. Richard Nice (Beverly Hills, CA: Sage, 1977), 141–167.

22　見 Kenneth Lockridge, *Literacy in Colonial New England. An Enquiry into the Social Context of Literacy in the Early Modern West* (New York: Norton, 1974), 3–7；Bourdieu and Passeron, *Reproduction in Education,* 1–27.

糧徭役的貧窮士人，也無力在考試市場上競爭。[23]

農民、手工業者、胥吏、僧人和道士，更不用說全體女性了，是沒有資格參與選拔過程的，這確保了參與競爭的是出身士人或商人家庭（或家族、宗族）的少數年輕人，這些家庭擁有足夠的語言、文化資源用於投資教育他們的男性後代。紳士對考試所需的文化、語言資源的壟斷，使得有錢有勢的家族能夠在幾代人的時間裡繼續壟斷這些資源。明清時期文化資源的世襲傳承，取代了中古時期唐和北宋官位的世襲傳承。[24]

中式者的社會出身

明初，洪武皇帝下令戶部編制全國戶口冊籍，登記戶籍、人丁、田宅圖籍。1381 年，制定各州縣稅額，1391 年加以修訂，這個大動作旨在調查朝廷掌控的經濟、軍事資源，平均徵收田賦（以實物形式支付）和勞役。戶口登記制度反映了朝廷對其物質、人力資源總量的評估。同樣，宗族也根據物質財富總量來衡量自己的文化資源。[25]

明王朝將整個人口劃分為社會、經濟兩類，以此作為參加文武科舉考試的依據。諸如民籍、軍籍、工籍、商籍等等分類，反映了每戶在當地社會中的最初地位，以及他們所應提供的勞役。每個戶籍類別都要承擔官府指派的特定勞役，基層組

134

23　Wolfram Eberhard 艾伯華 , *Social Mobility in Traditional China* (Leiden: E. J. Brill, 1962), 22–23; Elman 艾爾曼 , *Classicism, Politics, and Kinship*, 45.

24　陸深：《科場條貫》，收入沈節甫輯：《紀錄彙編》（上海：商務印書館，1938 年，據晚明刊本影印），卷一三六，頁四上。

25　Yuquan Wang 王毓銓 , "Some Salient Features of the Ming Labor Service System," *Ming Studies* 21 (1986): 1–44.

織以村戶為單位，每 110 戶編為一里（「里甲」）。商籍應按需提供商品或貨物，軍籍至少應出兩人服兵役，匠籍應為帝國工場作坊提供一名匠人，諸如此類。[26]

土地冊籍每十年應修訂一次，每戶都要永久性地提供勞役。隨着時間推移，賦役制度理論與實踐之間的距離不斷擴大，到十六世紀，已大大削弱了朝廷對經濟的控制。區域市場逐漸以白銀作為流通貨幣，而白銀的來源是全球性的，不受政府的直接控制，從而削弱了朝廷對農業稅源的掌控。[27] 明代，隨着人口從 6,500 萬增至 2.5 億，經濟日漸商業化，稅收制度變得愈來愈過時。到了 1600 年，明政府頒布「一條鞭法」，合並田賦和徭役，折合為銀兩徵收。明初按社會類別劃分整個人口的做法仍然體現在書面條文上，但沒有實際執行。[28]

每個家庭成員在法律制度中的地位及其在文武科舉中的社會身分，一定程度上也按照這些社會分類加以記錄。明代，商人子弟首次獲准參加科舉考試，而所謂的賤民依然沒有這種權利（見本書「引言」）。其目的是在明王朝立國之初，按個人和家庭最初的社會地位進行分類。晚至十八世紀，滿清王朝才

26　Edward Farmer 范德，"Social Regulations of the First Ming Emperor," in *Orthodoxy in Late Imperial China,* ed. Kwang-Ching Liu 劉廣京 (Berkeley: University of California Press, 1990), 116–123；Yuquan Wang 王毓銓，"Some Salient Features," 26–29.

27　Mi Chu Wiens 居密，"Changes in the Fiscal and Rural Control Systems in the Fourteenth and Fifteenth Centuries," *Ming Studies* 3 (1976): 53–69.

28　Ray Huang 黃仁宇，*Taxation and Government Finance in Sixteenth-Century Ming China* (Cambridge: Cambridge University Press, 1974), 112–133；Richard von Glahn 萬志英，*Fountain of Fortune: Money and Monetary Policy in China, 1000–1700* (Berkeley: University of California Press, 1996).

取消勞役身分，廢除了明代的社會分類。[29]

　　明代對官（軍官）、儒、民、商、軍、匠籍的世襲分類，雖然不是種姓制度（因為並未在法律上強制規定社會地位），但也意味着公職候選人是根據其家庭的原始職業來分類的，哪怕父輩已不再從事該職業。[30] 這種社會分類反映了一個人的官方世襲命運（「分」）和地方身分，但由於社會流通（見第八章），這些分類往往已不合時宜。儘管如此，有資格參加地方童試的人家的子弟，其所有文件都必須注明戶籍信息。當這些人家的子弟沿着「進身之階」往上走時，他們的社會分類依然沿用家庭在賦役冊上的分類，即使其家已以士人身分進入上層精英階層。換句話說，比起明代表面上的人力資源社會分類來，晚期帝國社會的流動性要大得多，明初的社會分類在明末已不合時宜，以至於後來的清王朝在科舉考試的登記文件中不再要求追溯家庭出身。[31]

　　到了十八世紀，官員之子無須參加任何考試即可繼承父親名位的「蔭」權，其社會重要性已比不上宋、明時期。通過蔭權獲得的任命，也只限於在中央政府擔任次要職位，或出任同知（知府副手）或知縣。

　　清初，還確定各省商人子弟（不是從商的平民子弟）參加科舉考試的名額（商籍學額）為十取一，儘管最初幾年取不夠

---

29 《欽定大清會典事例》（臺北：中華書局，1968 年），卷一五八，頁32。見 Philip Kuhn 孔飛力, *Soulstealers: The Chinese Sorcery Scare of 1768* (Cambridge, MA: Harvard University Press, 1990), 34–36.

30 John Dardess 竇德士, *Confucianism and Autocracy: Professional Elites in the Founding of the Ming Dynasty* (Stanford, CA: Stanford University Press, 1983), 14–19；Ping-ti Ho 何炳棣, *The Ladder of Success,* 67.

31 《禮部題本》，1765 年 5 月，大學士傅恆（1722–1770）等。

額定人數。[32]1786 年，清廷重申，教育官員在決定官學學額時不應區分民籍和商籍，這鞏固了明初准許商人子弟參加科舉考試的政策。[33]1786 年以後的鄉試，商籍生員試卷與民籍生員試卷不再分開編冊。[34] 在清代的考試登記制度中，重要的是考生家庭祖宗三代擔任過何種官職。[35]

　　就明末清初鄉試舉人的社會出身而言，我們發現其中約有一半的人是平民出身（民籍），這意味着他們的家庭在明初未被劃入上層精英。但到了 1550 年，很多「民籍」實際上已是上層精英的一部分。[36] 如明中葉著名的軍事將領、道德哲學家王陽明（1472–1529），就是浙江「民籍」出身，但他的父親王華（1446–1522）是 1481 年殿試狀元，1507 年官至吏部尚書。王家雖為「民籍」，但早已是紹興府餘姚縣地方精英中的一員。[37]

136

---

32 《欽定大清會典事例》，卷三八一，頁一上至三上。見 Karl Wittfogel 魏特夫，"Public Office in the Liao Dynasty and the Chinese Examination System," *Harvard Journal of Asiatic Studies* 10 (1947): 39.

33 《清史稿》（北京：中華書局，1977 年），卷一〇八，頁 3150–3151；《明史》（北京：中華書局，1974 年），卷七十，頁 1694；劉錦藻：《皇朝續文獻通考》（上海：商務印書館，1936 年），頁 8423。見 James J. Y. Liu 劉若愚，*The Art of Chinese Poetry* (Chicago: University of Chicago Press, 1962), 26–29.

34 《欽定大清會典事例》，卷三八一，頁八。

35 何炳棣說得對，「明代大量的職業流動最終導致了地位流動」（*The Ladder of Success,* 71），但這種職業流動是先於並從屬於考試過程的。另見 Etienne Zi 徐勘，*Pratiques des Examens litteraires en Chine* [Practices of the literary examinations in China]（《中華文科試實則》）(Shanghai: Imprimerie de la Mission Catholique, 1894), 19–21.

36 Ping-ti Ho 何炳棣，*The Ladder of Success,* 70–71.

37 《殿試登科錄》（1499 年），頁九下。

　　出身官員、手工業者和商人家庭的鄉試舉人人數極少。只有少數家庭在明初被劃入「商籍」，到了十六世紀，那些從事商貿的人仍然按照其家庭的早期社會地位被劃入民籍、軍籍或匠籍。有意思的是，明代約有兩成的鄉試舉人出身軍籍，不管其家在明末是不是仍然從事軍務。軍官家庭也出產了高達5%–7% 的鄉試舉人。

　　明清兩代進士社會出身的可比數據表明，明初，76%–83% 的進士出身民籍，而在清初，民籍出身者通常為55%–64%。特殊家庭出身的進士佔比不足 10%，明代軍籍出身的進士超過 25%，通常另外還有 3%–4% 的進士來自明初的軍官家庭。在滿族統治下，軍籍群體被旗人取代，人數劇減，出身軍官家庭的進士人數也有所減少。後來，清代試錄不再記錄這方面的信息，部分是因為滿洲旗人成了新的軍事精英。

　　何炳棣對明代特殊家庭出身的進士的分析，證實了上述這些觀察。[38] 明代，軍籍出身者，一般佔所有進士的 17%–31%。如果加上那些來自軍官家庭的人，明代軍籍進士比例將從 18% 逐漸上升到 36%。值得注意的是，明代進士只有 160 人（不足 1%）出自「儒籍」（literati-scholar，一般譯為 Confucians）。而據何炳棣統計，明代 1371–1643 年間特殊家庭出身的進士共 22,577 人，其中約 14,500 人（從 56% 逐漸上升到 80%，平均為 64%）通常為民籍出身。因此，民籍是產出鄉試舉人和殿試進士的最大社會類別，儘管這些所謂的平民往往是地方士人精英中的一員。[39] 以往的研究低估了明代軍戶的社會出身和流動

38　Ping-ti Ho 何炳棣, *The Ladder of Success,* 59–62；于志嘉：〈明代軍戶の社會的地位について——科舉と任官において〉，《東洋學報》第 71 卷第 3–4 期（1990 年），頁 122。

39　Hymes 韓明士, *Statesmen and Gentleman,* 29–61.

性。精英社會地位的變化通常先於考試成功，考試成功只是確認並提升了這種地位。[40]

精英家庭，如前面提到的常州府莊氏，儘管晚明已躋身上層紳士階層，仍被劃入民籍。明代，莊氏共出殿試進士 6 人。清代，莊氏成為一個「超級世家大族」，出了進士 27 人，舉人 97 人，翰林 11 人。作為集巨大財富和聲望為一身的士人家庭，嚴格說來，莊氏依然屬於「民籍」。[41]

明代軍人家庭的重要性，源於他們把早年間獲得的經濟資源——明初，感恩的統治者將土地和財富賜給他們——成功轉化為充足的教育資源，使自己的子弟在考試市場上成功競爭。他們還通過武舉來維持自己的社會地位，儘管很多人選擇文舉來獲得更高的地位和擔任文官。他們很多人在中央官僚機構中升任要職，還有幾個人官至大學士。[42]

每戶至少要出一人來承擔納稅義務。但到了 1600 年，用來劃分和甄別科舉考生的官方戶籍身分制度已經過時。這說明 1400 年以後的變化有多大。商人、紳士階層的職業流動性前所未見，精英大量湧入考試市場。

138

中式者的地理分布

儘管童試和鄉試有取士定額，殿試進士也有地區定額，明清官僚機構卻始終無力抵消南方某些府縣的財政優勢。這些府縣可以把財政優勢轉化為考試市場上的優質教育。如長江三角洲地區，蘇州府和常州府往往在競爭最為激烈的南京鄉

40　于志嘉：〈明代軍戶の社會的地位について〉，頁 91–129。

41　Elman 艾爾曼，*Classicism, Politics, and Kinship*, 52–54.

42　于志嘉：〈明代軍戶の社會的地位について〉，頁 106–121。

試（「金舉人」）中位列第一、第二，南京鄉試舉人中的蘇州人往往多達 20%。儘管明代第一任皇帝在十四世紀末限制了蘇州的優勢地位，但從唐代到清末，蘇州共出了一甲殿試進士 50人。蘇州所出狀元，明代有 9 人，清代有 26 人。殿試一甲前三名中有兩個蘇州人的情況出現過 9 次。[43]

在北方京畿地區的順天府，本地考生與外省官員子弟爭奪功名。南方人一直利用外省官員子弟的靈活考試登記制度，直到清代才對這個漏洞加以限制。具有古典文化素養的南方考生人數遠遠高於北方。[44] 清初，有相當數量的外省考生在北京考取舉人身分。1654 年會試，20% 的中式者來自南方四省（江南〔江蘇、安徽〕、浙江和福建）；1657 年，這個數據為 28%；1660 年，19% 的順天鄉試名額給了在南方登記的考生。明代，外省人在南都南京的鄉試舉人中佔比很小。南方考生在北京參加鄉試，增加了南方人考取殿試進士的可能性。

清代狀元共 114 人，其中 43% 為江蘇人，這些江蘇狀元中，蘇州人又超過了一半，佔清代狀元總數的 23%。明初，江西、浙江兩省進士人數超過江蘇。到了明中葉，來自長江三角洲地區的狀元人數開始領先。明清兩代，長江三角洲地區考生更多佔據了會試和殿試榜首。我們掌握的所有明代進士的省分分布情況（93%），也證實了這些趨勢。長江三角洲地區的江蘇、安徽兩省合稱「江南」，其進士人數自明中葉（1473–1571）

---

43 胡敏：《蘇州狀元》（福州：福建人民出版社，1996 年），頁 261–334；李調元：《制義科瑣記》（上海：商務印書館，1936 年，叢書集成初編本），卷四，頁一二五。

44 Hans Bielenstein 畢漢思，"The Regional Provenance of *Chin-shih* during Ch'ing", *Bulletin of the Museum of Far Eastern Antiquities* (Stockholm) 64 (1992): 17.

以來便排名第一，佔 16%。浙江排名第二，佔 14%。如果不把安徽的數據加給江蘇，浙江就排名第一。也就是說，明代 30% 的進士都出自這三個省。

　　江西省在宋、元、明轉型時期的政治、文化生活中都非常突出。明初的 1371–1472 年間，江西出了 17% 的進士，在這一百年間排名第一。明中葉，江西進士比例下降至 10%，晚明進一步降至 8%，不及明初的一半。隨着王陽明在 1517–1519 年間成功領兵平息江西叛亂，江西成為了王學大本營。[45]

　　清代，江西顯赫的文化地位急劇下滑。十五世紀末，人口加速向下流動和更多人移居外省，削弱了江西的影響力，並在一定程度上影響了從該省選拔官員。1450 年以後，江西人捲入政爭，也削弱了他們在朝中的影響力。[46] 與此同時，長江三角洲各省緊靠東南海岸線，又是大運河沿線南方轉運口岸的所在地，因此成了晚明的商業中心。河流、運河和湖泊組成的網絡，連接了長江東西和大運河南北。作為連通華南、華北與長江中上游地區的區際貿易區，江南佔據了有利的戰略位置。江西則成為落後省分，經濟資源的減少意味着家庭和宗族教育資源的減少。[47]

45　Ikoma Sho 生駒晶：〈明初科舉合格者の出身に関する一考察〉，收入《山根幸夫教授退休記念明代史論叢》（東京：汲古書院，1990年），頁 45–71；Lü Miaw-fen 呂妙芬：《陽明學士人社群》（臺北：中央研究院近代史研究所，2003 年），第 1 章。

46　Philip de Heer 賀飛烈，*The Care-Taker Emperor: Aspects of the Imperial Institution in Fifteenth-Century China as Reflected in the Political History of the Reign of Chu Ch'i-yü* (Leiden: E. J. Brill, 1986), 各處；Dardess 竇德士，*A Ming Society,* 105–106, 110–111, 144–145, 167–169, 202–203.

47　Ping-ti Ho 何炳棣，*The Ladder of Success,* 228（表 28）。清代福建進士人數也大幅下降。

140　　　清初，大量進士出自平定的北方省分（如 1646 年，95%
的進士出自山東、河南、山西，或是以北京為中心的北方京畿
地區）。此後，雖然清廷重新實行了 1427 年以來的進士地區定
額，但南方總體上還是恢復了其在考試市場上的主導地位。[48]
十八世紀，進士名額逐漸顧及小省，特別是西南、西北邊疆地
區。儘管各省進士人數排名沒有顯著變化，但相較於明代和清
初，大省的進士比例在清末降低了約 2%–3%。與此同時，清
末邊疆省分的進士名額大增，西北的甘肅增加了三倍，西南的
貴州幾乎增加了四倍。[49]

　　　長江三角洲地區在晚期帝國考試市場上的長期中心地位依
然保持不變，但也受到了福建的挑戰。明初，福建就出過一甲
進士。晚清，福建財力復甦，進士人數增加了 18%。從 1776
年到 1904 年，福建有兩個府成為了兩大進士出產地。但在清
初和清中葉，這兩個府都沒能躋身十大府之列。[50] 清代人口增長
也對各省造成了影響。江南進士人數人均下降了 63%，浙江下
降了 58%，福建降幅最大，下降了 73%。只有東南的邊疆省分
和東北的遼寧因教育機會擴大而出現了增長。[51]

　　　地理分布上的這些趨勢，轉化為王朝政治中的權力和影響
力。官場上南方人佔比較高，是明代政治中的老大難問題，而
清代改變定額制度，也只是抵消了南方相對於帝國其他地區的
教育優勢，卻不能消除這些優勢。明清政府明智審慎地按省分

48　Bielenstein 畢漢思 , "The Regional Provenance of *Chin-shih* during
　　Ch'ing," 6–178.

49　同上註，頁 17–18、30、32、33。

50　同上註，頁 21、30、77–78。

51　William Rowe 羅威廉 , "Education and Empire in Southwest China:
　　Ch'en Hung-mou in Yunnan, 1733–38," in *Education and Society in
　　Late Imperial China*, 417–457.

制定取士人數，盡量維持全國考試市場的公平和公開。[52] 儘管如此，在權力的最高峰，只有殿試進士，特別是那些名列一甲、進入翰林院的人，才能把他們的地方和地區利益輸送入帝國官僚機構。

141

中式年齡

最後，老年人不會遭受公開的社會歧視，是科舉考試的突出特點。在一個以孝順和敬老為公私道德基礎的社會裡，只要負擔得起，只要社會身分和語言能力符合條件，所有年齡段的人都有資格不限次數地參加科舉考試，這對於統治者、考官和考生來說意義重大。事實上，考試可以顯著改變對一個人的社會地位的看法。例如，年長的生員會在年輕的舉人面前低聲下氣，因為二者政治地位不同，政治地位提高了成功的年輕人的社會地位，降低了年長的失敗者的社會地位。年長的失敗者與年輕的神童形成鮮明對比，社會尊重老年人，但同時也非官方地看重年輕人及其精神活力。

科場失意的吳敬梓（1701–1754）在其十八世紀的諷刺小說《儒林外史》中就利用這個主題描寫了 1487 年兩個士人的見面情形，他們一個是剛進學的年輕生員，一個是六十多歲仍未獲得進學資格的鄉村觀音庵私塾教師：

> 原來明朝士大夫稱儒學生員叫做「朋友」，稱童

---

52 Danjo Hiroshi 檀上寬：〈明代南北卷の思想的背景──地域性超克の論理〉，收入 Kotani Nakao 小谷仲男等編：《「東アジアにおける文化伝播と地方差の諸相」科研報告書》（富山：富山大學人文學部，1988 年），頁 55–66。

生是「小友」。比如童生進了學，不怕十幾歲，也稱為「老友」；若是不進學，就到八十歲，也還稱「小友」。就如女兒嫁人的，嫁時稱為「新娘」，後來稱呼「奶奶」、「太太」，就不叫「新娘」了；若是嫁與人家做妾，就到頭髮白了，還要喚做「新娘」。[53]

明代福建的各種科第名錄，也記錄了中式考生廣泛的年齡段，考生能在一級級殘酷的考試中取得成功，似乎是早熟和韌性的標誌。明代福建，有 40 多名中式者的年齡在十三到十九歲，這並不奇怪，因為年輕人很早就要開始記誦「四書」和「五經」中的一部；但與此同時，有 80 多名中式者的年齡超過八十歲（歲，見本書「幾點說明」），有些人進入考場時已年逾百歲，還有一個人在一百〇四歲時被任命為知府。[54]

考慮到需要記誦的內容——1756 年以前少一些，1793 年以後相當多——能在二十歲以前中舉的男孩被譽為神童。如果四十歲還在參加鄉試資格考試，他就是老人了。據說老人會在考院裡給年輕考生講解經書段落，以換取年輕人寫作的新體文章。[55] 當局注意到，童試登記表上的信息顯示為年輕人，但實際參加考試的人有時卻四、五十歲。考官責備教育官員沒有核查

142

---

53 Wu Ching-tzu 吳敬梓，*The Scholars*（《儒林外史》），trans. Yang Hsien-yi 楊憲益 and Gladys Yang 戴乃迭 (Beijing: Foreign Languages Press, 1957), 17–18；見 Paul Ropp 羅溥洛，*Dissent in Early Modern China* (Ann Arbor: University of Michigan Press, 1981), 61–75.

54 邵捷春輯：《閩省賢書》（晚明刊本），卷一，頁三八上至四二上。

55 徐珂：《清稗類鈔》（上海：商務印書館，1920 年），〈考試類〉，頁 25、38、42。

進場應考者的真實身分。[56]

　　明清時期，鄉試競爭異常激烈，中式率一般不到 5%，少數中式者年齡大多在二十五歲到三十歲。十六世紀，大多數南京鄉試舉人（63%）年齡在二十一歲到三十歲，只有 26% 的人年齡在三十一歲到四十歲。年紀最小的舉人十五歲，最大的五十歲。如果比較明清兩代南京鄉試情況，我們會發現，十九世紀鄉試中式者年齡更大。明代，四十幾歲的人只佔 7%–8%，沒有人年過五十，而清代，四十幾歲的人佔 15%–17%。1835 年和 1851 年殿試進士，年過五十的人超過 3%。年齡上的這種變化是因為 1793 年以後需要掌握的考試內容突然增多，考生要付出更多時間。

　　1894 年的狀元張謇（1853–1926），早在 1871 年十八歲時就獲得了江南鄉試資格，但五試不售，1885 年三十三歲時才終於以第二名的成績中舉。20% 的鄉試考生都是在這個年齡跨過舉人一關的。從 1871 年到 1885 年，張謇還要參加歲試（重新認定生員身分）和科試（鄉試預備考試）以保住鄉試資格。張謇鄉試中舉姍姍來遲，後來又參加五次會試（1886 年、1889 年、1890 年、1892 年、1894 年）才在四十一歲時順利過關。第五次會試時張謇排名第六十，覆試時排名第十，最終在 1894 年殿試時排名第一，授翰林院修撰。他的狀元名聲建立在將近二十年的考試失敗上，靠着堅持不懈才取得成功。[57]

143

　　晚清，有資格參加鄉試的八十多歲的老人愈來愈多，即使考試落第，一般也能榮登「副榜」。1736 年，乾隆皇帝褒獎了參加會試的所有老人。1852 年鄉試，九十幾歲的考生 13

56　如 1741 年，見《欽定大清會典事例》，卷三八六，頁八下。

57　Charles Ridley, "Educational Theory and Practice in Late Imperial China: The Teaching of Writing as a Specific Case", 154–156.

人，全部獲得舉人身分，八十幾歲的考生 65 人，也都名列副榜。1853 年鄉試，九十幾歲的考生有 17 人，八十幾歲的有 79 人。[58]

比較明清兩代狀元年齡可以發現，就我們掌握的所有明代狀元情況而言，二十五歲以下的約佔 13%，清代則顯著下降至 6%；在我們掌握的 55 名明代狀元中，超過一半的人年齡在二十六歲到三十五歲之間，清代這方面基本上沒有變化；明代83% 的狀元年齡在二十六歲到四十五歲之間，清代則為 86%。四十六歲以上的高齡狀元比例，從明代的 4% 增加到清代的8%。總的說來，從明到清，得中狀元的年輕人愈來愈少，老年人愈來愈多，平均年齡從三十三歲提高到三十六歲。因此，張謇的情況很典型，只不過 1894 年中狀元時年齡偏大一些（四十一歲）。大多數人跟他一樣，在成年後的一二十年間都曾多次鄉試、會試落榜，最後才成功登頂。成功姍姍來遲，所付出的情感代價將在下一章展開討論。

明代進士，二十歲以下的只有極少數，大多數人都在二十六歲到四十五歲之間。清代，72% 的進士年齡在二十六歲到四十五歲之間。1868 年，15% 的進士在二十五歲以下；1894 年，這個比例是 11%。清代，只有 6% 的狀元年齡在二十五歲以下。清代，鄉試考生人數增加，中式者的平均年齡也隨之提高，但年過五十的考生比例從 1835 年的 5% 下降到1894 年的不到 1%。年輕考生更能適應晚清考試作文的文體變化。十八世紀末重新加考詩歌，也造成了不同。因此，高齡考生的失敗率比過去更高。

144

58　徐珂：《清稗類鈔》，〈考試類〉，頁 95；《續增科場條例》（1855年刊本），頁九上、二七下至二八上、四十上至四一上、五十下至五二下。

考官關切地匯報高齡考生人數異常增加的情況，因為他們注意到，在人口增長速度遠遠超過取士名額的情況下，高齡考生卻屢屢名落孫山。1699 年順天鄉試，一位年過百歲的廣東貢生夜間在曾孫的陪伴下進入考場，曾孫手持燈籠，上書「百歲觀場」四字，以示隆重。[59] 而另一方面，1770 年順天鄉試，乾隆皇帝又下令考官取中兩名少年，一個十一歲，一個十三歲，以鼓勵年輕神童。[60]1784 年，候補進士中的高齡考生人數多得令人擔憂。一份奏疏稱，該科會試考生中，九十幾歲者 1 人，八十幾歲者 20 人，七十幾歲者 5 人。儘管沒能通過考試，皇帝也下令官員對他們予以特別褒獎。[61]1826 年，一位同樣來自廣東的一百〇四歲考生沒能通過會試，也象徵性地進入國子監。[62]

這些令人擔憂的趨勢也得到了同時期西方觀察家們的證實：「除了中國，還能在哪塊土地上見到這樣的例子：祖孫三代參加同一個考試競爭同一個學位，年華和不屈不撓的毅力在八十歲時才換來夢寐以求的榮譽？」[63]

隨着從明到清的延續和完善，晚期帝國科舉制度在兩個王 *145*

59 黃崇蘭：《國朝貢舉考略》（1834 年刊本），卷一，頁三十下；徐珂：《清稗類鈔》，〈考試類〉，頁 67–68。

60 《禮部題本》，1770 年 10 月 5 日。

61 見 1784 年會試後莊存與奏疏，《禮部題本》，1784 年 3 月 29 日。

62 黃崇蘭：《國朝貢舉考略》，卷三，頁二六下。

63 Smith 明恩溥, *Chinese Characteristics,* 29; E. L. Oxenham 歐森南, "Ages of Candidates at Chinese Examinations; Tabular Statement," *Journal of the China Branch of the Royal Asiatic Society,* n.s., 23 (1888): 286–287. 另見 Justus Doolittle 盧公明, *Social Life of the Chinese* (New York: Harper and Brothers, 1865), 398.

朝及其合作士人重新設定的條件下成為了一種再生產國家和社會性格（character）的動態力量。古典學問、士人聲望、王朝權力和文化實踐都要顧及考試制度，以至於無論公平與否，這個制度都成了明清時期精英文化、政治和社會的重要仲裁者。科舉考試不能對整個社會發號施令，士人精英也不能簡單地把考試課程強加給政府（見第一章）。但是，從教育的角度看，考試體制通過國家和社會將教育權威代代相傳。[64]

士人和商人群體——他們在本章所述的明清科舉考試市場上競爭——始終都面臨着人口壓力。到 1850 年，發軔於明初的體制變化不大，跟不上整個社會的人口統計數據。人口在清代增加了一倍多，1850 年多達 4.5 億，進士、舉人人數卻相對停滯不變。從縣城到京城，各級功名的競爭讓人望而生畏。結果，作為對考試市場競爭加劇的一種應對方式，記誦的標準變得愈來愈高。[65]

接下來，我們將轉向通俗形式、文學形式和古典形式的知識，這些知識有助於我們瞭解晚期帝國的考試課程和士人文化。我們將討論外在於科舉考試領域的諸多文化維度。這些文化、宗教形式，以及大眾形象（popular images），不只是專制政權與明智的士人精英結合所生的附屬現象、空洞的修辭或迷信。如果它們是空洞的文化形式，考試制度就不會一直持續到 1905 年，也不會吸引帝國「翹楚」自願投身「文化監獄」。

146

---

64 Hsiao Kung-chuan 蕭公權, *Rural China; Imperial Control in the Nineteenth Century* (Seattle: University of Washington Press, 1960), 67–72.

65 見 Bielenstein 畢漢思, "The Regional Provenance of *Chin-shih* during Ch'ing," 11.

第五章　焦慮、夢與 考試生活

　　年輕人和老年人把不同的經驗帶入考場。金榜題名的成功儀式，吸引稚嫩的年輕人。屢戰屢敗，折磨仍在求取難以企及的科舉功名的老年人。基於童年時代滿懷希望的多年準備，基於成年後甚至更多年的苦澀失敗，考生的情感煎熬體現了對帝國考場的一種反應。科舉考場，是年輕人渴望進入的機會之地，也是老年人未能脫身的「文化監獄」。[1] 渴望成功的精神壓力，塑造人的性格。對絕大多數人來說，堅持不懈，就像狀元張謇生平經歷所典型體現的那樣（見第四章），是一種生活方式。其他人則把折磨他們的東西轉化為精英或大眾的表達形式，有時也轉化為政治反抗。

　　科舉考試連接了「道學」古典話語和士人日常生活。二者的張力是催化劑，給少數人帶來名利，但留下絕大多數人應

1　方以智（1611–1671）寫於 1637 年的〈七解〉一文，曾談及年輕人的出路，其中一途就是「舉子業」。〈七解〉英譯，見 Willard Peterson 裴德生，*Bitter Gourd: Fang I-chih and the Impetus for Intellectual Change* (New Haven, CT: Yale University Press, 1979), 44–47.

對失望。[2] 士子往往轉向宗教和占卜術（mantic arts）來疏導他們對考試競爭的情感反應。商衍鎏（1875–1963），1904年清王朝最後一任殿試探花，曾這樣描述自己堂弟商衍桑的考試經歷：

> *147*　　我〔優秀〕的堂弟二十歲中辛卯科（1891年）舉人，翌年到北京會試後還廣州，一病而逝。我母親說：「聰明太過不主壽，不如你笨些的好。」[3]

同樣有參考價值的是弗洛伊德對一位參加醫學考試的學生的「心力枯竭」（mental exhaustion）的治療記錄。這引發了弗洛伊德對夢和神秘主義的討論：

> 　　有一天，一個非常聰明的年輕人來拜訪我，他是一個學生，正在準備醫學畢業考試，但卻無法參加這些考試，因為就像他抱怨的那樣，他失去了任何興趣，集中不了注意力，甚至還失去了任何有序記憶的能力……精神分析療法的影響使他恢復了工作能力，他告辭去參加那些考試；但成功通過考試後的那年秋

2　David Nivison 倪德衞 , "Protest against Conventions and Conventions of Protest," in *The Confucian Persuasion,* ed. Arthur Wright 芮沃壽 (Stanford, CA: Stanford University Press, 1960), 177–201; Walter Abell, *The Collective Dream in Art* (Cambridge, MA: Harvard University Press, 1957), 57–66.

3　商衍鎏 , "Memories of the Chinese Imperial Civil Service Examination System"(《科舉考試的回憶》) ,trans. Ellen Klempner, *American Asian Review* 3, no. 1 (Spring 1985): 52.

天，他又回到我身邊待了一段時間。[4]

科場失意者往往在通俗小說中嘲笑選拔過程，如吳敬梓的長篇白話小說《儒林外史》和蒲松齡（1640–1715）的短篇文言故事集《聊齋誌異》，這些敘述從失敗者的角度來描繪考試過程。這類作品對精英和非精英都有吸引力，因此，我們應破除（problematize）「大眾／精英」的二分法，以表明二者的彈性互動關係。[5] 那些被記錄下來的夢和吉祥事件，是對科舉考生集體精神緊張（collective mental tensions）直白的非官方記述，公眾以此來解釋個人的成功或失敗。[6]

由於父權制社會的性別觀念，男孩和成年男性直接經歷了考試引發的焦慮。父母、姐妹和遠房親屬也不能倖免，大家一起承擔，提供撫慰和鼓勵，但成敗的直接經歷只屬於數百萬男

---

4 Sigmund Freud, *New Introductory Lectures on Psychoanalysis,* trans. James Strachey (New York: Norton, 1964), 43–44.

5 Robert Hegel 何谷理 , "Distinguishing Levels of Audiences for Ming-Qing Vernacular Literature: A Case Study," in *Popular Culture in Late Imperial China,* ed. David Johnson 姜士彬 , Andrew Nathan 黎安友 , and Evelyn Rawski 羅友枝 (Berkeley: University of California Press, 1985), 125–126; Paul Ropp 羅溥洛 , *Dissent in Early Modern China* (Ann Arbor: University of Michigan Press, 1981), 18–32. 這裡，「大眾」（popular）指的是「非官方」（nonofficial），而不是「非精英」（nonelite）。

6 見 Brigid Vance 范莉潔 , "Textualizing Dreams in a Late Ming Encyclopedia" (PhD diss., Prince ton University, 2012), chapter 1 ； Judith Zeitlin 蔡九迪 , *Historian of the Strange: Pu Songling and the Chinese Classical Tale* (Stanford, CA: Stanford University Press, 1993), 132–181. 宋代情況，見 John Chaffee 賈志揚 , *The Thorny Gates of Learning in Sung China,* new ed. (Albany, NY: SUNY Press, 1995), 177–181.

性考生，他們的中式幾率日趨渺茫。深刻的社會、政治鴻溝，把考官的官方古典標準與考生願意用來治療性地緩解他們憂慮的宗教策略區分開來。

自中古時期以來，士子的科場失意就是一個常見主題。[7] 各個時代、各個代際、全國範圍內不同語言和不同地區的精英子弟，都要經歷一個同樣的青少年時期：加強記誦能力，廣泛閱讀古典作品，長年苦練經義文寫作（1756 年以後還要寫作律詩）。即使是那些在教育體制中走捷徑，只取巧地掌握考試範文、不在記誦方面下苦功夫的人，如果想走得比地方童試和科試（鄉試資格考試）更遠，也要具備一定的古典文化素養。

文理不通的人或許能在地方考試中蒙混過關，但過不了鄉試一關；鄉試考場中的腐敗或考官受賄，是具有古典文化素養的考生通過鄉試和會試的另一有效選項。三年一次的鄉試市場，明代考生從 5 萬人增至 7.5 萬人，清代則從 10 萬人增至 15 萬人。鄉試的挑戰，不再是展現古典文化素養，這是男孩在地方考試中的文化分流器，而是能否寫出雅正的八股文，這決定了誰能從磨煉了數十年寫作技巧的老少考生人海中脫穎而出。文理不通的人就算買得低級功名，如果以行賄的方式擔任公職，也會很快曝光。清廷始終密切關注這些做法的後果。[8]

考試成功通常意味着事業成功，但從明到清，事業成功的含義發生了很大變化。到了明末，除了殿試進士，其他所有功名都縮水貶值。而清代，即使是進士，如果名列等第最低的第三甲，往往也要等上很多年才能獲得任命，出任知府或知縣。如前所述，社會聲望、法律特權和徭役豁免使很多平民家庭參

7　《唐宋科場異聞錄》（廣州：味經堂書房，重刻 1873 年錢塘本）。

8　《欽定磨勘條例》（乾隆刊本；1834 年刊本），卷一，頁一上至十九下。

與考試市場競爭。到十九世紀，考試成功的幾率愈來愈低，使人變得更加脆弱。沒有哪個王朝的精英像清王朝這樣面臨人口擴張問題，從 1650 年的 2.5 億人膨脹到 1800 年的 3.5 億人。[9]

明清時期，作為精英家庭的男性成員，其成長的前提是長期的社會化模式。大人們從日常應試的角度定義了數百萬年輕男子的童年時代。士人的焦慮與挫折須臾不離。「男性焦慮」是精英的一種社會、醫學和心智現象，產生於男性作為個人和在家庭生活中的歷史經驗。這種情感壓力，沒有單一的應對方式。但就中國精英對考試生活的無情機制帶來的各種精神張力的應對方式而言，也存在一些可辨識的模式。[10]

1850 年以前的記誦與古典主義社會學 （sociology of classicism）

科舉考試是縣城、省會和北京的一種社會奇觀，是對考場內政治奇觀的補充。富裕家庭中的成年儀式，通常是根據孩子

9　David Nivison 倪德衛 , *The Life and Thought of Chang Hsueh-ch'eng (1738–1801)* (Stanford, CA: Stanford University Press, 1966)；Elman 艾爾曼 , *From Philosophy to Philology: Intellectual and Social Aspects of Change in Late Imperial China* (Los Angeles: UCLA Asian Monograph Series, 2001), 167–168. 另見 David Johnson 姜士彬 , "Communication, Class, and Consciousness in Late Imperial China," in *Popular Culture in Late Imperial China,* 50–67.

10　T'ien Ju-k'ang 田汝康 , *Male Anxiety and Female Chastity: A Comparative Study of Chinese Ethical Values in Ming-Qing Times* (Leiden: E. J. Brill, 1988), 83–89；Martin Huang 黃衛總 , *Literati and Self-Re/Presentation: Autobiographical Sensibility in the Eighteenth-Century Chinese Novel* (Stanford, CA: Stanford University Press, 1995), 26–27.

在某個年齡段掌握的古典文本數量來衡量的。例如，十六歲至二十一歲年輕男孩的「冠禮」，意味着他已掌握所有「四書」和「五經」中的一部，這是 1787 年以前在地方考試中競爭的最低要求。[11]

儘管宋以來的「道學」學者就已批評死記硬背，主張道德修身和知識開悟（intellectual awakening），但明清考試體制的一個反諷在於，要在功名市場上取得成功，就必須熟記經書的程朱注解。死記硬背與道德修養格格不入，因為考試沒有辦法直接衡量道德，也不能判斷記誦「道學」是否有助於知識開悟。文筆好被視為有教養的士人的標誌，但也有足夠的反例質疑這種看法。

（一）記誦作為一種腦力技術（mental technology）

明人俗語稱：「遺子黃金滿籯，不如教子一經。」[12]中華帝國的作文傳統是根據學生逐字逐句記誦古典文本的能力來口頭演練的。口頭與書面相結合，提高了識字率和記憶力（見圖 5.1）。[13]

150

11 John Dardess 竇德士, "The Management of Children and Youth in Upper-Class Households in Late Imperial China"，美國歷史協會太平洋海岸分會（Pacific Coast Branch of the American Historical Association）會議論文，加州帕薩迪納市西方學院（Occidental College, Pasadena, CA.），1987 年夏。

12 轉引自吳晗：《朱元璋傳》（北京：三聯書店，1949 年），頁 235。

13 Charles Ridley, "Educational Theory and Practice in Late Imperial China: The Teaching of Writing as a Specific Case" (PhD diss., Stanford University, 1973), 150–152；Peterson 裴德生, *Bitter Gourd,* 44–47. 參閱 Jack Goody, *The Interface between the Written and the Oral* (Cambridge: Cambridge University Press, 1987), 59–77, 86–91, 234–243.

人生五馬貴
貴山有九
龍游極
豈何榮貴
須先占
狀頭

圖 5.1　1430 年狀元憑記憶題壁，見顧鼎臣、顧祖訓：《明
　　　　狀元圖考》（1607 年刊本）

　　古典文化素養的形成，需要經過三個學習階段：（1）認字；（2）閱讀「四書」、「五經」中的一部（1786 年開始要求記誦所有「五經」）、王朝正史；（3）作文。

　　對於受過教育的男性（和女性）來說，有能力寫出雅正的考試文章就算功德圓滿。這一學習過程，開始於童年時期的死記硬背，接着是青年時期的閱讀，結束於熟練成熟的寫作。這個循序漸進的學習過程，其基礎是兒童在三歲到八歲時花很多時間用於口頭記誦。前現代士人認為，年齡愈小，「記性」愈好，理解力（「悟性」）則是隨着對文學語言及其道德、歷史內容的掌握才逐漸發展起來的。中國人認為，學童五六歲時即可接受教育，但十五歲時才開始成熟的學習。[14]

　　不過，孩童首先要學會認字（見圖 5.2）。一般說來，學童在八歲就讀私塾或寺廟學校以前，就已能背誦南梁時期（502–557）編寫的《千字文》、北宋（960–1127）初年成書的《百家姓》，以及據說是元初王應麟（1223–1296）編寫的「道學」宣傳手冊《三字經》。[15] 這三種著名蒙書共 2,636 個字，去除重複字，共 1,500 個字。學前教育往往在母親的指導下在

14　陸世儀（1611–1672）：〈小學類〉、〈大學類〉，收入李國鈞主編：《清代前期教育論著選》（北京：人民教育出版社，1990 年），上冊，頁 128–144。

15　Hoyt Tillman 田浩, "Encyclopedias, Polymaths, and Tao-hsueh Confucians," *Journal of Song-Yuan Studies* 22 (1990–1992): 89–108. 另見 Herbert Giles 翟理斯, trans., *San Tzu Ching: Elementary Chinese* (reprint of 1910 original) (Taibei: Wenzhi Press, 1984)；包筠雅（Cynthia Brokaw）提到明代福建存在「大量《三字經》刊本」，見 Cynthia Brokaw 包筠雅, "Commercial Publishing in Late Imperial China: The Zou and Ma Family Businesses of Sibao, Fujian," *Late Imperial China* 17, no. 1 (1996): 74.

圖 5.2　1463 年狀元幼時認字，見顧鼎臣、顧祖訓：《明狀
　　　元圖考》

家進行，[16] 學童要記住古典書面語言特有的重要文字的排列組
合。[17] 書法練習又強化了對蒙書的記憶。[18] 傳教士盧公明（Justus
Doolittle）曾這樣描述他在 1865 年時的見聞：

152

> 小學生在校學習的不是數學、地理和自然科學方
> 面的書籍，而是孔孟之書。這些需要他們專心記憶，
> 背對着書本背誦。這稱為「背書」。他們不上課，但
> 每個人都學習自己喜歡的書，按照能力，學習的時間
> 可長可短。他們學習時都念出聲，經常用最高音量喊
> 叫。他們先學文字的聲音，以便憑記憶背誦。經過多
> 年學習，他們熟悉這些字的意義和用法。他們一進校
> 就開始寫字，用毛筆和墨水在紙上描摹字樣。需要大
> 量練習，才能寫得又對又快。[19]

---

16 Dorothy Ko 高彥頤, *Teachers of the Inner Chambers* (Stanford, CA: Stanford University Press, 1994), 128.

17 張志公：《傳統語文教育初探》（上海：上海教育出版社，1962 年），頁 3–86；Angela Ki Che Leung 梁其姿, "Elementary Education in the Lower Yangzi Region in the Seventeenth and Eighteenth Centuries," in *Education and Society in Late Imperial China,* ed. Benjamin Elman 艾爾曼 and Alexander Woodside 伍思德 (Berkeley: University of California Press, 1994), 393–396; Evelyn Rawski 羅友枝, *Education and Popular Literacy in Ch'ing China* (Ann Arbor: Center for Chinese Studies, University of Michigan, 1979), 136–139.

18 商衍鎏, "Memories of the Chinese Imperial Civil Service", 49–52.

19 Justus Doolittle 盧公明, *Social Life of the Chinese* (New York: Harper and Brothers, 1865), 377–378. 傳教士 John Henry Gray 也談到 1870 年代「中國教室裡傳出的喧鬧聲」，這是因為學生們「專心記憶功課」，見其 *China: A History of the Laws, Manners and Customs of the People* (London: Macmillan, 1878), 167–168.

元代的程端禮（1271–1345）、清代的王筠（1784–1854，1821 年鄉試舉人）等不同教育家，都強調描摹蒙書文字是提高書法水平的最好辦法。程端禮認為，學生每天臨摹的字數應逐漸從 1,500 個字增加到 4,000 個字。[20] 王筠認為，識字是古典文化素養的基本組成部分，學童在掌握了大約 2,000 個不同的字後，才能開始閱讀和寫作。[21]

接着，便是開始記誦「四書」和「五經」（明代只要求掌握「五經」中的一部，1786 年以後要求記誦所有「五經」）。如果說最低限度的古典文化素養（即「粗通文墨」）需要掌握大約 2,000 個不同的字的話，那麼，要具備充分的古典文化素養，學生一般就應該逐漸把識字量穩定在 10,000 個字左右，這些都是經籍中的常用字。[22] 詩歌，曾是唐宋科舉古典文化素養的重要內容，1756 年以後再次納入考試科目。後漢許慎（？58–？147）編纂的文字學字典《說文解字》共收 9,353 個不同的字，按漢字形體偏旁結構（「部首」）分 540 部編排，前現代和現代的大多數字典都沿用了這種編撰體例，只略作調整。[23]

唐宋時期，出於寫作詩歌、韻文和美文的需要，一些學

---

20 Charles Ridley, "Educational Theory and Practice in Late Imperial China, 391–392; Thomas H. C. Lee 李弘祺 , "Song Schools and Education before Zhu Xi," in *Neo-Confucian Education: The Formative Period,* ed. Wm. Theodore de Bary 狄百瑞 and John Chaffee 賈志揚 (Berkeley: University of California Press, 1989), 130–131.

21 王筠:〈教童子法〉，收入李國鈞主編:《清代前期教育論著選》下冊，頁 484–492。

22 Harvey Graff, *The Legacies of Literacy: Continuities and Contradictions in Western Culture and Society* (Bloomington: Indiana University Press, 1987), 10–11.

23 Elman 艾爾曼 , *From Philosophy to Philology*, 252–253.

者為輔助考試編撰了韻書。[24] 清代，1716 年成書的《康熙字典》
將 47,030 個不同的字按 214 部編排。晚期帝國共約 48,000 個
154 字，但其中很多都是異體字。[25]

　　文人教育家根據漢字數量來規劃記誦日程。王昶（1725–
1806），「古學」全盛時期的私立書院教師，1789 年在主持江
西南昌書院時告訴新生每部經書——當時要求記誦所有「五
經」——的總字數（包括重複出現的字）：《詩經》共 40,848 個
字，《書經》共 27,134 個字，《易經》共 24,437 個字，《禮記》
（包括《大學》、《中庸》）共 98,994 個字，《春秋》共 15,984
個字。王昶熱心地推算說，如果學生肯用功，只需 690 天就能
記住這五部經書中的 20 多萬個字。[26]

　　宮崎市定以唐宋時期定型的「十三經」為基準，估算了「四
書」、「五經」和《春秋》三傳的總字數，認為唐宋考生大概要
記住 57 萬個字（包括重複出現的字）。注意，表 5.1 中的字數
是考試要求的一部分。[27]

24　Lee 李弘祺 , "Song Schools and Education," 131–132.

25　T. H. Tsien 錢存訓 , *Written on Bamboo and Silk* (Chicago: University
　　of Chicago Press, 1962), 24; John DeFrancis 德范克 , *The Chinese
　　Language: Fact and Fantasy* (Honolulu: University of Hawai'i Press,
　　1984), 82–85;Tillman 田浩 , "Encyclopedias, Polymaths, and Tao-
　　hsueh Confucians," 94–98.

26　王昶：《春融堂集》（1807 刊本），卷六十八，頁九。參閱
　　Alexander Woodside 伍思德 and Benjamin Elman 艾爾曼 , "The
　　Expansion of Education in Qing China," in *Education and Society
　　in Late Imperial China,* ed. Benjamin Elman 艾爾曼 and Alexander
　　Woodside 伍思德 (Berkeley: University of California Press, 1994),
　　534.

27　唐、宋、元及明清的 1370–1786 年間，考生只需研習「五經」中的
　　一經。1786 年以後，一直到 1900 年，考生需要掌握所有「五經」。

表 5.1：「十三經」字數

書名	字數	考試要求
《論語》	11,705	明清必考
《孟子》	34,685	明清必考
《孝經》	1,903	1787 年開始納入科舉考試
《易經》	24,107	明清選考
《書經》	25,700	明清選考
《詩經》	39,234	明清選考
《左傳》	196,845	明清選考
《公羊傳》	44,075	明清選考
《穀梁傳》	41,512	明清選考
《周禮》	45,806	不作要求
《儀禮》	56,624	不作要求
《禮記》	99,010	明清選考（包括必考的《大學》、《中庸》）
總字數	621,206	1786 年以後必考 518,000
（選考 470,000）		「四書」：約 75,000
		「五經」：約 470,000

155

　　基於這一令人生畏、時代混搭的數據，宮崎市定推算，按每天 200 個字計算，記住大約 40 萬個字需要 6 年時間。即使其中有很多重複字，宮崎市定的估算也不像王昶所說的 690 天記住 20 萬個字那麼有把握。[28] 王昶的樂觀說法，得到了 1904 年

―――――――――

28 Ichisada Miyazaki 宮崎市定 , *China's Examination Hell,* trans. Conrad Schirokauer 謝康倫 (New Haven, CT: Yale University Press, 1981), 16.

清王朝最後一位殿試探花商衍鎏的證實：

> 以上是我十二歲以前讀書預備考試的〔經典〕課
> 程。試想當時五歲到十二歲的孩子，要讀如此多的
> 書，而「四書」、「五經」又要背熟，略知講解，豈不
> 甚難？其實只要每日皆不廢讀，是可以做到，不足為
> 奇的。[29]

年輕人記憶力強的傳奇故事往往為人所稱道。如後漢山東人禰衡（173–198），讀一遍就能記住途中所見碑刻全文，漏記的兩個字也是因為碑刻本身闕了兩個字。[30] 另如明代的桑悅（1447–1513），1465 年鄉試舉人，擔任過地方教育官員，在被人問到為何焚棄書籍時，他總是回答說自己過目不忘：「已在吾腹中矣。」[31]

對於那些沒有照相術般的記性的人來說，傳授記憶方法是中華帝國傳統技能的一部分，口頭記誦輔以韻字、四字成語和屬對技巧。王筠和大多數教育家都把兩字短語作為記憶的基本結構模塊。1756 年增試詩歌，要求考生寫作唐體律詩，對平衡、對稱和對句的要求愈發突出。[32]

156　為便於寫作具備古典學養的文章，1704 年康熙皇帝下令

29　商衍鎏，"Memories of the Chinese Imperial Civil Service," 52.

30　《古今圖書集成》（1728 年武英殿木刊本），第 606 冊，卷一一二，頁三二上至三四下。另見 Tsien 錢存訓，*Written on Bamboo and Silk,* 73–76.

31　《古今圖書集成》，第 606 冊，卷一一二，頁三四下。參閱 Jonathan Spence 史景遷，*The Memory Palace of Matteo Ricci* (New York: Viking Penguin, 1985), 156–157.

32　王筠：〈教童子法〉，頁 486。

為考生編撰《佩文韻府》，1711 年編成，1720 年重刊。此書收
10,000 多個不同的單字，按韻目分部，單字下收尾字與此單字
相同的詞語，詞語下注明典故出處。編撰者在每個條目下都注
明其文學用途。《佩文韻府》羅列的對偶詞組，便於考生記憶。[33]

蔡元培（1868–1940），1890 年會試貢士，1892 年殿試進
士，入翰林院，[34] 後出任北京大學校長，1923 年在回憶錄中以
現代術語描述了這些學習技巧：

> 對句是造句的法子，從一個字起，到四個字止，
> 因為五字以上便是做詩，可聽其自由造作，不必現出
> 範句了。對句之法，不但名詞、動詞、靜詞要針鋒相
> 對，而且名詞中動、植、礦與器物、宮室等，靜詞中
> 顏色、性質與書目等，都要各從其類。……其他可以
> 類推。還有一點，對句時兼練習四聲的分別。例如，
> 平聲字與平聲字對……[35]

熟諳中世紀歐洲記憶術的耶穌會傳教士利瑪竇（1552–
1610）記憶力驚人。中國人得知後，邀請他展示他的記憶法。
江西總督請利瑪竇指導自己的三個兒子準備科舉考試，利瑪竇

33　Ssu-yü Teng 鄧嗣禹 and Knight Biggerstaff 畢乃德 , compilers, *An Annotated Bibliography of Selected Chinese Reference Works,* 2nd ed. (Cambridge, MA: Harvard University Press, 1971), 97–98. 相關討論，見 James J. Y. Liu 劉若愚 , *The Art of Chinese Poetry* (Chicago: University of Chicago Press, 1962), 146–150.

34　《恩科會試錄》（1890 年），頁二七下。

35　《蔡元培全集》（臺南：王家出版社，1968 年），頁 462。另見 Charles Ridley. "Educational Theory and Practice in Late Imperial China", 404–405.

則利用自己的記憶術來提高士人對基督教的興趣。鑑於這些記憶技巧和刊刻蒙書有利於輸出語彙和教義，耶穌會士也編寫了他們的經文蒙書，題為《天主聖教四字經》，通過編製通俗教義問答手冊來傳播外來信仰。[36]

157

（二）古典課程範圍

元人程端禮，任職地方官學，其為家塾制定的讀書日程是明清時期影響較大的課程範本。他為便於年輕人掌握「道學」正統、準備科舉考試而制定的這份讀書日程，值得在這裡詳細介紹。[37]

學前讀物（八歲以前）：
  •《性理字訓》
       備選：《千字文》或《蒙求》等其他蒙書
  • 朱熹《童蒙須知》
在校讀物（八歲至十四五歲）

---

36 Spence 史景遷, *The Memory Palace,* 3–4, 140–141, and 160–161；Eugenio Menegon 梅歐金, "The Catholic Four-Character Classic *(Tianzhu Shengjiao Sizijing):* A Confucian Pattern to Spread a Foreign Faith in Late Ming China" (Seminar paper, University of California, Berkeley, Fall 1992). 另見 Francis Yates, *The Art of Memory* (New York: Penguin, 1969).

37 John Dardess 竇德士, "The Cheng Communal Family: Social Organization and Neo-Confucianism in Yuan and Early Ming China," *Harvard Journal of Asiatic Studies* 34 (1974): 7–53.

- 朱熹《小學》[38]
- 「四書」（各級考試必讀書）閱讀順序：
  - 《大學》：讀文本與注釋
  - 《論語》：只讀文本
  - 《孟子》：只讀文本
  - 《中庸》：只讀文本
- 「七經」[39]（各級考試只考一經）閱讀順序：
  - 《孝經》（明清「論」題必考）
  - 《易經》：輔以宋人「道學」注釋
  - 《書經》：只讀文本
  - 《詩經》：只讀文本
  - 《儀禮》和《禮記》：只讀文本
  - 《周禮》：只讀文本
  - 《春秋》：讀文本和《春秋》「三傳」　　　　　*158*

進階讀物（十五歲以後）
- 朱熹《大學章句》
- 朱熹《論語集註》
- 朱熹《孟子集註》
- 朱熹《中庸章句》
- 朱熹《論語或問》，參讀《論語集註》
- 朱熹《孟子或問》，參讀《孟子集註》

---

38 M. Theresa Kelleher 克里和 , "Back to Basics: Zhu Xi's *Elementary Learning (Hsiaohsueh),* in *Neo-Confucian Education: The Formative Period,* ed. Wm. Theodore de Bary 狄百瑞 and John Chaffee 賈志揚 (Berkeley: University of California Press, 1989), 219–251.

39 漢代有所謂「六經」之名，唐宋有「七經」、「九經」、「十三經」之說。元明以來，「五經」成為科舉考試的核心「經書」。

- 背誦溫習經書原文
- 用三、四年時間掌握漢字「六書」造字法 [40]

除側重於「十三經」外，程端禮的課程，也被強調掌握「四書」和「五經」之一的明清考試課程仿效。清代 1645–1757 年間的鄉試和會試考試科目，與明代 1384–1643 年間完全相同。

表 5.2：清初（1646–1756）鄉試和會試形式

場次	題數
第一場	
1.「四書」	引文三段
2.《易經》	引文四段（選考）
3.《書經》	引文四段（選考）
4.《詩經》	引文四段（選考）
5.《春秋》	引文四段（選考）
6.《禮》	引文四段（選考）
第二場	
1. 論	引文一段
2. 詔誥表	三道
3. 判語	五條
第三場	
1. 策問	五篇

注：第一場，全體考生應選考一部「五經」。

---

40 Elman 艾爾曼, *From Philosophy to Philology*, 252.

清初科舉考試形式，見表 5.2。學生如果經受得住高強度的死記硬背訓練，十五歲時就可試着參加童試，但絕大多數年輕人都很難在二十一歲以前獲得生員身分。

晚期帝國「考試生活」有案可查的最好例子，大概要數 1894 年四十一歲時高中狀元的張謇，他四歲（按西方算法應為三歲）開始跟着父親學習《千字文》，1868 年十六歲時便已為縣試做好了準備——縣試考經義文和詩歌——並且順利通過（見圖 5.3）。[41]

比較十四世紀初程端禮制定的課程表與十九世紀末張謇所用的課程表，我們可以看出，儘管二者有所不同，但也有很多相似之處，說明 1315–1756 年間精英古典課程雖然內容有重大更新，但也存在教育的連續性。區別主要在於詩歌，尤其是唐體律詩，在十八世紀中葉再次成為考試內容。這裡，將張謇青少年時期的教育內容開列如下，按年齡注明所學的特定文本：[42]

159

四歲到五歲：《千字文》
五歲到十一歲：《三字經》
　　　　　　　《百家姓》
　　　　　　　學作詩（1756 年以後納入科舉考試科目）
　　　　　　　《孝經》
　　　　　　　《大學》
　　　　　　　《中庸》
　　　　　　　《論語》

41　Charles Ridley, "Educational Theory and Practice in Late Imperial China", 153–156, 346–350, 376–377.

42　同上注，頁 376–379。

《孟子》

《詩經》

文言文寫作入門書[43]

160　十二歲：背誦「四書」

十三歲：溫習「四書」、「五經」

《爾雅》

作詩[44]

十四歲：《禮記》

《春秋》

《左傳》

作文[45]

十五歲：《周禮》

《儀禮》

十七歲：史書，如朱熹《資治通鑒綱目》

張謇的閱讀書目體現了按年齡循序漸進的過程，先從初級文本入手，然後才是難度更高的「四書」、「五經」（當時要求掌握所有「五經」）。寫作，即有能力用文言文闡發「四書」、「五經」，以及寫作律詩，代表兒童最終轉變成了青年學生。[46] 讀史書，則是為了應對鄉試、會試和殿試的策問。

張謇十六歲時通過了家鄉江蘇省的縣試，儘管最後一場考

43　同上注，頁 64–85。文言寫作入門書，見張志公：《傳統語文教育初探》，頁 87–92。

44　張志公：《傳統語文教育初探》，頁 92–106。

45　同上注，頁 118–143。

46　Charles Ridley, "Educational Theory and Practice in Late Imperial China", 440–458.

試排在 200 名開外。同年，他通過院試成為生員，兩年後在科試中考取一等。十八歲時前往省會參加更高級別的鄉試，那是他最為艱難的一段時期。[47]

（三）作文與寫作精英的形成

具備充分古典文化素養的教育與旨在閱讀更通俗的白話作品的教育的一個關鍵文化差異在於，前者優先強調寫作能力。我們前面描述的科舉考生的讀書法，不是為了造就「閱讀大眾」（reading public），儘管「閱讀精英」（reading elite）是這種訓練的副產品。他們接受訓練，勤於記誦和書法練習，是為了成為「寫作精英」（writing elite）的一員，他們的文章能把個人標記為受過古典訓練的士人，憑着考試文章寫出他們的名利權勢之路。[48]

在這樣的文化語境下，光讀書是不夠的。作文才是古典教育的最後階段。寫好文言文，相當於表演只有精英讀者才能欣賞的文學藝術，他們不僅讀得懂，還能理解和重建樂譜背後的聲韻法則。限制、控制和選擇「寫作精英」，而不是擴大「閱讀大眾」，這才是朝廷以科舉考試選拔官員的首要目的。[49]

技藝嫻熟和富有美感地寫作，是士人作為「文化人」（文人）的必要條件。從朝廷和官僚機構的角度看，文言寫作是官場中共同的語言特徵和經籍記憶的保證。而從士人的角度看，寫作是參與一種文化形式（「文」），士人以此追摹古人，闡明

161

47　同上注，頁 155。

48　張志公：《傳統語文教育初探》，頁 118–134。

49　Roger Chartier 曾援引歐洲文化活動來評價明清讀寫形式，見其 "Gutenberg Revisited from the East," *Late Imperial China* 17, no. 1 (1996): 1–9.

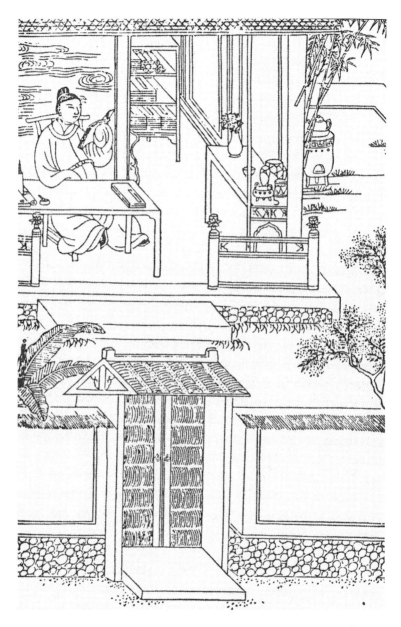

圖 5.3　1391 年狀元閉門讀書，見顧鼎臣、顧祖訓：《明狀
　　　　元圖考》

前人的真理。明清帝國正統的需要和受過教育的人的敏銳文化感受，都在考試制度中得到了滿足和調和（compromised）。這個制度並不是只基於政治或社會權力的單向度的帝國霸權（見第一章）。

　　寫作的目的是訓練年輕人一具備古典文化素養就能用文言形式思考和寫作。「四書」、「五經」文，要求士子「代聖人立言」。孩童能認字、吟詩和屬對，但充分的古典教育所需的理解力和思維水平，只有年輕人通過作文才能體現出來。[50] 例如，章學誠（1738–1801）——大半生都是一邊等待政治任命，一邊在私人書院教授寫作——就從寫作角度描述了從兒童到成年人的轉變：

> 今使孺子屬文，雖僅片言數語，必成其章。……由小而大，引短而長，使知語全氣足，三五言不為少，而累千百言不為多也。亦如嬰兒官骸悉備，充滿而為丈夫。[51]

163

章學誠認為，隨着寫作技巧的提高，年輕人就能寫出更長、更複雜的文章來，文章整體比各個組成部分更重要，只看重部分是零敲碎打之法，孩童雖然能夠成功模仿各個部分，但卻不一定能理解。其他很多教師則主張，隨着孩童長大成人，作文應從部分入手，再連綴成文，即訓練孩童先寫八股文的各股，再連綴為連貫的整篇文章。不過，雙方都同意，小孩寫不

50　梁章鉅：《制義叢話》（臺北：廣文書局，1976 年重印 1859 年刊本），卷一，頁十下。

51　章學誠：〈論課蒙學文法〉，收入氏著：《章學誠遺書》（上海：商務印書館，1936 年，再版），「補遺」，頁三上。

出有意義的文章來。大量的寫作入門書都是為了幫助孩童從讀
到寫的轉變而設計的。[52]

王筠認為學生十六歲時就可以準備作文了。和章學誠一
樣，王筠也以身體發育成熟來比喻從孩童時期的早期記誦到成
年階段的寫作能力這一發展過程。音韻規則可以機械學習，但
培養欣賞風格和道德內容所需的美感需要時間。因為科舉考
試，就連章學誠這樣對八股文用途表示懷疑的人，也選擇用
八股文來教授寫作。[53] 從兒時記憶的詞組到寫作嚴肅文章的轉
變，還要通過使用語助詞來實現，語助詞能使作者從文學對仗
形式過渡到構思主題嚴密的經義文。[54]

很多作文教師認為八股文是一種必要之惡，但他們通過先
向學生演示如何模仿唐宋名家古文，對教授八股文這種機械形
式的常用方法提出了挑戰。唐宋古文在晚明和清代都經歷了復
興，[55] 很多清人認為這些古文是八股文的源頭，到了明代，考試
文章才開始向更機械、更格式化的方向發展。章學誠認為八股
文對剛開始學習的學生來說難度太大，建議從各個部分開始寫
起。[56]

164

整個晚期帝國，文章寫作始終困在章學誠等古典教育家的

---

52 張志公：《傳統語文教育初探》，頁 139–143。對於寫作訓練的
不同看法，見 Charles Ridley, "Educational Theory and Practice in
Late Imperial China", 447–449. 清代寫作入門書概述，亦見 Charles
Ridley, 64–83.

53 王筠：〈教童子法〉，頁 485–486。

54 Charles Ridley, "Educational Theory and Practice in Late Imperial
China", 458–461.

55 Theodore Huters 胡志德 , "From Writing to Literature: The
Development of Late Qing Theories of Prose," *Harvard Journal of
Asiatic Studies* 47, no. 1 (1987).

56 章學誠：〈論課蒙學文法〉，頁一下至二上。

理想和經義文（以及章學誠時代的律詩）對於個人、家庭和宗族成功的中心地位之間。[57] 很少有學生能夠把作為一種文學形式的經義文與追逐功名的政治、社會語境剝離開來。就像我們將會看到的那樣，很多反對者最終也把主動權握在自己手裡，不得已而力爭有所得：他們把明中葉定型的「八股文」視為古典學養與古文相結合的光榮象徵。

明清專經

明清科舉考生要專攻「五經」中的一部。專經政策可追溯到漢代，當時朝廷在太學中設立了五經博士。[58] 唐宋延續了專經政策，同時還有法律、書法和算學方面的專業考試。1314年，元代重新啟動在「五經」中專攻一經的政策。1787年，開始要求掌握所有「五經」，此前，鄉試和會試第一場只要求考生圍繞「四書」和他們專攻的一部「五經」作文。[59]

考試登記文書注明考生所擇之經（「本經」），鄉試和會試考場吏員把試卷分發給相應的經房。例如，王陽明是1492年浙江鄉試 2,200 名考生中的一員，年僅二十歲第一次參加鄉試，就成了該年浙江 4% 的中式者中的一員，但在 90 名中式者中令人失望地排名第七十。他也是僅有的 9 名以《禮記》為本經的鄉試舉人之一（10%）。[60]

57 Nivison 倪德衞 , "Protest against Conventions", 195–201.

58 湯志鈞等：《西漢經學與政治》（上海：上海古籍出版社，1994年），頁 61–82。

59 見李調元：《制義科瑣記》（上海：商務印書館，1936年，叢書集成初編本），卷一，頁四、十；《清史稿》，卷一〇八，頁 3151–3152。

60 《浙江鄉試錄》（1492年），頁十六上至二一上。

王陽明通過家鄉餘姚縣試時，大概已經記住了 14.5 萬個字，其中三分之二出自《禮記》。從篇幅上看，他選擇了只有少數人才選的《禮記》作為本經（《禮記》篇幅僅次於《春秋左傳》）。「四書」中的《大學》、《中庸》本就出自《禮記》，這讓王陽明的選擇變得輕鬆了一些。即使如此，《禮記》也是少數人的選擇，其他 85% 的考生選擇專攻《易經》、《書經》或《詩經》，這些經房的競爭非常激烈。記誦《禮記》需要付出更多時間，而《禮記》經房不那麼激烈的競爭則對此做出了補償。

1499 年會試共取士 300 人，二十八歲的王陽明是專攻《禮記》的 22 名中式者（7.3%）之一。他的《禮記》文，被房官評為最佳，列在 225 篇《禮記》文之首。在競爭不那麼激烈的經房獲得如此高的排名，最終使他在 1499 年會試中排名第二。考官把他的文章列為「五經」魁首。[61] 如果專攻《詩經》，他要與約 1,285 名考生競爭；專攻《易經》，要與 875 名考生競爭；專攻《書經》，要與 840 名考生競爭。最後，王陽明在殿試中排名第九，殿試策問要求寫作一篇討論禮樂治國的文章。[62]

就「五經」各經取士額而言，1499 年浙江鄉試在明中葉較為典型。年輕士子選擇專經的長期趨勢，可以看出明代經學的變化。我們知道，鄉試和會試經房的多寡，取決於各經考生人數。明初專攻《春秋》者甚眾的一個原因，與 1395 年洪武皇

---

61 張朝瑞：《皇明貢舉考》（明萬曆年間刊本），卷一，頁六三下至六四上。

62 《會試錄》，1484 年刊本及 1487 年刊本，頁六下；1499 年，頁五上至十一下。

帝的倡導有關，皇帝認為《春秋》包含了「聖人大經大法」。[63]
我們還知道，宋人胡安國（1074–1138）的《春秋傳》在明初
比篇幅更長、時代更古的漢人傳注更受歡迎。[64] 這意味着明初
學生不必記誦 28 萬個字的漢代《春秋》三傳。如果考試就《左
傳》出題，大多數考生就會轉而選擇他經，1500 年以後只有約
6%–8% 的考生以《春秋》為本經。[65]

　　明代浙江鄉試可以看出兩大趨勢：專攻《春秋》的考生人
數下降，以及專攻《易經》的考生人數劇增。其他短期趨勢還
包括：十五世紀盛行專攻《書經》；晚明專攻《詩經》人數緩
慢減少；浙江專攻《禮記》的人數在五十年間不斷攀升，一直
持續到王陽明中舉的 1492 年。

　　明代福建鄉試也印證了專經的這些趨勢。進一步比較明代
會試與南京鄉試可以看出，《詩經》各個時期在全國範圍內都
很受歡迎，選擇專攻《詩經》的年輕士子比例穩定在約 30%–
35%。晚明每三年一次的鄉試，如果應試生員約為 5 萬 –7.5 萬
人的話，以《詩經》為本經的考生就有 1.5 萬 –2.25 萬人。《詩
經》篇幅適宜（在「五經」中位列第三），而且作為樂歌，其
韻律和對仗都便於記憶，因此很受考生歡迎。

　　《書經》和《易經》一直都是考生的最愛。這兩部經書篇
幅最短，每部各約 2.5 萬個字，選擇它們的考生比例一開始就
超過 20%，後來又都曾超過 30%。專攻《書經》的考生比例在

63　張朝瑞：《皇明貢舉考》，卷一，頁七二下至七三上。

64　Hans van Ess 葉翰 , "Hu Hong's Philosophy," in *Dao Companion to Neo-Confucian Philosophy,* ed. John Makeham 梅約翰 (New York: Springer, 2010), 105–106.

65　Charles Ridley, "Educational Theory and Practice in Late Imperial China", 210.

十五世紀初達到最高值，晚明又回落到 20%。專攻《易經》的考生比例在明中葉達到 30%，而且佔比一直維持在高位，挑戰了《詩經》在考試市場上的首選地位，有時吸引了 40% 的考生。清代專經情況與明代差不多。各省或多或少都會達成一種可接受的比例。儘管《易經》、《詩經》和《書經》廣受青睞，但還是實行了定額制，確保每一經都有研習它的舉人或進士。官員們擔心明代那樣的趨勢發展下去，選擇篇幅最短的三部經書作為本經的考生，將會超過這三經總定額的 85%，幾乎沒有人會選擇《春秋》或《禮記》。

顧炎武等十七世紀士人批評明代經學流於膚淺，認為這一定程度上要歸咎於專經政策。很少有考生博通「五經」。黃宗羲（1610–1695）等人也倡導重新重視「五經」。如 1681 年江南鄉試，考官朱彝尊（1629–1709）就出題策問考生對專經的看法。[66] 十八世紀，士人逐漸形成共識，認為只通一經是不夠的。他們說服清政府，全體考生都應研習所有「五經」。[67]

1724 年，為通「五經」的考生專設一類。雍正皇帝在大多數省分的常規取士名額中為這類考生增加了五個名額。通「五經」的考生應就每部經書作文，而不是像專經考試那樣只就本經作文。除必考的「四書」文外，這類考生如果能在鄉試或會試第一場中成功就每部經書作文，第二、第三場就可以免考除詔誥表以外的其他考題。[68] 1735 年順天鄉試，約 8.2% 的考生

66 朱彝尊：《曝書亭集》（上海：商務印書館，1919–1937 年，四部叢刊本），卷六十，頁 10a-b。

67 顧炎武：《日知錄集釋》（臺北：臺灣商務印書館，1968 年），卷十九，頁 471–473；Elman 艾爾曼, *From Philosophy to Philology*, 150–156.

68 《國朝兩浙科名錄》（1857 年北京刊本），頁一三九上；梁章鉅：《制義叢話》，卷一，頁二。

選擇了這條新路，他們要記誦 44 萬個字，其他圍繞「四書」和「五經」中的一部作文的考生一般只需記住 10 萬－11.5 萬個字。1740 年代，江南鄉試有不到 5% 的考生選擇這條教育新路，這個數字在 1742 年北京會試中得到了證實。[69]

從 1756 年到 1786 年，朝廷在三十年間完成了三個階段的改革以提倡經學。1787 年，朝廷決定將詩歌考試（1756 年以來納入考試科目）從第二場移置第一場「四書」題後，激怒了支持「道學」經義文的士人。考試科目中加考律詩，要求從縣城到京城的各級考生掌握唐宋詩歌作品，其中最有名的是當時新編的《唐詩三百首》。[70]

乾隆皇帝決定從 1788 年到 1793 年逐步實現所有士子通「五經」的要求。「五經」篇幅令人生畏，不可能一夜之間改變學生的記憶習慣。1793 年以後，高級別科舉功名對年輕考生記誦經書的要求增加了四倍，而 1756 年以來又增加了另一項要求，考生需學習數百首唐宋詩歌。[71] 這些變化影響了士子，延長學習年限才能掌握考試課程的要求，相應地，舉人和進士的年齡也更大。

168

上面這些讓人清醒的統計結果，不只是數字。隨着考試淘汰的考生愈來愈多，只有不到 1% 的人能通過鄉試，考試結果的文化影響被重新導向宗教和占卜術領域。針對考試失敗和不懈追求名利的治療方法，成了應對並取代社會、政治統計數字

69 《江南鄉試錄》（1747 年），頁二六上。

70 翁方綱（1733–1818）：〈石洲詩話自敘〉，收入郭紹虞編選：《清詩話續編》（上海：上海古籍出版社，1983 年），頁 1363。

71 李調元：《淡墨錄》，收入《函海》（1881 年刊本），卷十六，頁十上至十二上。參閱 Miyazaki 宮崎市定 , *China's Examination Hell,* 111–129.

的一種動態文化形式。我們必須認清這些數字的真實面貌。

宗教與考試

對考試成功的渴求，在功名較低的生員中形成了一種期望值上升的氛圍，他們夢想成功的榮耀，但在希望破滅時有人也會心生反叛。考試甚至還影響了農民對教育重要性的信念，哪怕這些考試對他們來說可望而不可及。在中國人的大眾想像中，他們用「命」來解釋社會、文化趨勢和選拔過程固有的不平等。很多人接受他們的成功或失敗，因為他們相信神明事先就決定了排名。[72] 在考試競爭中落敗的精英，用「命」來解釋其他那些不怎麼優秀的人何以能取得成功。[73] 在不確定性面前，士、農、工、商，很多人都轉向神明、寺廟和地方宗教習俗以尋求指導。這個教育體制以經書正典作為考試內容，禁止僧人、道士進入考場，還把僧道經藏排除在官方課程以外，卻瀰漫着宗教情感，以至於宗教與考試生活之間不存在明確界限。唐代，有敕令要求連夜考試回不了家的考生寄宿光宅寺。宋

169

---

72 C. K. Yang 楊慶堃 , *Religion in Chinese Society* (Berkeley: University of California Press, 1967), 265–268. 見《前明科場異聞錄》（廣州：味經堂書房重刻 1873 年錢塘刊本），卷下，頁三一上、五三。

73 Allan Barr 白亞仁 , "Pu Songling [P'u Song-ling] and the Qing [Ch'ing] Examination System," *Late Imperial China* 7, no. 1 (1986): 103–109.

代，供奉孔子的文廟成了士子考前祈福的場所。[74]

唐宋以來，為了應對教育和考試的壓力，考生訴諸當地神明，尋求精神支持。宗教活動緩解了考生的焦慮，在考試市場上助其一臂之力。道教中的文昌帝君，自中古時期以來就是文學藝術的守護神，到南宋時期，因為能夠預測考試成敗而成了人們信奉的對象，元代則官方認可了這一信仰。[75]

1181 年勸善書《化書》中的「桂籍」一條，明確談到了文昌帝君在科舉考試中的精神作用。[76]1194 年《化書》續編中的一個故事，則詳細描繪了文昌帝君的神力。一位有才華的考生請教道士，想知道自己為甚麼四十年都考不中進士，道士向文昌帝君核實後得知：

> 李登初生時賜玉印，十八歲魁薦，十九作狀元，五十三位至左相，緣得舉後，窺鄰女張燕娘，事雖不諧，而擊其父張澄於獄，以此罪展十年，降第二甲；二十八歲後，侵兄李豐宅基而奪之，致刑于訟，以此

74 Jacques Gernet 謝和耐, *Buddhism in Chinese Society: An Economic History from the Fifth to the Tenth Centuries,* trans. Franciscus Verellen (New York: Columbia University Press, 1995), 226；Liao Hsien-huei 廖咸惠, "Popular Religion and the Religious Beliefs of the Song Elite, 960-1276" (PhD diss., University of California, Los Angeles, 2001). 另見 Julia K. Murray 孟久麗, "The Temple of Confucius and Pictorial Biographies of the Sage," *Journal of Asian Studies* 55, no. 2 (1996): 269–300.

75 Terry Kleeman 祁泰履, "Introduction," in *A God's Own Tale: The Book of Transformations of Wenchang, the Divine Lord of Zitong,* trans. Terry Kleeman 祁泰履 (Albany, NY: SUNY Press, 1994), 49, 73–75.

76 Kleeman 祁泰履, *A God's Own Tale,* 290–291.

又展十年，降第三甲；三十八歲得舉後，長安邸中淫一良人婦鄭氏，而成其夫白元之罪，又展十年，降第四甲；四十八歲得舉後，盜鄰居王驥家室女慶娘，為惡不悛，已削去其籍矣，終身不第。（《梓潼帝君化書‧明威第七十九》）

這種嚴格的道德要求，明確肯定了科舉考試的大眾意義和倫理意涵，合理化了考官根據天地正氣（cosmological justice）而不是文章內容或寫作技巧決定排名的做法。[77]

十五世紀關於科舉考生的記載往往談到他們在自己社區或在鄉試、會試趕考途中拜祭文昌廟。1454 年，明代著名士大夫邱濬（見第二章）仍在準備參加會試，此時距他高中廣東鄉試第一已經過去了十年時間。據說，邱濬在夢中與文昌帝君交談，帝君讚賞邱濬的誠意，保證邱濬將通過會試，還會以較高排名成為殿試進士。聲稱咨詢過文昌帝君才科舉及第，對明代考生來說似乎是一種必要的禮數（de rigueur），如楊起元（1547–1599），王陽明弟子，因在考試文章中雜糅禪宗語而為人所知。[78]

關帝，戰神，有時也是財神，是明清考生常常提及的一個被神化的歷史人物。這個神化過程始於中古時期，從小說《三國志演義》中被浪漫化的忠誠武將關羽演變為對世人慈悲為懷、能助商人發財和文士考試成功的關公。[79] 舉國信奉關帝「褒忠獎善」，即按照「善惡標準」來衡量人的行為。清代，雍正

---

77 Yang 楊慶堃, *Religion in Chinese Society,* 270–271.

78 《前明科場異聞錄》，卷上，頁十四上、十七；卷下，頁十三上。見 Angela Leung 梁其姿：《施善與教化：明清時期的慈善組織》（臺北：聯經出版社，1997 年），頁 132–134。

79 關羽稱謂，最初稱「公」，後稱「王」，明末改稱「帝」。

皇帝把關帝信仰納入全國廟祀序列，朝廷成了關帝信仰的官方捍衛者。[80]

據記載，1547 年，考生張春住在一座供奉有關帝神像的寺廟裡，夜間夢見關帝請他幫忙醫治耳疾，許諾以鄉試和會試成功回報他。夢醒後，張春發現關帝神像的耳朵裡有蜂蜜，於是清除了蜂蜜。第二天晚上，張春夢見關帝前來道謝，表示不會忘記張春的善舉。又如，明末，一個長期患病的生員夢見關帝，關帝稱他身體將會康復，下科考試也會順利通過。但是，這位考生在身體康復後慾壑難填，致使考試失敗，當他在廟裡求籤卜問失敗原因時，關帝解釋說這樣才不會傷天害理。再如，1619 年，有人夢見 8 名會試考生的姓名出現在關帝展示的中式名單上。[81]

明初官員于謙（1398–1457）也是考試信仰的另一個著名對象。1449 年，明軍被瓦剌戰敗，正統皇帝（1435–1449 年間在位）被俘，于謙等其他官員在朝中擁立景泰皇帝（1449–1457 年間在位）即位，並贏得了北京保衛戰。正統皇帝被贖回後做了幾年太上皇，然後在 1457 年發動宮廷政變，重新奪回皇位，改年號為天順（1457–1464），以叛國罪處決了 1449 年支持景泰皇帝的于謙等官員。1466 年于謙恢復名譽，其子在 1498 年上疏請求在家鄉杭州于謙墓地附近為他立祠。北京也立祠紀念于謙。[82]

杭州的于謙墓地和祠堂，成了浙江考生鄉試和會試趕考途

171

80　Yang 楊慶堃, *Religion in Chinese Society,* 159–161；Prasenjit Duara 杜贊奇, "Superscribing Symbols: The Myth of Guandi, Chinese God of War," *Journal of Asian Studies* 47, no. 4 (1988): 783–785.

81　《前明科場異聞錄》，卷上，頁四六上；卷下，三十上至三一上、三二下至三三上。

82　L. C. Goodrich 富路特 et al., *Dictionary of Ming Biography* (New York: Columbia University Press, 1976), 1608–1611.

中駐足的一個熱門地點。他們懇請于謙在天之靈提供考試成功的指引和跡象。和關帝一樣，于謙的忠誠行為超越了時代，他的純潔精魂能夠影響他人的命運。很多考生把自己後來的成功與駐足杭州祠堂期間所做的夢聯繫在一起。如 1652 年狀元鄒忠倚（1623–1654），雖然是江蘇人，也認為自己的成功與小時候參拜過杭州于謙祠堂有關，當時他夢見于謙告訴他日後的考試排名。[83]

大眾傳說與宗教

清代，考生拜祭文昌、關帝和于謙以尋求幫助的宗教信仰受到尊重。各種出版物渲染考試市場另一個世界的一面（otherworldly）。這些大眾觀念迴蕩在考場內外。由於考試範圍擴大，定期下及縣、州、府，全國考生人數不斷增加，明代相關記載大幅劇增，以至於考官也常常把宗教異象作為考試提問的對象。[84]

佛寺和道觀也作為精神場所，幫助士子應對科舉考試的情感需求。這些場所與全國性的文昌廟和關帝廟多有重合。如關帝，唐代就已被奉為佛教神靈，到晚期帝國，大多數佛寺

---

83 徐珂：《清稗類鈔》（上海：商務印書館，1920 年），〈迷信類〉，頁 91–92、95；《國朝科場異聞錄》（廣州：味經堂書房重刻 1873 年錢塘本），卷一，頁十五下至十六上。

84 Kenneth DeWoskin, "The Six Dynasties *Chih-kuai* and the Birth of Fiction," in *Chinese Narrative,* ed. Andrew Plaks (Princeton, NJ: Princeton University Press, 1977), 21–52; Glen Dudbridge 杜德橋，*Religious Experience and Lay Society in Tang China* (Cambridge: Cambridge University Press, 1995), 64. 另見 Paul Katz 康豹，*Demon Hordes and Burning Boats: The Cult of Marshall Wen in Late Imperial Chekiang* (Albany, NY: SUNY Press, 1995), 113–114.

都有他的威嚴塑像把守。[85] 1550 年，一位僧人用相術預測徐中行（1517–1578）將會順利通過 1550 年會試，但功名注定只限於舉人，官職也止於知縣。徐中行不悅，僧人稱只有「陰德」才能挽回「定數」。徐中行聽從建議，貧窮的他把賣文所得的三十金，全部用來買水族放生太湖。僧人再次見到他時，立即看出他「陰功滿面」，稱他明年必定進士及第。

　　徐中行後來成為朝廷高官。他改變命運的故事是晚明白銀時代考試市場的一則寓言。[86] 像這樣對以金銀賄賂考官來購買考試成功的腐敗行為的道德倒轉（moral inversion），也可以採用其他形式，如在祠廟給死者燒「紙錢」（spirit-money）以償還道德債務。徐中行做「善事」放生所用的金子，和紙錢一樣，是能夠換來世俗成功的精神費用。就像投資古典教育的文化資源是考生突破語言關而取得考試成功一樣，投資祠廟，以及精神方面的信仰，也為考生在面對考試失敗時帶來了心靈的平和、希望和慰藉。[87]

173

　　又如，1594 年南京鄉試揭榜，張畏岩因自己榜上無名而辱罵考官，旁有道士見狀嘲笑，稱從面相上看張的文章必定不佳。張怒問道士何以知之，道士稱作文貴在心平氣和。張就此請教，道士稱天命取決於善事。張回稱自己乃貧窮文士，無力行善。道士說：「善事陰功，皆由心造；常存此心，功德無

85　Timothy Brook 卜正民, *Praying for Power: Buddhism and the Formation of Gentry Society in Late-Ming China* (Cambridge, MA: Harvard–Yenching Institute Monograph Series, 1993), 288–290.

86　Richard von Glahn 萬志英, "The Enchantment of Wealth: The God Wutong in the Social History of Jiangnan," *Harvard Journal of Asiatic Studies* 51, no. 2 (1991): 695–704.

87　《前明科場異聞錄》，卷上，頁四七；Gernet 謝和耐, *Buddhism,* 250–253, 286–297.

量。」道士認為，無量功德並不費錢，只需謙虛平和，但張不知自省，反而把精力用在辱罵考官上。張於是恍然大悟。到了1597年，張畏岩夢見該年鄉試名錄尚缺一人，須積德無咎者。而張德行有成，果然通過該年鄉試。[88]

這個故事，道家的精神開悟理念撫慰了精神高度緊張的考生，他花了多年時間準備鄉試，接受不了自己的失敗。宗教和道德不只是應對失敗的正當辦法，成功最終也關乎精神開悟和情感成熟。宗教為士子提供了一個健康的精神庇護所，使他們逃離考場的殘酷現實。

道德是衡量考試能否成功的另一典型標準。1481年會試前夕，王陽明的父親王華（1446–1522）寓居某富翁家，富翁多妾但無子嗣。一天晚上，富翁派小妾叩王華之門求子，該妾出示了富翁寫有「欲求人間種」的紙條，王華拒絕了她，還提筆在紙條上寫道：「恐驚天上神。」第二天，富翁邀請一位道士來家祭祀先祖，道士在儀式過程中昏昏入睡，醒後，道士稱自己在天上看見了狀元榜，榜前有一幅「欲求人間種，恐驚天上神」的楹聯。[89]

因果報應也是用來解釋考試市場的文化架構。袁黃（1533–1606），晚明鼓吹儒釋道三教合一的領袖，主張用「善書」來衡量一個人的社會地位和價值。袁黃認為，考試成功全在於「陰德」，也就是說，這種成功不是取決於考生的能力，而是取決於其先祖積累的功德。袁黃及其門徒所謂的「功過簿」，即士人的道德賬簿，無異於善事、道德重生和世俗成功這些大眾觀

174

---

88 《前明科場異聞錄》，卷下，頁二四下至二五上。
89 《前明科場異聞錄》，卷上，頁二四下。

念。[90]

　　在考試市場上競爭最高功名的考生認為大家的古典文化素養不相上下，因此，大多數人從宗教的角度來解釋為甚麼有人成功、有人失敗。[91]晚明時期，宗教教義，特別是禪宗教義，甚至滲入了考試作文，雖然考生寫作經義文時仍能謹守規定的「道學」課程，其精神生活卻透露出相當廣泛的靈感來源。

　　很多士子相信轉世輪迴。1642年鄉試，考官夢見一女子吟桃花魚詩，後於考卷中見此詩，於是薦之入彀，發榜後該考生前來拜謁，發現其生日正是那位女子的忌日。[92]1659年會試會元朱錦，有人從其生平中看出不少巧合之處，認為他是一百年前另一個朱錦的後身。[93]陳元龍（1652–1736）三、四歲時夢中常聞佛家梵唄之聲，但母親敦促他從事聖賢之學，「佛氏之教不足循也」。母親去世後，陳元龍依然拒絕參加任何考試。1679年會試，康熙皇帝令總裁官邀請他參加考試未果。但陳元龍後來改變心意，在1685年殿試中名列一甲第三名，後擔任要職。陳元龍用了好幾年時間才解決佛教與官場生涯的緊張關係。[94]

　　這個世界的成功與另一個世界的開悟，二者的較量往往會衝擊家庭價值觀。僧人和道士鼓勵男女禁慾獨身，斬斷社會牽

90　Cynthia Brokaw 包筠雅, *The Ledgers of Merit and Demerit: Social Change and Moral Order in Late Imperial China* (Princeton, NJ: Princeton University Press, 1991), 17–27, 68, 231–232.

91　《前明科場異聞錄》，卷下，頁二四上；徐珂：《清稗類鈔》，〈迷信類〉，頁99。

92　李調元：《制義科瑣記》，卷三，頁97–98。

93　同上注，卷四，頁119–120。

94　徐珂：《清稗類鈔》，〈考試類〉，頁99。

175 絆。[95] 即使暫時實現不了這種宗教理想，《劉香寶卷》（首次刊行於十八世紀）中虛構的女主人公香女，也對丈夫汲汲於科舉功名不屑一顧，她說：「讀書何用？……不如學道，祿在道中。一世為官，萬世樹敵。」公婆怒不可遏，不准兒子見妻子，令兒子準備科舉考試。兒子最後高中狀元，但他和家人在玉皇大帝的生死簿中注定壽命不長。[96] 斷絕了塵世牽絆的香女，則成了聖潔的宗教領袖。

這些振奮人心的故事的黑暗一面，則是聲稱考試失敗有可能是因為犯罪。兒子夢見亡母提醒他過去三世的罪行已經曝光，只有贖清前生罪過，才能進學讀書。考場內，鬼魂出現在考生面前，提醒他們做過的壞事。在這些故事中，不少德行有虧的年輕人發瘋或當場死亡。[97] 事實上，很多考生也相信監考官在考場中祭旗的傳說，據說點名完畢後他們揮舞紅黑二旗，大呼：「有冤者報冤，有仇者報仇。」[98]

神鬼也會捉弄考生的心志，考驗他們的耐性。文昌帝君預言 1640 年會試某位考生的考卷會被號舍的小火爐燒毀，要他預備兩份考卷以防萬一。考生聽從了建議，考卷果然被燒毀，但備用考卷讓他順利通過了考試。[99] 神靈也可以告訴考生錯誤

---

95 Daniel Overmyer 歐大年 , "Values in Chinese Sectarian Literature: Ming and Qing *Paochüan*," in *Popular Culture in Late Imperial China* , 219–254.

96 同上注，頁 245–250。

97 〈小試異聞錄〉，收入《試場異聞錄五種》（1873 年錢塘重刊本），頁三上至四下、十二；《前明科場異聞錄》，卷上，頁三八下至三九上。

98 商衍鎏，"Memories of the Chinese Imperial Civil Service", 65–66.

99 《前明科場異聞錄》，卷下，頁四五。

的考題，確保該考生毫無防備，好讓其他人考中第一。[100] 神靈
還能影響考官，如 1726 年南京鄉試，考官張磊求告神靈指引
他搜檢出「試卷中有佳文及其祖宗有陰德者」。[101] 1783 年江西
鄉試被考官選為頭名的試卷，據說是因為一位考官所做的夢。
1840 年有鄉試考官夢見神靈向他解釋某篇試文的優點，稱該
考生的八股文使用了重要辭書《爾雅》的注疏。[102]

176

　　1657 年鄉試，有考生作文已畢，在號舍內等着收卷，忽
見魁星在眼前舞蹈，稱：「汝今科狀元也，可書狀元二字於我
掌上。」考生大喜，提筆才寫一「狀」字，魁星就翻過手掌按
在試卷上，然後消失無蹤。由於考卷上的這個墨跡，該考生被
取消了考試資格。[103]

　　在早前的 1618 年鄉試，有考生的結局則截然不同。該考
生在考場染病沉睡，一字未寫，交了白卷，自謂中舉無望，結
果卻榜上有名。後來查看自己的考卷，發現上面有正楷書寫的
文章。他相信考場號舍內有神靈相助。[104]

　　生活放縱，往往會造成科場失利。1644 年會試，有考生
在等待發榜時醉酒昏迷，神志不清時，他想到自己過去對父母
不孝，酒醒時得知自己已然落榜。[105] 1849 年南京鄉試，有考生

100　同上注，卷下，頁五四下。

101　徐珂：《清稗類鈔》，〈迷信類〉，頁 124–125。

102　同上注，〈迷信類〉，頁 102–103、105。

103　李調元：《制義科瑣記》，卷四，頁一一八。

104　《前明科場異聞錄》，卷下，頁三十上。

105　李調元：《制義科瑣記》，卷四，頁一四〇至一四一。譯案：據李
　　　調元記載，該考生「與諸同年飲，偶出，忽仆地」，「移時始甦」，
　　　醒後自訴經歷：被二卒挾持，拜見梓潼帝君，帝君稱他應中此科
　　　進士，詢其父母意見，「其父拜謝，母獨曰不願也」，母親痛斥其
　　　往日不孝行徑，帝君因此除去其進士功名。

出自著名的狀元世家崑山徐氏，他在第二場考試結束後出外飲酒，以為自己的「四書」、「五經」文已鎖定高排名，於是喝得酩酊大醉，結果錯過了第三場點名，沒能進入考場完成第三場的策問。考官本已將他的八股文列為榜首，但由於沒有第三場考卷，他被取消了資格。[106]

如果改過自新，則有可能考試成功。晚清自強運動政治改革領袖張之洞（1837-1909），年輕時好酒成性，1847 年堂兄張之萬（1811-1897）高中狀元後，張之洞大受刺激，自此戒酒不飲。1852 年張之洞中順天鄉試解元，1863 年中進士一甲第三名探花，但未能高中狀元，終身引以為憾。[107]

在大眾看來，好色濫交也是考試失敗的一個明顯原因。1612 年南京鄉試，考前禁慾的考生名列榜首，縱慾的考生名落孫山。[108] 棄婦往往回到考場號舍糾纏考生，使他注定不能通過考試。如果棄婦自殺，也會化身媚女進場勾引負心漢，令其死亡。[109] 附身也是一個常見主題，如狐仙佔據考生身體，奪其神智。1879 年，有杭州考生被狐仙附身，口講江西方言，索要瓜果，有時也現形為年輕婦人。[110]

本書前面幾章討論的科舉考試的複雜的制度機制和嚴格的課程內容，不是非官方文化感興趣的內容，非官方文化關心的是符合政府和社會中公平、正義主題的道德故事。不過，這些娛樂消遣性的「科場異聞錄」表明，精英和平民都認為考試是

---

106 徐珂：《清稗類鈔》，〈考試類〉，頁 82。

107 同上注，〈考試類〉，頁 107。

108 《前明科場異聞錄》，卷下，頁二七上。

109 李調元：《制義科瑣記》，卷三，頁八八至八九；《前明科場異聞錄》，卷下，頁四四上至四五上。另見 Miyazaki 宮崎市定，*China's Examination Hell*, 46–47.

110 徐珂：《清稗類鈔》，〈迷信類〉，頁 168。

生活的自然組成部分，他們灌注其中的宗教和天道敘述，完全承認考試制度，合法化其在社會中的地位。[111] 明代善書中的宗教治療作用，有時被形容為「道德資本的管理」（management of moral capital），也滲入考試生活。考生對自己情感體驗的重新調整，伴隨着人格理想上的變化，以應對恐慌和失敗。佛道關於考試成敗的寓言，也服務於迫切的共同目標，即幫助考生更好地應對考試和理解自己。[112]

考試預測術

為了應對科舉考試，考生及其家人還用各種辦法與另一個世界交流，試圖預測成敗，收集考官所出「四書」文題的可能線索，解讀算命先生的謎語，或神靈、祖先的托夢。通過「看命」來求得自己前途的吉兆，成了明清考生的一種執迷。[113]

178

用來分析科舉考試的占卜術，表現為多種文化形式，其中主要有《易經》算命、看相、[114] 扶乩、[115] 拆字（測字）、解夢、看兆、風水。每種技術都有很多種具體做法。[116] 日常生活、佛

---

111 Yang 楊慶堃, *Religion in Chinese Society,* 267–268.

112 Judith Berling 白居迪, "Religion and Popular Culture: The Management of Moral Capital in *The Romance of the Three Teachings,*" in *Popular Culture in Late Imperial China,* 208–212.

113 Richard Smith 司馬富, *Fortune-Tellers and Philosophers: Divination in Traditional Chinese Society* (Boulder, CO: Westview Press, 1991), 173.

114 祝平一討論了相術的根源，見氏著：《漢代的相人術》（臺北：學生書局，1990 年）。

115 Terence Russell 羅德仁, "Chen Tuan at Mount Huangbo: A Spirit-writing Cult in Late Ming China," *Asiatische Studien* 44, no. 1 (1990): 107–140.

116 Smith 司馬富, *Fortune-Tellers and Philosophers,* 131–257.

教和道教、精英活動在這些占卜術中互動的顯著程度，說明了我們通常強調的儒家不可知論的局限性。[117] 晚期帝國的考官們徒勞無功地試圖從知識上限制這些大眾技術，他們所出的策問批評盲目相信這個世界與另一個世界存在關連愚不可及，試圖影響一個很大程度上不受他們控制的話語世界。

在認同佛道因果德報說的基礎上——這是明代考試生活的一部分——考生試圖通過推命、擇日、生辰八字來測算「個人命運」（「緣分」，直譯 karmic allotments）。算命先生和僧人道士廣泛運用占星術，配合十二生肖（Chinese horoscopes），以蓍草占卜，其命理模式與《易經》八卦的數字系統相互關連。[118]

明代流行算命，以至於十七世紀出版的《狀元圖考》記載了 1640 年以前所有明代狀元的生辰八字，按傳統占卜術將每個狀元出生的年、月、日、時分別配以天干地支。在黃曆（民間也稱「通書」）中，出生的年月日時被稱為「四柱」，四柱各配以天干地支，就能推算一個人日後的官職、財富和社會地位。[119]《狀元圖考》在適當情況下還會附上每個狀元的其他信息，如官階、受到的懲罰、早逝，以表明其出生日期與命運的關係。編者也出面評論，解說很多狀元的命數（《狀元命造評

179

117　Herrlee Creel 顧立雅, *Confucius and the Chinese Way* (New York: Harper and Row, 1960); Pei-yi Wu 吳佩宜, *The Confucian's Progress: Autobiographical Writings in Traditional China* (Princeton, NJ: Princeton University Press, 1990), 230. 另見 Martin Huang 黃衛總, *Literati and Self-Re/Presentation,* 143–152.

118　徐珂：《清稗類鈔》，〈迷信類〉，頁 100–119；Smith 司馬富, *Fortune-Tellers and Philosophers,* 174–186.

119　八字看命法，見 Chao Wei-pang, "The Chinese Science of Fate-Calculation," *Folklore Studies* 5 (1946): 313.

註》）。[120]

　　算命先生也通過星象術把一個人的命運與上天和考試成功聯繫起來。這些技術往往結合星象，每個星宿對應十二生肖（鼠、牛、虎、兔、龍、蛇、馬、羊、猴、雞、狗、豬），每個生肖對應一個地支。如《狀元圖考》中的一幅插圖所示，一位術士向 1502 年狀元康海（1475–1540）指出是天上的小北斗星保證了他考試成功（見圖 5.4）。[121]

　　據這個術士所言，當時魁星居於西北天，康海是陝西人，所以他的命運比南方考生更吉利。而魁星與南方天的小北斗星有關，按照傳統占卜術，南斗星是高官的保證，故康海應中進士、享厚祿。[122]

　　算命先生多用《易經》占卜，考生也時常翻閱《易經》尋求日後成功的線索。這些占卜活動多在關帝廟進行，根據考生的生辰八字用竹籤來推算吉利年分（見圖 5.5）。[123]

　　算命先生基於隨機抽取的一卦做出判斷，根據該卦在 64 卦（疊加為 128 卦）384 爻中的多重象徵意涵做出解讀，卦象與爻位的關係被視為正確預言的關鍵。《易經》占卜也用隨機抽取的蓍草或竹籤來推算命運。[124]

180

---

120 《狀元圖考》，卷六，頁三八上至四二下、四三上至四八下。此書收 1371–1571 年間狀元，由 1505 年狀元顧鼎臣（1473–1540）編撰，其孫顧祖訓續編。1604 年以前狀元，為吳承恩、程一楨增補。1607–1628 年間狀元，也是後世增補。1631–1682 年間明清狀元，為陳枚增補。另見 Richard Smith 司馬富, *Chinese Almanacs* (Hong Kong: Oxford University Press, 1992), 25–33.

121 《狀元圖考》，卷二，頁三六下至三七下。

122 同上注。

123 《前明科場異聞錄》，卷下，頁三九。

124 Smith 司馬富, *Fortune-Tellers and Philosophers,* 94–119.

圖 5.4　對 1502 年狀元指出天上小北斗星位置，見顧鼎臣、
　　　　顧祖訓：《明狀元圖考》

圖 5.5　清代求籤卜問科舉前程，見《點石齋畫報》（揚州：
　　　　江蘇廣陵古籍刻印社，1983 年，據 1897 年刊本重
　　　　印），第 11 冊，〈丑集〉，頁五七下至五八上。

扶乩／扶箕（spirit-writing），即通過占卜工具讓靈媒被動傳達信息，唐宋以來就用於預測科舉考試。宋代，乩仙（spirit-writers）開始寫作詩歌和其他文學形式，這就要求靈媒掌握當時文學考試部分所需的詩歌形式。[125] 到了晚明，科舉取消詩歌考試，通過扶乩與另一個世界交流所得的乩仙文字，就被人們編成道德教化書籍，且署名為神靈所作。考生在趕赴地方、省會、京城考試途中參拜有靈驗的寺廟，請求靈媒預測考題，這種做法再自然不過，也是文化上可以接受的。問卜者與神靈常常聯詩酬唱，展示古典學養和詩才。人們也普遍相信通過乩板寫詩的神靈身前也是著名作家。[126]

如 1688 年的北京會試，有考生在趕考途中請求靈媒與「筆神」溝通，想知道會試第一場考試的「四書」文題。神靈通過靈媒在乩板上寫下「不知」二字。考生問道：「神仙豈有不知之理？」靈媒再次寫下神靈的答復：「不知，不知，又不知。」當時廟裡有很多人圍觀，其中也有別的考生。他們笑話神靈無知，沒能領悟神靈之意。等考生入場坐在自己的號舍裡，才突然意識到神靈準確預測了「四書」文題。這道題出自孔子《論語》最後一章：「子曰：不知命，無以為君子也；不知禮，無以立也；不知言，無以知人也。」「不知」在這道八股文題中出現了三次。該考生沒能領會神靈的指示，也說明他

---

125 許地山：《扶箕迷信的研究》（臺北：臺灣商務印書館，1971 年），頁 49–50；Russell 羅德仁 , "Chen Tuan at Mount Huangbo," 108–116.

126 徐珂：《清稗類鈔》，〈方伎類〉，頁 13–14；Overmyer 歐大年 , "Values in Chinese Sectarian Literature," 221；Smith 司馬富 , *Fortune-Tellers and Philosophers,* 226–228.

不配稱為「君子」，因為「不知命，無以為君子也」。[127]

　　一個有意思的發展過程影響了扶乩文字的經學、文學背景，這就是幾個世紀以來實際考試課程的變化。從唐宋詩賦轉變為明清經義文，不僅考生要調整所學的經書正典，如果想正確預測考題，神靈（特別是其靈媒）也要跟上古典課程的變化。因此，1370–1756 年間，面對考生的詢問，靈媒寫下的詩句在語言方面沒有任何參考意義，因為 1756 年以後詩歌才重新被納入考試科目，但靈媒仍然以詩歌形式來表達他們對大多數事情的看法。[128]

　　1843 年浙江鄉試前，有考生在當地寺廟請求靈媒預測考題。關帝忽然附身靈媒，在乩板上寫下回復，暗示了可能的考題，但又補充說：「吾不讀《春秋》。」直到鄉試第二場，考生才明白關帝之意。1787 年以後科舉考試要求考生掌握所有「五經」，考題中出現了《易經》、《書經》、《詩經》、《禮記》文題，只缺《春秋》，這說明關帝喜歡《春秋》，他那個時代的考生只需專攻一經。但現在，關帝也要掌握全部「五經」了。1756 年以前，出於篇幅上的考慮，只有少數考生像關帝一樣專攻《春秋》。[129]

　　1740 年以後，有段時間考試科目發生了變化，其中就包括 1756 年加試律詩。十八世紀的「古學」學者紀昀（1724–1805）轉述了朋友講的一則故事：有人在杭州西湖扶乩，乩仙借靈媒之手寫下的詩歌，暗指中古時期的名妓詩人蘇小小，她

183

127　徐珂：《清稗類鈔》，〈方伎類〉，頁 16；D. C. Lau 劉殿爵，*Confucius: The Analects* (Harmondsworth, UK: Penguin Books, 1979), 160.

128　Russell 羅德仁，"Chen Tuan at Mount Huangbo," 123.

129　徐珂：《清稗類鈔》，〈方伎類〉，頁 22。

的墓地就在西湖旁邊，眾人懷疑這首扶乩詩的作者可能就是
她。[130] 人們感到困惑的是這首詩採用了唐代的律詩形式，而神
靈生活的南齊（479–502）時期還沒有出現這種詩體。眾人問
神靈：「仙姬生在南齊，何以亦能七律？」神靈回答說，在另
一個世界也要「與世推移」。眾人請她以南齊詩體作詩，於是
神靈又借靈媒寫了一首南齊詩歌。紀昀不相信這個神靈就是六
朝名妓蘇小小本人，他推斷說，更有可能是後來的無名才鬼冒
她之名，這個才鬼熟知唐律，能夠為十八世紀末的考生預測考
試新科目所需的唐體律詩。[131]

與扶乩相似，「拆字」，即拆解靈媒所言或夢中所得之字，
再現了漢代許慎所用的漢字「六書」構造法，許慎據「六書」將
10,000 多個漢字按偏旁部首分為 540 部。在大眾文化中，算命先
生和占卜術士也利用文字結構來破譯扶乩所得的神秘信息。[132]

漢字的形旁和聲旁，古典學者用來探究漢字的古意，聰明
的算命先生則反其道而行之，他們拆分文字結構再重新組合，
試圖弄清文字傳達的秘密信息或雙關意涵。例如，1406 年春
會試和殿試前，福建士子林環（1375–1415）夢見朋友送來
一片狗肉（見圖 5.6）。後來林環意識到這是一個吉兆，他命

---

130 Judith Zeitlin 蔡九迪，"Spirit-Writing and Performance in the Work
of You Tong (1618–1704)," *T'oung Pao,* 2nd ser., 84, no. 1/3 (1998):
102–135, 特別見頁 105–106。

131 紀昀：《閱微草堂筆記》（上海：上海古籍出版社，1980 年），卷
十八，頁 451–452。

132 徐珂：《清稗類鈔》，〈迷信類〉，頁 90–91。另見 Smith 司馬富，
Fortune-Tellers and Philosophers, 43, 201；Wolfgang Bauer 鮑吾剛
，"Chinese Glyphomancy," in *Legend, Lore, and Religion in China,*
ed. Sarah Allan 艾蘭 and Alvin Cohen 柯文 (San Francisco: Chinese
Materials Center, 1979), 71–96.

中注定要成為 1406 年狀元。林環和翰林院同事分析，片、狗
（「犬」）合起來就是狀元的「狀」字，可見狀元命定。從根本
上看，拆字法能夠讓拆字人自由組合文字結構以滿足其當下需
要。[133]

　　鑑於命理很大程度上取決於一個人的生日和身分，考生的
另一常見做法就是改名，以此來改變自己的命運或避開不吉利
的扶乩結果（見第一章）。對考生來說，改名就是改變身分，
從而改變其「緣分」。這種做法也可以讓他們利用留給那些符
合特定姓、名的人的吉利命運。夢見「天榜」——很多考生都
聲稱自己做過這樣的夢——等於事先知道現實中的排名。[134]
很多時候，改名單純只是根據預言性的夢的一種策略性決定，
或是一種政治決定，以避免具有雙重含義的名字可能造成的誤
解。[135]

　　改命主題的另一個變體是失蹤和頂替。在蒲松齡的一個有
趣故事中，一個名叫周克昌的男童失蹤了，被鬼偷偷取代。這
個鬼長大後很勤奮，通過了考試，還娶妻結婚。因為是鬼，他
一直不與妻子同房，母親責備他不盡傳宗接代的義務。後來，
真正的周克昌現身，原來他被富商收養。他取代了那個鬼，還
生了一個兒子，周家取得了雙重成功：「桂籍可以不入闈而通，
佳麗可以不親迎而致。」讀書用功的替身鬼消失了，但他帶來
的好處繼續存在。這類故事反映了改變身分的實際好處，另一

---

133 《狀元圖考》，卷一，頁十五。

134 《前明科場異聞錄》，卷下，頁三十。

135 李調元：《制義科瑣記》，卷二，頁六六；《會試錄》（1586 年），
　　頁十八上至三六下，收入《明代登科錄彙編》（臺北：學生書局，
　　1969 年），第 20 冊。

圖 5.6 1406 年狀元夢見朋友送來一片狗肉，見顧鼎臣、顧
祖訓：《明狀元圖考》

個世界作為盟友被引入這個世界，幫助考試成功。[136]

　　同樣，為墓地、住宅和寺廟選擇吉利地址的「風水」術，也延及考試市場。著名的風水師因為擅長選擇吉利的祖墳地址而受人追捧。鑑於祖先崇拜習俗相信祖德代代相承，祖墳地址選得好，也就意味着考試成功。前面我們已經說過，袁黃認為考試成功不是取決於考生的能力，而是取決於祖先積累的功德。晚期帝國，士人有很多實用理由和治療理由來利用這些術數，它們豐富了宗教庫存，吸引了漢族和非漢族精英。[137]

187

明代狀元的夢和願望

　　自古以來，與另一個世界最有代表性的交流方式就是夢。[138] 中古時期中國考生中常見的解夢和占夢[139]，在明代演變成了複雜成熟的文化形式[140]。就連明代開國皇帝朱元璋，也在其御製文集中記錄了他的一個夢。夢中，他回到登基前一年，當

136　蒲松齡：《聊齋誌異》（上海：上海古籍出版社，1962 年），第 3
　　　冊，頁 1067–1068。另見 Ann Waltner, *Getting an Heir: Adoption
　　　and the Construction of Kinship in Late Imperial China* (Honolulu:
　　　University of Hawai'i Press, 1990).

137　Smith 司馬富 , *Fortune-Tellers and Philosophers,* 131–159.

138　姚偉鈞：《神秘的占夢》（南寧：廣西人民出版社，1991 年），頁
　　　3–18；Chaffee 賈志揚 , *The Thorny Gates,* 179–180.

139　劉文英：《中國古代的夢書》（北京：中華書局，1990 年），頁
　　　1–65；Roberto Ong, *The Interpretation of Dreams in Ancient China*
　　　(Bochum, Germany: Studienverlag Brockmeyer, 1985), 8–46；
　　　Carolyn Brown, ed., *Psycho-Sinology: The Universe of Dreams in
　　　Chinese Culture* (Lanham, MD: University Press of America, 1988).

140　Vance 范莉潔 , "Textualizing Dreams"; Lienche Tu Fang, "Ming
　　　Dreams," *Tsing Hua Journal of Chinese Studies,* n.s., 10, no. 1
　　　(1973): 61–70.

時有幾個跡象表明他注定要統一中國。這些跡象的編排方式，與它們在大眾宗教和文人生活中別無二致。朱元璋夢見數對仙鶴從天而來（比較圖 5.7），這讓他看見了一些佛教金剛和道士，道士送給他一件絳衣和一把劍，讓他繼續往前走。這個夢合法化了這個農家子弟發跡變泰的故事，黑暗世界指定他成為現實世界中新的「光明」（明）王朝的開創者。[141]

由於科舉考試巨大的精神壓力，晚期帝國士人夢中投射的幻視（visions）為我們提供了一個獨特的窗口，可以通過語言和視覺形象來瞭解他們的觀念世界（conceptual world）。涉及「睡眠冥想」（sleep meditation）這一宗教形式的夢境市場，貼切迎合了考試市場的社會、政治動力學。這些關乎個人得失的夢，也以幽默的方式表達出來。[142]

如詩人、書法家何紹基（1799–1873），曾夢見自己來到一個市場，那裡有很多饅頭，他拿了一個饅頭吃完，正準備再拿一個時，「忽有人攘臂奪之，遂不得食」（見圖 5.8）。後來，何紹基發現與自己爭搶饅頭的那個人是 1820 年殿試狀元陳繼昌（1791–1849）。陳繼昌鄉試考取第一名後改了名字，確保會試、殿試掄元。何紹基承認，就像夢中暗示的那樣，自己遇到了對手。何紹基在 1835 年鄉試中排名第一，對應夢中吃上了饅頭，但 1836 年會試和殿試他無緣複製連中「三元」的事跡，因為第二個饅頭屬於陳繼昌。[143]

188

---

141 朱元璋：〈紀夢〉，《明太祖御製文集》（臺北：學生書局，1965 年），卷十四，頁八上至十四下；Romeyn Taylor, "Ming T'ai-tsu's Story of a Dream," *Monumenta Serica* 32 (1976): 1–20.

142 Michel Strickmann 司馬虛, "Dreamwork of Psycho-Sinologists: Doctors, Daoists, Monks," in *Psycho-Sinology,* 25–46; Russell 羅德仁, "Chen Tuan at Mount Huangbo," 122.

143 徐珂：《清稗類鈔》，〈迷信類〉，頁 109。.

圖 5.7　1505 年狀元夢見黃鶴，見顧鼎臣、顧祖訓：《明狀
　　　元圖考》

圖 5.8　1583 年狀元夢見兩個騎馬人，見顧鼎臣、顧祖訓：
　　　　《明狀元圖考》

中國人把夢視為來自精神世界的信息，夢與算命、扶乩、風水、看相、拆字一樣，都是與那個世界交流的方式。[144] 人們在寺廟過夜，「祈夢」並「睡眠冥想」。他們認為，廟中求得的夢，是與文昌、關帝或廟中供奉的其他神通交流的最好方式。有時，催眠術也被用來編織夢境，揭示人們所見幻視的涵義。如杭州紀念明代忠臣于謙的祠堂，就是這樣一個睡眠冥想和夢境孵化的中心場所，這種考試祈福傳統一直持續到了二十世紀。[145]

士人還把夢作為在考試市場外恢復身心健康的一種治療手段。[146]《夢占類考》的作者張鳳翼（1527–1613），1565 年赴京會試，落第後意志消沉，嗜酒成性，身體虛弱，直到 1567 年夢見拜訪道教全真八仙。夢中，天師呂洞賓為他把脈，贈白藥丸，幫助他恢復健康。張鳳翼四次會試不售，隱退家鄉蘇州，過着悠閒的生活，從事戲劇創作。《夢占類考》的靈感就源於他 1565–1567 年間的痛苦經歷。[147]

陳士元（1516–1597，1544 年進士）1562 年編撰的《夢占逸旨》以豐富的歷史細節闡述了帝制中國的兩大解夢傳統：把夢視為預言，或視為幻覺。不同於文學世界中的夢，考試市場上的夢，其主要功能是作為與另一個世界交流的一種形式。

144　姚偉鈞：《神秘的占夢》，頁 19–35。

145　徐珂：《清稗類鈔》，〈迷信類〉，頁 55。另見 Ong, *The Interpretation of Dreams in Ancient China,* 36–46；Smith 司馬富, *Fortune-Tellers and Philosophers,* 245–246.

146　C. G. Jung, *Dreams* (Princeton, NJ: Princeton University Press, 1974), 39–41, 73–74.

147　張鳳翼：〈序〉，《夢占類考》（明末刊本），頁一。另見 Fang, "Ming Dreams," 59–60；Ong, *The Interpretation of Dreams in Ancient China,* 165–166.

儘管有這種不同，夢和有意識的感知（「覺」）都是認知形式，有助於人類對命運和預言的認識（「知」）。陳士元認為：「功名富貴莫不有前兆。」《夢占逸旨》匯集了由唐至明預示考試成功的吉祥夢兆的書面文獻。[148]

191

據稱明代至少有五位皇帝根據夢來選擇殿試狀元。1385年，洪武皇帝——他自己那個著名的夢作為他登上權力寶座的自傳敘述被收入御製文集——夢見「殿前一巨釘，綴白絲數縷，悠揚日下」，於是以丁顯（1367–1398）為狀元，因為「丁」音同於「釘」，「顯」即日下雙絲，與洪武皇帝夢合。[149]1421年殿試前，據稱永樂皇帝夢見象徵道教神仙的鶴，於是以曾鶴齡（1383–1441）為狀元，因為曾的名字中有「鶴」字。1448年殿試前，正統皇帝夢見一儒、一道、一僧，於是據此選擇了殿試一甲前三名：出身儒籍的彭時（1416–1475）為狀元，曾在神樂觀當道士的陳鑑（1415–1471）為榜眼，曾寄居佛寺的岳正（1418–1472）為探花。1544年殿試前，嘉靖皇帝在夢中聽見了雷聲，來自浙江的秦鳴雷（1518–1593）因此被擢為狀元，成了皇帝的夢的受益者。[150]

我們無從核實這些帝王夢記載的真實性，它們有些是皇帝的虛構，有些則假託統治者之名；但即使是子虛烏有，這些夢也代表利用歷史事件、將之塑造為被講述的道德故事的文化敘述。例如，據稱于謙鬼魂出現在他被流放的妻子面前，請求借

---

148 陳士元：《夢占逸旨》（臺北：藝文印書館，1968年），卷一，頁一上、五上、六上；卷六，頁一上至七上；卷八，頁九上至十一下。參閱 Vance 范莉潔, "Textualizing Dreams", chapter 5.

149 《狀元圖考》，卷一，頁五下。另見 Fang, "Ming Dreams," 60; Rudolph Wagner, "Imperial Dreams in China," in *Psycho-Sinology*, 11–24.

150 《狀元圖考》，卷一，頁二一上。另見 Fang, "Ming Dreams," 60–61.

她的眼睛一用，好以正常人的樣貌入朝面見皇帝訴冤。第二天早上，妻子就失明了，于謙則以一團火的形象闖入皇宮，出現在皇帝面前。皇帝意識到 1457 年冤枉了于謙，於是赦免了他的妻子。但是，這個夢是假的，因為成化皇帝不可能赦免于謙妻子，她幾年前就在流放期間去世了。皇帝確實恢復了于謙的名譽，還允許同在 1457 年殉難的大臣王文（1393–1457）的兒子參加 1465 年科舉考試。這個夢象徵性地為于謙伸冤平反，對我們來說，這是一個有用的謊言，說明事情本應是甚麼樣子。[151]

　　解夢在明代一半以上的狀元的生活中扮演了重要作用。[152]夢被視為另一個世界在人世的「對應物」（counterparts，即「象」），可以繪圖分析，從而揭示一個人的性格行為，預言其命運。《明狀元圖考》圖示並討論了 1371–1571 年間狀元的夢，最初是為了講述所有明代狀元的命定成就而編纂的半官方作品。我們手中的 1607 年刊本，有晚明翰林、大學士沈一貫（1531–1615）新作的一篇序文，正式認可此書是當時盛行的名人夢的傳記作品。[153]

　　這些預示成功的夢被人記錄，並繪製成明代獨特的木版畫形式，夢被畫為身體熟睡時大腦散發出的意識「氣泡」。[154]星象（如南斗星）、吉兆（如狗肉）和不同尋常的巧合，促使明人相信，大腦在放鬆時往往會編織出視覺圖像和符號的文化

192

151　Fang, "Ming Dreams," 69–70；Robert Hegel 何谷理 , "Heavens and Hells in Chinese Fictional Dreams," in *Psycho-Sinology,* 1–10.

152　鄒紹志、桂勝：《中國狀元趣話》（臺中：漢新出版社，1993 年）。

153　〈凡例〉，《狀元圖考》，頁一；沈一貫：〈序〉，《狀元圖考》，頁一。

154　蔡九迪介紹了木版印刷術如何將夢境畫為「夢泡」，見蔡九迪，*Historian of the Strange,* 137, 173.

矩陣（cultural matrix），研究這些圖像和符號的外在特徵就能揭示其包含的顯性內容（manifest content）。我把這些夢中幻視（dream-visions）視為歷史的構建，而不是需要解謎的真正的夢。很有可能，所有這些夢中幻視都是特定的構建（ad hoc constructions），而不是它們所呈現出來的那種顯性之夢。因此，我把明人對這些夢謎的解答作為分析對象，探究這些夢及其文化闡釋如何在考試市場上發揮作用。[155]

就我們的研究目的而言，夢的「顯性內容」一定程度上是由考試生活帶來的男性焦慮所引導的。我們不可能清楚知道狀元的「夢的隱意」（latent dream-thoughts），因為它們總是在明代中國特有的文化話語中被編碼、變形、修正和扭曲，但我們可以從破譯一些外在方面開始，即從理解聲稱做過這些夢的男性及其家人的心理構成（psychological makeup）與他們承受的社會歷史經歷和壓力之間的相互關係入手。他們的壓抑和昇華，與我們今天所能直覺感知到的大不相同，因為定義文化話語的是他們那個時代，不是我們這個時代。事實上，把他們的心理意識流稱為「夢泡」、「壓抑」或「昇華」，更多折射的是我們自己，而不是明代士人，因為隨着時間推移，因為文化與文化的不同，人類主體的意識／無意識內化已經發生了歷史變化。[156] 儘管如此，通過明人繪製的這些「夢中幻視」，我們確實可以生動感受到他們在考場號舍裡過着磨折人的考試生活時

193

155《狀元圖考》，各處。

156 Friedrich Nietzsche, *On the Genealogy of Morals,* trans. Francis Golffing (Garden City, NJ: Anchor Books, 1956); Friedrich Nietzsche, "Preface"，*Beyond Good and Evil,* trans. Walter Kaufmann (New York: Vintage Books, 1966). 參見 Jung, *Dreams,* 71–72.

究竟是甚麼在吞噬他們的大腦。[157] 下面以兩幅插圖為例。

（一）三「元」

圖 5.9 是晚明木版插圖，出自《明狀元圖考》，三個頭出現在 1445 年狀元的「夢泡」中。插圖內容，據說是商輅（1414–1486，見第二章）年輕時在家讀古書時所做的「白日夢」，時間大概是 1435 年以前。據編者的解說，他的老師「洪生」與他同住一屋，幫助他準備考試。書房的優雅環境、整潔的書桌和所有練字者必備的書寫工具，再加上一個住在家中的老師，都說明浙江人商輅的家庭有足夠財力為他提供讀書所需的時間和文化資源。這不是一個寒門發跡的故事。[158]

不過，圖中的商輅並沒有用功讀書，而是在老師不在場時睡着了。他頭頂冒出的「夢泡」顯示，一個男子手上拎着頭髮綁在一起的三個人頭。這個人把這些人頭遞給商輅。「人首三顆」/「三元」（three heads）和「三個第一」（three firsts）意思互有重合，漢語和英語都差不多。夢中，代表 head 的漢字用的是「首」，而不是「頭」，「首」字更能形象地表示腦袋和身體相連，儘管這兩個字都有「第一名」、「居於首位」或「首領」的意思。因此，這不是血腥場景，也不是即時恐怖場景，但儘管如此，三個沒有身體的頭顱還是被作為戰利品送給商輅，祝賀他戰勝了其他人。商輅睡得很安穩，說明這是一個表達願望的夢，不是由明顯的焦慮或懲罰所驅動的夢。

194

---

157 Walter Abell, *The Collective Dream in Art,* 62–70. 作為「試圖實現願望」的夢，其經典例子（即使過於簡單化）是飢餓時夢見食物、口渴時夢見水，見 Freud, *New Introductory Lectures on Psychoanalysis,* 7–30.

158 商輅生平，見 L. C. Goodrich 富路特 et al.，*Dictionary of Ming Biography,* 1161–1163.

圖 5.9　三個頭顱出現在 1445 年狀元的夢中幻視，見顧鼎
臣、顧祖訓：《明狀元圖考》

神秘人手提三個頭顱的圖像很有衝擊力，喚起了人們對身體犧牲的某種感受。帝制中國，砍下敵人頭顱的通常不是讀書人而是士兵，士兵把頭顱作為戰利品獻給上級，證明打了勝仗。斬首是明法典對死刑案的一種行刑方式，適用於「案情較重」的死刑犯，「案情較輕」的死刑犯則處以絞刑。也許，從軍事和法律的角度解讀商輅的夢，與喚起考試市場方面的聯想關係不大，就後者而言，在激烈的考試競爭中爭勝，意味着其他人必須失敗。沒有更多細節告訴我們商輅這個夢的隱性特徵，我們看到的只是晚明編撰者描繪的平和的顯性內容。[159]

商輅醒後立即把這個夢講給老師聽，老師非但沒有責備他睡着了，反而告訴他這是一個「吉夢」，「三元」這個視像預示了商輅作為科舉考生的功名前程。事後看來，商輅命定的成功也應驗了，二十一歲時他考取浙江鄉試第一（解元），十年後考取會試第一（會元），最後在 1445 年殿試考取進士第一（狀元），連中「三元」。商輅是當時明代科舉中唯一一個連中「三元」的士人。後來，作為考官，商輅將確保另一個志向不凡的挑戰者王鏊不會複製這一壯舉（見第二章）。

商輅的這個夢，把他的成功表現為命運的自然結果。這種成功所需的勤學苦記被忽略了，只描述了通往名利權位的平坦道路。[160] 但是，就歷史事實而言，這個平和的夢掩蓋了商輅 1435 年鄉試中式後必定會面臨的極大焦慮，很可能 1436 年、1439 年和 1442 年的會試他都沒能通過。商輅 1435 年鄉試中式時已經年過二十，此前他可能在競爭激烈的浙江鄉試中已經

159　Derk Bodde 卜德 and Clarence Morris 莫里斯，*Law in Imperial China* (Philadelphia: University of Pennsylvania Press, 1973), 133–134, 552.

160　商衍鎏，"Memories of the Chinese Imperial Civil Service", 52.

失敗過兩次，此後的會試可能也失敗過三次。也就是說，和大
多數人一樣，他必須等到三十多歲才能考中夢寐以求的進士，
從而步入仕途。

聯繫這些失敗，商輅這個命定成功的故事就顯得問題重
重了。我們看不到童年時期的死記硬背（商輅以《書經》為本
經），看不到青年時期的廣泛閱讀和作文訓練。事實上，1445
年會試錄表明，商輅的八股文不是特別出色，他的三篇「四書」
文都沒有入選最佳，四篇《書經》文只有一篇被選為最佳。第
二場考試中的論、表，商輅表現最好，第三場考試中的一篇策
問文也被評為最佳。在晚明讀者面前，一個夢泡就代替了多
年的勤學苦讀，無視了商輅幸運贏得榮譽所要面臨的激烈競
爭。[161]

（二）佛教蓮花座

第二個例子，是黃應澄為《狀元圖考》繪制的夢泡圖（見
圖5.10），這幅畫明確說明了佛教對1553年狀元陳謹（1525-
1566）的影響。這個夢泡，浮現在一座大院中三棟古雅樓房的
上空，陳謹坐在用於打坐的「蓮花座」的蓮花上，身邊有三個
人。他們都浮在空中的一片雲上。夢泡居高臨下，俯瞰塵世。
騰雲從天而降的那三個人，一個是神仙，一個是年輕男子，一
個是女子。三人請陳謹坐上蓮花，陳謹照辦了。進入雲層時陳
謹有些害怕，但神仙給了他一頂金冠和一件紫色官袍，這兩件
東西都代表他將成為狀元，正式面見皇帝。

陳謹身穿儒服，像佛陀一樣打坐冥想，在克服了最初的恐

161　見《會試錄》（1445年），頁十四上，收入《明代登科錄彙編》，
　　第1冊。

圖 5.10　1553 年狀元坐蓮花騰雲，見顧鼎臣、顧祖訓：《明
　　　　狀元圖考》

懼後，他看起來顯得平靜、有控制力。這幅插圖體現了秩序和
必然性，與我們對考試市場的歷史描述相衝突：考試市場是一
197　個競爭激烈、腐敗盛行、充滿男性焦慮的場所。

　　陳謹以佛教冥想的姿態坐在蓮花上，飛升到另一個世界，
接受那個世界對他取得世俗成功的祝福。同樣，這裡也沒有提
及任何富有家庭出身的年輕男孩都要經歷的多年的苦讀、記誦
和作文。陳謹治療性地克服了他在考試市場上的艱難困苦。[162]

應對失敗

　　現在，我們把目光從少數狀元的命定成功轉向普遍的失
敗，這是在考試市場上競爭的絕大多數年輕人的命運。失敗往
往是通過內化那些提供給考生及其家庭的各種治療方案來合理
化的。利用宗教和大眾占卜術，一旦這些療法被接受，就能把
男性焦慮控制在可容忍的社會界限內，防止夢和幻覺超出明清
時期可容忍的文化健康標準。但外在的公共壓力與內在的情感
資源，從根本上說是一種不穩定的平衡，每個個體和家庭都要
設法應對。

（一）改變對預測命運的態度

　　當占卜術不足為據時，隨之而來的往往是深刻的幻滅感。
很多人批評不應把占卜、風水、解夢廣泛用於考試市場。類似
態度也屢屢見於考場內部。很多鄉試、會試考官利用王朝「文
化監獄」這一政治領地對精英信仰範圍——相信命運，相信與
另一個世界交流這些大眾觀念——進行了「官方」限制，質疑

162《狀元圖考》，卷三，頁十七下至十八上。

信仰和神靈的權威，質疑與神靈交流的占卜術。[163]

　　漢以來，各種以「異」為特色的公私著作都試圖馴化
（domesticate）另一個世界，將其對日常生活的奇異影響歸入
「志怪」一類。220 年漢亡以後，「志怪」在圖書四部分類法中
從「子部‧小說家」移置「史部」。唐以後，隨着科舉考試的
擴大，側重於考場和考生精神生活的「異聞錄」實際上成了「志
怪」的一個子目。[164]

　　這類記述愈來愈多，到了宋代，已廣泛見於《太平廣記》
（977 年成書）等類書和「筆記」。北宋，沈括（1031–1095）
等文人學者傾向於修正唐人的志怪分類，試圖區分自然之怪與
鬼神之怪。他的《夢溪筆談》保留了漢唐對奇異的迷戀，但也
試圖祛除另一個世界的鬼神光環。[165]

　　北宋士大夫也對星象異常持不可知論，1006 年發現超新
星和 1066 年發現彗星（即哈雷彗星）時，他們駁斥司天監專
業官僚所持的稀奇古怪的宇宙論。對於把 1006 年的超新星

199

163　Deborah Sommer 司馬黛蘭, "Confucianism's Encounter with the
　　 Evil Arts of Heterodoxy: Ch'iu Chün's (1421–1495) Visions of
　　 Ritual Reform"，「新儒家研究高校研討會」（University Seminar on
　　 Neo-Confucian Studies）會議論文，紐約哥倫比亞大學（Columbia
　　 University, New York）1990 年 12 月 7 日。

164　Dudbridge 杜德橋, *Religious Experience,* 31–42. 參閱 Robert F.
　　 Campany 康若柏, S*trange Writing: Anomaly Accounts in Early
　　 Medieval China* (Albany, NY: SUNY Press, 1996), 28–29, 150–
　　 155；Kenneth Dewoskin, "The Six Dynasties *Chih-kuai* and the
　　 Birth of Fiction," in *Chinese Narrative,* ed. Andrew Plaks 浦安迪
　　 (Princeton, NJ: Princeton University Press, 1977), 21–52.

165　Daiwie Fu 傅大為, "A Contextual and Taxonomic Study of the
　　 'Divine Marvels' and 'Strange Occurrences' in the *Mengxi bitan,*"
　　 Chinese Science 11 (1993–1994): 3–35.

或 1038 年的流星雨等星象異常視為天人感應的證據，范仲淹（989–1052）的態度相當謹慎。歐陽修（1007–1072）批評當時流行的天象觀測傳統，主張政治與星象異常無關。宋人的立場——這也是明代考官試圖重申的立場——強調人在政治世界中的主動性。與漢代把異象解釋為政治失敗的預兆相比，宋人更傾向於強調天人有別。[166]

明代考官往往援引歐陽修對天人關係所持的謹慎立場，呼籲回歸古典和宋人理念，既包容志怪文字，又試圖限制人們對這類奇談的重視程度。明代考官明確批評漢代人出於政治目的而操縱預兆和異象，還試圖通過以個人責任和道德修養為重心的「道學」觀來控制占卜術的影響。理想的宇宙觀（自然世界與政治世界遙相感應是可以接受的）與大眾占卜術（在與另一個世界交流的宗教和其他大眾形式中，它們把這種天人理論危險地應用於人事）之間的緊張關係，從未在晚期帝國得到真正解決。士人對大眾宗教和占卜術士、算命先生、道士的占卜術侵入考試生活的不滿，在十六世紀已初現端倪，到了清初則更為明顯。

清代，反對占卜術侵入考試生活的聲音更大，特別是在小眾但至關重要的考證學者中間。不過，1700 年以後科舉考生人數激增，這些反對的聲音收效甚微。戴名世（1653–1713），著名文章家，作為考場外的觀察者，經常批評官方考試排名，嘲笑考試排名命定的大眾信仰。1702 年，他在〈壬午墨卷序〉

200

166 Yiyi Wu, "Auspicious Omens and Their Consequences: Zhen-ren (1006–1066) Literati's Perception of Astral Anomalies" (PhD diss., Princeton University, 1990), 131–163, 171–252；Yung Sik Kim 金永植, *The Natural Philosophy of Chu Hsi (1130–1200)* (Philadelphia: American Philosophical Society, 2000).

中尖銳批評了那些把考試成敗歸因於命運、神鬼或占卜術的考生。他認為，下苦功夫寫好八股文才是考試成敗的關鍵，「則是人有權，而鬼為無權矣」。戴名世再次強調了童年時期的記誦功夫和千錘百煉的作文訓練的突出地位，而這些方面都是那些急於讓命運說了算的人所忽略的。[167]

十八世紀的吳敬梓，早年曾依靠風水求取科舉功名，屢戰屢敗後，他在自己的小說《儒林外史》中嘲笑了這種做法。他的家族曾把他們在清初文壇上的顯赫地位歸功於風水師善擇祖墳墓址。吳敬梓讓自己小說中的一個人物這樣說道：

> 小弟最恨而今術士托於郭璞（276–324）之說，動輒便說：「這地可發鼎甲，可出狀元。」請教先生：狀元官號始于唐朝，郭璞晉（265–419）人，何得知唐有此等官號，就先立一法，說是個甚麼樣的地就出這一件東西？這可笑的緊！[168]

201

像這樣以宗教的方式預測命運，清人的反對聲浪相當大，但不影響我們對其在考試市場上的普遍作用的結論。

從理論上說，通曉「四書」、「五經」的士人，並不能消除大眾宗教或其占卜資源的侵入。經書的高冷（aloofness）和文學的諷刺，只能限制對大眾宗教的公開承認，盡量把它們置於

167　戴名世：〈壬午墨卷序〉，收入李國鈞主編：《清代前期教育論著選》中冊，頁238。

168　Wu Ching-tzu 吳敬梓，*The Scholars*（《儒林外史》），trans. Yang Hsien-yi 楊憲益 and Gladys Yang 戴乃迭 (Beijing: Foreign Languages Press, 1957), 490–491. 另見 Smith 司馬富，*Fortune-Tellers and Philosophers,* 160–171.

次要地位。就連乾隆皇帝也對 1768 年的集體癔癥頭痛不已，當時有謠言稱巫師為練習妖術和偷取靈魂而剪斷漢人男子髮辮。明亡後，漢人留辮象徵着臣服滿清統治。[169]

　　解夢依然是清代士人生活的一個重要特色，但相較於晚明精英對夢的狂熱，其歷史重要性已有所減弱，並轉移到講述大眾傳說的通俗作品之中。[170] 晚清通俗期刊《點石齋畫報》也刊載功名前定的故事，配上清代成功考生的夢泡插圖。例如，我們可以看到一位年輕人在雅緻花園中的書房裡打盹。在 1822 年山西鄉試前的這個白日夢中，年輕人被迎入當地文昌廟，見到了文學藝術的守護神。這次會面，後來被解讀為年輕人日後高中鄉試第一的預兆。[171]

　　這些通俗出版物很受歡迎，說明即使考生的考試文章能夠正確再現士人對解讀命運和異象應有的批評態度，考場中也難以遠離「天」的因素。《明狀元圖考》續補時增收了清代狀元，但只提供這些狀元生平的最基本信息，沒有任何一處談及明代狀元那種預示成功的徵兆和夢，也沒有任何表現夢中幻視的夢泡插圖。就連這些簡略的記載也止於 1682 年，說明這類對占卜術和夢在全國最有名望的士人生平中的作用的正面描述，已不像晚明那樣為紳士出版物所接受。1644 年以後，對狀元夢的記述出現了中斷。再也沒有任何後續出版物試圖像明代那樣積極描繪夢和占卜術。[172]

202

169　Philip A. Kuhn 孔飛力, *Soulstealers: The Chinese Sorcery Scare of 1768* (Cambridge, MA: Harvard University Press, 1990), 94–118.

170　Vance 范莉潔, "Textualizing Dreams".

171　《點石齋畫報》（揚州：江蘇廣陵古籍刻印社，1983 年，據 1897 年刊本重印），第 11 冊，〈序〉十二，頁九一下至九二上。

172　《狀元圖考》，卷四，頁二三上至三二上。另見 Smith 司馬富，*Fortune-Tellers and Philosophers,* 251.

不過，對夢的記述繼續出現在通俗文學作品中，如蒲松齡的故事、[173] 各種科場「異聞錄」、晚清期刊。特別是《國朝科場異聞錄》，是太平天國運動以前科場傳說故事的寶庫，堪比宋、明時期的志怪。梁章鉅、李調元編撰的影響頗大的科舉文獻也吸收了這些大眾元素。晚明的解夢熱在清代從未真正消歇，但在頭腦更清醒、更注重考證學的精英的影響下，其「標準照」（official portrait）已變得更學術化、更高冷。[174]

（二）蒲松齡論異化

蒲松齡，屢試不售的失敗者，身陷科舉考試無情機制的絕大多數人在他的嘲謔故事中變成了永恆的文學形象。他的「秀才七似」是最著名的考生畫像：

> 秀才入闈，有七似焉。初入時，白足提籃，似丐。唱名時，官呵隸罵，似囚。其歸號舍也，孔孔伸頭，房房露腳，似秋末之冷蜂。其出場也，神情惝怳，天地異色，似出籠之病鳥。迨望報也，草木皆驚，夢想亦幻，時作一得志想，則頃刻而樓閣俱成，作一失意想，則瞬息而骸骨已朽。此際行坐難安，則似被繫之猱。忽然而飛騎傳入，報條無我，此時神情猝變，嗒然若死，則似餌毒之蠅，弄之亦不覺也。初失志，心灰意敗，大罵司衡無目，筆墨無靈，勢必舉案頭物而盡炬之；炬之不已，而碎踏之；踏之不已，

203

---

173 Zeitlin 蔡九迪, *Historian of the Strange,* 164–181.

174 Campany 康若柏, *Strange Writing,* 116–119, 122–129；Smith 司馬富, *Fortune-Tellers and Philosophers,* 160–171. 考證學，見 Elman 艾爾曼, *From Philosophy to Philology*, 29–38.

而投之濁流。從此披髮入山，面向石壁，再有以『且夫』、『嘗謂』之文進我者，定當操戈逐之。無何，日漸遠，氣漸平，技又漸癢；遂似破卵之鳩，只得銜木營巢，從新另抱矣。[175]

這段描寫是小說虛構，但其現實文化內容展現了科舉考生在考場內外所經受的心理壓力。清末商衍鎏稱「似秋末之冷蜂」一句形容的是北方山東，就他考取鄉試舉人的南方廣東而言，「似熱鍋上螞蟻」則更準確。[176]蒲松齡對1700年左右男性焦慮的文學描寫，反映了他那個社會和時代對考試經歷的看法：從年輕時的希望到成年時的失望，再到老年時的成熟。蒲松齡描繪了考試失敗對自己和其他考生造成的傷害，他們試圖應對成功的壓力。對考試失敗的這些描述，與那些令人寬慰的、預示明代狀元命運的白日夢的木版畫形成了鮮明對比。

蒲松齡成功地把他的失望轉化為文學成就。他尖銳諷刺考試制度，但並不試圖推翻這個制度，而是設法應對自己的失敗，將之轉化為文學創作。在這個過程中，蒲松齡獲得了某種程度的治療性距離，在考試失敗如此之多、狀元白日夢成真如此之少的情況下，這種距離想必在情感上很常見。就連狀元，

175 原文見徐珂：《清稗類鈔》，〈考試類〉，頁62–63；英譯見 C. T. Hu, "The Historical Background: Examinations and Control in Pre-Modern China," *Comparative Education* 20, no. 1 (1984): 16; 以及 Miyazaki 宮崎市定, *China's Examination Hell,* 57–58. 另見蒲松齡：*Strange Tales of Liaozhai*（《聊齋誌異》）, trans. Lu Yunzhong 盧允中, Chen Tifang 陳體芳, Yang Liyi 楊立義, and Yang Zhihong 楊之宏 (Hong Kong: Commercial Press, 1988)；Barr 白亞倫, "Pu Songling," 87–111.

176 商衍鎏："Memories of the Chinese Imperial Civil Service," 68.

在其命定的成功得到應驗以前，也不得不經歷多次失敗。[177]

　　蒲松齡對痛苦的描寫是程式化的，甚至成功的中式者也要經歷這些痛苦。但就他對失敗的臨床描繪而言，情緒崩潰並不是終點，終點是康復，即恢復心志平和、找回個人信心。這裡，蒲松齡解釋了99%的失敗者如何，以及為甚麼能夠治愈傷口、及時重回考場一次又一次參與競爭，這麼做或許不那麼明智，但心理肯定會更強大、更成熟，在晚期帝國的考試市場上、在通往名利的艱難道路上更有經驗。

　　蒲松齡的現實主義有治療的意圖。叛逆和反傳統是考試失敗者常有的一種反應，但大多數人鍥而不捨，成了龐大的剩餘人力資源庫的一部分，在繼續生活的同時多次應考。就蒲松齡而言，寫故事成了他的另一種生計。還有人把他們的挫折轉化為替當地書商編纂考試出版物，或者乾脆自己做書商，如福建四堡從事出版業的馬氏和鄒氏。也有人在壓力下崩潰，如北方士子顏元（1635–1704），由於應付不了家庭危機和屢次地方考試失敗，就把自己的情感危機轉化為大肆攻擊程朱學說，抨擊程朱學說書生氣太重、科舉考試缺乏男子氣概。[178]蒲松齡的治療方式不算特別，遠遠說不上反叛。總有失敗者生出極端情緒，攻擊王朝及其考試體制。[179]

　　長期以來，不出所料，地方麻煩製造者往往出自地方生員，他們徒勞無功地求取人人艷羨的鄉試和殿試功名。唐王朝

177　見 Barr 白亞倫 , "Pu Songling," 107–108.

178　Jui-sung Yang 楊瑞松 , "A New Interpretation of Yen Yuan (1635–1704) and Early Qing Confucianism in North China" (PhD diss., University of California, Los Angeles, 1997), chapters 2 and 3.

179　Barr 白亞倫 , "Pu Songling," 88–91; Nivision 倪德衞 , "Protest against Conventions," 198–201; Brokaw 包筠雅 , "Commercial Publishing in Late Imperial China," 62–65.

被訴諸暴力的考試失敗者掀翻。1640 年代西北叛亂的一些首領也是屢試不售的地方考生，他們入仕無望，領兵在 1644 年攻佔北京，推翻了北方王朝。儘管饑荒、腐敗和戰爭是造成明末最後十年衰落的主要原因，但如李自成（1605–1645）等心懷不滿的考生趁王朝遭遇危機時揭竿而起的念頭，在考試體制下也是可以想見的，這個制度在如此多的失敗者中積聚了如此深的情感失望和憤怒。[180]

（三）洪秀全的反向幻視

明清時期，蒲松齡這樣的人是常態。但也有人跨越了社會和王朝所能容忍的政治、文化界限。晚清朝廷徒勞地試圖控制大量地方童生和生員在政治和法律上循規蹈矩。乾隆皇帝擔憂落第考生密謀反滿。[181]

洪秀全（1814–1864）就是這樣的一個例子，他的幻覺和反向幻視（counter visions）成了太平天國運動的思想基礎。和很多人一樣，這個日後的太平天國運動領袖，在多次未能通過廣州院試、失去入仕希望後，精神徹底崩潰。十九世紀中葉，像他這樣利用基督教主題來強化自己的觀點，不是一種典型做法，但他對清王朝的考試體制和滿清統治者的文化合法性

---

180 William Atwell 艾維四, "The T'ai-ch'ang, T'ien-ch'i, and Ch'ung-chen reigns, 1620–1644," in *The Cambridge History of China,* vol. 7, part 1: *The Ming Dynasty, 1368–1644,* ed. Frederick W. Mote 牟復禮 and Denis Twitchett 杜希德 (Cambridge: Cambridge University Press, 1988), 615–640; Miyazaki 宮崎市定, *China's Examination Hell,* 121–124.

181 Kuhn 孔飛力, *Soulstealers,* 227.

的挑戰，仍然沿用了長期存在的宗教反抗形式。[182]

　　1827 年，洪秀全十三歲，他離開村莊，以「洪火秀」的名字參加廣州花縣縣試。從七歲起，他就在客家人村莊上學，據各種說法，在就讀的五年時間裡，他一直喜歡讀書。老師和家人認為，他的文才將會使他獲得高官，甚至有可能進入翰林院。洪秀全第一次參加縣試就順利過關，但卻沒能通過廣州院試。在省會參加院試期間，他第一次接觸到了一個新世界，商貿活動、外國人，可能還有基督教書籍。廣州是當時清代中國唯一一個合法的對外開放口岸。[183]

　　憑着縣試成績，洪秀全不出意料地成了一名鄉村教師。教書使得洪秀全有餘暇準備下一次考試。1836 年，洪秀全二十二歲，在眾多年輕考生中已算年齡偏大的了，第二次前往廣州參加院試，沒能通過。1837 年，第三次院試也失敗了，回家後大病一場。在長達四天的譫妄中（後來，太平軍稱他病了四十天，以對應耶穌禁食四十天），他做了一個奇特的夢，但這個夢跟狀元無關。[184]

　　洪秀全以為自己快死了，請求父母原諒自己考試失敗。

206

182　王慶成：〈論洪秀全的早期思想及其發展〉，收入《太平天國史學術討論會文選集》（北京：新華書店，1981 年），頁 244–249。

183　見 Jonathan Spence 史景遷，*God's Chinese Son: The Taiping Heavenly Kingdom of Hong Xiuquan* (New York: W. W. Norton, 1996).

184　見蘇雙碧：《洪秀全傳》（北京：大地出版社，1989 年），頁 13–15；陳華新主編：《洪秀全思想研究》（廣州：廣東人民出版社，1991 年），頁 9–11。另見 Franz Michael 梅谷 and Chung-li Chang 張仲禮, *The Taiping Rebellion,* vol. 1: *History* (Seattle: University of Washington, 1966), 22–23；Jen Yuwen 簡又文, *The Taiping Revolutionary Movement* (New Haven, CT: Yale University Press, 1973), 15–19.

幻視支配了他。他看見一龍、一虎、一雞，一群人吹奏而來，用華麗的轎子把他抬走，他們來到一處地方，那裡的男男女女氣宇軒昂，他們歡迎他。一位老婦人把他帶到河邊給他清洗，告誡他不要再在下界玷汙自己。接着，他進入一個大殿，一位上主天父要他敬拜自己，還聲稱自己掌管所有生命（「世界人類皆我所生」）。天父交給他一柄能夠斬妖除魔、保護所有兄弟姐妹的寶劍，一枚能夠戰勝惡魔的印璽，還有一顆甜美的金果。這些都是皇權的標誌。洪秀全立即敦促周圍人敬奉交給他這三個未來權力標誌的天父。洪秀全的這個夢，不同於狀元的夢，而是像明初朱元璋的夢一樣，是帝王夢。[185]

洪秀全 1837 年這些奇特的幻視，被解析為他「瘋狂」或皈依宗教的證據。「瘋狂」，意思是他是急性偏執狂的受害者，「一種精神病，伴隨有誇大妄想、幻覺、不適當的驕傲感和仇恨感，所有這些都被合乎邏輯地系統化，以至於個體真心相信他的紊亂感知」。至於「皈依宗教」，有學者認為，洪秀全逗留廣州期間受到了基督教的決定性影響，這些經歷「起到了催化劑的作用，救世觀和『人神』觀的影響改變了他紊亂、沮喪的心志」。而中國學者則除下了洪秀全宗教幻視的神秘面紗，

207

---

185 蘇雙碧：《洪秀全傳》，頁 17–18。這個夢的另一個版本，見 Jen Yuwen 簡又文, *The Taiping Revolutionary Movement,* 15–16。簡又文的記敘又以韓山明（Theodore Hamberg）1854 年的記敘為基礎，見 Theodore Hamberg 韓山明, *The Visions of Hung-siu-tshuen, and Origin of the Kwang-si Insurrection* (reprint, Beijing: Yenching University Library, 1935), 9–11. 洪秀全的夢，即使是編造，也是有用的歷史建構，揭示了十九世紀中葉如何組織、改變和重塑人的經歷。見陳華新主編：《洪秀全思想研究》，頁 10–12。

將之合理化為新政治秩序取代帝國體制的前兆。[186]

　　從我們前面對帝制中國傳說故事中占卜術和夢的討論可以看出，這類心理歷史、社會歷史的分析在解釋洪秀全的夢時是多麼的不足。在明清中國的解夢語境下，洪秀全的幻視，與其說是一個漢族男子偏執狂的證據，不如說是一種可以理解的敘述，利用了中國宗教、文化生活中豐富的符號傳統；這些符號傳統，正常的明代狀元和清代士人都能浸潤其中，且為上層精英所廣泛接受。晚期中華帝國與現代初期歐洲對心理健康的文化界限有所不同，洪秀全的譫妄是他在面對考試壓力、面對家人和老師對他寄予的厚望時的一種急性反應。大多數人挺過來了，洪秀全卻崩潰了。

　　對太平天國和洪秀全本人來說（後見之明，二者都是受益者），洪秀全這個奇特的「異夢」，預示了他與眾不同的未來，印證了他身為太平天國天選領袖的命運。傳統中國宗教和占卜術的符號體系是一個包括仙、神、魔、妖在內的豐富寶庫，在佛道構築的另一個世界的多元神鬼中，洪秀全又加上了一個大權在握的基督教天父，代表身陷「文化監獄」的年輕人干預現實世界。這一系列幻視具有治療作用（洪秀全在沒有接受任何有效治療的情況下就自行康復），同時也包含了不祥的威脅因素，超出了士人批評嘲諷考官和科舉制度的正常限度。

　　這個基督教天父，不像明代那些公式化的夢描述的那樣，

186　P. M. Yap, "The Mental Illness of Hung Hsiu-ch'üan, Leader of the Taiping Rebellion," *Far Eastern Quarterly* 13, no. 3 (1954): 287–304; Hamberg 韓山明, *The Visions of Hung-siu-tshuen.* 另見 Vincent Shih 施友忠, *The Taiping Ideology: Its Sources, Interpretations, and Influences* (Seattle: University of Washington Press, 1967), 448–449. 政治解讀，見陳華新主編：《洪秀全思想研究》，頁 12–13。

不是考試成功的保證，甚至也不是洪秀全成為狀元的預示，而是交給他代表皇權的物件，要求他淨化下界。洪家請了當地醫生給他治病，請了巫師來解釋他的幻視、驅除附在他身上的魔鬼，但巫師如何處理這個夢的那些令人不安的方面，我們手中沒有任何文獻記錄。我們只知道洪秀全斥責了驅魔師。在滿清治下，欺君叛逆罪在他這個夢中呼之欲出。[187]

身體康復後，洪秀全又過了幾年相對平靜的生活。他花了一段時間才明白自己這個夢意味着甚麼。根據這個夢，他把自己的名字從「火秀」改為「秀全」；據一些學者的說法，洪秀全認為「全」字拆開來就是「人」「王」。他按照傳統測字法對自己的夢做出回應，根據夢改了自己的名字。1843 年春，洪秀全試圖再次爭取獲得夢寐以求的生員身分。直到這時，他的情緒康復歷程也還是像蒲松齡描述的那樣，「銜木營巢，從新另抱」。他重回考試生活。

但第四次嘗試也失敗了，這次他的反應不是譫妄，而是憤怒。從廣州坐船返鄉途中，他咒罵考官，寫詩暗示要反抗滿清。到家後，他的怒火也沒有平息。他斥責朝廷及其官員，扔掉書籍，公然大喊：「等我自己來開科取士罷。」後來他果然做了考官，從根本上改變了清廷的考試科目，以符合太平天國的意識形態和基督教教義。1851 年，洪秀全下令太平天國開科取士。[188]

就摒棄傳統士人抗議的心理模式而言，洪秀全是革命性的，但其考試抗議所採用的制度形式是可以想見的。1843 年以後，洪秀全及其「拜上帝會」利用「異夢」來證明洪秀全上

187 Jen Yu-wen 簡又文, *The Taiping Revolutionary Movement*, 17.

188 同上注，頁 19–20；蘇雙碧：《洪秀全傳》，頁 13–14；陳華新主編：《洪秀全思想研究》，頁 20–21。

天見過上帝和耶穌基督。他們命令他淨化人世，這意味着必須消滅滿人、推翻清王朝、肅清孔孟之道。洪秀全找到了自己作為太平天國新皇帝的天命，他將在以南京為中心的長江三角洲地區為年輕人建立一個以中國基督教太平真理為基礎的考試制度。不管承認與否，1900 年以後清末改革者們在科舉考試中對官方「道學」正統的去典律化（decanonized），也沿襲了洪秀全的反叛路線。[189]

209

　　本章討論的科舉考試的這些大眾化的、非官方的維度，以顯著的方式影響了精英和平民的生活。非官方文化滲入王朝考試場所，翰林考官們則徒勞地試圖把占卜術擋在考場門外。儘管這些嘗試失敗了，但他們的努力還是成功限制了宗教滲入科舉考試正統課程範圍，直到 1850 年代太平天國宗教狂熱的爆發。

　　本書第三部分，從第六章開始，我們將探討滿清政府在逐漸失去社會控制能力的情況下如何調整科舉考試以適應十八世紀的時代變化。特別是乾隆年間的改革高潮，引發了人們對科舉考試及其文化範圍、經義文內容的新關注。第七、第八章將討論太平天國運動前和太平天國運動後衡量考試成敗的新標準。

210

---

189 蘇雙碧：《洪秀全傳》，頁 21–34；陳華新主編：《洪秀全思想研究》，頁 14–37。另見 Michael 梅谷 and Chang 張仲禮, *The Taiping Rebellion*, 24–37.

第三部分

調整科舉考試，適應時代變化

第六章　皇權的局限

　　本書第二部分表明，明清中國的皇權是通過禮部、翰林院、科舉考試這些官方文化機構所認可的古典文化素養和文化資源來傳達的，這些文化機構反過來又傳播「道學」道德學說。統治者往往試圖將其精英變成服務階層，但最後的結果總是結成夥伴關係。目睹新科進士列隊而出的盛大場面，唐太宗（627–650 年間在位）志得意滿，慨歎道：「天下英雄盡入吾彀中矣！」作為篡位登基的一代強主，唐太宗誇大了他對中古時期官僚體系的優勢地位。王朝官學課程依然反映的是士人的價值觀。[1]

　　不僅如此，全國考場都由士大夫管理，當人數甚眾的考生集中在考場考試時，士人考官要負責軍警機構。維持科舉考試花費巨大，朝廷難以增派人手。例如，1756 年會試，考官報告了總共 35 天考試所需的官員人數和經費預算，其中，讀卷官 86 人要工作 27 天，抄寫員 706 人，很多人要工作 26 天，整個過程需要白銀 4,089 兩。同年晚些時候，大學士陳宏謀（1696–1771）請求增加經費，因為會試考生增加到了 2,000 多

1　Ichisada Miyazaki 宮崎市定 , *China's Examination Hell,* trans. Conrad Schirokauer 謝康倫 (New Haven, CT: Yale University Press, 1981), 113;Oliver Moore 莫歐禮 , *Rituals of Recruitment in Tang China* (Leiden: E. J. Brill, 2004), 174.

人。陳宏謀指出，1763 年會試用銀 1,738 兩即可，但 1766 年會試需用銀 2,204 兩，費用增加了 27%。乾隆皇帝批准了這一請求。[2]

考試體制也暴露了王朝權力的局限性。考官中出現了對皇權的抵制，考生中的普遍不滿和腐敗行為，有時也戰勝了考官的高尚目的。考場成了角力場，在這裡，王朝的政治利益、精英的社會利益，以及「道學」的文化理想，更多體現在實踐中，而不是停留在理論上。此外，十八世紀中葉，乾隆皇帝意識到了重新調整考試科目的必要性。

作為「文化監獄」的科舉考場

每個考試場所都是晚期帝國文化體制的社會、政治縮影。官員和考生熟諳支撐明清王朝文化合法性的經典，但這種再生產不總是整齊劃一的。很多人在考場外私下反對考場內的公開考試，而考試機制仍然不管不顧地繼續運行。士人先要在地方一級的考試中公開表達他們對帝國體制的忠誠。對古代聖賢及其宋代注家的學說的尊奉程度，意味着古典課程是士人所擁護的。科舉考試用士人制定的標準來衡量哪些士人才適合擔任公職。

很多漢人在各個考試場所置身於考生人流時所感受到的焦慮，並沒有因為考試結果而有所緩解，因為幾乎每個人都要經歷多次失敗，才能證明自己具備入仕為官的韌性。大多數人一輩子都通不過縣、府童試。對大多數考生而言，地方生員身分

---

2 《順天府題本》，1767 年 5 月 26 日；《工部題本》，1767 年 7 月 11 日。均見臺灣《中央研究院歷史語言研究所現存清代內閣大庫原藏明清檔案》。

圖 6.1　　1604 年狀元在考場號舍醉酒，見顧鼎臣、顧祖訓：
　　　　　《明狀元圖考》（1607 年刊本）

帶來的稅賦優惠和法律特權已足以讓人心滿意足（1720 年代曾
一度取消這些特權）。剩餘（residualism），即多次失敗，才
是選拔過程的基本特點，而不是成功。著名的失敗案例是考試
傳說故事的一部分。1729 年，小說家吳敬梓參加科試（鄉試資
格考試），因醉酒而冒犯了地方考官（見圖 6.1）。人們認可他
的文學才華，但懷疑他的道德品行。多次失敗後，他把自己的
經歷轉化為對科舉考試的文學戲謔，寫成廣為流傳的小說《儒

林外史》。這是明清時期公開抗議和娛樂的一種公認的文學形
式。[3]

215

（一）公共景觀與私人經歷

知縣、知府在其治所的衙門中舉行童試和歲試、科試。
一般說來，晚明州府考試有考生 4,000–5,000 人。十八世紀中
葉，蘇州府衙舉行考試時有兩個院落；考院西拱門外，有商店
出售考試用品。考試期間，守衛森嚴，把哄亂的人群擋在考場
外。胥吏把守外院，鳴鑼擊鼓以示考試開始或結束。兩道走廊
劃分出內院，通常用作衙門六房（對應中央「六部」）的辦公
室。考生坐在禮房、戶房和吏房內的長木案前參加考試。在點
名、核查保人名單、發放試題紙和準備考題後，主考官坐鎮內
院深處高台上的大廳，身邊站立兩排官員，監督在木案前答題
的考生。為防止作弊，考生一般四人結為一組，相互擔保，相
互監督，如廁時也不例外。[4]

唐代以來，殿試進士及第都會舉行彰顯文化聲望的盛大儀
式，[5] 但明清時期各級考試的排場和儀式都很引人注目，特別是

3　Paul Ropp 羅溥洛, *Dissent in Early Modern China* (Ann Arbor: University of Michigan Press, 1981), 67–68.《儒林外史》不止是對科舉考試的戲謔。

4　徐揚：《姑蘇繁華圖》（1759 年刊本，香港：商務印書館，1988、1990 年），第八幅。參閱商衍鎏：《清代科舉考試述錄》（北京：三聯書店，1958 年），頁 10–11；商衍鎏, "Memories of the Chinese Imperial Civil Service Examination System"（《科舉考試的回憶》），trans. Ellen Klempner, *American Asian Review* 3, no. 1 (Spring 1985): 54–62.

5　焦竑、吳道南輯：《狀元策》（1733 年懷德堂刊本），頁一上至二上（清）、頁二下至三上（明）。見 John Meskill 穆四基, "A Conferral of the Degree of *Jinshi*," *Monumenta Serica* 23 (1964): 351–371；商衍鎏, "Memories of the Chinese Imperial Civil Service," 75–78; John Chaffee 賈志揚, *The Thorny Gates of Learning in Sung China,* new ed. (Albany, NY: SUNY Press, 1995), 158–161; Moore 莫歐禮, *Rituals of Recruitment,* 103–138.

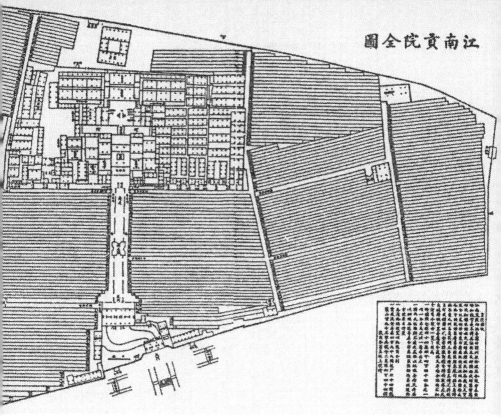

圖 6.2 南京貢院，見徐勵（Etienne Zi）:《中華文科試實則》
（*Pratiques des Examenslitteraires en Chine/Practices of the literary examinations in China*, Shanghai：
Imprimerie de la Mission Catholique, 1894），插頁

鄉試考場。一旦考場和數以千計的獨立隔間被打掃乾淨，清除了積聚的汙垢和垃圾，考院外就充滿了節日的市場氣氛。每三年一次，鄉試考院同時用作文化儀式、警力部署和「道學」考試的所在地。考院內有考生 5,000–10,000 人，另外還有由考官、胥吏、印工、廚師、警衛和後勤組成的大批工作人員。

如圖 6.1 所示，明代鄉試和會試考場，除考官外，還安排了當地人與考生一起坐在號舍內。此外，還有謄抄考卷的書吏、為印刷工準備考卷的刻工、為考官及其僚屬提供食物的廚師、為考生供水的後勤人員。南京貢院是明清時期最大的考場之一，1630 年可容納考生 7,500 人（1850 年可容納 1.7 萬人）；明代鄉試三場考試期間，據說貢院裡面共有 1.2 萬 –1.5 萬人（見圖 6.2）。明代，考生人數不斷增加，監考官人數也不

216

斷增加，但考生總人數的增幅仍然超過了監考人員。[6]

　　每三年一次的鄉試考生，應在每場考試的前一天晚上進入考院。為了確保參考資格，生員（多有僕人陪同）一般要在八、九月份考試日（農曆八月八日）前一週來到省會，提交縣級證明文書——證明其身分，並載有其直係親屬、社會地位、是否處於守喪期等信息。一旦獲准參加考試，考生就要在等待督撫和考官先行進駐考院的同時，[7]準備自己的文具、購買蓋有官印的空白試題紙，還要對飲食和如廁採取必要的預防措施。考院正門外有多家商店為考生提供服務（見圖 6.2），商店招牌寫有「狀元考具」、「三場名筆」等字樣。[8]

　　考院為考生提供米飯和稀粥，但大多數考生更喜歡自帶食物，用便攜煤爐煮東西吃。考生入場時親友也贈送食物作為小禮物。近親盡可能待在考院附近，增加了周邊商業和人流的市場氛圍。[9]考生還自帶燭火供夜間答題之用，故此火災頻發。

217

6　顧炎武：《日知錄集釋》（臺北：臺灣商務印書館，1968 年），卷十六，頁 376–419；賀長齡輯、魏源等編：《皇朝經世文編》（臺北：世界書局，1964 年，1827–1873 年間刊本），卷五十七，頁一上至二十上。

7　John Henry Gray, *China: A History of the Laws, Manners and Customs of the People* (London: Macmillan, 1878), 172–173; Etienne Zi 徐勱, *Pratique des Examens Litteraires en Chine* [Practices of literary examinations in China]（《中華文科試實則》）(Shanghai: Imprimerie de la Mission Catholique, 1894), 37, 61, 90–91, 112, 126, 129。另見 Cyril Birch 白之, trans., *Scenes for Mandarins: The Elite Theater of the Ming* (New York: Columbia University Press, 1995), 207.

8　蘇州鄉試考場外的商店，見徐揚：《姑蘇繁華圖》，第八幅。

9　James Knowles, "Competitive Examinations in China," *The Nineteenth Century: A Monthly Review* 36 (July–December 1894): 87–99.

1438 年，京城順天鄉試考場發生火災。1463 年秋，順天鄉試考場再次發生火災，有記載稱這次火災造成千餘考生死亡，但也有記載稱死亡人數沒這麼多，次年春天重試時又發生了一次火災。[10]

　　監考官從南大門進入考場，沿着主路北行來到官衙，他們及其僚屬要在那裡住上三個星期，主持三場考試並評閱考卷。內簾監考官確定考題（如果考題欽定，則確定具體文本），負責監督整個閱卷和排名過程；外簾監考官負責處理後勤、監控等行政事務。指揮中心由用於睡覺、煮飯、閱卷和印卷的房間組成，其周圍的東、西、南三面，則設有無數供考生使用的小房間，稱為「號舍」（又稱為號坐、號房、號間、號子等）。隨着考生人數增加，考院布局有時會從長方形（如圖 6.3 的順天貢院）變成不規則三角形（如圖 6.2 的南京貢院）。不過，考院北部始終都是考官的專屬地，周圍一般不設號舍；但隨着十八、十九世紀考生人數增加至大約 1.5 萬至 1.7 萬人，南京貢院的東北、西北部也增設了一些號舍。[11]

　　考院外的商業喧囂與兩層圍墻內的嚴峻氣氛形成了鮮明對比。考生的單間號舍沿南北主幹道向東西兩側平行排列，每排號舍之間的號巷不足四英呎寬（見圖 6.4 和圖 6.5）。[12] 每排號舍

218

10　李調元：《制義科瑣記》（上海：商務印書館，1936 年，叢書集成初編本），卷一，頁十三上、三二、四六至四七；《狀元圖考》，卷二，頁十七下。另見 L. C. Goodrich 富路特 et al., *Dictionary of Ming Biography* (New York: Columbia University Press, 1976), 984；《欽定大清會典事例》（臺北：中華書局，1968 年），卷三八六，頁十五上。

11　Katsumata Kenjiro 勝又憲治郎：〈北京の科舉時代と貢院〉，《東方學報》6 (1936)：203–239.

12　Etienne Zi 徐勱, *Pratique des Examens Litteraires en Chine*, 102, 104, 106, 139, 143；《故宮文物月刊》第 88 期（1990 年 7 月），頁 35、51。

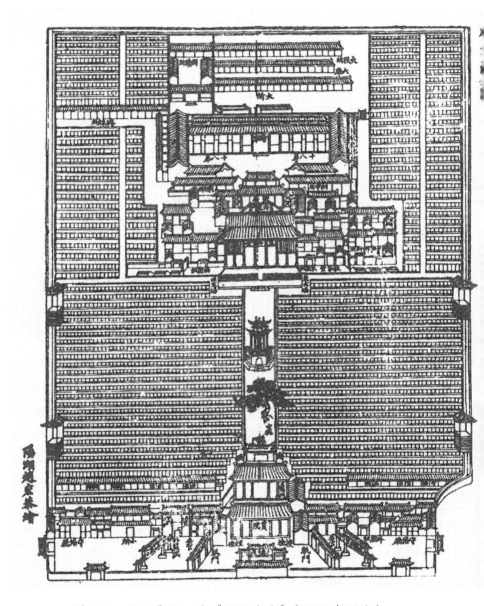

圖 6.3　順天貢院，見《順天府志》（1885 年刊本）

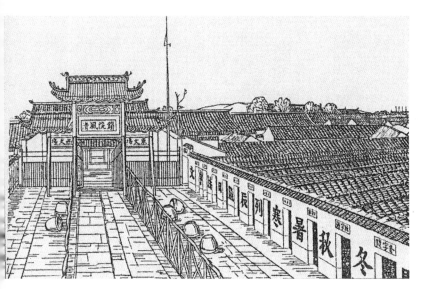

圖 6.4　南京貢院正門，見徐勘：《中華文科試實則》，頁 104

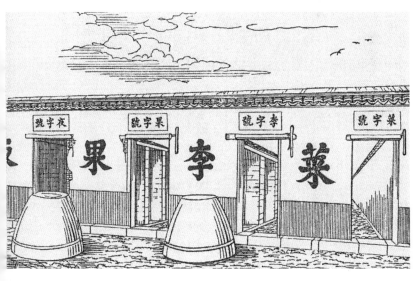

圖 6.5　通往號舍的號巷，見徐勘：《中華文科試實則》，頁 106

入口放置一個陶製大水缸（見圖 6.5），用於燒水和防火。號舍

末端往往靠近公共廁所，臭不可聞，考生稱之為考院內的「六
瘴」之一。[13]

每間號舍上下敞亮無遮蔽，便於監考員從高於地面的亭臺
向下監視，但也意味着號舍易受雨水、陽光侵襲。考生試卷被
火燒毀、被風吹走的故事比比皆是。1640 年有考生夢見自己
試卷被火燒毀而不得不重寫。[14] 因此，考生必須隨身攜帶輕便油
布簾，保護自己、如廁用具、筆硯和試卷免受雨、風、火的侵
襲，還要另帶棉被在上下敞亮的號舍中睡覺。這種油布簾在南
方也能防蚊。[15]

為防止作弊，考官要求鄉試考生在指定時間內按州府在考
院正門外集合，接受監臨官和胥吏的搜檢。對考生的粗暴搜身
臭名昭著，讓人猛然警醒於考院內令人憂慮的衛生條件和監視
環境，唐以來憤怒的士人就此留下了不少記載。每個朝代都有
一些考生對這種非人的環境感到震驚，立即打道回府。[16]

考生通過搜檢後，在考場內也要繼續受到嚴格監視。所帶

---

13 商衍鎏, "Memories of the Chinese Imperial Civil Service", 66–67.
   譯案，「六瘴」當為「大瘴」，商衍鎏〈科舉考試的回憶〉（收入商
   衍鎏著、商志譚校註：《清代科舉考試述錄及有關著作》，天津：百
   花文藝出版社，2004 年）引陳祖范〈別號舍文〉誤作「六瘴」，英
   譯大概沿襲其誤。陳祖范〈別號舍文〉，見陳康祺著、晉石點校：
   《郎潛紀聞初筆二筆三筆》，北京：中華書局，1984 年，頁 225。

14 《前明科場異聞錄》（廣州：味經堂書房重刻 1873 年錢塘刊本），
   卷下，頁四五下；李調元：《制義科瑣記》，卷一，頁四七。

15 商衍鎏, "Memories of the Chinese Imperial Civil Service," 67.

16 Wu Ching-tzu 吳敬梓, *The Scholars*（《儒林外史》）, trans.
   Yang Hsien-yi 楊憲益 and Gladys Yang 戴乃迭 (Beijing: Foreign
   Languages Press, 1957), 465–466; Etienne Zi 徐勱, *Pratique des
   Examens Litteraires en Chine*, 18.

衣食被頻繁搜檢，任何印刷品或紙條都不准帶入考場。那些用
小字把經書抄寫在裡衣上的人（見圖 2.2），一旦發現，就會被
逐出考場，往往還會被禁止參加接下來的幾科鄉試，甚至失去
生員身分。[17] 過了正門的搜檢關後，考生進入考場，找到位於指
定號巷中的號舍，這些號巷的名稱按《千字文》文字編列（見
圖 6.5）。鄉試考生按州府、會試考生按省分進入指定號巷中的
號舍。尋找號舍這個過程再現了考生年輕時接受的訓練，他們
每個人童年時代都要背誦《千字文》、《三字經》，通過這些蒙
書來學習閱讀和寫作。[18]

　　每場考試一旦開考，全體考生和監考人員都要與外界隔
絕，接下來的三天兩夜，任何人不准進出。如有考生在考場內
死亡或病重，會由守衛破牆將人送出。[19] 號舍內有兩塊活動木
板，可以拼合為桌、凳或床（見圖 6.6）。答題時，考生靠牆面
北而坐，號舍無門，便於守衛巡查（見圖 6.1）。考場大門關閉
後，考生要在號舍內過一夜。待第二天早上點名、確認號舍中
的考生身分無誤後，再分發印有試題的考卷，並以「表」的形
式張貼於考院。

　　三場考試的每一場，考生都有兩個整天的時間來完成作
文。他們一般會先用草書或行書寫一份答卷草稿，然後再用楷
書重抄。很多人會提前答完，但也有人要等到最後一分鐘，如

221

17　張朝瑞：《皇明貢舉考》（明萬曆年間刊本），卷一，頁四八。

18　程端禮：《程氏家塾讀書分年日程》（臺北：藝文出版社，1968
　　年），卷一，頁一上至十五下。另見 Charles Ridley, "Educational
　　Theory and Practice in Late Imperial China: The Teaching of Writing
　　as a Specific Case" (PhD diss., Stanford University, 1973), 386–394.

19　James Knowles, "Competitive Examinations in China: A Chapter of
　　Chinese Travel," *Edinburgh Magazine* (London) 138 (July–December
　　1885): 481.

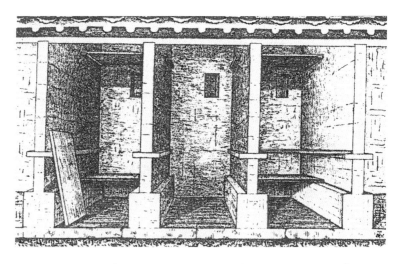

圖6.6　敞開的考場號舍，見徐勘：《中華文科試實則》，頁
　　　　141

果沒有自帶蠟燭的話，可以申請一支蠟燭來繼續答題。[20] 第三
天傍晚交卷，鄉試考生按州府、會試考生按省分被分批帶離考
場。每場考試之間，考生有一天一夜的休息時間，然後再進入
考場完成考試。[21]

　　考生用墨筆答卷（墨卷），答卷按考房蓋戳並評閱，還要
檢查格式、書法和可能的違規情況（如汙損、塗改過多、使用
違禁字，等等）。答卷交由200至300名抄寫員用朱筆謄錄並
編號（朱卷），確保考生匿名。[22] 另有大約100名對讀員核對答
卷原件與朱筆抄本，確保準確無誤後，再把朱筆抄本送交各房
同考官，開始匿名試卷的評閱過程。明代考官有時為了醒目和

20　如1385年考場情況，見張朝瑞：《皇明貢舉考》，卷一，頁五五上。
21　《臨文便覽》（1875年），〈條例〉。
22　李調元：《制義科瑣記》，卷一，頁十三。

美觀還用青筆在朱卷上撰寫批語。[23]

　　廢除專經政策以前，鄉試和會試分經房閱卷。每經至少一房，《易經》、《書經》、《詩經》不止一房，每房試卷由該房同考官評閱。鄉試和會試前五名必須分別是某一經的魁首。[24] 鄉試至少五房，一房一經；會試有時多達二十房，依考生專經情況而定。[25]

　　明代特別講究師生之間的忠誠度，以至於成了一個政治問題。嘉靖皇帝（1522–1566 年間在位）下令禁止考生對房官執弟子禮。萬曆年間（1573–1626），以經房忠誠度為基礎的師生群體十分突出。清代，為了防止師生結黨，1658–1679 年間不再以經房為單位組織科舉考試。1679 年分房制度重新恢復，但康熙皇帝仍然下令禁止考生對房官執弟子禮。[26] 士大夫錢大昕批評考生把考官視為恩主，秦瀛（1743–1821）也把所謂「房師」與十九世紀考生中日益嚴重的腐敗問題聯繫在一起。[27]

223

　　鑑於考卷原件和抄本的數量，同考官和主考官需用 20 天左右才能完成最終的排名工作。[28] 例如，1466 年殿試狀元向考官索要額外的答題紙才完成了長達 30 幅的策問答卷，而年邁的考官坐着讀完答卷後要靠人扶着才能站起來。此後，殿試策

23　張朝瑞：《皇明貢舉考》，卷一，頁五三上。

24　同上注，卷一，頁六三。

25　同上注，卷一，頁四一下；顧炎武：《日知錄集釋》，卷十六，頁382。

26　李調元：《制義科瑣記》，卷四，頁一三〇。

27　李國鈞主編：《清代前期教育論著選》（北京：人民教育出版社，1990 年），下冊，頁 147–148、頁 256–257。

28　黃光亮：《清代科舉制度之研究》（臺北：嘉新水泥文化基金會，1976 年），頁 292–293。

問答卷便以 13 幅為限。[29]

明代鄉試和會試也規定了試文字數。明初，「四書」文至少
200 字，闡發「五經」經義的文章至少 300 字，這是經學的基本
標準。儘管增加了讀卷官人數，但限時評閱全部試卷的壓力，
不可避免地意味着第一場考試更受考官和考生重視。如本書第
二章所述，1475 年以後，圍繞「四書」、「五經」寫作臭名昭
著的八股文成了整個科舉考試的基準。而且，文章字數逐漸增
加，到了十八世紀，一篇典型的八股文會有 700 字。[30] 清代，鄉
試所有朱卷都會被送往京城，由禮部檢查是否存在違規情況。[31]

考生及其親朋好友在考場外等待張榜公布考試排名。明人
仇英（約 1490–1552）的名畫《觀榜圖》重點描繪了考生看榜
時的焦慮情形。[32] 小販會抄下中式者姓名，沿街叫賣。那些鄉
試過關的少數人受邀到省府衙門參加慶祝活動，穿上錦繡的衣
服。各種正式、非正式的慶祝活動接踵而至，隨着消息從省城
傳回家鄉府、州、縣，舉人榮歸故里（見圖 6.7）。[33] 不過，與
殿試進士在京城和家鄉受到的待遇相比，鄉試舉人受到的禮遇
相形見絀。

從 1388 年開始，狀元可以在家門前建造紀念牌坊。1404
年，南京國子監按照排名刻三年一次的狀元題名碑，從 1416
年起，這一傳統在北京國子監一直延續到了 1904 年。明代鄉
試舉人和殿試進士往往在家或宗祠前豎旗張匾標榜其科舉功

224

29　李調元：《制義科瑣記》，卷一，頁五一至五二。

30　《清史稿》（北京：中華書局，1977 年），卷一〇八，頁 3152。

31　《欽定磨勘條例》（乾隆刊本、1834 年刊本），卷一，頁一下至二上。

32　臺北故宮博物院藏，詳見《故宮文物月刊》第 88 期（1990 年 7
　　月），頁 4–5、6–7、8、25–28。

33　商衍鎏 , "Memories of the Chinese Imperial Civil Service", 68.

圖 6.7　1484 年狀元衣錦還鄉，見顧鼎臣、顧祖訓：《明狀
元圖考》

225

名。[34] 但絕大多數考生鎩羽而歸，大多數人在求取更高功名的過程中都歷經多次失敗。不過，他們可以查閱自己的考卷，揣摩考官批語，從中學習。[35]

（二）監控的政治架構

作為一種馴化但爭議不斷的選拔形式，科舉考試標誌着佔人口多數的漢人與滿族統治者之間的教育分化。考試也把漢族精英與弱勢平民區分開來。不過，考試制度一般都能引發人們的自願服從。中式的士人，意味着他們通曉「道學」價值觀。考場不是字面意思上的監獄，監獄是嫌犯在案件判決或刑罰執行前被強制關押的地方。正規監獄根據刑法條款，要求強制服從。但明清時期的監獄和監牢都比不上科舉考場的規模，這意味着，不同於後來的國民黨和共產黨政府，晚期帝國政府不借助流放地或勞改營就能達到合理的社會穩定水平。晚期帝國精英公開服從考試和再試的連續登記要求，就個人而言，他們也默認在考試市場上定勝負這一長期的評價和分類體系。

把考場稱為「文化監獄」，意味着中國的文舉、武舉考生都是自願被關入管制區域的，有些人還無權進入該區域，而刑事監獄則強制關押罪犯。反諷的是，精英子弟爭先恐後想進考場，農工子弟只能夢想以考生身分坐在號舍裡，儘管他們有時也能以監管人員的身分進入考場。社會對這種政治控制的接受告訴我們，「文化監獄」與監獄的區別何在，以及它們為何被譽為「教化」（civilized）機制。

進一步思考，我們可能會得出結論說，相較於真正的流放

---

34 李調元：《制義科瑣記》，卷一，頁十八、二二；卷四，頁至一三六。.

35 黃光亮：《清代科舉制度之研究》，頁 293。

地，考場與佛僧隱修生活更有共同之處。考場號舍很容易與僧
人閉關冥想的山間洞亭相提並論。只不過，一旦關入考場，考
生就不能像僧人那樣自由出入，警衛和吏員會監督他們在考場
內的行為。佛寺宗教儀式涉及大量出家的僧人和在家積功德的
居士，並且也代表了一種象徵性的日常生活秩序，近似於科舉
考試的公共景觀。例如，在唐代，被稱為「聞喜宴」的進士及
第儀式就是佛寺神職授任儀式（ordination rites）的鏡像，借
鑑了佛教的詞彙、姿態和物件。[36]

　　這些專門建造的考場點綴着帝國省會和京城的風景，不
舉行考試時就像是沒有囚犯的破敗不堪的監獄。這些考場隨
着全國兩年一考或三年一考的無情節奏而被重新粉刷、修復
一新，實際上成了「文化監獄」，省會和京城考場的成千上萬
個號舍中，每個號舍都坐着一個文官候選人。[37]複雜的應考登
記要求，嚴格規劃的監督程序，以及全國統籌的不變的再評估
體制，在考場內調動了數百萬考生和成千上萬的監考人員。
從外面往裡看，這個過程標誌着一種強制性的技術（coercive
technology），我們從中首先看到的是順從的個體被物化為原

36　Jacques Gernet 謝和耐, *Buddhism in Chinese Society: An Economic
　　History from the Fifth to the Tenth Centuries,* trans. Franciscus Verellen
　　傅飛嵐 (New York: Columbia University Press, 1995), 240; Moore 莫歐
　　禮, *Rituals of Recruitment,* 各處。譯案：進士及第儀式，唐宋時期稱
　　「聞喜宴」，宋太宗始設宴於瓊林苑，故又稱「瓊林宴」，元代賜宴
　　翰林國史院，明清時期設宴於禮部，均稱「恩榮宴」。

37　L. Carrington Goodrich 富路特, "Prisons in Peking, *circa* 1500,"
　　Tsing-hua hsueh-pao, n.s., 10 (1973): 45–53; Henry Brougham Loch 羅
　　亨利, *Personal Narrative of Occurrences during Lord Elgin's Second
　　Embassy to China in 1860* (London: J. Murray, 1900), 110–122；Derk
　　Bodde 卜德, "Prison Life in Eighteenth Century Peking," *Journal of
　　the American Oriental Society* 89 (April–June 1969): 311–333.

子化的考生，他們自願匿名參加競爭。每個人的身分都被簡化為匿名的書面考卷。考場內的這一過程暫時剝奪了考生的姓名、家庭和社會地位。每個人都是無名氏，因此在考官眼中都是平等的。

除考生外，人們大多忽視了明清考場內的管制監控。對選拔過程的美化記載，強調了社會流動性和人才選拔，或者單純假定唐宋以來帝國的監控體系是一以貫之的。但清代士大夫趙翼（1727–1814）在其歷史研究中指出，與明清考場的嚴格監控相比，唐宋考場較為寬鬆。與理想化的歷史不同，考試運作過程表明朝廷如何在這些人為建造的考場中忙於審查道德和教育。[38]

科舉考試是文化、教育力量方面的一種演練，其脅迫程度是其他任何教育機構都難以比擬的。文武監控的空間嵌套層級，根據考試級別按事先確定的適當時間把考生封閉、分組並隔離到號舍的控制機制，還有嚴格遵守行為規程，這些都說明「監獄」這個比喻不算離題。[39] 晚期帝國，只有死亡和稅收，也許還有法律案件，才能影響更多的人。

明末呼籲改革科舉考試

唐、宋、明時期，士人經常譴責考試制度未能實現其選拔

38　趙翼：《廿二史札記》（臺北：廣文書局，1974年），卷二十五，頁433–435。

39　Michael Dutton 杜頓, *Policing and Punishment in China* (Cambridge: Cambridge University Press, 1992), 97–184. 另見 Michel Foucault, *Discipline and Punishment: The Birth of the Prison,* trans. Alan Sheridan (New York: Vintage Books, 1979), 170–228.

才士擔任公職的既定目標。最常聽到的一種批評，最早出自唐代士人趙匡（活躍在 770 年左右）之口，他認為科舉考生「所習非所用，所用非所習」。[40] 但是，除非改革者把改革如何帶來更好的文官制度考慮在內，改革通常都是不可能的。從始至終，改革者都把學校視為科舉取士制度的可行替代方案。[41]

就連那些讚揚選拔體制的人，也看到了很大的改進空間。如本書第二章談到的邱濬和王鏊，他們都肯定考試制度和「道學」課程，但也都認為專經政策不利於古典研究，主張更注重策問。反諷的是，儘管王鏊的考試文章成了八股文範文，他也認為過於重視經義文雖然滿足了考官的要求，但卻體現不了真才實學。[42] 明末關於科舉考試政策的討論嚴肅得驚人，王朝滅亡前夕，不少士人甚至主張廢除整個考試制度。

228

（一）主張廢除考試

那些與長江三角洲地區復社有關的人士，圍繞 1636 年淮安武舉陳啟新主張以簡單的薦舉制來選拔官員的上疏展開了激烈討論。約略同時，有感於河南撫臣疏奏飢民從盜，首輔溫體仁（1571–1638）建議逐步縮減科舉，代之以宋代那樣的保舉

---

40 杜佑（812 年卒）：《通典》（上海：商務印書館，1936 年），第 1 冊，卷十七，頁 97。另見 Edwin Pulleyblank 蒲立本，"Neo-Confucianism and Neo-Legalism in Tang Intellectual Life, 755–805," in *The Confucian Persuasion,* ed. Arthur Wright 芮沃壽 (Stanford, CA: Stanford University Press, 1960), 91, 104–105.

41 David Hamilton, *Towards a Theory of Schooling* (New York: Falmer Press, 1989), 151.

42 張朝瑞：《皇明貢舉考》，卷一，頁二二下至二五上、四一下至四二上、四五上至四六下；王圻：《續文獻通考》（上海：商務印書館，1936 年），卷三十五，頁 3158。

制。[43] 他們兩人都援引明王朝開國皇帝朱元璋 1373 年停罷科舉為先例（見第一章），稱「若科舉得人多而保舉少，則請仍行科舉」。[44]

陳啟新不願意考慮循序漸進的解決方案，他概述了朝廷的三大「病根」：

（1）以文取士的考試制度存在根本缺陷，所取之士的道德和學問都不過是「紙上談兵」。

（2）過於嚴格地依靠科舉等第資格任命官員，排斥了很多人才。明初，很多科舉功名不高的人克盡其職，但嘉靖朝（1522–1566）以後，重要職位都留給了科甲高第者（見第三章）。

（3）進士幾乎壟斷了所有高官要職，科道官均從知縣、推官中提拔。陳啟新呼籲立即取消科舉考試，不論科第出身薦舉有德之士，並取消從知縣、推官中提拔科道官的做法。[45]

崇禎皇帝（1628–1644 年間在位）考慮接受這些建議，但全是進士出身的高級文官強烈反對。他們抨擊陳啟新是缺乏經驗的武官，對文官心懷嫉妒。反對者承認不是每個科舉出身的人都是人才，但也很快列出宋以來的傑出文士名單，這些人都通過選拔制度展現了他們的才華。這些朝官的致命一擊，還在

---

43 《復社紀略》（明末刊本，未標明頁碼），卷三，卷下，頁七至九。
44 同上注。
45 同上注，卷下，頁十一至十九。譯案：科道官，明清六科給事中和都察院各道監察御史的統稱；推官，明代為各府的佐貳官，掌刑名，處理民刑訟事。

於他們指責陳啟新持反儒士立場，將之與帝秦時期（前 221–
前 207）法家當道時臭名昭著的「焚書坑儒」政策相提並論。
他們總結說，如果皇帝採納這些建議，那就等於承認「孔、孟
不足法」。這就把討論上升到了狂熱程度。[46]

　　就這份上疏引發的輿論反彈而言，陳啟新無能為力。幸運
的是，他沒有被單獨挑出來受到指控。這段插曲反映了科舉考
試改革者所面臨的思想障礙，在第八章中，當 1660 年代滿族
統治者也認為有必要改革科舉制度時，我們將會看到同樣的情
況再次上演。明末朝堂對科舉制度的維護，背後的意圖不言而
喻，那就是試圖阻止像陳啟新這樣的非進士出身的低級官員為
其他人拓寬名利之途。[47]後來，西北地區爆發的大規模農民起
義在 1644 年掀翻了明王朝，義軍首領不少人都是明末多次未
能通過科舉考試的地方考生。圍繞武官陳啟新上疏的爭論還表
明，十八世紀允許地方考試中文武跨界互試的政策變化，是對
明末已經較為突出的文武官衝突的一種回應。[48]

（二）主張改革科舉

　　明末的黃淳耀（1605–1645），在經過多次科場失利後，
終於在 1643 年通過明王朝最後一次殿試。他滿心期望，但從
未獲得正式任命。基於自身經歷，黃淳耀認為科舉制度是對他

46　同上注，卷下，頁十八至二八。另見《崇禎實錄》（臺北：中央研
　　究院歷史語言研究所，1967 年），卷九，頁三。

47　《復社紀略》，卷下，頁二三、三八。

48　Arthur Hummel 恆慕義, *Eminent Chinese of the Ch'ing Period*（臺
　　北：成文書局，1972), 492；Lynn Struve 司徒琳, "Self-Struggles of
　　a Martyr: Memories, Dreams, and Obsessions in the Extant Diary of
　　Huang Chunyao," *Harvard Journal of Asiatic Studies* 69, no. 2 (2009):
　　348–352, 365–371.

230　這樣的人才的浪費。[49] 他不是上疏皇帝，而是選擇撰寫長文〈科舉論〉對士人群體致辭。1645 年清兵攻陷嘉定，黃淳耀自殺殉難，但他對科舉的看法成了清初試圖解決以書面考試選拔官員制度缺陷的起點。[50]

黃淳耀在〈科舉論・序〉中總結說，相較於唐代一無是處的詩賦取士，漢代的薦舉制是最好的替代方案。他指出，宋代士人試圖糾正唐代考試的重文傾向，明初皇帝也強調以宋代「道學」的「義理」作為考試課程，而且科舉之外還有其他進身之階，但 1465 年以後獨重科舉，以八股文闡發「四書」、「五經」的「道學」學說成了獲取「財富和地位」的可靠途徑。[51]

黃淳耀在科舉存廢之間尋求折中，他認為，只要進行改革，科舉考試制度就能繼續發揮作用。為此，他提議進行三個方面的改革：（1）以實學取代文章；（2）恢復薦舉制；（3）改革官學，地方學校不能只充當考試場所。[52] 此外，他還建議減少八股文篇數，增加第三場歷史、法律和策問題比重，後者更值得重視。[53]

在〈科舉論・後語〉中，黃淳耀強調，不改革科舉制度，朝廷就只能得到情緒穩定的「中人」，而不是「奇士」，這說

---

49 《明史》（北京：中華書局，1974 年），卷二八二，頁 7258–7259。另見 Jerry Dennerline 鄧爾麟, *The Chia-tung Loyalists: Confucian Leadership and Social Change in Seventeenth-Century China* (New Haven, CT: Yale University Press, 1981), 229–250；Lynn Struve 司徒琳，"Self-Struggles of a Martyr," 348–371.

50 黃淳耀：《陶庵集》（1676 年嘉定刊本），卷三，頁一上至十四下；卷二，頁十四下、三六上。.

51 同上注，卷三，頁一上至二下。

52 同上注，卷三，頁三上至十一下。

53 同上注，卷三，頁三上至五上。

明考試制度讓年輕士子付出了高昂的心理代價（見第五章）。針對「經義能困中人，豈能困奇士乎」的說法，黃淳耀回答說：「如中人雜出其間，則其敗天下士多矣。」在他看來，「所學非所用，所用非所學」（借用唐人趙匡語）似乎是科舉考試制度的唯一結果。[54]1645 年嘉定屠城時自殺殉難的黃淳耀和明王朝都沒能活着看到這些建議付諸實踐。明清之際，義軍首領李自成（1605–1645）在 1644 年佔領北京後，仍然沿用明代模式舉行鄉試。事實表明，這個從落第考生變身的造反派，只是一心想通過科舉考試，而不是改革這個制度。[55]

艾南英、顧炎武等晚明士人也向士人讀者描繪了警備森嚴的考試制度。艾南英生動細緻地描繪了生員在地方考試時的恐怖經歷。[56]顧炎武則在尖銳抨擊明代制義文的同時，還把考場的警備氛圍追溯到唐代。顧炎武認為，這樣做的結果是，考試過程的監控體系充斥着處罰違規的各種細枝末節，但卻忽視了搜

231

54　同上注，卷三，頁十一下至十四下。譯案：這裡的「奇士」、「中人」，似不宜從心理角度理解，詳見黃淳耀〈科舉論‧後語〉：「余既作〈科舉論〉，……難者又曰：『今朝廷之所求者奇士耳，非中人也。經義能困中人，豈能困奇士乎？』曰：『南宮三歲一試士，士之釋褐者必三百人，不知此三百人者皆奇士乎？抑中人雜出其間乎？如中人雜出其間，則其敗天下士多矣。所學非所用，所用非所學也。』」

55　Vincent Shih 施友忠, *The Taiping Ideology: Its Sources, Interpretations, and Influences* (Seattle: University of Washington Press, 1967), 376–377.

56　李調元：《制義科瑣記》，卷三，頁一〇四至一一三；Lung-chang Young, "Ku Yen-wu's Views on the Ming Examination System," *Ming Studies* 23 (1987): 52–56.

羅人才的目的本身。[57]

其他人，如黃宗羲，也抗議考場監控過度，但並沒有公開挑戰帝國對選拔過程的控制。[58]借助官僚體制及其翰林院考官，集權化監控將皇權與中國社會最底層聯繫在了一起。作為這一機制的匿名參與者，精英子弟實際上成了晚期帝國權力關係的支撐者，這使得他們中的少數人能夠進入政治領域擔任官職。東林書院和復社利用考試制度促進自身利益的成功（見第二章），雖然為時甚短，卻很值得注意，因為士人群體成功地基於選拔過程提升了他們作為一個特定群體的政治命運。不過，總的說來，士人與皇權的合作關係是以政府中不合法的紳士派系為前提的。東林黨人的慘敗證明了這一點。[59]

儘管如此，明末倡議的很多考試改革措施，在清初得到重申。清軍佔領北京後，於 1645–1646 年間重開科舉，此後定期舉行。特別是 1663–1787 年間，滿清朝廷全力支持按照明末批評家倡導的路線來改革科舉考試制度。

232

57　艾南英：《天傭子集》（臺北：藝文出版社，1980 年，據 1699 年刊本重印），卷三，頁三上至十上、二八上至三十上；顧炎武：《日知錄集釋》，卷十七，頁 406–407。另見 Young, "Ku Yen-wu's Views," 48–57.

58　Wm. T. de Bary 狄百瑞 , trans., *A Plan for the Prince: Huang Tsung-hsi's Ming-i tai-fang lu*(New York: Columbia University Press, 1993), 111–121.

59　Elman 艾爾曼 , "Imperial Politics and Confucian Societies in Late Imperial China: The Hanlin and Donglin Academies," *Modern China* 15, no. 4 (1989): 390–393.

清代盡力控制地方生童：1650－1850

滿族王朝始終都不太確定應如何控制地方縣、州、府主持的童生進學考試。地方考試位於朝廷直接控制的最遠端。隨着明末教育官員地位大幅下降（見第二章），只有省學政、知府和知縣才是可靠的監管人。清廷對地方考生總的政策走向，突出反映了政府控制所面臨的抵制程度，朝廷也意識到其政策不斷受到抨擊。[60]

（一）文理不通者與地方武舉考生

自 1652 年起，清帝頒布法令，要求地方考生每五人一組登記注冊，並以組為單位參加考試。考生、考生家人和擔保人要為考生在衙門考場內的行為負責，每組考生還要以組為責任單位，互相監督彼此行為。這種做法借鑑的是明代為徵收賦稅和督促徭役而創設的地方基層責任組織「里甲」（見第三章）。[61] 此外，文理不通者不得就讀官學。登記文書造假或賄賂教育官員的人將會受到懲處。[62]

1700 年，康熙朝廷下令所有關涉文理不通的考生的案件都要送交學政審查。文理不通的平民可以賄賂地方教育官員而進入衙門考場。十八世紀初，清廷不再信任知縣能從地方童生中選出合格生員。1723 年，問題依然未能得到解決，當時雍

---

60 Makino Tatsumi 牧野巽：〈顧炎武の生員論〉，收入 Hayashi Tomoharu 林友春編：《近世中國教育史研究》（東京：國土社，1958 年），頁 227–228。

61 Huang Ch'ing-lien 黃清連 , "The *Li-chia* System in Ming Times and Its Operation in Yingt'ien Prefecture," *Bulletin of the Institute of History and Philology* (Academia Sinica, Taiwan) 54 (1983): 103–155.

62 《欽定大清會典事例》，卷三八六，頁一上至二上。

正皇帝下令知府和學政重閱地方考卷。1725 年，朝廷規定考生參加進學考試和歲試、科試時還應默寫《聖諭廣訓》段落，這是康熙年間以來的慣例做法。[63]

1731 年以後，朝廷又面臨另一個新問題。知縣和知府都是文官，但也負責監理地方武舉考試。因此，學政、知府和知縣應當掌握武舉的必修文本《武經》。[64] 有意思的是，地方文武考生的古典文化素養程度大致相同，而且 1713–1714 年間，法律上也允許文武考生互試。[65]1741 年，取消文武考生互試。1744 年，乾隆皇帝要求地方教育官員每月召集文武生員背誦《聖諭廣訓》。有時，文舉生員也獲准參加武鄉試和武會試，以獲得相應武舉功名。[66]

地方考試允許文武互試，使得核查考生的社會身分和古典文化素養程度變得更加困難。1723 年，朝廷抱怨說一些「文武生員是故意殺人犯」，下令將他們治罪正法。雍正皇帝還一度取消了此前賦予地方生員的所有法律特權。1727 年，雍正皇帝禁止武生參加文官考試。[67]朝廷所用措辭，表明地方科舉考生大不如人意。地方「劣衿」被單列為一類，禁止參加院試。1735 年，朝廷要求所有教育官員嚴查地方文武考生。乾隆皇

---

63 同上注。

64 見 The Seven Military Classics of Ancient China（《武經七書》），trans. Ralph D. Sawyer 蘇煬悟 (Boulder, CO: Westview Press, 1993), 16–18.

65 徐珂：《清稗類鈔》（上海：商務印書館，1920 年），〈考試類〉，頁 10。

66 同上注，頁 167–170。另見《欽定大清會典事例》，卷三八二，頁五上。

67 《欽定大清會典事例》，卷三八三，頁四上；卷三八六，頁二下。另見徐珂：《清稗類鈔》，〈考試類〉，頁 169。

帝把這一政策擴大化，要求學政上報每個考生的行為，越軌者一律褫革。但不良份子仍有渠道進入文武選拔過程。[68]1820年，衙門胥吏子孫不再准許由文途考試出仕，但可參加地方武舉。當士人精英、平民胥吏和軍人家庭都具備一定程度的古典文化素養時，每個群體之間地位差距的縮小也就在所難免了。[69]

　　文官理想歷史悠久，廣為漢人接受，但這一理想因滿族征服精英而變得複雜起來，滿清軍事旗人推翻了明王朝，還把漢軍直接置於其指揮之下。儘管早在 1629 年就舉行了漢軍旗人考試，但為了保持自己的軍事傳統，清廷一開始不允許滿族旗人參加科舉考試。[70]1652 年以後，旗人可以參加常規的科舉考試，1665 年以後，還可以參加專門的翻譯考試。[71]儘管如此，大多數旗人仍是軍人，在滿、蒙、漢旗人大本營的京城，翻譯考試的腐敗程度異乎尋常。[72]另外，漢族考官從未將滿、蒙旗人考生置於會試或殿試前三名，只有 1904 年最後一次科舉考試例外。[73]

234

---

68 《欽定大清會典事例》，卷三八三，頁三、十五上。

69 同上注，卷三八六，頁十四上。

70 徐珂：《清稗類鈔》，〈考試類〉，頁 13。

71 同上注，頁 65–66。另見 Frederic Wakeman Jr. 魏斐德，*The Great Enterprise: The Manchu Reconstruction of Imperial Order in Seventeenth-Century China*. 2 vols. (Berkeley: University of California Press, 1985)*,* 888–889, 1041, 1041, n99.

72 徐珂：《清稗類鈔》，〈考試類〉，頁 57–58。

73 同上注，頁 127。商衍鎏，滿人，1904 年殿試一甲第三名探花。譯案：商衍鎏為漢軍正白旗人，此前同治四年（1865）殿試，即有蒙古正藍旗人崇綺（1829–1900）高中狀元，該科探花則為漢軍正紅旗人楊霽（1837–？）。

（二）乾隆改革與腐敗蔓延

為減輕地方官員的壓力，乾隆皇帝在 1743–1744 年間曾考慮廢除府試地方定額，只基於考卷質量選拔人才。這種做法有 1700 年取消定額的先例可循。也有人建議官員從每所府學中簡選考生 50 人參加文舉，20 人參加武舉。由於擔心取消定額可能造成的實際影響，朝廷只強調文理不通者必須黜落。[74] 儘管朝廷三番五次地申斥違規行為，但考試欺詐問題仍然十分突出。考生以假名提交試卷，胥吏收上來的試卷數量有時比考生人數多出三五倍。學政不向督撫呈報明目張膽的作弊行為以採取行動。在 1764 年和 1766 年的地方考試中，登記文書注明考生為青年人，但有時應試者四、五十歲。朝廷敦促教育官員根據登記表仔細檢查考生樣貌是否相符。[75]

235　　為簡化程序，1758 年朝廷同意合併一些地方考試，允許不時合併童生的進學考試（童試）和生員的歲試、科試。如果兩個縣的縣治在同一個城市，就可以同時舉行童試和歲試、科試。這一新舉措意味着學政及其吏員、幕僚可以同時監督兩個縣的考試。[76] 不過，這種簡化也帶來了一定後果。從 1767 年開始，就有官員擔心考生勾結考官而篡改試卷。為糾正這種現象，乾隆皇帝恢復了雍正朝的做法，禁止地方教育官員評閱本地考卷，也禁止他們延請私人書院院長來衙門閱卷。到 1792 年，有報告稱縣府考試試卷評閱問題重重。官員僚屬成了真正考官的現象比比皆是，他們代替知縣和知府評閱試卷。文理不通的試卷一般也能通過。[77]

---

74 《欽定大清會典事例》，卷三八六，頁四上至五上。
75 同上注，卷三八六，頁五下至九上。
76 同上注，卷三八六，頁七上至八上。
77 同上注，卷三八六，頁九上至十一下。

　　到 1800 年，人口增加到了 3.5 億，地方考生人數的過度增長，引發了更多的違規行為。[78]1807 年，清廷一定程度上封堵了明以來就存在的一個合法漏洞。明代，官員子弟可以在其父任職所在地參加童試和鄉試。晚明，南人子弟在長江三角洲和東南沿海地區通過科舉考試的幾率更小，所以他們往往寄籍京城參加考試。1870 年以後，只有在京城居留一定時間（一般為二十年）的人，才能在順天府登記注冊應舉。[79]

　　雪球愈滾愈大。對科舉考生登記程序的管理，也會引發虛假指控，如 1819 年，有男子指控他的幾個堂兄重複登記，冒籍在異地捐監。[80]1820 年以後，道光皇帝（1821–1850 年間在位）試圖在不採取重大新舉措的情況下執行相關規定。有告示稱那些試圖篡改或調整官方排名的人將會受到懲處，這意味着閱卷後公布的排名有時也不能當真。1824 年，朝廷規定歲試考生不得延長燭火使用時間。[81]

236

　　1827 年，朝廷呼籲地方官員不要捲入不道德行為，如通姦。同一年，朝廷頒布法令允許衙門胥吏子孫參加武舉，1820 年也有類似法令。衙門胥吏還首次獲准可行捐納。儘管地方科舉功名門戶大開，連胥吏也包括在內，但 1829 年朝廷明文規定戴罪之人不得參加文武科舉。此外，1830 年代，從鴉片貿易中獲取非法利潤的廣東商人對考試的影響成了讓人擔憂的新問題。[82]

78　同上注，卷三八六，頁十二上至十九上。

79　同上注，卷三八六，頁十二。

80　Derk Bodde 卜德 and Clarence Morris 莫里斯 , *Law in Imperial China* (Philadelphia: University of Pennsylvania Press, 1973), 408.

81　《欽定大清會典事例》，卷三八六，頁十三下至十五上。

82　同上注，卷三八六，頁十六上至十八上。另見徐珂：《清稗類鈔》，〈考試類〉，頁 86。

清代盡力控制地方生員：1650－1850

到 1850 年，如果說對全國約二、三百萬地方考生參加兩年一次的童試的監管努力愈來愈徒勞無功，那麼，清廷對 50 萬已取得生員身分的考生的監管努力也越發困難。1651 年，朝廷有意識地利用晉升或黜落手段來控制生員行為。地方官員受命褫奪違法犯罪生員的功名，其歲試試卷也被立即黜落。[83] 此外，順治皇帝擔心生員群體中再次出現明末那種政治異議，於 1651 年禁止再設書院以防黨爭再現。這種擔心一直持續到康熙初年。1662 年，康熙皇帝稱各地生員應潛心舉業，禁絕結社訂盟。[84]

（一）雍正朝改革與 1733 年罷考

237

雍正年間，朝廷從 1723 年開始改變生員政策。皇帝要求學政評閱生員試卷時文章與道德並重。1726 年，皇帝呼籲生員要意識到自己乃「四民」之首，應該以身作則，不違背聖賢教導，「士習不端，民風何由而正」？[85] 伴隨這一道德訓誡，朝廷明確表態將以政治地位褒獎舉業有成的人，行為不端者則會受到懲處，褫奪其官方地位，取消其合法特權。

這一次，雍正皇帝對生員的批評言辭與他高尚的道德訴求形成了鮮明對比。皇帝認為，士人正在樹立壞榜樣，欺凌民眾，破壞公共道德。他任命鄉試舉人和排名不高的殿試進士擔任卑微的地方教職以提高其官方地位的努力（見第三章），應從朝廷試圖找到新辦法來控制這些未能在「進身之階」（ladder

---

83 《欽定大清會典事例》，卷三八三，頁一上至二上。
84 同上注，卷三八三，頁二上至三上。
85 同上注，卷三八三，頁三下至四下。

of success）上更進一步的數十萬生員的妄為傾向來加以看
待。[86]

朝廷感到不安的是，考試官員不夠重視公共道德。雍正皇
帝認為，改善公共道德的一個辦法就是責成各省督撫和學政在
教育活動中相互監督。此外，朝廷還恢復了明代從翰林院選派
學政的做法。清初，學政多從中央各部或監察院中選任。早在
1684 年，就有朝中的翰林學者被任命為學政。雍正皇帝利用
這一先例把他的影響力覆蓋到地方層面。他任命翰林學者出任
學政，進行必要的改革，以控制地方生員。[87]

雍正皇帝還對學政推薦的品行端方的生員舉行新的特殊
考試。學政三年任滿，可以推薦生員數人，由皇帝在京城對他
們進行考試。這一政策表面上看是回到薦舉地方賢才的漢代先
例，實際上是意在作為地方生員歲試和科試的補充。[88]

1727 年，雍正皇帝頒布了一項法令，強調社會流動性神
話是文官選拔制度的核心。他引用《書經》「野無遺賢，萬邦
咸寧」，稱朝廷着意訪求人才，甚至成功下及社會最底層，為
所有地區帶來了秩序，但因德行而被薦舉的考生數量仍然很
少，他大聲問道：「今直省府州縣學貢生生員，多者數百人，
少亦不下百餘人，其中豈無行誼淳篤、好修自愛、明達之士

238

---

86 同上注，卷三八三，頁五。另見 Araki Toshikazu 荒木敏一：〈直省
    教學の制を通じて觀たる雍正治下の文教政策：清代の學官教職の
    一考察〉，《東洋史研究》（京都：同朋社，1986 年），第十六卷第
    3 號，頁 284–308。

87 《欽定大清會典事例》，卷三八三，頁五下；另見 Araki Toshikazu
    荒木敏一：〈雍正時代に於ける學臣制の改革〉，《東洋史研究》（京
    都：同朋社，1959 年），頁 267–283。

88 《欽定大清會典事例》，卷三八三，頁六；馮夢禎：《歷代貢舉志》
    （上海：商務印書館，1936 年），頁 1–3。

乎？」他強調選拔人才應「黜浮華而資實用」，同時還重申，在薦舉滿、蒙、漢旗人出任公職時，也應堅持同樣的道德標準。[89]

從 1728 年到 1730 年，雍正朝廷持續施壓，要求提高生員的道德水平。1729 年，朝廷批評教育官員仍以文才而不是德行為重，德行有虧的人沒有受到懲罰，德行優異的人沒有得到褒獎。為了表明態度，雍正皇帝援引 1652 年的先例，要求地方考生每五人一組結保，相互督促彼此德行，一人犯事，互結之生同罪，任何背德行為都會記錄在案，德行有虧者將失去其地位和特權。1730 年，雍正皇帝抱怨說，儘管各省終於開始薦舉品德高尚的生員就讀國子監，但薦舉文書並沒有記錄任何「優行實跡」。道德問題，沒有輕而易舉的解決辦法。[90]

雍正年間的改革以地方罷考事件而宣告結束，罷考突顯了地方生員與朝中改革派的緊張關係。1733 年，河南開封府各縣生員全體罷考歲試和科試，因為新任學政嚴查府學中的曠課和缺考行為。到了 1700 年，大多數地方考官已不再追查生員是否參加兩年一次的歲試或三年一次的科試。罷考是生員抗議嚴苛的考試體制和雍正朝改革的唯一公開手段。他們拒絕進入考場。[91]

朝廷評論 1734 年開封罷考事件時稱，地方問題發展到了令人遺憾的地步，生員竟然敢於罷考，試圖以此抗議政府對其行為的約束。雍正皇帝在諭令中認為，這種公然對抗行為辜負

---

89 《欽定大清會典事例》，卷三八三，頁七。

90 同上注，卷三八三，頁九上至十二上。

91 Araki Toshikazu 荒木敏一：〈雍正二年の罷考事件と田文鏡〉，《東洋史研究》（京都：同朋社，1957 年），第十五卷第 4 號，頁 100–104。

了朝廷對士子的「優待」，考生應向相關官員表達抗議，而不是罷考，罷考者不得參加今後的考試，「若合邑合學俱罷考，亦即全停考試」。導致考生做出類似舉動的教育官員將被免職。[92]

（二）乾隆年間自上而下的改革

　　乾隆年間，改革派繼續熱衷於控制生員和童生，防止騷亂發生。1736 年，學政需上報文武歲試時每個生員的行為。1739 年，京畿地區和各省地方生童的非法行為再次引起朝廷關注。乾隆皇帝稱很多士子不再是民眾學習的榜樣。地方官員再次被告誡要謹慎處理類似事件。1741 年，嶄露頭角的省級要員、「道學」衛道士陳宏謀主張推行新政，要求所有鄉試和會試考生提供書面證明，保證家中沒有親人停柩待葬。雖然乾隆皇帝常常把違背禮制視為公共道德水準下滑的標誌，但也駁回了陳宏謀的新政主張，因為這個建議實在是過頭了。朝中官員認為這種做法不可行，很可能成為無端指控有資質考生的藉口，引發更多的考試騷亂。這種過火的食屍鬼心態（ghoulishness）背後，反映了人們的擔憂：為了實現個人抱負，而罔顧孝道價值觀。[93]

　　1740 年代，乾隆朝開始大規模重新評估科舉考試制度。鄉試考場和地方衙門中的違規行為和犯罪活動已經嚴重到了威脅取士制度可行性的地步。1741 年，山西鄉試醜聞案發，滿

240

---

92 《欽定大清會典事例》，卷三八三，頁十二下至十三上。另見 Seunghyun Han 韓承賢 , "The Punishment of Examination Riots in the Early to Mid-Qing Period," *Late Imperial China* 32, no. 2 (2011): 134–146.

93 《欽定大清會典事例》，卷三八三，頁十五上至十九上。另見 Norman Kutcher, *Mourning in Late Imperial China: Filial Piety and the State* (New York: Cambridge University Press, 1999).

族學政喀爾欽涉嫌出售文武生員功名。經滿族巡撫調查，喀爾欽被革職。另有兩名知府也牽連免職，朝廷格外開恩，允許他們仍留原任，以觀後效。[94]

1750 年，另一樁納賄案震驚了朝廷，事涉四川學政。和 1741 年一樣，這樁醜聞涉及充任學政的翰林學者朱荃（1750 年卒）。朝廷得知他以 4,000–5,000 兩銀子的價格出售生員功名和官學名額時大為震驚。乾隆皇帝在 1752 年的諭令中稱這種腐敗甚至已波及殿試。四川學政案也牽連宮廷，因為朱荃是雍、乾兩朝內閣重臣張廷玉（1672–1755，1750 年致仕）的兒女親家。事發後朝廷對此深感不滿，但乾隆皇帝最終允許朱荃留任效力贖罪。[95] 反諷的是，清廷很快就會把官方「出售」科舉功名視為支付軍費的生財之道，既然對科舉功名的需求助長了腐敗，何不將之合法化呢？

朝廷的這些不滿，不是僅止於道德勸誡，還轉向了如何管控愈來愈不受政府控制的大量生員這個問題。[96]1750 年代和 1760 年代，朝廷接二連三下詔，對地方教育官員提出了一大堆要求：（1）必須上報對生員行為的評估；（2）地方官員必須控制科舉功名的出售；（3）必須審查生員的道德品行；（4）家在 100 里（1 里 =0.555 公里）以外的生員必須定期向當地教育官員報告。1769 年，禮部再次為學政薦舉的品行端方的生員

---

94 黃光亮：《清代科舉制度之研究》，頁 266–267。譯案：喀爾欽後來被處決正法。

95 同上注，頁 268–270。譯案：據黃光亮，案發前，朱荃已交印歸鄉奔母喪，案發後，緝捕官員奏稱其失足落水，撈尋未獲，乾隆皇帝判斷朱荃「非變名潛蹤滅跡，即係投江自盡」，為此還坐罪張廷玉，令其盡繳以往頒賜諸物，留任效力贖罪的是其他幾個涉案不深的官員。

96 《欽定大清會典事例》，卷三八三，頁十九上。

舉行特殊考試，乾隆皇帝還為這類生員確立了固定名額。[97]

腐敗問題，促使朝廷加大了對學政和地方教育官員的審查力度。1752 年進入翰林院的翁方綱（1733–1818），從 1759 年開始多次被朝廷任命為學政。1764 年，他出任廣東學政，在任八年，因提交的官學生員名冊中有些學生年齡不實而受到指控。考慮到弄虛作假的可能性，這一指控足以令他免職，儘管嚴格說來他仍然是翰林侍讀。在第三個任期期滿、重回翰林院以前，翁方綱因此賦閒了一年。[98]

學政三年任滿時舉薦生員的做法（「報優」），在 1770 年代和 1780 年代固定了下來。不過，1789 年，洗清名譽並出任江西學政的翁方綱卻認為，「報優」削弱了科試（鄉試資格考試）的重要性，因為歲試時才舉薦優異生員，科試則不查考士子品行，他建議地方各種考試都要評估道德品格。[99] 問題愈來愈嚴重，以至於阮元（1764–1849）在 1795–1798 年間擔任浙江學政時策問生員如何防止作弊。[100]

1850 年的生員人數與地方捐監

雍乾年間改革的後果之一，是很多生員被地方官學除名，失去了合法特權。從嘉慶年間（1796–1820）開始，朝廷仍對生員問題保持警惕，但不再採取積極行動。1811 年，朝廷試圖修正為品德優異的生員設立定額所帶來的意外後果，規定學政最多只能薦舉三人。現在的問題是薦舉的人太多了。

242

97　同上注，卷三八三，頁二一下至二四下。

98　Arthur Hummel 恆慕義 , *Eminent Chinese of the Ch'ing Period*, 856.

99　《欽定大清會典事例》，卷三八三，頁二五。

100　黃光亮：《清代科舉制度之研究》，頁 356–357。

1819 年，朝廷規定，被褫奪生員身分的人可以提請地方官員恢復其原有身分。[101] 很多人被草率地褫奪了生員資格。道光年間（1821–1850），朝廷繼續審查地方生員，在必要時控制對生員資格的恢復。1824 年，朝廷根據公平、公開原則規範化了生員資格的褫奪和恢復程序。很多人並沒有真正改過自新。嘉道年間，朝廷不只是苦口婆心地反覆勸誡，還力圖減輕法律懲處，以此誘導生員服從。[102]

十九世紀初，朝廷規範化了薦舉品德優異生員的做法。在 1829 年的一道諭令中，朝廷批評學政把被薦舉者的德行分為一、二兩等。朝廷認為這是一種道德虛偽的官僚主義做法。1835 年，道光皇帝諭令稱，社會風俗與道德思想密不可分，地方官員應據實評估生員，不能只看文考成績。[103]

然而，1851 年，再次出現了地方考試罷考事件。廣東南海縣考生向知府抗議並施壓，要求他在地方考試中偏袒考生。抗議不奏效，考生便不讓任何人進入衙門考試，試圖發起針對知府的全面罷考。朝廷震怒，禁止當地所有考生參加地方考試。這一決定基本上援引了 1734 年處理 1733 年開封考生罷考事件的先例，只不過沒有深入追究。1850 年太平天國運動爆發前夕，科舉考試的政治化是普遍現象，咸豐皇帝（1851–1861 年間在位）在 1856 年的一道諭令中也談到了這個問題。[104]

到 1850 年，地方童生和生員的數量已經遠遠超出了朝廷通過教育官員和考試官員來維持科舉取士公正性的能力。鄉試

243

---

101 《欽定大清會典事例》，卷三八三，頁二六上至二七上。

102 同上注，卷三八三，頁二七。另見 Seunghyun Han 韓承賢，"The Punishment of Examination Riots," 146–157.

103 同上注，卷三八三，頁二八上至二九上。

104 同上注，卷三八三，頁三十上至三一下、三五。

貢院和衙門考棚人頭攢動，因為愈來愈多的考生希望通過考
試，試圖至少獲得生員身分。表 6.1 表明，1850 年以前，地方
教育官員和省學政需要管理 50 多萬文舉生員和 20 多萬武舉生
員，另外還有超過 35 萬的監生，他們通過捐納等非正規途徑
獲得生員資格。

表 6.1：1850 年以前各省生員人數和取士定額

省分或社會身分	文舉定額	文舉生員	武舉定額	武舉生員	生員總人數	比率
直隸	2,845	59,745	2,418	24,180	83,925	11.4
陝西	1,865	39,165	1,585	15,850	55,015	7.4
山東	1,830	38,430	1,556	15,560	53,990	7.3
浙江	1,800	37,800	1,530	15,300	53,100	7.2
河南	1,631	34,251	1,386	13,860	48,111	6.5
山西	1,536	32,256	1,306	13,060	45,316	6.1
江蘇	1,402	29,442	1,192	11,920	41,362	5.6
四川	1,366	28,686	1,161	11,610	40,296	5.4
江西	1,350	28,350	1,148	11,480	39,830	5.4
廣東	1,326	27,846	1,127	11,270	39,116	5.3
雲南	1,323	27,783	1,130	11,300	39,083	5.3
安徽	1,289	27,069	1,096	10,960	38,029	5.1
湖南	1,219	25,599	1,006	10,060	35,659	4.8
福建	1,187	24,927	1,009	10,090	35,017	4.8
湖北	1,087	22,827	924	9,240	32,067	4.3
廣西	1,019	21,399	866	8,660	30,059	4.0

（續上表）

省分或 社會身分	文舉 定額	文舉 生員	武舉 定額	武舉 生員	生員 總人數	比率
貴州	753	15,813	640	6,400	22,213	3.0
八旗	109	2,289	93	930	3,219	0.4
奉天	71	1,491	60	600	2,091	0.3
商籍	81	1,701	—	—	1,701	0.3
總計	25,089	526,869	21,233	212,330	739,199	100
生員					739,199	68
監生					355,535	32
有生員身 分的紳士 總數					1,094,734	100

數據來源：張仲禮（Chang Chung-li）：《中國紳士研究》（*The Chinese Gentry: Studies on Their Role in Nineteenth-Century Chinese Society*, Seattle: University of Washington Press, 1955），頁 150 表 20、頁 111 表 8。這裡對張仲禮所製表格有所調整，數字也有修正。另見黃光亮：《清代科舉制度之研究》（臺北：嘉新水泥公司文化基金會，1976 年），頁 377－425。

244

　　全國生員將近 110 萬人——其中只有 2.2% 的人能成為文武舉人和進士——為了維持縣、州、府、省會、京城文武科舉考試機制公平有效地運作，清廷忙得不可開交。[105] 隨着人口從 1700 年的約 2.5 億增加到 1800 年的約 3.5 億，進入王朝「文化監獄」的競爭激烈得讓人難以承受。超過 300 萬的考生竭盡全力想要進入敞開的地方考試大門。

---

105 Chung-li Chang 張仲禮, *The Chinese Gentry* (Seattle: University of Washington Press, 1955), 122–141；Carsey Yee 余超柄, "The Shuntian Examination Scandal of 1858: The Legal Defense of Imperial Institutions" (未公開發表).

　　然而，1850 年以後，太平天國運動期間，長江三角洲地區關上了考場大門，當時總人口約為 4.5 億人。表 6.2 表明，1850 年以後，全國生員約 150 萬人，比太平天國運動前增加了 36%，而總人口則增加了約 50%。

　　文舉生員將近 65 萬人，武舉生員 26 萬人。生員和非正途出身的監生是最大的應試群體，到 1850 年，二者的古典文化素養水平大致相當。如果把參加地方考試的其他 200 多萬尚未獲得科舉功名的童生納入統計，那麼，1850 年以前，全國具有古典文化素養的男性人數大概高達 300 萬人，太平天國運動後這個數字則增加到 400–500 萬人。中國的「文化監獄」再也容納不下他們，他們只得另尋出路，如進入與西學、新式軍校和工廠有關的現代化部門。[106]

　　為了應對現狀，捐納的合理化和合法化得到了支持。1837–1848 年間，為了籌集經費，朝廷明確了捐納規程。十九世紀中葉，清王朝進入了為時甚久的以捐納方式籌集軍費的第二階段（第一階段為 1670 年代以後）。1815 年，平民獲准在其出生地捐監。1824 年，為長江中游地區戰事捐獻物資的安徽人子孫，獲准捐監。1829 年，那些因照顧父母而無法抽身參加考試的孝子也能享受捐監政策。[107]

245

106　Michael Lackner 朗宓榭 and Natascha Vittinghoff 費南山, *Mapping Meanings: The Field of New Learning in Late Qing China* (Leiden: E. J. Brill, 2004), 各處。

107　《欽定大清會典事例》，卷三八六，頁三上、十五下、十八上、十九。另見 Elisabeth Kaske 白莎, "Fund-Raising Wars: Office Selling and Interprovincial Finance in Nineteenth-Century China," *Harvard Journal of Asiatic Studies* 71, no. 1 (2011): 69–141.

表 6.2：1850 年以後各省生員人數和取士定額

省分或社會身分	文舉定額	增加定額	文舉生員	武舉定額	武舉生員	生員總人數	比率
直隸	2,888	2,892	60,732	2,545	25,450	86,182	9.4
浙江	2,177	2,214	46,494	1,948	19,480	65,974	7.2
江西	2,020	2,087	43,827	1,837	18,370	62,370	6.8
四川	1,918	1,972	41,412	1,735	17,350	58,762	6.5
山東	1,953	1,965	41,265	1,730	17,300	58,565	6.5
河南	1,868	1,892	39,732	1,665	16,650	56,382	6.2
江蘇	1,768	1,804	37,884	1,587	15,870	53,754	6.0
廣東	1,748	1,789	37,569	1,574	15,740	53,309	5.9
湖南	1,647	1,689	35,469	1,486	14,860	50,329	5.5
山西	1,626	1,634	34,314	1,438	14,380	48,694	5.3
安徽	1,604	1,636	34,356	1,440	14,400	48,756	5.3
福建	1,555	1,590	33,390	1,399	13,990	47,380	5.2
湖北	1,534	1,577	33,117	1,388	13,880	46,997	5.2
雲南	1,372	1,372	28,812	1,207	12,970	40,882	4.5
陝西	1,236	1,246	26,166	1,096	10,960	37,126	4.1
廣西	1,132	1,143	24,003	1,006	10,060	34,063	3.7
甘肅	889	890	18,690	783	7,830	26,520	2.9
貴州	767	767	16,107	671	6,710	22,817	2.5
奉天	159	162	3,402	143	1,430	4,832	0.5
八旗	142	145	3,045	128	1,280	4,325	0.5
商籍	110	131	2,751	—	—	2,571	0.3
總計	30,113	30,597	642,537	26,806	268,060	910,597	100
生員						910,597	63
監生						533,303	37
有生員身分的紳士總數						1,443,900	100

數據來源：張仲禮：《中國紳士研究》，頁 152 表 22、頁 111 表 8。這裡對張仲禮所製表格有所調整。另見黃光亮：《清代科舉制度之研究》，頁 377－425。

表 6.3 表明，科舉正途出身的官員比例，從 1764 年的
73% 下降到 1871 年的 44%，下降了 25% 以上；捐納出身的官
員比例，從 1764 年的 22% 急劇上升到 1871 年的 51%，上升
了 27%。表 6.4 統計了 1850 年以前各省官學捐納數據。購買
監生資格平均用銀超過 100 兩，道光朝前十五年，九個省分共
出售 10,000 多個監生資格。

246

表 6.3：清代科舉正途和蔭捐出身的官員比例

年分	官員人數	科舉（%）	蔭（%）	捐（%）	其他（%）
1764	2,071	72.5	1.1	22.4	4
1840	1,949	65.7	1.0	29.3	4
1871	1,790	43.8	0.8	51.2	4.2
1895	1,975	47.9	1.2	49.4	1.5
增減		-24.6%		+27.0%	

數據來源：何炳棣（Ping-ti Ho）：《中華帝國的進身之階》（*The Ladder of Success in Imperial China,* New York: Columbia University Press, 1962），頁 49 表 2。參見李鐵：《中國文官制度》（北京：中國政法大學，1989 年），頁 171。

衙門考院內考生和考官收受賄賂的行為被合法捐納所取
代，考官不再是中間人。道光年間，以往被視為腐敗的行為在
捐納集資的熱潮中被合法化。同治中興（1862–1874）的一個
優先事項就是廢除捐納政策，但也只收到部分成效。[108] 馮桂芬
（1809–1874），1840 年授翰林編修，改革派主要領袖之一，曾
環環相扣地論述說：

---

108 見 Mary Wright 芮瑪麗, *The Last Stand of Chinese Conservatism: The T'ung-chih Restoration, 1862–1874* (Stanford, CA: Stanford University Press, 1957), 79–87.

> 近十年來（即 1850 年代），捐途多而吏治益壞，
> 吏治壞而世變益亟，世變亟而度支益戚，度支戚而捐
> 途益多，是以亂召亂之道也。居今日而論治，誠以停
> 止捐輸為第一義。[109]

　　清政府屈從於募集資金的壓力。過去，政府制定詳細的
規章制度以打擊考場內的腐敗現象——用金錢獲得不公平的競
爭優勢；現在，1820–1850 年間，政府則出售 31.5 萬個監生
資格，結果是降低了科舉取士的古典標準，時任湖北學政的張
之洞在 1868 年的一份上疏中就指出了這一點。張之洞稱，地
方考試試卷錯漏百出，一次考試，文理不通的試卷就有五十多
份。張之洞認為，這部分是戰火摧殘的結果，但作弊現象也很
猖獗，強調應該回到過去那種嚴格標準。這裡的反諷，再明顯
不過：現在，是學政提請朝廷注重公共道德和考試紀律，這些
方面都因為朝廷出售生員資格和官學學額而受到了損害。[110]

表 6.4：道光年間（1821–1850）各省捐監人數和捐監銀數

省分	1821－1835		1836－1850		總計		
	金額（兩）	捐監	金額（兩）	捐監	金額（兩）	捐監	比率
江西	2,383,790	22,368	1,757,290	16,184	4,141,080	38,552	12.3
廣東	2,667,061	24,950	1,436,082	13,314	4,103,143	38,264	12.2
江蘇	2,548,746	23,956	1,174,364	10,513	3,723,110	34,469	11.0
浙江	2,080,258	19,474	1,464,856	14,395	3,545,114	33,869	10.5
湖南	1,865,732	17,117	1,158,266	10,596	3,023,998	27,713	9.0

---

109 馮桂芬：《校邠廬抗議》（臺北：學海出版社，1967 年，據 1897
　　年刊本重印），卷一，頁十七下至十九上。英譯參考 Mary Wright
　　芮瑪麗（*The Last Stand*, 85），文字略有改動。

110 《欽定大清會典事例》，卷三八六，頁十九下至二十下。

（續上表）

省分	1821－1835		1836－1850		總計		
	金額（兩）	捐監	金額（兩）	捐監	金額（兩）	捐監	比率
河南	1,332,410	12,629	1,083,558	10,134	2,415,968	22,763	7.2
福建	1,250,582	11,450	939,932	8,685	2,140,514	20,135	6.4
湖北	1,401,990	13,220	727,290	6,740	2,129,280	19,960	6.3
安徽	874,682	8,241	722,268	7,443	1,596,950	15,684	4.7
四川	1,093,950	10,314	502,440	4,653	1,596,390	14,967	4.7
陝西	940,976	8,850	316,062	2,927	1,257,038	11,777	3.7
山東	680,716	6,409	491,131	4,550	1,171,847	10,959	3.5
廣西	591,198	5,535	436,716	4,044	1,027,914	9,579	3.0
山西	475,794	4,545	162,846	1,505	638,640	6,050	1.9
雲南	199,332	1,868	238,798	2,214	438,130	4,082	1.3
貴州	129,540	1,687	166,266	1,548	345,806	3,235	1.0
總計	20,803,953	195,133	12,901,693	120,402	33,705,646	315,535	100

數據來源：張仲禮：《中國紳士研究》，頁 153 表 23。這裡對張仲禮所製表格有所
　　調整，數據也有所修正。

　　第七章，我們將會看到官方「道學」正統與清代經史研究中的文獻學成果如何漸行漸遠。在十七世紀末和十八世紀，圍繞「古學」的爭論，以及逐漸興起的圍繞經學正統的宋學和漢學之爭，開始影響了鄉試和會試。「道學」聖賢可能仍然是八股文中的正統理想，但在經驗主義的考證學者看來，宋、明的修身綱領愈發顯得天真和不切實際。[111]

248

249

---

111 Elman 艾爾曼, *From Philosophy to Philology: Intellectual and Social Aspects of Change in Late Imperial China* (Los Angeles: UCLA Asian Monograph Series, 2001), chapter 1；Ori Sela 石敢睿, "Qian Daxin (1728–1804): Knowledge, Identity, and Reception History in China, 1750–1930" (PhD diss., Princeton University, 2011).

第七章　從明到清的策問

不斷變化的策問主題

　　長期以來，考官們把策問（「經史時務策」）視為「四書」、「五經」八股制義文的附庸（見第二章）。因此，歷史學家忽略策問，不重視策問從前漢到 1905 年科舉制度結束的長期演變。兩千年來的這些策問，應從宋代開始的考試文章和長達四百年的八股文的角度進行評價。策問反映了帝國早期、中期和晚期的知識變遷。但帝國晚期的「策」答往往不只涉及當時的政府政策，相反，考官們還從經書和王朝正史的角度來定義策問，「蓋士非泛覽經史百家、博通古今、深明治體者，不能對策」。[1]

　　前漢博學之士的策論文風備受稱讚，也為人所仿效。明代著名文體學家唐順之（1507–1560）就將漢代策論作為「古文」典範收入他編纂的文章選集《文編》。策答，和八股文一樣，在明代也因其美學和文學水平而為人所推重。[2] 唐順之《文編》

1　陶福履：《常談》（上海：商務印書館，1936 年，叢書集成初編本），頁 21–24。

2　唐順之：《文編》，見《四庫全書·集部·總集類》（1999 年電子版），第 1377 冊，頁 101–117。

選文，重在漢人策論，而不是科舉「時文」。三年一次殿試一甲前三名的策答尤為人所重，被收入明清各種文選。[3]

　　殿試只考策問，一題分為幾個部分；鄉試和會試考生則需要在第三場考試中回答五道策問題。中國歷史上最著名的策答大概要數南宋忠臣文天祥（1236–1283）在 1256 年殿試時提交的萬字長文，當時南宋都城杭州正面臨蒙古入侵的威脅，這或許可以解釋何以皇帝策問的是永恆而非當下的「道學」觀。[4]

　　元以來，科舉考試繼續用策問來查考如何將經史知識應用於當代事務。[5] 雖說是「四書」、「五經」的附庸，但明代的考官和學者都認為策問至關重要，視之為古典理論與實際事務相結合的標誌。嘉靖（1522–1566）、萬曆（1573–1620）年間，策問的重要性如日中天，策答往往超過 3500 字，相當於一篇重要論文。[6] 當時還編刊了兩部優秀策題和策答的大型選本：一是茅維（生卒年不詳）輯錄的《皇明策衡》，刊刻於 1605 年，按各朝和主題編排，收錄 1504–1604 年間鄉試和會試策問範文；[7] 一是陳仁錫（1581–1636）輯錄的《皇明鄉會試二三場程文選》，刊刻於 1633 年，是對《皇明策衡》的增補，收錄

3　如蔣一葵輯：《皇明狀元全策》（1591 年刊本）；焦竑、吳道南輯：《狀元策》（1733 年懷德堂刊本、明末刊本）等。另如仲光均等主編：《歷代金殿殿試鼎甲朱卷》（石家莊：花山文藝出版社，1995 年）。

4　文天祥的殿試策答被收入多部明清文集。

5　元代策論文，如見黃溍：《金華黃先生文集》（上海：商務印書館，1919–1937 年），頁 191–200。明初策論文，見《皇明文衡》（上海：商務印書館，1919–1937 年），卷二十三，頁 220–222。

6　《舉業正式》（明嘉靖刊本，約 1522–1566）收錄了 1529–1553 年間的一些策論範文，頁一至五八下；另見《明萬曆至崇禎間鄉試錄會試錄彙輯》（明末刊本）。

7　茅維輯：《皇明策衡》（1605 年吳興刊本）。

1504–1631 年間鄉試和會試第二、第三場考試的策問範文。[8]

　　會試策題一般由皇帝欽定，但到了清代，翰林考官通常會先草擬幾個問題，再交由皇帝圈定鄉試和會試策題。[9] 殿試策問一題，但拆分為四個獨立主題。明清兩代皇帝除擬定殿試策題外，作為統治者，他們一般還要閱讀殿試前十名的文章並確定其最終排名，其餘答卷則交由殿試讀卷官評閱。[10] 不過，清代皇帝往往只閱讀前三名文章。[11] 清初，滿族皇帝不斷批評考官和考生輕忽策問，視為具文。雍正和乾隆皇帝常常對考試文章的重文傾向表示不滿，竭力勸勉士人多注重實際問題。[12] 翰林院核查 1760 年鄉試情況時發現，山西考官竟然沒有評定策問試卷等級，翰林學者們推測其他省分也有類似失檢問題。[13]

　　乾隆年間，翰林學者吳省欽（1729–1803）主持了幾次鄉試。1771 年，他為湖北鄉試擬定的策問題，要求考生概述科舉試策歷史，還提出了一長串問題要求考生作答。考官利用策問來宣揚他們的觀點，策答質量反而不再是關注重點。[14] 策題

251

8　陳仁錫輯：《皇明鄉會試二三場程文選》（1633 年白松堂刊本）。

9　《禮部題本》，1757 年 10 月 6 日，大學士陳世倌（1680–1785）奏請乾隆皇帝圈定武會試策題。

10　《禮部題本》，1757 年 5 月 9 日，大學士來保（1681–1764）奏請乾隆皇帝圈定殿試策論文前十名。

11　《禮部題本》，1775 年 4 月，殿試讀卷官奏章。另見加州大學洛杉磯分校特藏部 "Han Yü-shan Collection" 收藏的 1646–1904 年間殿試試卷。

12　《欽定磨勘條例》（乾隆刊本、1834 年刊本），卷二，頁七下至十三下、頁二一下至二五上。

13　《禮部題本》，1760 年 10 月 15 日，巡視山西的翰林院學士奏章。

14　吳省欽：〈乾隆三十六年湖北鄉試策問二首〉，收入李國鈞主編：《清代前期教育論著選》（北京：人民教育出版社，1990 年），下冊，頁 167。

往往超過 300 字,但策答,由於幾乎不影響最終排名,所以篇幅不會太長。有論者認為,考官只不過意在鼓勵考生對考官的觀點鸚鵡學舌。這種做法被稱為「重複熟悉的問題」、「自問自答」,也就是說,考官在提問的同時,又以組織該問題的措辭回答了問題。[15]

為了避免策答篇幅短於策題,1786 年增加了一項規定,要求策答不少於 300 字。十八世紀,策問成了朝廷與其翰院考官爭論的焦點。朝廷擔心像明末那樣出現違制的策問題,考官則試圖用他們的博學打動考生,進而影響其經學、文學品味。從歷史上看,考官的策題往往比考生的策答更有意思,因為策答短、策題長,策題可以讓我們看到考官的思想關注和變化的歷史語境。

252　　根據所掌握的珍貴的鄉試錄,我們可以重建明代應天府(南京)和清代浙江省(杭州)鄉試考官的策問範圍。明代應天鄉試錄保存了 1474–1600 年間共一百二十六年的 47 次鄉試策問,清代浙江鄉試錄保存了 1646–1859 年間共二百一十三年的 92 次鄉試策問。表 7.1 和表 7.2 總結了明清這兩個南方地區策問的出題概率和範圍。

15　見 Wejen Chang 張偉仁 , "Legal Education in Qing China," in *Education and Society in Late Imperial China,* ed. Benjamin Elman 艾爾曼 and Alexander Woodside 伍思德 (Berkeley: University of California Press, 1994), 294–295, 234–5n17–20.

表 7.1：明代鄉試策問的主題類別：應天府，1474–1600 年間，
策問 230 題，只取前十五名

排名	主題	出現頻率	出題概率
1	養才／用人	9.6	43.4
2	道學	8.3	37.5
3	太祖、成祖	7.4	33.5
4	治國	7.0	31.6
5	理財	5.7	25.8
6	君臣	5.2	23.5
7	國防	4.3	19.4
7	經學	4.3	19.4
9	法／刑	3.5	15.8
9	兵事	3.5	15.8
11	詩文	3.0	13.6
11	自然	3.0	13.6
13	史學	2.6	11.8
13	農政	2.6	11.8
13	風俗	2.6	11.8

數據來源：張朝瑞：《南國賢書》（1600 年左右刊本）

注：鄉試共策問五道題，出題概率是基於每道題主題各不相同這一假定來推算
　　的。如果五道題的主題相互關聯，那麼出題概率還會略高一些。表 7.1 和表
　　7.2 的大多數「主題」都沿用了中國的既有分類，但也作了一些補充，如「自
　　然」（natural studies），實際包括了傳統中國的天文、曆法和算學。「經學」與
　　表 7.2 中的「小學」（philology）無疑有重合之處，但這裡將二者區分開來，是
　　為了表明「小學」在晚期帝國後期的重要性與日俱增。

表 7.2：清代鄉試策問的主題類別：浙江省，1646–1859 年間，
策問 460 題，只取前十五名

排名	主題	出現頻率	出題概率
1	經學	14.1	63.7
2	養才／用人	10.7	48.4
3	理財	9.6	43.4
4	治國	7.8	35.3
5	史學	7.4	33.4
6	道學	6.1	27.6
7	詩文	5.1	23.1
7	吏治	5.1	23.1
9	小學	4.2	18.9
9	國防	3.8	17.2
11	法／刑	3.1	14.0
11	士習	3.1	14.0
13	農政	2.7	12.2
13	兵事	2.7	12.2
15	民生	2.2	9.9

數據來源：《本朝浙闈三場全題備考》（成書於 1860 年左右）

　　姑且不談南京和杭州重要的地區差異（二者都在同一地區）
和歷史差異（二者分處明清兩代），統計結果可以看出三大趨
勢：首先，從明到清，以「經學」為題的策問，其出現頻率（從
4.3% 增加到 14.1%）和出題概率（從 19.4% 增加到 63.7%）
都有所上升，在明代應天府鄉試中位列第七，在清代浙江鄉試
中位列第一。從明到清，以「道學」為題的策問，出現頻率明
顯下降，從第二降至第六。到了十八世紀，策問中的經學和史
學主題已經超過了「道學」主題，考慮到乾隆（1736–1795）、

253

嘉慶（1796–1820）年間「古學」和考證學的盛行，這個結果
並不意外。[16]

　　其次，以「歷史」為題的策問，從明代南京的第十三位，
上升到清代杭州的第五位，出現頻率從 2.6% 增加到 7.4%，出
題概率從 11.8% 增加到 33.4%。而且，清代浙江鄉試歷史策問
共 33 道題，其中只有 9 道題出現在 1646–1777 年間，其他 24
道題出現在 1777–1859 年間，也就是說，1777 年以來杭州考
官所出的歷史策問佔了 73%，這印證了十八世紀末史學的興
盛。此後由於太平天國運動，記錄中斷。1777–1859 年間，歷
史策問題的出現頻率僅次於經學。

　　第三，「自然」方面的策問，在明代南京鄉試中位列第
十一，出題頻率為 3%，但在清代杭州鄉試中未能排進前
十五，出題頻率只有 0.9%。這種程度的降幅表明，要麼是我
們通常以為十七世紀乃耶穌會士影響廣泛的時期的印象虛有其
表；要麼是清政府，尤其是清初，出於政治原因限制了天文、
曆法方面的策問。[17]

　　這裡，需要對上述這些初步結果加以說明。首先，江蘇、
浙江兩省即使不是晚期中華帝國的典型代表，也足以代表中國
南部和東南部最富庶的沿海省分，這些地區具備參加科舉考試
所需的財政、文化資源的精英家庭的出現頻率，高於華北和其
他省分。其次，需要重申的是，策問在清代的重要性遠不及明

16　Elman 艾爾曼 , "The Unraveling of Neo-Confucianism: From
　　Philosophy to Philology in Late Imperial China," *Tsing Hua Journal
　　of Chinese Studies,* n.s., 15 (1983): 67–89.

17　Willard Peterson 裴德生 , "Fang I-chih: Western Learning and the
　　'Investigation of Things,' " in *The Unfolding of Neo-Confucianism,*
　　ed. Wm. Theodore de Bary 狄百瑞等 (New York: Columbia
　　University Press, 1975), 399–400.

代，策答篇幅穩步縮減，第三場策問的重要性因此發生了變化，第一場的「道學」始終都是核心科目。考官和考生都明白，第一場考試才是決定最終排名的關鍵。

記住上面這兩點重要說明，我們就能理解為甚麼乾隆皇帝在 1750 年代和 1760 年代試圖恢復第三場策問的地位。總的說來，乾隆中期，排名前五的策問主題分別是：（1）政治經濟，（2）經學，（3）文學，（4）地理，（5）歷史，這一趨勢一直持續到 1900 年。早在十九世紀初，經學家孫星衍（1753–1818）就提議鄉試和會試策問應側重於這五個主題，這樣，「實學」——「考證學」的代名詞——才能在科舉考生中蔚然成風。孫星衍提倡的這些策問主題，強調的是士人在政府治理、古典研究、古學、本地地理和財政資源方面的技能。[18]

255

到了十九世紀，策問的格式和內容進一步穩定下來。1900 年改革以前，鄉試最常見的策問通常都有明確排序：（1）經學，（2）史學，（3）文學，（4）制度和經濟，（5）本地地理。順序和內容不是強制性的，也不一定要同時涵蓋這五個主題。但總體而言，治學、經世濟民和治道依然是最常見的策問主題。此外，制度問題也是考官的重要關注點。後見之明，我們知道漢學注定會在十九世紀超越十八世紀以「道學」為重心的宋學，成為佔主導地位的前沿學術話語，這也導致了晚清科舉考試科目的變化。

---

18 孫星衍：〈觀風試士策問五條有序〉，收入李國鈞主編：《清代前期教育論著選》下冊，頁 285–286。

明代策問中的考據學

清代「考證學」（evidential research）作為一種專門學問的概念，其根源始於明中葉。考證學源於十七世紀的主張仍被人低估，且被視為具有目的論性質。[19] 古典研究中的考證／考據（search for evidence）最初可追溯到十六世紀《大學》「古本」的相關爭論，王陽明基於《禮記·大學》原本，反對朱熹「四書」集注「外求」的「格物」觀。王陽明認為，心即理，「物理不外於吾心」。[20]

不過，明中葉以來，鄉試和會試考官就已開始注重用他們所說的「考據學」（reliable learning）來描述經驗證據的作用。早在 1445 年會試，考官就已用這個術語來形容策問第五題關於選賢任官的策答：「策有考據，善答所問，有識之士也。」[21]

1471 年廣西鄉試，「考據」成了衡量表和策問試卷的標桿。[22] 五篇最佳策答，其中四篇都是按照這個標準選出來的，考官無一例外地強調，這些策答之所以被評為最佳，是因為它們善於收集和辨析相關信息。策問第三題，考官董玘評價該科鄉

256

---

19 林慶彰《明代考據學研究》（臺北：學生書局，1984 年）強調了晚明時期的發展。另見 Adam Schorr, "Connoisseurship and the Defense against Vulgarity: Yang Shen (1488–1559) and His Work," *Monumenta Serica* 41 (1993): 89–128.

20 Ying-shih Yü 余英時, "Some Preliminary Observations on the Rise of Qing Confucian Intellectualism," *Tsing Hua Journal of Chinese Studies,* n.s., 11, nos. 1–2 (1975): 125; 林慶彰：《清初的群經辨偽學》（臺北：文津出版社，1990 年），頁 369–386。

21 《會試錄》（1445 年），收入《明代登科錄彙編》（臺北：學生書局，1969 年），第 1 冊，頁 347–349（策題）、438–441（策答）。

22 《廣西鄉試錄》（1471 年），收入《明代登科錄彙編》，第 3 冊，頁 1097–1098。

試第二名王時關於廣西地理的策答時說:「此策考據明白,文詞敷暢,宛如揖先正於堂上也,寧不為之起敬?」[23] 策問第五題,內容涉及作為「國家經常之計」的錢法,也是 1471 年廣西鄉試重「考據」的一個重要例子。三位考官將郭弘的策答評為最佳,清楚概括了這篇策答中他們所看重的實踐和制度方面的內容:[24]

> 鄔祥（湖廣長沙府湘潭縣儒學訓導）:答此策者率多臆說,殊無可觀,惟此篇考據精翔,且善於斷制,有識之士也。
>
> 張瑄（浙江嘉興府嘉興縣儒學教諭）:考究古之錢法沿革得失,節節明白,且處置得宜,可取。
>
> 單蒿（廣東南雄府保昌縣儒學教諭）:錢法一問,場中多窘,惟此卷獨能考古準今,末復歸之所司,允當。

1475 年會試,兩位主考官都是翰林學者,他們用「考據」來劃分五道策問的主題:(1) 君臣,(2) 人性,(3) 財用,(4) 風俗,(5) 地理。策問第二題,王鏊（1450–1524,見第二章）——會試第一,殿試一甲第三名——的策答被評為最佳,主考官徐溥（1428–1499）在批語中指出:「五策有考據,有斷制。」[25]

關於物質資源和人力資源的策題,謝遷（1450–1531）——後來力壓王鏊,成為該科殿試狀元——的策答被評為最佳,另

257

---

23 同上注,頁 1111–1112。
24 同上注,頁 1120–1121。
25 《會試錄》（1475 年）,頁九下至十七下、四八下。

一位主考官邱濬在批語中同樣也強調謝遷「通古學而不迂，陳時務而有據，有用之才也」。[26] 邱濬的仕途成就，以及他從「格物」的角度來論治國之道的重要著述，影響了十五世紀初的士人學問（「士學」），人們開始重新審視永樂年間以來備受推崇的「道學」（見第二章）。[27]

十六世紀的鄉試文獻反映了這一全國性的知識趨勢。「考據詳明」或「考據精詳」這類措辭成了明代考官向朝廷和考生闡明最佳策答文優點的慣用語。如 1535 年會試，常州著名學者薛應旂（1500–1575）名列該科會試第二，殿試取中三甲進士。其會試時所作八股文中，《孟子》文、《詩經》文均被列為最佳，[28] 而且，以文字學為主題的第三道策答也被評為最佳，足見其才學宏贍。鑑於文字學、訓詁學和古音韻學是清代考證學的三大領域，這裡我們有必要對這道策問稍作考察，以瞭解明代科舉考試中「考據學」的特點，及其與清代更成熟的考證學之間的區別。[29]

1535 年會試五道策問題的主要區別在於，它們有的注重制度史，有的強調以「考據學」和治國之道為基礎的實際知識

26　同上注，頁五三上。譯案：這是主考官徐溥的批語，邱濬對謝遷此文的批語是：「理財用人一策，取喻切而處置當，不當以場屋程文觀之。」

27　Hung-lam Chu 朱鴻林，"Ch'iu Chün (1421–95) and the 'Ta-hsueh yen-i pu': Statecraft Thought in Fifteenth-Century China" (PhD diss., Princeton University, 1983), 225–228. 另見 Hung-lam Chu 朱鴻林，"Intellectual Trends in the Fifteenth Century," *Ming Studies* 27 (1989): 1–16.

28　《會試錄》（1535 年），頁四下至六下、十四下至六下。

29　Elman 艾爾曼，*From Philosophy to Philology: Intellectual and Social Aspects of Change in Late Imperial China* (Los Angeles: UCLA Asian Monograph Series, 2001), 205–206.

（「時務」）。在這道文字學方面的策問題中，考官把經書視為古代帝王治國理念的寶庫，他們要求考生辨析古代經典從遠古早期（higher antiquity）傳播到遠古中期（middle antiquity）的各種書面形式，這個問題假定，只要回到起點（「還其初」），士人就能「復古」。[30]

在這篇被評為範文的策答中，薛應旂把不同的字體與古代的不同時期聯繫在一起，相較於清代文字學，他的觀點尚有不足之處（如他聲稱蝌蚪文先於大篆）。薛應旂認為，遠古早期，文字如蝌蚪，遠古中期，文字演變為大篆，到了經書定型的漢代，書面文字又演變為「古文」或「隸書」。因此，薛應旂認為，漢人許慎（？58-？147）首創的古文字字典對於復古而言至關重要，許慎概括的漢字「六書」造字法是理解經書文本發展史的關鍵。[31]

薛應旂認為，如果十六世紀的士人想要理解文字演變史如何有助於闡明經書發展史，並進而探明聖王著述的原文和原意，那麼，在明代類書所收前人文字學論述的基礎上展開專門討論就是必要的。他總結說：「欲就經而尋道，書必繫古，以證今之實，字可佐之矣。」[32]

七位考官在批語中一致認為薛文「意在復古」。同考官周文燭，浙江人，翰林學士，明確指出文字學問題與十六世紀明代考據學之間的關係：「該生精研古文字，此篇節節有考據。」[33] 和其他很多人一樣，薛應旂在「家塾私試」中已經演

---

30 《會試錄》（1535 年），頁十一上至十二上。

31 同上注，頁四六上至四八上。

32 同上注，頁四九上。

33 同上注，頁四五。

練過如何回答這些問題。[34]

　　1537 年，在浙江省寧波府附近的慈溪縣擔任知縣的薛應旂受命協理福建鄉試，也提出了類似的文獻學問題。他所出的策問題之一，重點強調了秦朝（前 221– 前 207）「焚書」以來經籍傳承的文本問題。他問道，在這種情況下，如何才能澄清經籍的真實性問題？釐清文獻傳承源流，再次被視為「復古」的手段。這裡，我們可以看到考官選任對科舉考試內容的影響，而十八世紀再次出現了這種趨勢。[35]

259

　　到了 1500 年，「考據」已經成了科舉考試的一個明確標準。晚明鄉試和會試考官常常按照這個標準來評閱策答。[36]這個標準，堪比衡量八股文的文學標準。儘管第三場考試在最終排名中不太重要，但策問依然是決定明代考生最終排名的一個重要組成部分。策問在明中葉科舉中的重要性，相當於「古文」之於宋代考試。[37]

　　明代策問所反映的「考據學」，可以與 1770 年代和 1780 年代《四庫全書》編纂者以「考證學」標準來衡量皇家圖書館所收著述時的學術自覺作一比較。清代編纂者衡量古典學問的標準在於其來源是否歷歷可考，強調學問嚴謹精確，以及對文獻學方法的運用。「考證之資」，是對那些被皇家圖書館抄錄的作品的最高讚美。[38]

34　薛應旂：《方山先生文錄》（1553 年蘇州刊本），卷二十，頁十二上至十五下。

35　同上注，卷二十，頁十六下至二一上。

36　《山東鄉試錄》（1489 年），見《明代登科錄彙編》，第 3 冊，頁 1460、1478，有兩篇策答按照「考據」的標準進行評閱；《湖廣鄉試錄》（1489 年），見《明代登科錄彙編》，第 3 冊，頁 1628。

37　《明萬曆至崇禎間（1595–1628）鄉試錄會試錄彙輯》（明末刊本）。

38　Elman 艾爾曼, *From Philosophy to Philology*, 100–101.

　　明代的「考據學」依然是「道學」道德哲學的附庸，清代的「考證學」則質疑「道學」作為古典學問典範的地位，二者有着重大區別。明代，治國之道與「考據學」的關係最為突出，「考據學」不特指文獻學或「小學」（textual studies），而後者是清代「考證學」的重點。例如，明代策問所強調的文字學，把薛應旂的文獻研究置於古典治國術的語境下。[39]明代文字學，以詞源學（「訓詁」）為輔，試圖探究字義演變；而清代「考證學」的新內容，則是對字音（特別是詩韻）的古今變化進行分類，這是重建古文字本義的更扎實的文獻學方法。

　　音韻學在明末開始成為獨立的文本研究領域，這一領域在十八世紀成熟繁榮，成了考證學的女皇，文字學和詞源學降格為輔助學科。[40]明代策問從未把古音韻學作為一門古典學科，即使有人高聲疾呼，也很快被忽略，作文才是重心。清代策問，音韻學主題更為常見，但隨着十九世紀末今古文之爭愈演愈烈，文字學又再次佔據了主導地位。[41]儘管如此，「考據學」在明代策問衡文標準中的作用，可以說是專門知識滲入科舉考試的第一階段，這些專門知識後來被稱為「考證學」。

　　同樣，史學、自然學和考證學領域的發展演變，也讓我們看到了十八、十九世紀考證學轉向的廣泛程度。和以往一樣，朝廷和官僚機構努力跟上時代步伐，收編王朝主流精英的觀點和利益。

39　如 1561 年應天鄉試中的文字學策問和策答，見茅維輯：《皇明策衡》，卷一，頁四八至五三上。

40　Elman 艾爾曼 , *From Philosophy to Philology*, 251–259.

41　Elman 艾爾曼 , *Classicism, Politics, and Kinship: The Ch'ang-chou School of New Text Confucianism in Late Imperial China* (Berkeley: University of California Press, 1990), xxv–xxx, 188–203.

明代策問中的自然學

　　北宋，考試風氣也滲入了醫學、法律、財政和軍事領域。據沈括（1031–1095）所載，皇祐年間（1049–1053）要求科舉考生撰寫有關天文儀的文章，他們雜用渾儀、渾象的典故，考官也不明白二者的區別，結果所有考生都被考官列為優等。[42] 南宋以後，只有武舉還像文舉一樣是常設制度。[43] 但法律、醫學和算學等技術領域也常見於唐宋考試，並被明代科舉沿用。[44]

　　異族統治時期（蒙元和滿清），相當數量的士人，再加上在兩年一次和三年一次考試中失敗的正常數量的士人，轉向了仕途以外的其他行業，如醫學。十八、十九世紀，當人口壓力意味着鄉試舉人和會試貢士也不太可能獲得一官半職時，很多士人開始轉而以教書和治學為生。下面，我們將會看到明代考

261

42　Joseph Needham 李約瑟等, *Science and Civilisation in China* (Cambridge: Cambridge University Press, 1954), vol. 3, 192.

43　Joseph Needham 李約瑟, "China and the Origins of Qualifying Examinations in Medicine," in *Clerks and Craftsmen in China and the West* (Cambridge: Cambridge University Press, 1970), 379–395; Robert Hartwell 郝若貝, "Financial Expertise, Examinations, and the Formulation of Economic Policy in Northern Song China," *Journal of Asian Studies* 30, no. 2 (1971): 281–314；Brian McKnight 馬伯良, "Mandarins as Legal Experts: Professional Learning in Song China," in *Neo-Confucian Education: The Formative Period,* ed. Wm. Theodore de Bary 狄百瑞 and John Chaffee 賈志揚 (Berkeley: University of California Press, 1989), 493–516.

44　張鴻聲：《清代醫官考試及題例》，《中華醫史雜誌》1995 年第 2 期，頁 95–96。

官如何通過策問自然現象來討論天文問題、推動曆法改革。[45]

（一）明人的自然學興趣

明代科舉考試要查考考生天文、曆法、「自然之學」方面的知識。元代以來，「自然學」（Natural studies）通常被歸入「格致」一類；格致，是「格物致知」（investigating and extending knowledge）的簡稱，直到二十世紀初才借用日語詞改稱「科學」。[46] 早期耶穌會士曾將亞里士多德的四元素說和德國科學家阿格里科拉（Agricola，1494–1555）的《論礦冶》（De Re Metallica）譯為文言文，分別題為《空際格致》（1633 年）和《坤輿格致》（1640 年），便是用漢語中現成的「格致」一詞來翻譯拉丁語中的 scientia（意為「專門化的知識」）。[47] 宋代

45　Robert Hymes 韓明士, "Not Quite Gentlemen? Doctors in Sung and Yuan," *Chinese Science* 7 (1986): 11–85; Jonathan Spence 史景遷, *To Change China: Western Advisers in China, 1620–1960* (Middlesex, UK: Penguin Books, 1980)；Joseph Levenson 列文森, "The Amateur Ideal in Ming and Early Qing Society: Evidence from Painting," in *Chinese Thought and Institutions,* ed. John Fairbank 費正清 (Chicago: University of Chicago Press, 1957), 320–341. 參閱 Elman 艾爾曼, *From Philosophy to Philology*, 102–137.

46　朱震亨（1282–1358）:《格致餘論》，收入《四庫全書・子部五・醫家類》，第 746 冊，頁 637。見 Angela Leung 梁其姿, "Transmission of Medical Knowledge from the Song to the Ming," in *The Song-Yuan-Ming Transition in Chinese History,* ed. Paul Smith 史樂民 and Richard von Glahn 萬志英 (Cambridge, MA: Harvard University Asia Center, 2003), 374–398.

47　見 Pan Jixing 潘吉星, "The Spread of Georgius Agricola's *De Re Metallica* in Late Ming China," *T'oung Pao* 57 (1991): 108–118；James Reardon-Anderson, *The Study of Change: Chemistry in China, 1840–1949* (Cambridge: Cambridge University Press, 1991), 30–36, 82–88.

出於安全考慮，以往的算學、天文著作被禁止出版，只有朝中司天監掌曆法的專業人士才有權掌握這些知識，儘管曆書實際上廣泛印行，很容易獲得。[48]

蒙古人統治時期放鬆了對這些領域的管制，但明初，永樂皇帝強調曆法和實學是官方士學，他下令 1404 年會試主考官解縉出題查考考生是否「博學」，這次會試從 1,000 多名考生中取中 472 人，任命他們擔任高級職務。更重要的是，經由這次會試，皇帝合法化了「自然學」，此後這方面的問題便經常見於明代科舉考試。[49]

明代，鄉試考生可能會遇到天文策問題，也就是說，全國有 5 萬 –7.5 萬名考生要準備回答這類問題。清代，這類策問題出現的可能性微乎其微。但處理天文、醫學、算學和其他專業技術問題的能力，是明末清初新興的新古典研究的重要手段。直到 1860 年，清代科舉考試才開始查考這方面的內容。[50]

262

（二）明代的曆學策問

明代，由於 1517–1518 年間幾次不準確的日月食預測，官

48　Lucille Chia 賈晉珠 , *"Mashaben:* Commercial Publishing in Jianyang, Song-Ming," in *The Song-Yuan-Ming Transition in Chinese History,* 284–328.

49　張弘道、張凝道：《皇明三元考》（1618 年後刊本），卷二，頁 3b 三下；焦竑、吳道南輯：《狀元策》（1733 年懷德堂刊本），頁十五上（「總考」）。

50　Yuan-ling Chao 趙元玲 , *Medicine and Society in Late Imperial China: A Study of Physicians in Suzhou, 1600–1850* (New York: Peter Lang, 2009)；Ping-yi Chu 祝平一 , "Technical Knowledge, Cultural Practices and Social Boundaries: Wan-nan Scholars and the Recasting of Jesuit Astronomy, 1600–1800" (PhD diss., University of California, Los Angeles, 1994).

員們意識到曆法和欽天監出了問題，但他們提出的補救措施，和以往一樣，只是要求補充新人員和加強欽天監的管理工作。欽天監不常多報日食，但經常漏報日食，這對王朝來說是不祥之兆。改革曆法體系本身，尚未提上日程。此外，由於欽天監中層人員聲望不高，其所處位置影響不了朝中的曆法討論。

曆法改革，亦即變更曆算體系，依然是朝廷的特權，通常由朝廷出面回應欽天監外人士的批評和建議。直到 1630 年代，由於接觸過耶穌會士的官員上疏皇帝和朝廷，建議對《大統曆》進行實質性改革，政府才同意聽取監督專員的建議或為欽天監招募新人才。這一政策也為明清朝廷接受耶穌會士充任曆法專家敞開了大門，就像唐、元統治者接納印度和穆斯林專家一樣。曆法是大問題，以至於當時的策問考試也以此為題。[51]

1525 年江西鄉試，考官出了一道「曆法」策問題。策問第一部分，考官要求考生詳細說明古人的制曆方法，因為「自古帝王之治天下莫不以治曆明時為首務」。[52] 接着，考官稱漢、唐、宋曆均以公元前 104 年的《三統曆》為先例，而《三統曆》以「曆元」為基礎計算「日法」和「積年」。考官問道：（1）為甚麼需要不時修訂曆法？（2）除了按舊法定期增加閏月外，現行曆法為甚麼還需以「歲差」作為常數？（3）為甚麼現行曆法在不確立「曆元」的情況下仍然比較準確，用了兩百年也無需修訂？

考生要充分瞭解數理天文學及其歷史才能回答這些問題，

---

51 Thatcher E. Deane, "The Chinese Imperial Astronomical Bureau: Form and Function of the Ming Dynasty 'Qintianjian' from 1365 to 1627" (PhD diss., University of Washington, 1989), 400–402.

52 茅維輯：《皇明策衡》，卷一，頁十九上；卷四，頁三二上。

而相關知識見載於王朝正史——特別是金史和元史，金元時期曾大改曆法[53]——以及偏重治國術的類書。《三統曆》以八十一分法為「日法」，一個朔望月為 $29\frac{43}{81}$ 日，「積年」為 143,127 歲，這樣一來，明代的朔望月常數 29.53086 日減去現代值 29.53059 日所造成的細微差異——相當於每 310 年只誤差一天——難免會隨着時間的推移而愈來愈大。[54]

後來的曆算系統只是簡單調整「日法」和「積年」，沒有意識到它們難以避免地造成了誤差。元代《授時曆》——明代《大統曆》(《大明曆》) 的藍本——徹底摒棄了這種算法。1280 年的《授時曆》改進了《三統曆》等曆法的算法，能夠更準確地測算一個太陽年，它基於精確的十進制常數，從 1279 年 12 月冬至日算起，不再以古代的「太極上元」為起首。既然起首沒有誤差，也就不太有必要修正算法。

作為常數的「歲差」，彌補了回歸年／太陽年 (太陽沿天球黃道運行，相繼兩次經過同一地點所需的時間，如兩個冬至日之間的間隔) 與恆星年 (太陽與同一恆星兩次排成一行所需的時間，與天球赤道有關) 之間的細微差異。從功能上看，「歲差」相當於西方天文學中的分點進動 (precession of the equinoxes)。「歲差」首次見於元代《授時曆》，因為元曆大致使用了球面三角法 (spherical trigonometry)，故此必須以新方式處理沿赤道運動與沿黃道運動之間的差異。

264

53　Nathan Sivin 席文, *Granting the Seasons: The Chinese Astronomical Reform of 1280, with a Study of Its Many Dimensions and a Translation of Its Records* (New York: Springer, 2009), 131–225.

54　茅維輯：《皇明策衡》，卷一，頁十九下至二三上。另見 Nathan Sivin 席文, "Cosmos and Computation in Early Chinese Mathematical Astronomy", *T'oung Pao* 55 (1969): 1–73, 特別見頁 12、19。

考生被告知（4）天體軌道不可見，只能根據日月交合而推知。考官問道，為甚麼《書經》、《詩經》和《春秋》中的日食只出現在每月的第一天（朔日，即日月相交之日），而漢以來，日食有時會出現在每月的最後一天？原因有二：首先，經書所記日期不準確；其次，漢以前，無論是觀測還是算法都不能精確推知日月相交（真正的新月）或日月食的時間。

策題第五部分討論了改進元明曆法的各種主張，因為就像以往的各種曆法一樣，元明曆法也必然會出現累積誤差：

> 古今論曆者，或曰有一定之法，或曰無一定之法，不過隨時考驗以合於天而已。若果有一定之法，則皆可以常數求，而修德格天之說為不足信；若果無一定之法，則不可以常數求，而考測推步之疏，為不足憑矣。是皆載諸史冊，斑斑可考，諸士子寧無究心於此者乎？[55]

這道策問沒有正確答案，但它觸及了中國天文學兩種推算方法長期存在的緊張關係：一是基於持續觀測和內插外推的推算方法，一是基於嚴格數學手段而無需持續更新數據的推算方法。[56]

其中一篇策答（考生姓名不詳）側重於大的理論問題。從文學的角度看，他的回答中規中矩，且熟知天文。我們不清楚還有多少同類文章像這樣博學多聞。考生開篇就是工整的對仗句：日月星辰亙古今而不變，「而曰無一定之法，吾不信也」；

55　茅維輯：《皇明策衡》，卷一，頁十九上。

56　Sivin 席文 , "Cosmos and Computation," 63.

日月星辰有盈縮遲留之不同，「而曰有一定之法，吾不信也」。
接著，他逐字轉引策題羅列的早期經籍，以評注的形式總結了
古代天文學知識，還給出了漢代「日法」和「積年」的精確數
值。此外，他還引用歷史文獻，包括天文學家、地理學家和經
學家杜預（222–284）的格言：「治曆者當驗天以求合，非為合
以驗天。」就此自然而然引出了他自己的答案：「天有不齊之
運，而曆拘一定之法，不知順天以求合故也。」[57]

考生對策題第二問的回答讓人印象深刻，因為他回顧了各
種技術及其相互關係。考生認為，曆法差異太過細微，古人難
以察覺，雖說《授時曆》是第一個掌握歲差的系統，但虞喜（約
四世紀初）以來的很多天文學家都對歲差進行了經驗修正。考
生羅列並準確概述了相關技術，認為前人的這些修正已將歲差
考慮在內，可見他真正理解了《元史》對《授時曆》淵源的相
關記載。[58]

考生也以同樣的方式一併回答了策題的第三、第四問。他
概述了確定日月交食時間的不斷改進。這些改進，再結合日月
運行變化算出中間值，於是 150 多年來都避免了誤差。這裡，
考生並沒有完全依賴《元史》記載，他還引述了明代的變更情
況。[59]

對於策題最後一問，考生就當前的討論簡短總結說：「愚
以為得其人則可，不得其人，恐未可輕議也。」這裡，他直接
引用《元史》記載，當時有人明確稱《授時曆》經受住了兩千
多年天象觀測（甚至包括中國境外地區）的考驗。這位考生不

266

57　茅維輯：《皇明策衡》，卷一，二一上至二二上。

58　《元史》（臺北：鼎文出版社，1982 年），卷五十二，頁 1130–
　　1131。

59　茅維輯：《皇明策衡》，卷一，二一上至二二上。

完全正確地總結說，有關《授時曆》精確度的說法肯定是錯誤
的。他認為，只要在觀測的基礎上糾正那些不應忽略的細微差
異，「歲差」的週期性誤差就不會影響曆算系統。他甚至還指
出，元代改曆時所用的精密天文儀器都載於史籍，可以加以仿
效（他不知道這些儀器是現存的，1421 年即已重新仿製）。[60] 作
為耶穌會士來華以前的一代人，這位考生主張重建 1280 年改
曆以來留給欽天監的觀測儀器。[61]

　　改曆和重建天文儀器的主張，很快便融入正統「道學」修
辭。這篇策答以轉引朱熹觀點結束，不再關涉數理天文學，重
點又落回到了王權：「王者修德行政，用賢去姦，能使陽盛，
足以勝陰，則月常避日而不食。」最後，考生按照慣例稱：「愚
也草茅下士，素無師傳，姑舉經史所載者云耳，而未敢以為然
也。」[62]

　　考生記誦經籍、憑記憶準確引用相關專業數據的能力讓人
印象深刻。此外，這位十六世紀的考生主張利用元代天文儀來
修正現行曆法，可見考官出這道策問題也是想為朝廷如何處理
頻繁出錯的《大統曆》提供一些參考意見。考生認為朝廷應依
靠專業儀器來改進曆法，但他的論述不是基於專業文獻，而是
以正史為依據，可見考官還想瞭解曆法在政治生活中的作用，
他們意識到了保證官方曆法準確性和及時更新的難度。

　　考官對這篇策答評價很高，不只是因為它細節精詳。文

60　Nathan Sivin 席文，"Science and Medicine in Chinese History,"
　　in *Heritage of China: Contemporary Perspectives on Chinese
　　Civilization,* ed. Paul S. Ropp 羅溥洛 (Berkeley: University of
　　California Press, 1990), 164–196, 特別見頁 175。

61　茅維輯：《皇明策衡》，卷一，頁二三上。

62　同上注，卷一，頁二二下至二三上。

章熟悉天文知識，思想正統得無懈可擊（如引用朱熹），在廣泛涉獵的基礎上綜合了傳統觀點，其修辭結構和平衡感也值得稱道。換句話說，這些天文方面的內容，與這篇討論道德或治理問題的好文章相得益彰。而這些天文方面的內容，又進而證明帝國正統的人文主義傾向儘管影響了科舉考生的教育，但卻並沒有真正妨礙科學、醫學、技術、統計、金融等等領域的知識。考生要想通過 1525 年江西鄉試，需要對專業性很強的文獻有過深入研究，並能大致記住這些文獻。

壓垮駱駝的最後一根稻草是 1592 年禮部指責欽天監預測月食誤差了一整天，只能重新安排禳解儀式，而且月、季、年的第一天的相關儀式也因此受到了影響。1595 年，精通算學的藩王朱載堉（1536–1611）提出了一種新曆法，題為《聖壽萬年曆》，試圖綜合元、明曆算體系，但他的綜合不是建立在新觀測的基礎上，並不能更精確地預測日月食，預測精確度應不超過一刻鐘（相當於 14 分鐘）。[63]

禮部從未驗證過朱載堉的新曆法。1596 年，王弘誨（1541–1617）對利瑪竇（1552–1610）提到了利瑪竇為改曆討論做出貢獻的可能性。1597 年，著有《古今律曆考》的士大夫邢雲路（1573–1620）認為明曆所定冬至日因誤差一天而錯亂了一整季。但欽天監監正張應侯上疏反駁邢雲路，稱曆法乃國家大事，不宜妄改。雙方的僵持為耶穌會士敞開了大門，他們可以從羅馬的公曆改革中獲得好處，並在 1600 年後引入改進明曆的新方法。[64]

---

63 《明史》（北京：中華書局，1974 年），卷三十一，頁 520；Thatcher E. Deane, "The Chinese Imperial Astronomical Bureau," 425–427.

64 《明史》，卷三十一，頁 527–528；Willard Peterson 裴德生，"Calendar Reform Prior to the Arrival of Missionaries at the Ming Court," *Ming Studies* 21 (Spring 1986): 54–55；Thatcher E. Deane, "The Chinese Imperial Astronomical Bureau," 421–433.

（三）古典學問與自然學的互補性

上面這個例子表明，如果假定古典學問與自然學相互對立，就會誤人不淺。同樣是精通天文曆法，士大夫和欽天監專家的文化聲望、社會地位卻有所不同。作為通曉古典正統的通才，明代官員獲得了最高的社會、政治和文化聲望，他們深知天文、算學、曆法是帝國禮儀制度的一部分，不反對弄清自然現象在治理中的作用。

通過科舉功名獲得相應官職的士人，理應成為道德榜樣。古典治國術的前提是古典學問與政治能力相結合。衡量這種政治能力，不在於士人是不是「自然學」專家，但其中確實涉及他們如何利用古典學問來理解天文、曆法在治理中的作用問題。在前面談到的那些策問題中，技術知識並不是最終目的，考官期望考生把技術知識置於聖王所傳的古典治道之中。

因此，自然學方面的策問僅限於政府治理領域，並按照經書進行討論，或至少是按照前人的傳注進行解讀。其他領域，如醫學和煉金術，不適合作為考試科目。重要的是，早期經籍討論了天文和算學問題，醫學和煉金術很晚以後才形成它們的「經典」。對這類策問的「錯誤」回答，說明考生沒能意識到任何試圖挑戰皇權的觀天測地方式都有異端意涵。

科舉考場上的策問和策答，使自然學成了正統體系的一部分。通過把自然學納入考試科目，通過提倡專門技術知識，考官成功地馴化了天文學和曆學。士人以這種方式被選為官員，因為他們知道，政治成功的道德條件要求專業知識附屬於「道學」，「道學」又通過科舉考試轉化為官僚權力。

從與社會、政治等級平行的現有文化等級的角度看，明政府認為古典通才理應關注自然學，正是因為自然學可以由此納入正統體系。專家，只要服從王朝正統及其法定代表，就是

文化、政治和社會等級體系的必要組成部分。在官僚機構中，士大夫與曆法專家共處，但卻擁有更高的政治地位、文化地位和社會聲望。因此，明代科舉考試之所以引人注目，不在於它策問的內容包括了自然學，而在於它成功地把自然學納入了政治、社會和文化再生產體系，這個體系確保了王朝、士人和「道學」正統的長期統治地位。

清初科舉考試中自然學的式微

相較於明代，清代自然學方面的策問很少見。例如，1660年代，山東鄉試考官策問天文，有考生對此一無所知，權以地理作答，自以為中舉無望，結果卻榜上有名，領卷時見考官批語稱：「題問天文而兼地理，可稱博雅之士。」[65] 過去，天文、地理是重合領域，但清初朝廷禁止策問天文曆法，切斷了二者的聯繫。此後，地理，特別是本地地理，在鄉試和會試策問中頻繁出現。[66]

出於政治原因，滿清統治者試圖壟斷曆法研究，因為這個專業領域充滿了很多不穩定因素，漢人、穆斯林和耶穌會士各有各的算盤。清初朝廷對科舉考試制度的調控（如 1644 年的大改和 1667 年的不改，見第八章）與當時耶穌會士和士大夫的改曆爭論（這在明清之際挑戰了正統文化體系）是有關係

270

65　徐珂：《清稗類鈔》（上海：商務印書館，1920 年），〈考試類〉，頁 65。

66　沈鎬（1649–1726）：〈序〉，《地學》（上海：掃葉山房石印本，1910 年）。

的，滿清朝廷擔心策問曆法會引發爭議。[67]

明王朝滅亡和滿清異族入主中原，為天文專家提供了機會，1685 年以前，他們得以擺脫從屬地位，挑戰信譽掃地的明代精英的政治權力。由於新朝希望盡快改曆以確立統治的合法性，天文專業知識沒有失去其文化重要性，對技術問題的關注一度壓倒了士人因精通古典學問而積累的文化差異。

直到 1680 年代清廷征服其政治、軍事上的敵人，清初數十年間的社會流動性才不復存在，身處政治、社會等級頂端的漢族士人和滿族精英再次維持了一種不穩定的平衡狀態（曆法專家——穆斯林、耶穌會士——則重又降至中間階層或幾乎跌至底層），並一直持續到十八世紀。在這個過程中，鄉試和會試幾乎不再策問自然學。到 1680 年代，在滿清朝廷的控制下，「西學」終於在朝中艱難地站穩了腳跟，自然學不再像明代那樣在科舉考試中有容身之地。歷史地理取代了被禁止的自然學，在清代科舉考試中作為可接受的領域而尤為繁榮，但耶穌會士的地圖繪製被朝廷視為禁區。

到 1715 年，康熙皇帝已禁止公開研究天象和曆法，因為它們關乎王朝合法性。1713 年，禁止所有鄉試和會試考官策問天文、樂律和算學。新近出版的天文、算學著作，皇帝聘請耶穌會士專家主持的宮廷項目，對考官和考生來說都是禁區。針對自然學的禁令，是朝廷試圖禁止公開討論天文學和吉凶星

271

---

67 Jonathan Spence 史景遷, *Emperor of China: Self-Portrait of K'ang-hsi* (New York: Vintage Books, 1974), xvii–xix, 15–16, 74–75. 另見 Chu Pingyi 祝平一, "Scientific Dispute in the Imperial Court: The 1664 Calendar Case," *Chinese Science* 14 (1997): 7–34; 黃一農：〈清初天主教與回教天文家間的爭鬥〉，《九州學刊》1993 年第 5 期，頁 47–69。

象的總體努力的一部分。[68] 後來，雍正皇帝改變了康熙朝政策，允許精通天文的宗室子弟就讀國子監。乾隆年間，無論是私下還是公開，士人都愈來愈注重天文和算學。[69]

歷史知識的角色變化

十六世紀考官策問歷史時，他們側重於宋人如何使歷史與「道學」的道德確定性相一致。考官以道德為由，抨擊那些效仿漢代史家司馬遷（前 145／135– 前 90）及其紀傳體的歷史學家，尤其是司馬遷還支持道教。在尊奉「道學」的明代考官看來，漢唐史學編纂推崇風格和語言，其作者卻見樹不見林。涉及編年體和紀傳體的區別時，考官經常要求考生闡明這兩種體裁的優缺點。在這種背景下，司馬遷被視為導致史學編纂偏離注重「褒貶」的編年體、轉向紀傳體的歷史學家。[70]

明人的策論文認為，在孔子以後，只有朱熹重新把握了王朝興衰的正統意涵。在明代策問中，「治統」（political legitimacy）與「道統」（legitimate transmission of the Way）存在歷史關聯，明代士人把「道統」追溯到孔孟。他們認為，無論是哲學研究還是歷史研究，漢以後的士人都迷失了方向，直到宋代，經學和史學才恢復了古人的道德視野。[71]

但是，在清代的歷史策問中，以往那種「道學」視野下的

68　席裕福纂：《皇朝政典類纂》（臺北：成文出版社，1969 年），卷一九一，頁七下至八上。

69　沈鎬：〈序〉，《地學》。另見 Elman 艾爾曼, *On Their Own Terms: Science in China, 1550–1900* (Cambridge, MA: Harvard University Press, 2005), 223–280.

70　茅維輯：《皇明策衡》，卷十三，頁十七上；卷七，頁五四上至五九上。

71　同上注，卷十二，頁十三上至十八下；卷十三，頁八三上至九十上。

史學編纂逐漸退居幕後，史學編纂的道德化變得不那麼重要。在這個過程中，司馬遷和班固（32–92）再次成為史家典範，因為他們撰寫了漢代最好的紀傳體史書。就像清代古典學者推崇漢代經學、懷疑宋明「道學」一樣，十八、十九世紀的「漢學」史家也更重視司馬遷（《史記》作者）和班固（《漢書》作者），而不是朱熹，因為司馬遷和班固都是注重史實的史家典範。[72]

清初考官在他們的經史策問中限制了「道學」的範圍。把朱熹視為歷史學家的現象明顯減少。史不再自動簡化為經，史學編纂也不再只是道德化史學編纂問題。但是，經也沒有完全簡化為史，歷史經典並未失去其重要地位。變化正在醞釀之中，但還要再過一個世紀，注重考證學的士人才會開始否認經的優先地位，並把經學融入史學。十七世紀末的歷史策問，考官更多講究歷史導向，更少持道德化立場。在這個過程中，清代考官們表達了當時士人看待歷史起源的共同立場：「《春秋》史之經，遷固史之祖。」明末將漢代史家剔除出正統史學編纂譜系的做法實際上已告結束。[73]

清中葉，浙江學者章學誠（1738–1801）提出「六經皆史」，這成了晚期帝國和近現代知識界最著名的口號之一。在章學誠的時代，經的無上地位受到了挑戰。十八世紀長江三角洲地區的著名學者如錢大昕、王鳴盛（1722–1798）、趙翼（1727–1814）等人，以史學取代經學，把史學置於士學的最頂峰。清初顧炎武（1613–1682）就已抱怨宋明史學因科舉考試過於重視文才和「道學」的道德化傾向而衰落，主張恢復唐代

---

72 《順天鄉試錄》（1831 年），頁四上至五上、六四上至六六下；《會試錄》（1685 年），頁十三上至十五上、七四下至七七上。

73 《會試錄》（1685 年），頁十一上至十三上。

那樣的歷史專科考試。[74]

　　十八世紀，經史之間的長期關係在正統士人中仍很重要，但隨着史學地位上升、與經學平起平坐，經學普遍性與史學特殊性之間的界限受到懷疑。這種懷疑也滲入科舉考試。著名考證學者盧文弨（1717–1795）充任1767年湖南鄉試主考官時，所出五道策問題就有一題要求考生重新思考經、史關係：「史之與經，異用而同源。《尚書》、《春秋》，聖人之史也，進乎經矣。後世祖之，分為二體，可得而析言之歟？」[75]

　　其他人則更進一步，聲稱經、史之間沒有區別。錢大昕認為，經書定型時期並不存在經、史的人為劃分，確切說來，漢亡以後興起的「四部」分類法，才第一次把經與史、子、集區分開來。因此，錢大昕不認為經重於史，二者都是復古的基本文獻。從當時的歷史背景看，章學誠頻繁被人援引的名言「六經皆史」，可以說反映了十八世紀士學受考證學影響而日漸史學化的發展趨勢。[76]

　　此外，「五經」中的《書經》和《春秋》，其形式和內容都帶有史書性質。鑑於1787年以前選擇以《書經》或《春秋》作為本經的考生人數相對較多（25%–27%），我們還可得出結論說，歷史一直都是科舉考試第一場的重要組成部分，即使從

74　顧炎武：《日知錄集釋》（臺北：臺灣商務印書館，1968年），卷十六，頁385–386（「三場」）、391–392（「史學」）。另見 Inoue Susumu 井上進：〈六經皆史說の系譜〉，收入 Ono Kazuko 小野和子編：《明末清初の社會と文化》（京都：京都大學人文科學研究所，1996年），頁535–585。

75　盧文弨：《抱經堂文集》（上海：商務印書館，1937年），卷二十三，頁327。

76　錢大昕：〈序〉，《廿二史考異》（上海：商務印書館，1935–1937年），頁1。

明到清，策問歷史的頻率在不斷增加。有 20% 左右的考生專
攻《書經》，另有 6%–7% 的考生專攻《春秋》。也就是說，約
四分之一的鄉試考生選擇以歷史性質的經書作為自己的本經。
人數不算少，但確實遠遠比不上以形而上學和宇宙論的《易經》
（30%–35%）或文學經典《詩經》（30%–35%）作為專經的考
生人數。

1750 年以後，歷史知識在古典研究中的新角色，印證了
從明到清科舉考試中策問性質的變化。晚期帝國考官所出的策
問，歷史研究佔了很大比例，這一趨勢在十九世紀進一步強
化。不僅如此，那些不以歷史為題的策問，大多也假定考生會
從歷史的角度答題，無論題目是制度、經學、河防、地方治
理，還是其他主題。總體而言，考證學對歷史研究的影響，反
映了十八世紀經學與史學之間變化的知識軌跡。晚清，史學逐
漸取代經學成為學術研究的主導框架。二十世紀初，經學徹底
衰落。1920 年代參與古史辯論的顧頡剛（1893–1980）等人，
都是在清代考證學影響史料辨析的背景下成長起來的，他們使
經書成了歷史研究的對象，而不是歷史研究的前提。[77]

清代策問中的古學

清中葉，長江三角洲地區的考證學者和藏書家利用城市商
業在稿本、古玩和珍本方面的優勢，精研經史之學。作為學術
話語的自覺領域，考證學在長江三角洲地區的穩步興起，其前
提是文獻學的中心地位：（1）判斷經史文本真偽，（2）追溯古

---

77 杜維運：《清乾嘉時代之史學與史家》（臺北：文史叢刊，1962
年），頁 13–48、99–121。

274

代經籍用語的詞源，（3）重建古漢字語音，以及（4）古文字研究。就像我們在本章中看到的那樣，這些趨勢發端於晚明，極盛於清。

明代「考據學」和清代「考證學」累積知識的議程，反映了整個華南地區古典學者在思想上和認識論上的重大轉向。考證學者傾向於回到手邊最原始的文獻——通常是漢唐時期的文獻——以重建古典傳統。漢代在時間上更接近經書的實際編纂階段，所以清代學者利用漢人著作（故 1820 年以後稱為「漢學」）來重新評估經書。這種轉向往往意味着排斥宋人著述（故稱為「宋學」），既因為宋代距離經書定型期超過了 1500 年，也因為很多清代學者相信朱熹、王陽明的「道學」信徒已不知不覺把異端學說納入了正典。[78]

古典學問（「經學」）方面的策問，從其內容上的變化可以看出與「古學」有關的文獻學成果對科舉考試體系的滲透程度。雖然考官查考的是考生的文化和政治忠誠，以此稱頌清王朝對古典學問的扶助，但探討如長期爭論不休的「古文」《尚書》文本方面的問題，要求考生以真才實學向考官證明自己熟悉經書真偽之爭。這種策問題，與其說是為了查考文化正統性，不如說是提出了具有潛在破壞力的問題，很可能危及正統「真理」。很多士人認為古文《尚書》中較為重要的〈大禹謨〉是中古時期的偽作，〈大禹謨〉包含了「人心」與「道心」的經典論述，而這些論述正是「治統」與「道統」理論得以構建

---

78 Elman 艾爾曼, *From Philosophy to Philology*, 28–38. 另見 Pingyi Chu 祝平一, "Ch'eng-Chu Orthodoxy, Evidential Studies and Correlative Cosmology: Chiang Yung and Western Astronomy," *Philosophy and the History of Science: A Taiwanese Journal* 4, no. 2 (1995): 71–108.

的基礎（見第一章）。[79]

像這樣重視文本問題，有人可能會認為是長江三角洲地區的獨特現象，因為那裡的學術群體是復興古學、把考證方法用於經史研究的先驅。但科舉考試中策問內容的變化是全國性的，這主要又是因為清廷任命的鄉試考官一般都出自長江三角洲地區，他們熟悉古典學者的最新研究成果。長江三角洲地區的考生在京城會試和殿試考試中一貫成績優異，最有可能進入翰林院和禮部（見第三章）。大多數鄉試考官都是從京城這兩個互有重合的官僚機構中選任的。1750 年以後，北方、西南和西北各邊遠省分的鄉試，都說明了長江三角洲地區士人考官所推動的學術變化的規模和範圍。

因此，十八世紀末和十九世紀初的策問，更多體現了帝國科舉考試所處的變動的知識背景。儘管會試第一、第二場的「四書」、「五經」文題大多數時候內容不變，且須遵循正統「道學」闡釋，但「古學」傾向通過第三場策問逐漸滲入了鄉試和會試。

1793 年會試，考官要求考生就孔子《春秋》四本正統傳注的爭議發表意見，尤其是《左傳》的真偽之爭，其作者左丘明一般被認為是孔子的嫡傳弟子。[80] 早前的 1792 年，朝中重臣紀昀則換了一種做法，他就宋人胡安國（1074–1138）的《春秋

---

79 Elman 艾爾曼, *From Philosophy to Philology*, 40–70.

80 《會試錄》（1793 年），頁四六上至五十上。清代「今文」學家利用西漢隸書文獻來挑戰「古文」學家，「古文」學家的觀點是基於據稱漢代發現的以「蝌蚪」文寫成的《左傳》，見 Elman 艾爾曼, *Classicism, Politics, and Kinship*, chapters 5–8。反對意見，見 Bernhard Karlgren 高本漢, *On the Authenticity and Nature of the Tso Chuan* (Gltesborgs, Sweden: Elanders Boktryckeri Aktiebolag, 1926), 3–65.

傳》上疏皇帝，認為官學課程應剔除這本宋人傳注，因為它距離《春秋》成書之日已過了 1500 多年。紀昀等考證學者認為闡發「道學」主題的胡傳已不合時宜。[81]

　　紀昀還認為，胡安國只是利用《春秋》來烘托他對北宋滅亡、宋廷南遷的看法（見第一章）。胡傳惡毒攻擊蠻夷，尤其是攻擊滿族的祖先金國女真人。乾隆皇帝強烈反對如此闡釋《春秋》，因為這會損害滿漢關係。就紀昀而言，他更推崇漢人所著的其他三傳，它們是康熙刊本《欽定春秋傳說匯纂》的重要部分，且在很多方面駁斥了胡傳。紀昀上疏後，乾隆皇帝立即作出反應，下令從 1793 年開始科舉考試棄用胡傳。這標誌着考證學在朝廷上的勝利。此後，其他三傳被視為正統，胡傳被人遺忘（見第八章）。[82]

　　鴉片戰爭（1839–1842）和太平天國運動以前，很多士人重新審視了他們的文化傳統和傳播本土價值觀的各種教育形式。這些新動向的累積效應最終體現在私人書院和省會、京城一級的科舉考試上。改革步伐開始以後，儘管科舉考試的風氣形塑作用（attitude-forming role）仍然處於中心地位，但其內容表達功能在十八世紀愈來愈受到重視。雖然統治者繼續要求考生展現他們對王朝的政治忠誠，擁戴道德正統和政治現狀，但道德正統已經出現了明顯的裂縫，這是士人致力於十八世紀考證學的結果。直到十九世紀末，人們才充分感受到這些古典

277

81　劉錦藻：《皇朝續文獻通考》（上海：商務印書館，1936 年），卷八十四，頁 8429。《春秋》傳注，除《左傳》外，還有《穀梁傳》和《公羊傳》。

82　劉錦藻：《皇朝續文獻通考》，卷八十四，頁 8429–8430。另見徐立望：〈駁清代今文經學復興源於上書房「講義」說〉，《復旦學報》2010 年第 5 期，頁 132–140。

學術震蕩的政治影響。[83]

　　十八世紀末、十九世紀初，朝廷考官意識到漢代對清代經史研究的貢獻。十九世紀初，作為更大的士大夫群體的代表，考官試圖結合漢學和宋學，從而在道德修養和古典學問之間取得平衡。「盛」清時期的考試科目改革，即本書最後所要討論的話題，成了不變的明清科舉考試體制的一個關鍵區別。從1384年明代科舉考試定型，到1756–1793年間「盛」清改革後最終確定考試科目，第一、第二場的古典知識從未發生過變化。滿族統治者使考試科目的討論變得對他們有利。

278　　我們有證據表明，1800以前科舉考試制度在內容和方向上經歷了重大的內部變革，儘管它依然是紳士—官員政治、社會再生產的關鍵政府體制。1850年以前，科舉考試制度雖然受到批評，但絕大多數中國士人依然認為科舉取士優於其他薦官渠道。我們將會看到，十八世紀下半葉，清王朝通過一系列重要的科目改革，跟上了時代的步伐。從乾隆年間到太平天國運動爆發，這些改革為科舉制度重新注入了活力。自北宋改革以來，還沒有哪個時期在改革科舉考試的古典課程方面付出過279　這麼多的努力。[84]

83　Chad D. Hansen 陳漢生 , "Ancient Chinese Theories of Language," *Journal of Chinese Philosophy* 2 (1975): 245–280.

84　李調元：〈序〉，《制義科瑣記》（上海：商務印書館，1936年，叢書集成初編本），頁一上至二上。

第八章　清廷與太平天國的科目改革

　　十八世紀末，在與長江三角洲和南方其他士人有關的考官的推動下，考證學滲透了全國科舉考試。乾隆年間，他們認為考證學是恢復古代經學的一種合法文本研究手段。與皇家圖書館有關的朝臣如紀昀等，也主張考試課程全用漢代典籍。從1740 年代開始，翰林院和禮部官員圍繞一系列挑戰了明初以來確立的古典課程的新舉措展開討論，結果是扭轉了科舉考試中「道學」對唐宋詩賦的貶斥。清代官員恢復了宋以前的一些考試內容，這些內容在元明時期曾一度被取消。

　　但十八世紀清廷的改革跟不上十九世紀日趨嚴重的人口問題和社會挑戰，這在太平天國運動中臻至頂峰，太平天國在1850 年代和 1860 年代差點掀翻了清王朝。太平軍在其所轄的長江三角洲地區以新的基督教化的道德觀念開科取士。這十年帶來的一系列社會、經濟和政治挑戰，十九世紀末清政府中的改革者也從未徹底解決。1895 年以後，西化和反滿情緒使人很難公允地看待與日漸落寬的經書正典聯繫在一起的考試體制。「道學」學說雖然從未被駁倒，但也越發無關緊要，「道學」與再生產它的考試制度，以及信奉它的士人精英一同沒落。

明清的連續性

　　1384–1756 年間的考試科目（見表 8.1），可以看出明清科舉考試形式有着明顯的連續性。明初以來，官學和各種公開考試的古典課程始終強調「四書」、「五經」和王朝正史。除永樂年間以來所用的「四書」、「五經」的「道學」注釋和各種性理著作外，康熙皇帝還將《性理精義》作為正統道德學說的便利綱要加以推廣。[1]

　　考生仍需寫作八股文，還需掌握程朱「道學」的正統闡釋。翰林學者會在為皇帝特設的「經筵」講論中談論自己對帝國正統的看法，經筵制度於 1655 年恢復。直到康熙年間，清廷都沿用明代的科舉考試體制。由於試文篇幅增加，讀卷官和考官的閱卷工作量也相應增加。雖然從明中葉到清代，大幅增加了閱卷人員，但閱卷量實在太大，無力關注第二、第三場試卷，正如我們在第七章中看到的那樣，策問往往被人忽視。[2]

表 8.1：1384–1756 年間鄉試和會試形式

第一場	第二場	第三場
1.「四書」（引文三段）	1. 論	1. 策問五道
2.「五經」（每經引文四段）	2. 詔誥表	
	3. 判語	

注：1787 年以前，考生需擇一經專攻。

1　《清史稿》（北京：中華書局，1977 年），卷一〇八，頁 3101、3147。

2　李調元：《淡墨錄》，收入《函海》（1881 年刊本），卷一，頁十八下至十九上；卷二，頁三上、三下至四下。

另一個變化是清代增加了京城、省會、地方三級考試的頻率。從 1659 年開始，滿清朝廷不時開設「恩科」，慶祝新皇即位或帝后生日。絕大部分「恩科」出現在 1736 年乾隆皇帝即位以後，他在位的六十年間，共舉行了七次「恩科」考試，以此優待士人。有時候，這種特權也擴大到鄉試和地方考試。清代共舉行會試 112 次，其中 24% 為「恩科」，共取進士 26,747 人，比明代多 2,153 人（8.7%）。[3]

士人與官員圍繞考試改革的爭論：1645 − 1750 年間

早在 1645 年，就有漢族文官上疏奏請鄉試和會試減少八股文篇數。有人還主張第二場「於論表外，增用詩，去策改用奏疏」。代理年幼的順治皇帝處理朝政的攝政王不准奏請，要求謹守明代制度、注重「道學」闡釋。[4]

清初，朝廷立場保守，但持異議的明遺民對科舉不滿的聲浪愈來愈大。1657 年順天鄉試，考官認為考試科目應與時俱進，但元明以來裹足不前，且不切時務。甚至還有考官策問如何改革考試科目。後來，乾隆年間，朝廷開始了前所未有的科目改革。[5]

3　據文朵蓮（Iona Man-cheong）統計，清代共開「恩科」25 次，恩科進士共 5,555 人，佔清代進士總人數的 21%。見 Iona Man-cheong 文朵蓮, *The Class of 1761: Examinations, State, and Elites in Eighteenth-Century China* (Stanford, CA: Stanford University Press, 2004).

4　徐珂：《清稗類鈔》（上海：商務印書館，1920 年），〈教育類〉，頁 52–53。

5　《陸子遺書》（1900 年左右陽湖刊本），卷一，頁一上至二下。

（一）私人著述對考試文章的看法

1645 年，長江三角洲學者陸世儀（1611–1672）主張改革八股文。他和明末批評家黃淳耀（見第六章）都關注科舉考試。很多明遺民反對滿族統治，但他們無力阻止清廷通過科舉籠絡士人、選拔效忠新朝的漢官。傾心「道學」的陸世儀在其私人著述中主張改變考題和考試形式，但不是全面改革考試制度。[6] 他的基本立場是：明代科舉過於注重八股文，忽視論和策問，書本知識淪為文學才華的附庸，只注重撰寫形式主義文章，期望得到考官的青睞。[7]

陸世儀認為各級考試都應加以改革：鄉試和會試兩場已足敷用，詔誥表判無甚用處，第一場考「四書」、「五經」以「明道」，第二場策問「時務」以決定最終排名，治水、天文等專業領域也應成為考試科目的一部分，這樣才能選出博學多識之人。[8]

刁包（1603–1669），1627 年舉人，清兵入關後隱居不出。在面向士人群體的私人著述中，他把「實學」的衰頹歸咎於考試文章的廣泛影響。他認為，「實學」以「實文」為基礎，如無「實文」，聖人的「實術」就會湮沒，被不切實用的浮華文章所取代。他呼籲徹底廢除八股文。[9]

明遺民也把他們對科舉考試教育缺陷的憂慮帶到了清代。很多清初士人，如算學家梅文鼎（1633–1721），就把明王朝

6　黃淳耀：《陶庵詞》（1676 年嘉定刊本），卷二，頁四十下至四二上；陸世儀：《思辨錄輯要》（南京：江蘇書店，1877 年），卷五，頁七上。

7　《陸子遺書》，卷一，頁一上至二下。

8　同上注，卷一，頁三上至五下；卷五，頁八上。

9　刁包：〈廢八股興四子五經說〉，收入李國鈞主編：《清代前期教育論著選》（北京：人民教育出版社，1990 年），上冊，頁 14–16。

滅亡歸咎於科舉考試的重文傾向。[10] 顧炎武在其廣受讚譽的《日知錄》（首次刊刻於 1670 年）中用了兩卷篇幅檢討明代科舉的各個技術環節，全面批評了它的運作機制。[11] 顧炎武認為整個選拔制度充斥着不公、欺詐和偏私，其主要特點是像警察一樣監視並恫嚇考生，無益於學問：「今日考試之弊，在乎求才之道不足，而防奸之法有餘。」[12] 黃宗羲在其私下流傳的《明夷待訪錄》（成書於 1633 年）中感歎說：「取士之弊，至今日制科而极矣。」他轉引朱熹的科舉之法後補充說，考生的最後排名也應同樣重視策問，國家還應借鑑以往的薦舉制度，有才之士能為考試制度增光，但考試本身的價值值得懷疑。[13]

　　清初士人也對科舉考試持同樣態度。大多數人認為，明末八股時文已流於形式主義訓練。[14] 魏禧（1624–1681）作於 1645–1663 年間的〈制科策〉三篇，主張考試以策問為重，為此，策問應從第三場移置第一場，並廢除八股文，這樣，科舉

10　梅文鼎：〈王先生八十壽序〉，收入李國鈞主編：《清代前期教育論著選》中冊，頁 73–74。另見賀長齡輯、魏源等編：《皇朝經世文編》（臺北：世界書局，1964 年，據 1827–1873 年間刊本），卷七，頁一上至十三上。

11　顧炎武：《日知錄集釋》（臺北：臺灣商務印書館，1968 年），卷十六、卷十七，頁 376–418。

12　同上注，頁 383–384、385–386、406–407。

13　賀長齡輯、魏源等編：《皇朝經世文編》，卷七，頁一，八。另見 Wolfgang Franke 傅吾康 , *The Reform and Abolition of the Traditional Chinese Examination System* (Cambridge, MA: Harvard East Asian Monograph, 1960), 20–22；Wm. Theodore de Bary 狄百瑞 , "Chinese Despotism and the Confucian Ideal: A Seventeenth-Century View," in *Chinese Thought and Institutions,* ed. John K. Fairbank 費正清 (Chicago: University of Chicago Press, 1957).

14　邵長衡：〈擬江西試策一・時文〉，收入李國鈞主編：《清代前期教育論著選》中冊，頁 144–146。

考生就必須熟悉政事及其歷史變遷，實用之學將取代空疏的作文練習。魏禧認為，明末取士制度選拔出來的官員未能盡其職守。[15]

（二）鰲拜改革

事實證明，士人的這些討論不只是說說而已。清廷自1645年以來按照明代模式舉行了六科鄉試和會試，到了1663年，以鰲拜（1610？–1699）為首的代理年幼的康熙皇帝主持朝政的攝政王們開始呼籲改革科舉考試。同一年，魏禧完成了他的長文〈制科策〉。清廷突然廢除了八股文。在地方童試和歲試、科試中，策問和論取代了「四書」、「五經」文題。

1657年順天鄉試醜聞，以及南方的其他腐敗和逃稅案件，讓攝政者對科舉考試心生憎惡。朝廷試圖控制1661年江南奏銷案所涉長江三角洲地區士人的努力，堪比明太祖朱元璋通過南北取士定額來控制其蘇州敵人的努力（見第一章）。鰲拜等攝政者乃軍人出身，他們也對單純以文取士表示懷疑。反諷的是，他們的改革很大程度上聽取了明清之際倖存的持不同政見的士人的建議。表8.2清楚說明了滿清治下很多漢族官員的影響，如魏裔介（1616–1686），廢除八股文的主要倡導者。1659年，魏裔介倡導改革「論」文。他希望考官從欽定的《孝經衍義》中選擇「論」題，而不是繼續像明代那樣，只從宋代

---

15 賀長齡輯、魏源等編：《皇朝經世文編》，卷七，頁四下至六上。
另見 Arthur Hummel 恆慕義 , ed. *Eminent Chinese of the Ch'ing Period*, 847–848.

「道學」家的聖王論述中選擇「論」題。[16]

表 8.2：清初 1663 年改革後的鄉試和會試形式（1667 年廢除）

場數	題數
第一場	
1. 策問	五道
第二場	
1.「四書」	論一篇
2.「五經」	論一篇
第三場	
1. 詔誥表	一篇
2. 判語	五條

注：1. 試文不用「八股文」格式；2. 第二、第三場合併考試；3. 取消「專經」。　　　*285*

　　1663 年的改革廢除了八股文體，「四書」、「五經」只考一題，並被降至第二場，其重要性被削弱。考生需就「四書」、「五經」分別撰寫一篇「論」文。鄉試和會試第一場考試就此面目一新。為了強調政府政策和政治制度方面的實際問題，鰲拜等攝政者同意了禮部將五道策問題置於第一場的請求。第三場考詔誥表一篇、判語五條。《孝經》「論」題被取消，但以後還會再次恢復。[17] 除了兩年一次的地方考試外，1664 年和 1667

16　Lynn Struve 司徒琳 , "Ruling from Sedan Chair: Wei Yijie (1616– 1686) and the Examination Reform of the 'Oboi' Regency," *Late Imperial China* 25, no. 2 (December 2004): 2–3, 10, 16.

17　1664 年和 1667 年會試糊名朱卷原本，藏於臺灣中央研究院「明清檔案」，洛杉磯加利福尼亞大學東亞圖書館藏有抄本。

年會試，以及 1666 年鄉試都照此改革。[18]

這些新舉措在較為保守的漢人中引發了軒然大波，1667–1668 年間康熙皇帝親政後，很快就廢除了這些改革。可以理解，很多按照嚴苛的明代模式準備考試的漢人覺得這些舉措影響了他們付出的經濟成本和刻苦記誦。其他人則認為，只要考試制度基於「言名」而不是「行實」，就不可能完美無弊，需要改革的不是文章格式，而是能夠衡量考生「行為」的選拔制度。[19]

很多人認為這些改革背叛了長期以來的「道學」正統。鰲拜等攝政者是不是聽取了漢官魏裔介的建議並不重要（魏裔介的建議受到了禮部官員的重視），這些官員的改革思想代表不了士人主流，士人主流才是年輕皇帝試圖安撫的對象。1665 年，禮部侍郎黃機（1686 年卒）上疏主張恢復明代的三場取士制度：

286

> 今止用策論，減去一場，似太簡易。且不用經書為文，人將置聖賢之學於不講，請復三場舊制。[20]

為避免滿漢之間出現破壞性的文化衝突，康熙皇帝恢復了八股文。1663 年的改革舉措被廢除，1669 年再次恢復了三場考試的明代模式。雖然漢人改革派足以說服攝政者，但卻說服

---

18 陶福履：《常談》（上海：商務印書館，1936 年，叢書集成初編本），頁 36。

19 李因篤（1631–1692）：〈用人〉，收入李國鈞主編：《清代前期教育論著選》中冊，頁 57–58。另見 Arthur Hummel 恆慕義，*Eminent Chinese of the Ch'ing Period*.

20 《清史稿》，卷一〇八，頁 3149。另見李調元：《淡墨錄》，卷一，頁十。

不了漢人群體本身。康熙皇帝支持的士人依然熱衷於將八股文視為衡量文化素養的準繩。[21] 考試制度雖然有諸多缺陷，但卻成功發揮了政治、社會和文化功能，這些功能被十七世紀的批評家所低估，康熙皇帝則巧妙地加以利用。政治選拔只是考試拼圖（puzzle）中的一塊，其他兩塊拼圖則是鞏固社會地位和維護「道學」正統，大多數地方紳士、商人或軍人家庭都不願意挑戰這兩塊拼圖。清廷很快就理解了明代文化體制何以具有長期優勢，這種文化體制有助於改善滿漢關係。[22]

　　漢族士人主張取士制度重策問、輕文章，清廷試圖滿足這些要求時卻面臨了難以克服的困難，這幅圖景看起來很不協調。1664–1667 年間的改革失敗，與二十世紀中國民族主義者經常批評的滿人利用科舉考試和八股文來控制漢人的說法背道而馳。滿族統治者實際上比明代統治者更有改革意識，他們像過去的漢族、女真、蒙古統治者一樣明智，深知考選文士有助於政治、社會控制，哪怕其知識成果貧瘠無用。[23]

　　不少人意識到以文取士的局限性，但仍然辯稱八股文是展現「道學」正統的有價值的形式。他們認為，明末的問題在於經義文被功名心腐蝕，被異端邪說破壞，但這不是文章形式本身的錯。朱熹信徒認為廢除八股文將會削弱「道學」的影響。1685 年清廷統治鞏固以後，很多程朱信徒不再批評八股文，

287

21　見李國鈞主編：《清代前期教育論著選》中冊，頁 81–83、85–86、279–280。另見 Arthur Hummel 恆慕義, *Eminent Chinese of the Ch'ing Period*, 283–285.

22　李調元：《淡墨錄》，卷一，頁十。

23　Ch'ien Mu 錢穆, *Traditional Government in Imperial China: A Critical Analysis*(《中國歷代政治得失》), trans. Chün-tu Hsueh 薛君度 and George Totten 陶慕廉 (Hong Kong: Chinese University of Hong Kong Press, 1982), 134–137.

因為它們對維護「道學」正統起到了關鍵作用。[24]

1670 年代康熙皇帝完全掌權後，明確表示現有的科舉取士之法不夠完善，但他也深知，不可控因素太多，不可能「盡廢」考試制度。[25]1687 年，禮部停考「詔」、「誥」，鼓勵研習「五經」，但由於士人抗議，這次改革很快結束。直到 1756 年才又開始這方面的改革。

圍繞「論」的改革也是如此。1690 年，禮部回歸明代模式，再次強調「道學」，主張採用「性理」、「太極圖說」等宋人著述。1723 年，「論」題棄用《孝經》引發騷動，迫使禮部仍復其舊。1736 年，御史李徽上疏奏請將《孝經》增入「四書」，以「五書」配「五經」。但這份奏疏被擱置，因為《孝經》有今古文之爭，特別是當時日本傳本《古文孝經》從長崎回流寧波。1757 年，圍繞「論」題的討論再次出現。[26]

（三）雍正年間和乾隆初年的改革嘗試

雍正皇帝和繼任的乾隆皇帝都對科舉考試的重文傾向感到不滿。1728 年，雍正皇帝同意禮部以第二、第三場考試成績取士的請求，並補充說，考官不應只重第一場的八股文而犧牲

---

24 見李國鈞主編：《清代前期教育論著選》中冊，頁 11–13、25–27、193–196、213–240。

25 康熙：〈鄉舉里選解〉，收入李國鈞主編：《清代前期教育論著選》中冊，頁 244–245。

26 《清史稿》，卷一〇八，頁 3149–3150。另見 Norman Kutcher 柯啟玄 , *Mourning in Late Imperial China: Filial Piety and the State* (New York: Cambridge University Press, 1999)；Elman 艾爾曼 , "Qing Learning and *Koshogaku* in Tokugawa Japan," in *Sagacious Monks and Bloodthirsty Warriors: Chinese Views of Japan in the Ming-Qing Period,* ed. Joshua Fogel 傅佛果 (Norwalk, CT: East Bridge Press, 2002), 158–182.

最後一場的策問。早前鰲拜主政時期廢八股的做法再次受到歡迎。[27]1732 年，雍正皇帝抱怨，由於考官只重第一場文章，所以考生對治國、時務這些重要問題漠不關心。就像他試圖改革教育官員一樣（見第六章），他也未能改變考試的重文傾向。[28]

在翰林院的支持下，雍正皇帝成功地為殿試進士創設了另一種考試。1723 年，翰林院開始「朝考」，高等第的殿試進士要經過「朝考」和排名後才能進入翰林院，而以往「准翰林」考試是在殿試進士進入翰林院後才舉行的。[29]儘管對文辭考試持保留意見，雍正皇帝還是要求「朝考」考各種文學體裁，包括寫作一首五言八韻詩。這是元代以來第一次把詩歌納入公開考試，是 1757 年鄉試和會試考詩的先聲。後來的嘉慶皇帝（1796–1820 年間在位）減少了「朝考」的作文篇數。反諷的是，雍正皇帝成功地把翰林院定義為文學院。重新關注詩歌，難免讓人想到唐代的翰林院。[30]

儘管公私領域對八股文的批評與日俱增，但幾乎沒有採取任何具體措施來回應對「時文」缺乏新意、不切實際的指控。不斷有人呼籲注重策問、關心時務。但乾隆初年的 1738 年，輿論又出現了新轉向。[31]這次不是漢族士人私下討論科舉制度的運用和濫用問題，而是兩位滿族重臣——大學士鄂爾泰（1677–1745）和兵部侍郎舒赫德（1710–1777）——就是否廢

---

27 徐珂：《清稗類鈔》，〈考試類〉，頁 11。

28 《欽定磨勘條例》（乾隆刊本、1834 年刊本），卷二，頁七下至十下。

29 陶福履：《常談》，頁 25；楊學為等主編：《中國考試制度史資料選編》（合肥：黃山書社，1992 年），頁 351。

30 章中如：《清代考試制度》（上海：黎明書局，1931 年），頁 38–41。

31 見 1738 年霍備奏疏，收入《皇清名臣奏議》（約 1796–1820 年刊本），卷三十五，頁二十上至二二上。

除科舉持不同立場。[32]

精通經籍的舒赫德 1744 年奏請徹底廢除制義文，理由有
四：首先，「時文徒空言，不適於用」；其次，謄卷原本是為了
匿去考生姓名，結果卻使得考卷在各房「輾轉」，讓考官給出
取巧和空洞的批語；第三，考生只專一經，只需數月時間，他
們就能掌握篇幅最短的經書的所有可能文題，從而提前準備好
文章；[33] 最後，第二場的表、判也可以提前擬作，而第三場的
策問尤其敷衍塞責。舒赫德認為，「遴拔真才實學之道」需要
進行改革。[34]

鄂爾泰是軍機處成員，曾監理 1742 年會試，在會試錄
中，他維護了制義文的重要性。[35]1744 年，作為首輔，他向乾
隆皇帝承認，每個人都知道問題所在，每個人都知道應該改革
取士制度，但沒有人能提出替代方案；接着，他回顧了唐以來
對制義文不切實用的各種批評。鄂爾泰承認，歷朝歷代都意識
到了這個問題，但沒有哪個朝代能夠提出解決方案。[36]

1744 年南京江南鄉試，考官向 1.3 萬名考生提出了改革問
題。策問第五題，考官詢問考生如何看待他們正在參加的這種

---

32 賀長齡輯、魏源等編：《皇朝經世文編》，卷七，頁十三上至十四
上；黃光亮：《清代科舉制度之研究》（臺北：嘉新水泥文化基
金會，1976 年），頁 308–309；Arthur Hummel 恆慕義, *Eminent
Chinese of the Ch'ing Period*, 601–603, 559–551.

33 顧炎武：《日知錄集釋》，頁 386–387。

34 李調元：《淡墨錄》，卷十三，頁七；梁章鉅：《制義叢話》（臺北：
廣文書局，1976 年，據 1859 年刊本重印），卷一，頁四；賀長齡
輯、魏源等編：《皇朝經世文編》，卷七，頁十三上至十四上。

35 〈序〉，《會試錄》（1742 年），頁一上至四上。

36 李調元：《淡墨錄》，卷十三，頁七下至十下；梁章鉅：《制義叢
話》，卷一，頁四下至五下；賀長齡輯、魏源等編：《皇朝經世文
編》，卷七，頁十四上。

考試的形式。[37] 在中舉的 126 人中（通過率不到 1%），來自安徽的二等貢生胡承福的策答被評為最佳，且收入鄉試錄呈送北京。胡承福重點論述了八股文在明代科舉考試中的作用，還談到了那些支持八股文的人的立場，但他也補充說，支持者的言論中有其黑暗的一面：

> 人知文以載道，[38] 不知文以晦道。人知修辭立其誠，不知修辭飾其偽。理法雖如此，科場取士亦或背其初衷，不亦明乎？（意譯）

290

儘管如此，胡承福總結說，八股文不應為科舉考試的所有過錯背上罵名。他還認為，第二、第三場考試題目也應該強調「實學」。[39]

1744 年舒赫德與鄂爾泰的分歧也從軍機處延及殿試。1745 年殿試，乾隆皇帝或其代筆者所出的策問，也要求考生回答科舉考試的歷史演變。皇帝將 313 名考生參加的這次考試視為公開論壇，要求這些闖入決賽者告訴他，文而優則仕是否現實可行。皇帝希望確保「政事與學問非二途」。[40]

狀元錢維城（1720–1772）的策答披上了正統「道學」外衣：「臣聞道以定國，道全於經。」學問與修心應並駕齊驅，所取之士必須基於他們是否通「經術」。[41] 榜眼莊存與（1719–

---

37 《江南鄉試錄》（1744 年），頁二二上至二三下。

38 James J. Y. Liu 劉若愚, *Chinese Theories of Literature* (Chicago: University of Chicago Press, 1975), 114, 128.

39 《江南鄉試錄》（1744 年），頁七四上至七六上。

40 焦竑、吳道南輯：《狀元策》（1733 年懷德堂刊本），卷八，頁五〇三。

41 同上注，頁五〇四上至五〇九上。

1788）則在策答中強調長治久安無外乎「以造士為本，擇賢為基」。他轉引蘇軾、朱熹對科舉試詩賦的看法，總結說，甚至朱子也希望改革這個體制，而不是廢除它。莊存與在宮廷辯論中站在了鄂爾泰陣營。[42]

乾隆皇帝在這次公開辯論中聽取了雙方觀點，最後總結說：

291

> 將見數年之後，士皆束身詩禮之中，潛心體用之學，文風日盛，真才日出矣。然此亦特就文學而言耳。至於人之賢愚能否，有非文字所能決定者，故立法取士不過如是，而治亂盛衰初不由此，無俟更張定制為矣。舒赫德所奏，應毋庸議。[43]

雍正年間，軍機大臣張廷玉（1672–1755）反對廢除八股文。1743 年，他加入鄂爾泰陣營，反對舒赫德廢八股的主張。乾隆皇帝問他如何看待舒赫德奏疏，他承認舒赫德所言的科舉積弊屬實，但改革過於激進。[44] 鄂爾泰是 1664 年廢除八股文的攝政王鰲拜的兒子，反諷的是，鄂爾泰在乾隆初年維護的

---

42 同上注，頁五〇九上至五一三上，特別是頁五一一上至五一二上。

43 賀長齡輯、魏源等編：《皇朝經世文編》，卷七，頁十四上。譯案：這段文字出自禮部對舒赫德廢八股奏折的復議，全文見李世愉、胡平：《中國科舉制度通史・清代卷》（上海：上海人民出版社，2017年），下冊，頁 713–714。

44 〈國朝張廷玉先生年譜〉，收入劉師培主編：《歷代名人年譜大成》（清末稿本，無頁碼）。張廷玉對舒赫德奏疏的批駁，見李國鈞主編：《清代前期教育論著選》中冊，頁 315–317。另見徐珂：《清稗類鈔》，〈考試類〉，頁 11。

以文取士的考試制度，正是他父親改革未遂的那種制度。[*]最終，鄂爾泰的觀點佔了上風。

（四）1740 年代討論的後果

乾隆皇帝並未就此罷休，他的官員們不斷通過禮部提出建議，要求改革科舉取士制度，很多時候他都准其所奏。從明初到清末，乾隆年間是科舉制度改革最活躍的時期。[45]1736–1755年間，皇帝頒布了多條諭旨，涉及考試制度帶來的文學、經學和社會問題。在很多方面，他都有技巧地平衡了正統「道學」的要求與新興的考證學潮流。乾隆皇帝還多次稱「空疏」的制義文腐蝕了漢族士人和滿洲旗人。[46]

在 1740 年代－1750 年代的考試改革討論中，乾隆皇帝試圖安撫論辯雙方，當時漢學和宋學的支持者日趨兩極化。例如，1730 年代末，皇帝不再像以往那樣重德輕文，他同意方苞奏請編選出版明清「四書」制義文集作為古文正宗（見第二章）。[47]但 1742 年，皇帝又再次強調道德品格的實跡方面。[48]1751 年，他通過保薦渠道遴選優秀士子 50 人擔任公

292

---

[*]　譯案：鄂爾泰的父親是鄂拜（生卒年不詳），曾任國子祭酒。

45　1738–1750 年間主張改革科舉的奏疏，見《皇清名臣奏議》（約1796–1820 年間刊本），卷三十五，頁二十上至二二上；卷四十六，頁五上至十一上、一上至四上。

46　1736–1788 年間乾隆諭旨，見李國鈞主編：《清代前期教育論著選》下冊，頁 2–17。科舉考試中新興的漢學傾向，見徐珂：《清稗類鈔》，〈考試類〉，頁 41。

47　乾隆皇帝關於方苞文集的論令，見李國鈞主編：《清代前期教育論著選》下冊，頁 2–3。見 Arthur Hummel 恆慕義, *Eminent Chinese of the Ch'ing Period*, 236.

48　《欽定大清會典事例》（臺北：中華書局，1968 年），卷三八三，頁十九上。

職，並再次強調經略重於文才。[49]1769 年，禮部奏請對學政三年任滿時薦舉的品行優異的考生舉行特殊考試，皇帝很快就批准了這一請求。[50]整個 1750 年代，乾隆皇帝都竭力倡導關注實際問題。[51]

改革問題也廣泛見於科舉策問。例如，1754 年殿試策問，乾隆皇帝就在倒數第二部分（共五個部分）提出了這個問題。狀元莊培因（1723–1759），莊存與之弟，其策答便是基於皇帝認為經義文源出六經的看法。儘管策題和策答都沒有暗示考試科目正面臨重大改革，但莊培因的策答確實表明，明代經義文和唐宋詩賦都可以用來滿足經學之需。[52]

1754 年的榜眼王鳴盛（1722–1797）的策答也談到了這個問題。他概述了宋元以來經義文的文學轉向，作為傑出的考證學者和歷史學家，他強調有識之士總是試圖扭轉腐化的文學潮流，使之轉向更實質性的問題。他想說的是，當今的八股文也應該通過「正文體」而回到經義文的根源，即闡發「正學」。

293　從 1754 年殿試策答可以看出，科目大變革——發端於 1740 年代的討論——已呼之欲出。[53]

首先，1756 年，科舉考試取消了表判和「論」，這本是第二場考試的核心；1659–1723 年間，「論」的內容曾多次變改，但最後仍復其舊。只過了一年，1757 年，因為反對派上疏，「論」又被恢復。1757–1758 年間保存下來的相關奏疏表明，

49　李調元：《淡墨錄》，卷十四，頁一上。

50　《欽定大清會典事例》，卷三八三，頁二三上。

51　《欽定磨勘條例》，卷二，頁七下至十三下、二一下至二五上；《文闈鄉試例案》（1832 年刊本），頁四上至五上、二十上至二二下。

52　焦竑、吳道南輯：《狀元策》，頁五六九上至五七六下。

53　同上注，頁五八九下至五九〇上。

1758 年山西監察御史吳龍見（1694–1773）主張恢復「論」題，
因為其對「道學」和帝國正統至關重要。

　　吳龍見明確把「論」與「道學」聯繫起來，這意味着科舉
考試取消「論」題是乾隆年間考證學者偏重時代更早的「五經」
的普遍做法的一部分。明代和清初，鄉試和會試「論」文寫得
最好的考生，其「四書」文往往也排名較高。1654 年以後，
「論」文排名與最終排名的相關性開始減弱。[54] 主張取消「論」
題的人認為，如果不重《孝經》，「論」便一無是處；吳龍見則
認為「論」題關乎王朝的道德基礎，如果取消「性理」（即康
熙皇帝御製並在 1715 年頒行的《性理精義》）「論」題，就會
喪失宋儒的正統學問，危及清王朝的文化合法性。他懇請皇帝
支持「道學」，將「論」置於已被精簡、更受人重視的第一場
考試。乾隆皇帝同意了這一折中方案，將「論」移置第一場。[55]

從改革到維持：1750－1850

　　從 1756–1757 年間開始，372 年來一直保持不變的鄉試和
會試形式發生了巨大變化。這些變化在 1759 年成為了定式。[56]
第一場依舊為「四書」文題，但為了順應「古學」的興盛，並
考慮到專經名額，「五經」文題被移出第一場，成了第二場的
重點，「五經」的位置被宋儒「性理」論題所取代，論題從過

294

---

54 《禮部題本》，1758 年 4 月 26 日。

55 同上注。

56 《浙江鄉試錄》（1759 年），頁七上至八上。

去的第二場提前到第一場。[57] 第二場除「五經」外，考生還需考五言八韻律詩一首。和以往一樣，策問仍置於第三場。[58]

1760 年代，策問與八股文並重的嘗試不太成功，但乾隆皇帝下令考官參照方苞編選的《欽定四書文》，編刊 1756–1762 年間鄉試最佳策問文集，以突顯策問的重要性。但總的說來，相較於「四書」、「五經」，策問在清代始終都只是裝點門面而已。[59]

（一）十八世紀的詩歌復興與古典主義

「五經」和唐詩的復興，顛覆了重「四書」和八股文的傳統「道學」體制。隨着「古學」復興，特別是宋以前士人著述和傳注形式的復興，人們愈來愈意識到詩歌和美文在唐宋科舉考試和知識生活中的作用。宋以來的考試文章，在十八世紀中葉出現了劃時代的變化。儘管心存顧慮，1750 年代，乾隆皇帝主張在考試中加試詩歌，1760 年則下令將律詩納入官學課程。[60]

清廷逐漸削弱了元明考試科目中的一些關鍵要素。[61] 首先，

57　朱彝尊（1629–1709），見賀長齡輯、魏源等編：《皇朝經世文編》，卷七，頁十上。另見 Elman 艾爾曼 , *From Philosophy to Philology: Intellectual and Social Aspects of Change in Late Imperial China* (Los Angeles: UCLA Asian Monograph Series, 2001), 82–84.

58　李調元：《淡墨錄》，卷十四，頁十二上。

59　劉坦之編校：《近科全題新策法程》（1764 年刊本）。

60　《欽定大清會典事例》，卷三八二，頁六下。

61　Elman 艾爾曼 , "The Transformation of the Civil Service Curriculum between 1250 and 1400 and the Role of the Yuan Dynasty in Classical Studies," in the *Conference Volume on Yuan Dynasty Classical Studies,* organized by Lin Qingzhang 林慶彰 et al.（臺北：中央研究院中國文哲研究所，2000 年），23–69.

改革派考官對論、表、判提出了質疑。接著，詩歌被視為衡量文才的準繩。清代很多支持「道學」正統的傳統主義者在回顧1756–1757年間的詩歌改革時，認為這是一個長達四十年的過程的開始，這個過程把科舉考試轉變為趨時的文學品味競賽，最新的詩文風尚佔據了主導地位。章學誠認為，這取代了以往科舉考試對「實學」的強調。[62]

詩歌是唐代進士考試的關鍵，故此在士人中成為了一種特殊體裁。唐以後，「古詩」和「律詩」都失去了其在科舉考試和士人生活中的特殊地位。但在清代士人看來，正因為它們在元明「道學」時期失去了特權，其「美學純正性」（aesthetic incorruptibility）才得到了保證，因為它們更接近古代，未受宋代佛教滲透的影響。[63]

1756年，五言八韻律詩正式成為必考科目，於1757年會試率先開始實施，接著擴大到1759年鄉試。[64]最初，詩歌考試被置於第二場，取代了表、判，就像四個世紀以前「道學」鼎盛時期表、判取代詩歌一樣。如表8.3所示，1758年，地方科試也要求試律詩，1760年，這一要求進一步擴大到地方歲試和童試。

62　章學誠：《章學誠遺書》（上海：商務印書館，1936年），卷二十九，頁五四上。

63　Kondo Mitsuo 近藤光雄：《清詩選》（東京：集英社，1967年），頁9–35；王鎮遠：《清詩選》（臺北：樂群文化有限公司，1991年）。參閱 Pauline Yu 余寶琳, "Canon Formation in Late Imperial China," in *Culture and State in Chinese History: Conventions, Accommodations, and Critiques,* ed. Theodore Huters 胡志德 et al. (Stanford, CA: Stanford University Press, 1997), 83–104.

64　李調元：《淡墨錄》，卷十四，頁十一下至十二下。另見 James J. Y. Liu 劉若愚, *The Art of Chinese Poetry* (Chicago: University of Chicago Press, 1962), 26–29.

表 8.3：清中葉（1757–1787）鄉試和會試科目改革

場數	題數
第一場	
1.「四書」 2. 論	引文三段 引文一段
第二場	
1.《易經》 2.《書經》 3.《詩經》 4.《春秋》 5.《禮》 6. 律詩	引文四段 引文四段 引文四段 引文四段 引文四段 一首
第三場	
策問	五道

　　為便於考生盡快適應新科目和聲韻規則，出版商增加了韻書的發行量。借助詩歌類蒙書中的對字、對詞課程，年輕男孩（和女孩）學習寫作對仗的五七言律詩。這些變化是唐宋詩歌作為衡量文化素養的可驗證標準而重新引起人們興趣的一個明顯標誌。十年間，出版和再版的唐宋詩集數量不斷增加。除重印明人「詩話」外，清代學者也編纂了幾部新「詩話」。[65]1756年以後，考試改革派擺好了架勢。那些支持提升詩歌在考試中的地位的人，讓詩歌取代了第二場的表、判；那些支持「論」的人，則成功把「論」題移置第一場。在這次鬥爭中，捍衛「論」成了捍衛「道學」本身。「古學」學者更重視唐詩，因為

65　郭紹虞：《清詩話》（上海：上海古籍出版社，1963 年）；郭紹虞：〈序〉，《清詩話續編》（上海：上海古籍出版社，1983 年），頁 1。

它與宋以前的古典學問聯繫在一起；他們試圖削弱直至最終取消「論」題。

律詩韻律與音韻學領域的興盛發展密切相關，也促進了詩歌的盛行，而音韻學是十八世紀考證研究中的文獻學女王。清代考證學者的研究議程，架構在試圖重建漢字本義的詞源學、古文字學和音韻學的基礎之上。這些文獻學思潮的一個副產品就是充分認識到詩歌，特別是律詩，對於復古的重要意義。[66]

（二）廢除專經

1756 年以後，儘管增加了一道詩題，但古典學者仍不滿意考生選擇專攻篇幅較短的經書，而將其他經書特別是《春秋》和《禮》擱置一旁。例如，1765 年，四川滿族總督上疏報告四川鄉試 60 名舉人的專經情況：《易經》14 人（23%），《書經》13 人（22%），《詩經》21 人（35%），《禮》和《春秋》9 人（15%），通「五經」的只有 3 人（5%）。這份奏疏強調，儘管 1756 年改革將「五經」移置第二場，但仍有必要鼓勵士人研習冷門經書。[67]

繼 1787–1792 年間要求輪流查考位列「五經」之末的《春秋》後，1792 年邁出了專經政策改革的最後一步。經學方面的要求顯著提高，與清代考試競爭程度的加劇相一致（見表 8.4 晚清 1793–1898 年間的考試科目）。中國的人口現實——改革考試的要求，一定程度上也是針對這一現實——意味着隨着應

66　Elman 艾爾曼 , "From Value to Fact: The Emergence of Phonology as a Precise Discipline in Late Imperial China," *Journal of the American Oriental Society* 102, no. 3 (July–October 1982): 93–500.

67　《禮部題本》，1765 年 9 月 5 日，來自四川的一份奏疏。見 Elman 艾爾曼 , *A Cultural History of Civil Examinations in Late Imperial China* (Berkeley: University of California Press, 2000), chapter 5.

試考生人數的不斷增加，考試也加大了難度，中式率幾乎讓人望而生畏。直到太平天國運動以後，朝廷才開始考慮增加取士名額。[68]

從 1793 年開始，鄉試和會試第二場，考官從「五經」中各擇一段引文要求考生作答。考官認同「古學」重「五經」的新思潮，他們論證過去的學者如何通曉「五經」，而不是只專攻一經。到 1787 年，「道學」在科舉考試中的地位往往引發爭議。[69]

表 8.4：清代（1793–1898）鄉試和會試科目改革

場數	題數
第一場	
1.「四書」 2. 詩	引文三段 一首
第二場	
1.《易經》 2.《書經》 3.《詩經》 4.《春秋》 5.《禮》	引文一段 引文一段 引文一段 引文一段 引文一段
第三場	
策問	五道

「古學」倡導者仍不滿意。錢大昕在其私人著述中建議把「四書」重新移回第二場，第一場首考「五經」。他認為，經過

---

68 李調元：《淡墨錄》，卷十六，頁十上至十二上。
69 《廣東鄉試錄》（1794 年），頁九上至十下、三六上至三九下。

四百年的科舉考試，考官所能選擇的「四書」文題，其每段引文都有現成文章，考生可以只讀這些被廣泛印行的文章而不讀「四書」原文，而「五經」篇幅較長、難度較大，則不易出現這種情況。[70] 同樣，常州考證學家孫星衍（1753–1818）也上疏主張在考試課程中增加漢唐注疏，以補充明初「三部大全」所收的宋人注釋（見第一章）。這兩項建議都沒有付諸實踐。[71]

不過，北京的「古學」群體輕而易舉就改變了另一個領域的考試課程，1792 年，時任禮部尚書的紀昀奏請廢除宋人胡安國的《春秋傳》（見第七章）。但紀昀的勝利也不徹底。「古學」成功挑戰了「四書」地位，所有考生都需研習「五經」，但地方、省會和京城三級考試的最終排名仍然獨重「四書」。考官逐一評閱考生的五篇「五經」文，結果削弱了每篇文章在排名時的重要性。而「四書」文，則是作為一個整體進行評閱的。儘管如此，朝廷對經學的折中態度使得乾隆朝的改革在官僚機構中穩住了陣腳，調停了漢、宋兩派。

相較而言，嘉慶（1796–1820 在位）、道光（1820–1850 在位）年間，朝廷對改革科舉考試課程興趣不大。嘉慶皇帝倒是特別關心程序問題。[72] 不像雍正、乾隆年間那樣由統治者一馬當先，現在是那些主張經世致用的激進士人帶頭回溯與考試體制有關的討論。乾隆皇帝對科舉考試的思考總能領先士人一步，但他的繼任者們在面對高漲的士人聲音時卻只是滿足於維

299

70　錢大昕：《十駕齋養新錄》（臺北：廣文書局，據 1804 年版重印），卷十八，頁十五下至十六上。

71　孫星衍：〈擬科場試士請兼用注疏折〉，收入李國鈞主編：《清代前期教育論著選》下冊，頁 278–279。

72　Seunghyun Han 韓承賢, "The Punishment of Examination Riots in the Early to Mid-Qing Period," *Late Imperial China* 32, no. 2 (December 2011): 133–165.

持這個體制的正常運作。嘉慶、道光年間，朝廷巨細無遺地應對選拔過程中的各種違規行為，如取士定額、試卷評閱、如何處理落第試卷等等。儘管朝廷意識到科舉考試的一個重要方面是不時自內審查制度、使之從外部獲得可信度，但朝廷還是任由士人主導這些問題。[73]

（三）十九世紀初的改革呼聲

鑑於組織管理上的噩夢（見第六章），嘉慶、道光朝廷側重於確保科舉考試如期舉行，這本身也是不小的成就。乾隆皇帝留下了自上而下的改革政策，但其十九世紀初的繼任者則謀求改善考場中日益嚴重的腐敗現象，他們把腐敗視為現實，將之合理化，不得已而力爭有所得。朝廷把人們對科舉功名的渴求，視為募集資金應付戰事和其他突發情況的獨特機會。[74]嘉慶和道光皇帝更關心如何減輕地方生員和童生的政治、法律壓力，而不是促進古典研究。很多士人捲入了越發激烈的漢宋之爭，有人呼籲全面綜合古典研究中的這兩個極端。很多人建議科舉考試策問時兼重漢學和宋學。但直到太平天國運動，也沒有考慮過改革考試科目。[75]

梁章鉅的名著《制義叢話》影響了十九世紀初士人的看

---

73 陳元暉主編：《中國近代教育史資料彙編：鴉片戰爭時期教育》（上海：上海教育出版社，1990 年），頁 57–76、414–434。另見 Elman 艾爾曼, *Classicism, Politics, and Kinship: The Ch'ang-chou School of New Text Confucianism in Late Imperial China* (Berkeley: University of California Press, 1990), 298–306.

74 Elisabeth Kaske 白莎, "Fund-Raising Wars: Office Selling and Interprovincial Finance in Nineteenth-Century China," *Harvard Journal of Asiatic Studies* 71, no. 1 (2011): 69–141.

75 Ori Sela 石敖睿, "Qian Daxin (1728–1804): Knowledge, Identity, and Reception History in China, 1750–1930" (PhD diss., Princeton University, 2011), 223–227.

法。此書收錄了明清取士制度的大量原始文獻，[76] 書中很多條目由於被收入民國初年徐珂（1869-1928）的《清稗類鈔》而廣為傳播。這些對具體考試經歷的詳細記載，使清代士人和民國知識界看到了考場的嚴酷現實（如火災、騷亂等），以及很多考官的恣意專斷。[77] 福建著名漢學家陳壽祺（1771-1834）的名文〈科舉論〉抨擊考試科目不切實際，他轉引朱熹和晚明作家歸有光（1506-1571）的看法，談到了一代又一代士人如何為了科舉功名而埋頭致力於制義文。一千年來，錯就錯在始終把取士制度與文學才華聯繫在一起。不過，在陳壽祺監理的 1804 年廣東鄉試和 1807 年河南鄉試的「後記」中，他都沒有提及這些方面的憂慮，也沒有公開建議進行重大改革。[78]

　　十九世紀初的其他活躍士人，如包世臣（1775-1855）、龔自珍（1792-1841）、魏源（1794-1856）等，認為清政府如果想要應對政務衰落問題，就應該採取更為積極的治國方略。[79] 他們批評考試制度要對貧瘠的學術環境負責，身在這個環境中的士人很少關注王朝面臨的實際問題。包世臣，貧寒學者，十三次考進士不中，科舉功名僅止於舉人，他指出，考試制度本應吸引人才到政府任職，但卻只看重實用性值得懷疑的

300

76　梁章鉅：《制義叢話》，卷二十二，頁一上至十八上。

77　徐珂：《清稗類鈔》，卷一，頁 1–178。

78　陳壽祺：《左海文集》（約 1796–1849 年間刊本），卷三，頁二二上至二五上；卷一，頁二五上至二八下。

79　我曾討論過和珅（1746–1799）對從 1780 年代到 1800 年代初「論」的影響，見 Elman 艾爾曼，*Classicism, Politics, and Kinship*, 275–306. 另見 Daniel McMahon 米丹尼 , "Dynastic Decline, Heshen, and the Ideology of the Xianyu Reforms," *Tsing Hua Journal of Chinese Studies,* n.s., 38, no. 2 (2008): 231–255；Wensheng Wang 王文生 , *White Lotus Rebels and South China Pirates: Social Crisis and State Retreat in the Qing Empire* (Cambridge, MA: Harvard University Asia Center, 2013), chapter 5。

文學和經學。他在私人著述中呼籲改革，主張廢除八股文，重視策問時務。[80]

會試多次落第的龔自珍，把自己的失敗歸咎於取士制度只重細枝末節。和龔自珍一樣，魏源是常州派學者，借《春秋公羊傳》表達反對和珅（1750–1799）的異見（見第七章），他遲至五十歲時才考中進士，私下抱怨說政府部門缺乏他這樣有實際才幹的人，因為取士制度不重視行政事務。文學和經學是士人生活的支柱，但在王朝的統治能力面臨前所未有的威脅時，它們所能提供的幫助卻十分有限。[81]

儘管怨聲載道，儘管和珅的時代已告結束，但道光朝在1820年代並未在以往改革的基礎上採取任何行動。1835年，有御史奏請以五道策問題中的一題策問法律知識，並且設為定制，但朝廷沒有批准這一要求，儘管鄉試和會試有時也策問刑法。[82] 由於十九世紀初朝廷沒有意願主動改革考試科目，包世臣、魏源等主張經世致用的學者便轉而研究其他制度問題，如

301

80　見陳元暉主編：《中國近代教育史資料彙編》，頁414–417；Arthur Hummel 恆慕義, *Eminent Chinese of the Ch'ing Period*, 610–611. 另見 William Rowe 羅威廉, "Rewriting the Qing Constitution: Bao Shichen's 'On Wealth' *(Shuochu),*" *T'oungPao*98, nos. 1–3 (2012): 178–216。不過，對於包世臣的明清「憲制」說，羅威廉過分簡單化了1780年代到1820年代治國論的多樣性。另見 Wang 王文生, *White Lotus Rebels,* chapter 5；徐立望：〈駁清代今文經學復興源於上書房「講義」說〉，《復旦學報》2010年第5期，頁132–140。

81　陳元暉：《中國近代教育史資料彙編》，頁417–430。見 Elman 艾爾曼：〈乾隆晚期和珅、莊存與關係的重新考察〉，《復旦學報》2009年第3期，頁59–63、140。

82　《清史稿》，卷一〇八，頁3151–3152；劉錦藻：《皇朝續文獻通考》，卷一，頁8448。

經濟、糧食貿易和黃河水利。[83] 其他人，如日後的太平天國運動首領洪秀全（1814–1864），在考試市場上失去希望後，採取了遠比改革更為激進的立場，作為客家人，漢人中的少數群體，他呼籲推翻滿清王朝。

太平天國與新考試：1850－1864

太平天國運動期間，清政府在很多省分舉行的地方考試和鄉試被迫取消。早在 1852 年，因為太平軍的軍事威脅，效忠滿族王朝的湖南官員就請求推遲鄉試。[84] 更嚴重的是，由於太平軍定都南京，1859 年長江三角洲各省停止了科舉考試，江蘇考生被要求前往浙江參加鄉試，安徽考生則在該省未受影響的地區參加鄉試。浙江省會杭州有三科鄉試受到了影響，從 1860 年開始停辦，1865 年部分恢復，到 1869 年才徹底恢復正常。明以來長江三角洲地區考生一直壟斷科舉考試，經過太平天國運動的破壞後，該地區的考生在全國考試競爭中不再獨佔鰲頭。長江中游的湖南和東南部的廣東等省成為會試貢士的考生愈來愈多。

83　Iwo Amelung 阿梅龍, *Der GelbeFluss in Shandong (1851–1911)* [The Yellow River in Shandong, 1851–1911] Wiesbaden: Harrassowitz, 2000); Randall A. Dodgen, *Controlling the Dragon: Confucian Engineers and the Yellow River in Late Imperial China* (Honolulu: University of Hawai'i Press, 2001)；Robert J. Antony 安樂博 and Jane Kate Leonard 李歐娜, eds., *Dragons, Tigers, and Dogs: Qing Crisis Management and the Boundaries of State Power in Late Imperial China* (Ithaca, NY: East Asia Program, Cornell University, 2002).

84　《清政府鎮壓太平天國檔案史料》（北京：社會科學文獻出版社，1992 年），頁 318、334。

302

　　不過，太平天國控制下的地區舉行了由新統治者設計、由地方軍事長官監理的文武科舉，這也可以看出考試的重要性。[85]洪秀全及其高層將領很多都未能在清廷入仕，他們深知科舉考試對提高太平天國政治合法性、為地方士人敞開官場大門的重要性。[86]1851–1853 年間，太平天國開科取士，分地方、省會和京城三級，對清廷的考試制度作了不少改動，如不設取士定額，中式的可能性比較高，考生報考時也無需提供家庭背景資料。太平天國治下的 1854 年湖北鄉試，1,000 名考生錄取了 800 多名，而清廷鄉試的正常取士率只有 1%–5%。此外，會試，清廷每三年一次，太平天國則每年一次，大概是希望盡快用自己人取代清廷的地方官員。[87]

　　有文獻稱女性也首次參加了專門的科舉考試，如果此說屬實，那就是前所未見的。[88]但大多數太平天國文獻都沒有提到這種考試，而且，據稱女性參加的考試級別較高，那這種考試應以級別較低的考試為前提，但後者沒有文獻記錄。儘管如此，太平天國確實加強了女性教育。[89]一開始，洪秀全也不太確定應該以哪種形式開科取士。在為慶祝他生日而舉行的特科考試時，他下詔徵求主考官的意見：

85　徐珂：《清稗類鈔》，〈考試類〉，頁 171–178；商衍鎏：《太平天國科舉考試紀略》（北京：中華書局，1961 年），頁 24–25。

86　Vincent Shih 施友忠, *The Taiping Ideology: Its Sources, Interpretations, and Influences* (Seattle: University of Washington Press, 1972), 42–43.

87　簡又文：《太平天國典制通考》（香港：簡氏猛進書屋，1958 年），頁 263–278；Shih 施友忠, *The Taiping Ideology,* 98–99.

88　徐珂：《清稗類鈔》，〈考試類〉，頁 177–178。

89　商衍鎏：《太平天國科舉考試紀略》，頁 74–80；酈純：《太平天國制度初探》（北京：中華書局，1990 年），下冊，頁 574–575、632–640。另見簡又文：《太平天國典制通考》，頁 263–278。

　　科舉取士充滿了危險，我一直都不滿意這種方式。立國之初，百廢待興。應對之策，顯然是盡可能多地選拔有學之士來做這件事。這就是為甚麼要在我生日這天把這次考試作為臨時舉措。但是，《論語》和《孟子》肯定不能用，因為其學說有悖於我們的神聖教義。你有甚麼好辦法來處理這種情況嗎？[90]（意譯）

303

　　考官建議以洪秀全的《天條書》和其他太平天國宗教法令作為這次特試的內容，這讓「天王」很高興。這個方案模仿了明太祖的《聖諭六言》，明代皇帝曾將之納入科舉考試。[91] 洪秀全的諭令取代了 1670 年康熙皇帝的《聖諭》和 1724 年雍正皇帝的《聖諭廣訓》，清廷童生進學考試時需要背誦這些聖諭。[92]

　　以基督教的「經典」來合法化太平天國，與用「道學」和「五經」來維護明清統治者並無二致。太平天國的考試科目，用漢化版的猶太教─基督教《聖經》（《舊約》、《新約》），以及洪秀全所作的各種太平天國文本取代了「四書」、「五經」。同樣，「東王」楊秀清（1856 年卒）1853 年主持的「東試」，其論題為「真道豈與世道相同」，文題為〈皇上帝是萬郭（國）大父母，人人是其所生，人人是其所養〉，詩題為〈四海之內有東王〉，顯然也是為他自己爭取政治合法性。[93]

90　Shih 施友忠 , *The Taiping Ideology*, 42.
91　Omura Kodo 大村興道：〈清朝教育思想史に於ける聖諭廣訓について〉，收入林友春主編：《近世中國教育史研究》（東京：國土社，1958 年），頁 233–246。另見蘇雙碧：《洪秀全傳》（北京：大地出版社，1989 年），頁 83–88。
92　Shih 施友忠 , *The Taiping Ideology*, 110–133.
93　商衍鎏：《太平天國科舉考試紀略》，頁 19–20。

　　《聖經》漢譯雖然是半口語形式，但太平天國考試的文學形式和制度形式仍然與明清科舉考試保持了一致。對於考官所出的《聖經》文題，考生仍須寫作八股文。此外，詩歌考試也沿用了清廷 1756 年的標準，即寫作唐律。通常還有一道策問題，策答應不少於 300 字。[94]對洪秀全來說，內容比形式更重要。無論是清廷還是太平天國，對文章、詩歌和策問的固定格式要求，以及分場考試體制，雖然不一定必然關涉古典課程，但都有其自身的文化生命。[95]

304　　太平天國以其領袖洪秀全的「真神」作為八股文題來有效地使他合法化的做法，類似於以「道學」中的純正「道心」來合法化明清統治者（見第一章）。長江三角洲地區考生想要通過清廷和太平天國的考試都不會有太大問題。後來確實也有一些士人被清廷指控支持太平天國。如 1860 年代在香港和蘇格蘭同理雅各（James Legge，1851–1897）合作把中國經典譯為英文的王韜（1828–1897），就被指控化名參加太平天國殿試並考中狀元，但這類說法已經證明是不實之詞。不過，王韜確實支持太平天國的蘇州總督，後來清廷把他視為叛徒並追捕他時，上海的英國人保護他免受牢獄之災。[96]

　　洪仁玕（1822–1864）1859 年發起的政治改革調整了太平天國的文武科舉，儘管稱名有異，但卻更接近清廷的考試模

94　徐珂：《清稗類鈔》，〈考試類〉，頁 173–174。太平天國 1859 年會試八股範文，見商衍鎏：《太平天國科舉考試紀略》，頁 53–54。

95　商衍鎏：《太平天國科舉考試紀略》，頁 51–52、58–59；徐珂：《清稗類鈔》，〈考試類〉，頁 174–175。

96　商衍鎏：《太平天國科舉考試紀略》，頁 82–93; Arthur Hummel 恆慕義，*Eminent Chinese of the Ch'ing Period*, 836–837. 太平天國考題中的「神」，見徐珂：《清稗類鈔》，〈考試類〉，頁 174–175。

式。[97] 在 1861 年頒行的《士階條例》中，洪仁玕等人確立了三年一次的省試（類似於清廷的各省鄉試）和京試（又稱「天試」，類似於清廷的會試、殿試）制度，但廢除了明以來鄉試舉人的特權，即鄉試舉人如果會試不第，不必重新經過鄉試便可直接參加下科會試。這意味着太平天國的鄉試舉人不是一個獨立的身分群體（見第三章）。[98]

此外，洪仁玕的新條例還強調取士應德才兼備。為此，太平天國允許考生作文時引用《論語》和《孟子》。太平天國當局修訂「四書」、「五經」，作為基督教文本的補充。儘管洪仁玕批評八股文，但八股文依然是太平天國的考試文體，直到 1864 年「天國」滅亡。[99] 從唐宋詩賦到明清「道學」，再到 1860 年代太平天國的基督教，可以看出，考試制度能夠並且確實服務於不同王朝、不同意識形態的教育目的。

305

晚清考試與義和團運動：1865－1905

太平天國慘敗後，虛弱的清王朝及其士大夫面臨了新的教育要求，文官制度必須滿足這些要求才能在一個咄咄逼人的工業化國家環伺的世界上生存。鴉片戰爭沒有引發將「西學」納入科舉考試科目的任何重大呼聲，但太平天國覆亡後，形勢截然不同。1865 年以後，西方學校和日本教育政策為士人改革派提供了具體的改革模式，到 1905 年，這些改革將毫不客氣地取代久負盛名的科舉考試制度。

然而，後太平天國時期發起的改革也阻止不了清王朝走

97　酈純：《太平天國制度初探》下冊，頁 641–648。

98　Shih 施友忠, *The Taiping Ideology,* 268–271.

99　簡又文：《太平天國典制通考》，頁 285–302。

向衰落。很多人認為，靠「自強」來實現「富強」是不夠的，因為 1865 年以後的改革沒能觸及支撐科舉考試的整個教育體制。1890 年會試，四位主考官之一談到了顧炎武對八股文的抨擊，但同時也對八股文的用處進行了辯護，排名第 81 的蔡元培——日後的北京大學校長——和其他考生則猛烈抨擊這種文體。[100] 蔡元培在作於 1934 年的回憶錄中回顧自己在 1870 年代和 1880 年代所受的早期教育時說，當時八股文已減至「六股」；他嘲笑八股文是一種過時的寫作形式，十七歲時，他很快就棄之不顧，轉向了考證研究和文學作品。[101]

嚴復（1853-1921）在科舉體制中前途暗淡，導致他於 1866 年就讀福州船政學堂。後來成為宣傳家並為 1895 年以後興起的改革派報刊撰文時，他表達了對科舉考試和八股文的積怨，1885 年以來他曾四次鄉試落第。[102] 很多像嚴復一樣的人在 1890 年代開始追隨基督教傳教士，把清王朝的衰落與八股制義文聯繫起來，據稱八股文浪費了時人的心力。嚴復和其他改革派還把西方的強大歸因於工業、武備、船廠的現代學校，這些學校的學生學習講求實際訓練的現代科目。以往的改革派主張取消科舉考試，代之以漢代那樣的薦舉制，晚清改革派則開

---

100 〈後序〉，《會試錄》（1890 年），頁八六。

101 《蔡元培選集》（臺北：文星書局，1967 年），頁 462-463。

102 嚴復：〈救亡決論〉，收入《戊戌變法資料》（北京：神州國光社，1953 年），第 3 冊，頁 60-71。另見 Benjamin Schwartz 史華慈, *In Search of Wealth and Power: Yen Fu and the West* (New York: Harper Torchbooks, 1969), 22-41；Theodore Huters 胡志德, *Bringing the World Home: Appropriating the West in Late Qing and Early Republican China* (Honolulu: University of Hawai'i Press, 2005).

始把學校而不是考試作為療救國家弊病的靈丹妙藥。[103]

　　在嚴復和 1890 年代的改革派看來，西方學校和西化的日本教育是清王朝應當效仿的榜樣。擴大大眾學校教育，標準化課堂體制，招納同質或程度相當的學生，似乎才有望走出帝國考試體制的泥潭，到 1890 年代，這個體制的教育效率已令人生疑。不加批判地將西方學校和日本教育作為成功故事來宣傳，被人廣泛接受。[104] 在設想的各種教育和考試改革方案中，這類對西式學校的呼聲都沒能解決文言和白話問題。[105]

（一）去合法化和去典律化

　　1895 年，中日甲午戰爭失敗後，清廷政治前景暗淡。1898 年戊戌變法的參與者認為，政治改革需要根本性的教育改革，而教育改革只有改變科舉制度才有可能。[106] 從清廷的

103　Marianne Bastid 巴斯蒂, *Educational Reform in Early Twentieth-Century China,* trans. Paul J. Bailey (Ann Arbor: Center for Chinese Studies, University of Michigan, 1988), 12–13; Sally Borthwick 鮑雪侶, *Education and Social Change in China: The Beginnings of the Modern Era* (Stanford, CA: Hoover Institution Press, 1983), 38–64; Y. C. Wang, *Chinese Intellectuals and the West, 1872–1949* (Chapel Hill: University of North Carolina Press, 1966), 52–59.

104　Paula Harrell, *Sowing the Seeds of Change: Chinese Students, Japanese Teachers, 1895–1905* (Stanford, CA: Stanford University Press, 1992), 11–60.

105　1899–1909 年間白話教育的相關討論，見 Paul J. Bailey, *Reform the People: Changing Attitudes toward Popular Education in Early Twentieth-Century China* (Edinburgh: Edinburgh University Press, 1990), 73–75.

106　Elman 艾爾曼, "Naval Warfare and the Refraction of China's Self-Strengthening Reforms into Scientific and Technological Failure," *Modern Asian Studies* 38, no. 2 (2003): 283–326.

角度看，科舉考試科目的去合法化（delegitimation）過程在
1895年春天會試時轟轟烈烈地拉開了序幕，這是甲午戰爭結
束後的第一次會試。那個春天，康有為也是北京的會試考生之
一。他和他的廣東門徒煽動會試考生，迫使朝廷在戰後危機期
間採取更積極的應對措施。[107]

　　康有為會試排名第5，殿試排名第51，隨後他上疏光緒
皇帝（1875–1908年間在位）提出改革建議，而改革科舉是他
這份建議書中的優先事項。所有這些考試改革建議，其實都
基於以往的各種意見（見第六、第七章），只不過歷屆朝廷都
沒有聽取。[108] 接着，1898年戊戌變法流產，政變後皇太后重新
掌權，很多改革派人士被迫流亡海外。1898–1900年間，鄉、
縣、府、省會、京城各級考試照常舉行。實際上，就連1898
年春的會試也未受改革派影響。[109]

　　當明末以來一直呼籲的改革最終在十九世紀末頒行實施

---

107 K'ang Yu-wei 康有為, "Chronological Autobiography"（《自編年
譜》）, in *K'ang Yu-wei: A Biography and a Symposium,* ed. and
trans. Jung-pang Lo 羅榮邦 (Tucson: University of Arizona Press,
1967), 63–65. Franke 傅吾康（*The Reform and Abolition of the
Traditional Chinese Examination System,* 32–33）認為康有為早年
間的奏疏是真實的，但其他很多學者看法不同，見 Tang Zhijun 湯
志鈞, and Benjamin Elman 艾爾曼, "The 1898 Reform Movement
Revisited," *Late Imperial China* 8, no. 1 (June 1987): 205–213.
108 《會試同年齒錄》（1895年），頁一上至三上。另見湯志鈞編：
《康有為政論集》（北京：中華書局，1981年），頁106–109；
Luke S. K. Kwong 鄺兆江, *A Mosaic of the Hundred Days:
Personalities, Politics, and Ideas of 1898* (Cambridge, MA: Harvard
University Press. 1984), 90–93. 康有為聲稱自己會試、殿試都排名
第一，只不過最後成了政敵的犧牲品，見 K'ang Yu-wei 康有為,
"Chronological Autobiography", 66.
109 《光緒戊戌科會試第九房朱卷》（1898年刊本，無頁碼）。

時，既為時過早（因為沒有任何制度能夠比得上並取代科舉考試），又為時已晚（因為這些改革跟不上時代的要求）。經過六年的論戰，1905 年，當年扼殺 1898 年戊戌變法的同一批人又貿然取消了科舉考試。再過七年，這個王朝本身也崩潰了。

在中國，科舉考試的廢止和現代學校的興起，比帝國科舉考試的廢止和現代教育的興起更為複雜，現代教育中的考試從屬於學校教育。傳統士人價值觀、帝國皇權和精英紳士地位之間的社會、政治和文化聯結（nexus）被拆散。[110] 值得注意的是，清廷的官僚機構無意中也成了推動自身去合法化過程的一部分。通過首次對科舉考試內容的去典律化（decanonization）——這一過程始於十八世紀「古學」對程朱「道學」的抨擊，並在太平天國運動期間得以延續——十九世紀末的士人希望掙脫過去他們前輩那種貧瘠的「考試生活」律令的束縛。但從朝廷的角度看，如果科舉考試哪怕是以去典律化的形式保存下來，它就依然是讓考生——當時仍有數以百萬計的考生——在朝廷的鼓聲中順從地進入考場的好辦法。天平天國以基督教《聖經》作為考試題目的成功，就證明了這個道理。[111]

但是，在 1900 年義和團運動造成的混亂中，以皇太后為

110　Prasenjit Duara 杜贊奇 , *Culture, Power, and the State: Rural North China, 1900–1942* (Stanford, CA: Stanford University Press, 1988), 5–6, 38–41, 247–248。但杜贊奇不認為考試體制是文化聯結的一部分。

111　Chuzo Ichiko 市古宙三 , "The Role of the Gentry: An Hypothesis," in *China in Revolution: The First Phase, 1900–1913,* ed. Mary Wright 芮瑪麗 (New Haven, CT: Yale University Press, 1968), 299; Ernest Young 楊格 , *The Presidency of Yuan Shih-k'ai: Liberalism and Dictatorship in Early Republican China* (Ann Arbor: University of Michigan Press, 1977), 7–8; Helen R. Chauncey, *Schoolhouse Politicians: Locality and State during the Chinese Republic* (Honolulu: University of Hawai'i Press, 1992), 10–11.

首的清廷把以往滿族皇帝所汲取的教訓拋諸腦後。科舉考試去
合法化的過程一經完成，其後果遠遠超出了朝廷和很多士人的
預期。[112] 體制上破舊立新的最後衝刺，是 1900 年西方和日本
軍隊佔領首都北京的一個後果。義和團民變，以及西方列強和
日本的反應，嚴重破壞了京城權力結構的平衡，外國人得以對
從地方到中央的領導人施加相當大的壓力。外國人對改革的支
持，鞏固了反對義和團的省級改革派如袁世凱、張之洞等人
的政治地位。義和團運動失敗後，袁世凱成為了皇太后的依
靠，因為袁世凱擅長與北京的外國列強打交道，還控制了北洋
軍。[113]

（二）後義和團時期考試的初步願景

1900 年的義和團運動造成了華北地區各個方面治理的普
遍混亂，包括 1900–1901 年間的科舉考試，而外國人佔領北
京也加劇了這一混亂。[114] 1901 年 1 月，再次提出了教育改革問

112 《大清德宗景（光緒）皇帝實錄》（臺北：華文書局，1964 年），
第 79 冊，卷四七六，頁 4378–4379。另見 Bailey, *Reform the
People,* 26–27.

113 Stephen R. MacKinnon 麥金農, *Power and Politics in Late
Imperial China: Yuan Shi-kai in Beijing and Tianjin, 1901–1908*
(Berkeley: University of California Press, 1980), 3–4, 216–217;
Joseph Esherick 周錫瑞, *Reform and Revolution in China: The 1911
Revolution in Hunan and Hubei* (Berkeley: University of California
Press, 1976), 40–52；Mary B. Rankin 冉枚鑠, *Elite Activism and
Political Transformation in China: Zhejiang Province, 1865–1911*
(Stanford, CA: Stanford University Press, 1986), 172–188.

114 David D. Buck 鮑德威, "Educational Modernization in Tsinan,
1899–1937," in *The Chinese City between Two Worlds,* ed. Mark
Elvin 伊懋可 and G. William Skinner 施堅雅 (Stanford, CA:
Stanford University Press, 1974), 173–177.

題，當時在西安避難的朝廷緊急下詔，敦促所有高級官員提出改革建議。[115]1901 年 7 月，時任湖廣總督的張之洞與兩江總督劉坤一（1830–1902）——他們都反對朝廷與義和團注定不會有好結果的結盟——借機聯名上書，力主全面改革科舉考試內容，建議參考日本中小學和高等教育模式建立學校體系。[116]

　　此外，他們還敦促朝廷將學校與考試制度結合起來，認為這是在十年內最終廢除考試制度的第一步。官方取士名額應向學校畢業生傾斜，而不是科舉考生。所有公私書院都應盡快改造為新式學校。他們還主張全面廢除武舉，強烈要求派遣學生出國留學。這些改革建議，絕大部分細節已經討論了幾個世紀，1898 年的改革派也曾試圖把其中大部分內容作為一攬子改革措施付諸實踐，但沒能成功。[117]

　　1901 年 8 月，朝廷批准廢除八股文，禮部奉命施行，這是自 1664–1667 年間以來的第一次。現在，地方考官可以要求地方童試和歲試、科試考生回答中學（Chinese learning）和西學（Western learning）問題了。此外，如表 8.5 所示，1901 年以後的鄉試和會試都強調第一場的「論」和第二場的策問。[118]

309

115　Franke 傅吾康, *The Reform and Abolition of the Traditional Chinese Examination System,* 48.

116　Harrell, *Sowing the Seeds of Change,* 40–106; Wang, *Chinese Intellectuals and the West,* 59–61.

117　Franke 傅吾康, *The Reform and Abolition of the Traditional Chinese Examination System,* 49–54.

118　《通庠題名錄》（1895 年刊本）。

表 8.4：清末 1901 年改革後的鄉試和會試形式（1905 年廢止）

場數	題數
第一場	
1. 中國政治史事論	五篇
第二場	
1. 各國政治藝學策	五道
第三場	
1.「四書」義 2.「五經」義	兩篇 一篇

注：1787 年廢除專經，經義文也不用八股文體。

　　第一場「論」題五道，內容涉及中國的制度和政治。第二場策問五道，考查西方的制度和政治。第三場為經義文三篇，兩篇「四書」文、一篇「五經」文。理論上，最終排名應綜合三場考試成績，但具體實施情況不得而知。[119]

　　1903 年，改革後的第一次會試在河南省會開封舉行，因為順天鄉試貢院（也是北京會試考場）被進京解救被義和團圍困的國際公使館的外國軍隊焚毀。開封會試第一場論題五道，考官所出題目分別為：（1）春秋時期管子的軍事政策（「管子內政寄軍令論」）；（2）漢文帝（前 179– 前 156 年間在位）的南粵政策（「漢文帝賜南粵王佗書論」）；（3）帝國的法律運用（「威之以法，法行則知恩，限之以爵，爵加則知榮論」）；（4）官員考核制度（「陳思謙言銓衡之弊論」）；（5）劉光祖

310

---

119 Charlton Lewis 盧其敦 , *Prologue to the Chinese Revolution: The Transformation of Ideas and Institutions in Hunan Province, 1891–1907* (Cambridge, MA: East Asian Research Center, Harvard University, 1976), 148–149.

（1142–1222）穩定南宋朝廷的主張（「劉光祖言定國是論」）。
第二場策問五題：（1）西方重「遊學」，如亞當斯密（Adam
Smith，1723–1790）所論；（2）日本教育體制採用西方模式；
（3）各國銀行政策；（4）警察和法律；（5）富強的工業基礎。
第三場，《論語》、《大學》和《易經》文題各一道。[120]

　　改革似乎收到了一定成效，儘管第三場的經義文仍然類似
於講究形式對仗的八股文體。[121] 但奇怪的是，禮部和翰林院任
命的考官依然按照傳統順序公布最後成績，也就是說，考官首
先公布優秀的「四書」、「五經」文，甚至不提這是第三場的考
試內容，接着公布第一場的「論」，最後才公布最佳策答，彷
彿策問仍在第三場一樣。

　　1903 年會試根據朝廷 1901 年下達的考試改革詔令調整了
考題順序，但考官還是繼續按傳統順序公布考試結果：經義
文、論和策問。也就是說，考官在實踐中違背了他們理論上
接受的東西，即新的科舉考試形式。當然，程序上的這種講
究（caveat），我們用不着小題大做，因為考官的「局部抵制」
改變不了改革派想要的結果，即從根本上改變科舉考試的走

---

120 《光緒辛丑壬寅（1901、1902）恩正並科會試文墨》（1903 年），
　　頁一上至二六上。
121 舒新城提到，到了 1904 年，地方私塾仍然要求學生掌握八股文和
　　律詩，見舒新城：《我和教育》（臺北：龍文出版社，1990 年），
　　頁 29–32。范沛濰正面評價了改革後的科舉考試，見范沛維：
　　〈清末癸卯甲辰科會試述論〉，《中國近代史》1993 年第 3 期，頁
　　81–86。同樣的正面評價，還可見 Iwo Amelungam 阿梅龍，"The
　　Examination System and the Dissemination of Western Knowledge
　　during the Late Qing", 臺灣中央研究院第四屆國際漢學會議（2012
　　年 6 月 11–15 日）論文。

向。[122] 總的說來，這些新型考試的畢業生都認為「中學」離不開「西學」的輔助。因此，可以理解的是，根據經義文來決定最終排名，考官可能才覺得更放心。[123]

儘管後義和團時期的考試改革無法在短期內實現其所有目標，但考試的整個範圍顯然更注重制度化和國際化。[124] 考官以311「中學」為體的取向影響了這些方面的很多領域，但總體而言，學術和學問的新方向依然反映了如何不偏不倚地看待中國與日本或西方。1903 年科舉考試使用的策問目錄，後來確定為 32個子類目：[125]

1. 治道	8. 官制
2. 學術	9. 議院
3. 內政	10. 政體
4. 外交	11. 公治
5. 時事	12. 刑律
6. 科舉	13. 教務
7. 學校	14. 天文

---

122 《光緒辛丑壬寅（1901、1902）恩正並科會試文墨》，頁一上、七上、十七上、十九上至二十上；《光緒辛丑壬寅（1901、1902）恩正並科會試墨卷》（1903 年，第九房，未連續編頁），頁七上至八上、五上至六下（獨卷）。

123 《中外時務策問類編大成》（1903 年），卷七，頁十一下至十三上。另見章清：〈「策問」中的「歷史」——晚清中國「歷史記憶」延續的一個側面序〉，《復旦學報》（社會科學版）2005 年第 5 期，頁 53–62。

124 家學影響，見郭沫若：《郭沫若選集》（成都：四川人民出版社，1979 年），頁 38。

125 〈目錄〉，《中外時務策問類編大成》，頁一上至二八下。

（續上表）

15. 地學	24. 防務
16. 曆學	25. 農政（上）
17. 算學	26. 農政（下）
18. 格致（上）	27. 工政
19. 格致（下）	28. 商政
20. 財政	29. 路礦
21. 幣制	30. 輿地
22. 軍政（上）	31. 史學
23. 軍政（下）	32. 外史

　　如第六類「科舉」的策題和策答都確認了改革派的主張：策、論應先於經義文，學校應先於考試。而且，新型策問中「中學」興起成為「西學」的對應物，這意味着十九世紀的漢宋之爭已經轉化為一種新的本土學問形式，二者都合併在「中學」的旗幟之下。語言上的這種變化使得「中學」被英譯為 sinology，這成了用 sinologist（漢學家）指稱「中國通」（China specialist）的標準術語。[126]

　　不過，鑑於 1903 年後開辦新式學校所面臨的困難，鑑於很多人不願意破除考試制度對功名的壟斷，有必要重新審視學校與考試相輔相成的理想化觀點。現在，官員們認為 1896–1898 年間那些改革者的看法是正確的，即只要科舉考試繼續壟斷高等第功名，新式學校就永遠發展不起來，也得不到公眾

312

126　Joseph Levenson 列文森, *Confucian China and Its Modern Fate: A Trilogy* (Berkeley: University of California Press, 1968), 1, 100–108.

的支持。[127]

　　當時參與軍事、教育改革的朝廷官員張之洞和袁世凱，早在 1903 年初就提出官員任命應逐漸減少科舉出身者的名額，相應增加學校出身者的名額，否則大多數考生將繼續選擇科舉考試而不是學校作為獲得地位和公眾尊重的最佳途徑。他們援引了 1744 年乾隆皇帝取消鄉試定額的諭令。反對者很快便指出，皇帝只想改革而不是廢除科舉考試，要求彈劾張之洞和袁世凱膽大妄為。儘管彈劾指控被暫時擱置，張之洞和袁世凱的奏疏還是承認，廢除八股並不是所有人都期待的靈丹妙藥：「雖廢去八股試貼，改試策論經義，然文字終憑一日所長，空言究非實詣可比。」[128]

　　就連策問很快也變成了形式修辭的空洞訓練，北宋蘇軾（1037–1101）早就指出了這一點。科舉考試制度的長處——確保朝廷對其精英，以及「正常」（natural）應考的 400 多萬考生的文化控制——被置諸腦後。學校學位成為生產政府官員為朝廷服務的新療法。[129]1903 年成立的教育委員會，在 1904 年

---

127 〈目錄〉，《中外時務策問類編大成》，頁十三；卷六，頁一上至六下；卷七，頁一上至十七上。另見 Franke 傅吾康, *The Reform and Abolition of the Traditional Chinese Examination System,* 54–56.

128 MacKinnon 麥金農, *Power and Politics in Late Imperial China,* 138–151; Daniel H. Bays 裴士丹, *China Enters the Twentieth Century: Chang Chih-tung and the Issues of a New Age, 1895–1909* (Ann Arbor: University of Michigan Press, 1978), 108–124. 奏疏節譯，見 Franke 傅吾康, *The Reform and Abolition of the Traditional Chinese Examination System,* 56–57；Ssu-yuTeng 鄧嗣禹 and John Fairbank 費正清, *China's Response to the West: A Documentary Survey, 1839–1923* (New York: Atheneum, 1967), 206–207.

129 Elman 艾爾曼, *A Cultural History of Civil Examinations in Late Imperial China,* 18.

上疏朝廷，提出以學校取代科舉作為選官之途的新政策，這份
奏疏題為〈奏請遞減科舉注重學堂折〉。儘管仍然面臨保守派
的反對，但計劃在 1912 年全面廢除科舉考試，到時學校制度
將會確立，而且，從 1906 年起，各級科舉考試取士名額將每
年遞減三分之一。[130]

當時形成了一種強有力的共識，用張之洞和袁世凱的話來
說，「科舉一日不廢，即學校一日不能大興；將士子永遠無實
在之學問，國家永遠無救時之人才」。遭時多艱，很多高官也
認為科舉制度是阻礙深化教育改革的根本問題，而不是早前統
治者所認為的控制士人精英的制度手段。1904 年 1 月 13 日的
朝廷詔書認同這一新看法：「方今時事多艱，興學育才，實為
當務之急。」1904 年上海商務印書館《東方雜誌》「創刊號」
刊載了〈奏請遞減科舉注重學堂折〉原文，在有志於教育改革
的人看來，這說明改革勢在必行。

時任上海商務印書館《辭海》編輯、後來成為民國時期傑
出教育家的舒新城（1892–1960），回憶時代要求大變革的壓
力時說：

> 我國清末之改行新教育制度，在表面上似乎是教
> 育界的自動，實則是當時外交內政四處都碰着此路不
> 通的釘子，非變法無以圖存，教育不過在此種「不得
> 已」的情況下偶然被動而已。[131]

130　1904 年奏疏及朝廷詔令，英譯見 Franke 傅吾康 , *The Reform and
　　 Abolition of the Traditional Chinese Examination System,* 59–64.

131　舒新城：《近代中國教育思想史》（上海：中華書局，1932 年），
　　 頁 6–7；英譯，見 Borthwick 鮑雪侶 , *Education and Social Change
　　 in China,* 38.

　　例如,《東方雜誌》1904 年第 8 期刊登了一篇文章,稱「考試制度整個毒害了中國人民一千幾百年」,這篇文章被廣東一家日報轉載。幾個世紀以來的異議士人針對八股文的那種情緒化的修辭,現在被新興的漢族知識份子用來批判改革後的考試制度。1904 年,朝廷下令授予學校畢業生以科舉功名,學校和學校考試成了科舉制度的正式組成部分。到 1904 年,晚期帝國科舉望重名隆的程序和制度向學校考試制度的漸變,已不可逆轉。[132]

314

　　但是,1905 年,經過 1904–1905 年間的日俄戰爭（這場戰爭主要發生在東北滿洲的中國領土上）,閘門大開。考慮到狂熱的政治氣候,到 1905 年,古老的科舉考試制度成了戰爭和中國其他一切問題的方便替罪羊。1905 年 8 月 31 日,張之洞和袁世凱等朝廷高官、各省督撫聯合上疏朝廷,請求立即廢除各級科舉考試。他們認為,科舉考試是新式學校難以逾越的障礙,因為科舉取士之額仍然超過了學校取士之額,不利於教育普及。

　　9 月 2 日,皇太后迅速批准了這份奏疏,下令從 1906 年起,只有根據 1904 年《欽定學堂章程》建立的新式學校的畢

132　Chuzo Ichiko 市古宙三 , "Political and Institutional Reform, 1901–11," in *The Cambridge History of China,* vol. 11, part 2, ed. John K. Fairbank 費正清 and Kwang-ching Liu 劉廣京 (Cambridge: Cambridge University Press, 1980), 376–383; Franke 傅吾康 , *The Reform and Abolition of the Traditional Chinese Examination System,* 65–67. 另見 Leo Ou fan Lee 李歐梵 and Andrew J. Nathan 黎安友 , "The Beginnings of Mass Culture: Journalism and Fiction in the Late Ch'ing and Beyond," in *Popular Culture in Late Imperial China,* ed. David Johnson 姜士彬 , Andrew Nathan 黎安友 , and Evelyn Rawski 羅友枝 (Berkeley: University of California Press, 1985), 361–378; Harrell, *Sowing the Seeds of Change,* 102.

業生，才有資格入仕為官。沒有人會想到，這樣一來，1903
年鄉試就成了科舉考試的最後一次鄉試，1904 年會試成了最
後一次會試，1905 年的童試和科試也毫無預警地成了最後一
次地方考試，沿用了五百多年的帝國考試形式在一夜之間被
廢除。[133] 有望獲得科舉功名的數百萬地方童生、生員和官學監
生，突然被告知，只有進入新式公立學校獲得學位，才能入仕
為官。值得注意的是，就連人數甚眾的生員也少有人抗議，
也許是因為他們很多人希望成為新式教育體制中的學生或老
師。[134]

　　廢除科舉以後，滿族人迅速失去了其最忠誠（即使難以
控制）的一個支持者群體：科舉考生。當清政府溫順地放棄幾
個世紀以來成功誘使士人認同帝制的一個重要的文化控制手段
時，失去這一群體的政治後果不難想見。有論者已經指出，後
義和團時期的改革過於激進，加速了清王朝的垮臺。[135] 但這裡
需要補充的是，扶助新式學校的激進改革最初也失敗了，因為
它們無法輕易取代明初以來就存在的、能夠動員數百萬士人進
入考場的那些公共機構。

315

---

133 如 1905 年最後一次地方鄉學考試，見《通庠題名錄》，卷二，頁
　　二四上。

134 Franke 傅吾康 , *The Reform and Abolition of the Traditional Chinese
　　Examination System,* 69–71. 另見 Cyrus Peake 畢格 , *Nationalism
　　and Education in Modern China* (New York: Columbia University
　　Press, 1970), 71.

135 MacKinnon 麥金農 , *Power and Politics in Late Imperial China,*
　　4; Joseph Esherick 周錫瑞 , *The Origins of the Boxer Uprising*
　　(Berkeley: University of California Press, 1987), 271–313.

尾聲

（一）晚期中華帝國文明的流動性

明清時期，中國人處於流動之中。從 1400 年到 1900 年，他們定期沿着遼闊帝國的水路和陸路出行，從村前往縣、州、府、省會、京城，參加全國性的科舉考試。一旦通過鄉試資格考試（科試），他們就要出遠門參加省級考試，希望入仕為官，自下而上與統治者分享政治權力。朝廷讓中式者合法地擔任公職，行使政治、文化和法律權力。一旦入仕為官，他們就成為優選出來的朝廷命官（meritocratically appointed authorities）。[136]

聲稱代表民眾、在晚期帝國官僚體制中任職的官員，需要接受古典教育。這種教育以等級和聲望依次遞減的士、農、工、商這一深入人心的社會區分為前提。明代，商人子弟首次在法律上獲准參加科舉考試。長期以來對財富壓倒政治的擔憂慢慢消退，1550–1650 年間的「白銀時代」，商業化程度前所

---

136 meritocracy 一詞用在這裡，指的是一種擇優制度（merit system），如以「精英代表制」（meritocratic representation）為基礎的政治體制。見 Philip Pettit 貝淡寧，"Meritocratic Representation", in *The Idea of Political Meritocracy,* ed. Daniel Bell 貝淡寧 and Chenyang Li 李晨陽 (Cambridge: Cambridge University Press, 2013). meritocracy 這個詞最初還有另一層意思，即精英階層將其繼承人和社會再生產確立為統治階級的方式（以取代貴族制或神權政治等等）。這個詞被借用來形容美國從地主和貴族繼承人到職業階層的過度。這個意義上的 meritocracy，不是每個人都能在擇優的基礎上提升其地位。中國的文官制度也不是完全開放的擇優體制。見 Seymour Martin Lipset and Reinhard Bendix, *Social Mobility in Industrial Society* (Berkeley: University of California Press, 1959).

未見，明政府日益「道德化」財富。被禁止參加科舉考試的其
他職業禁令，還包括僧人、道士和「賤民」（即從事「不潔」
行業的人），未曾明說的性別偏見則指向全體女性和太監。

　　用貝淡寧（Philip Pettit）的話來說，把擇優體制選拔出來
的官員視為「以代表的方式被任命」的古典理由主要是社會性
的，從修辭上說，支持讓擁有土地的士人成為訓練有素的「君
子」，讓富商成功地成為「儒家化的」（Confucianized）新富
階層。被代表的民眾的利益，也被儒家化為一種說辭，這種說
辭根據出自孔子及其門徒的所謂教義的經書告訴公眾甚麼是可
以接受的。士人通常援引孟子：「天視自我民視，天聽自我民
聽。」只有在經過國家的考試和任命後，官員才能代表國家的
利益。他們只能間接和非常遙遠地代表廣大民眾，因為官員不
能在家鄉省分擔任任何職務。統治者把自下而上選拔出來的官
員視為他自上而下以專制政治手段統治國家的非選舉產生的、
由他自己選擇的合作夥伴，這也是今天很多人懷疑政治擇優體
制的民主性的原因所在。[137]

　　為古典共識和政治效能確立制度的這種努力，其獨特之
處在於它顯著實現了自己的預定目的，而民主並不是其預定目
的。教育有效地重建了社會地位、政治權力和文化聲望之間的
複雜關係。在中國，以非技術性的道德和治國術為基礎的古典
教育，適合選拔精英在最高權力階梯上為帝國服務，正如人文

316

---

137 D. C. Lau 劉殿爵, trans., *Mencius: A Bilingual Edition* (Hong
　　Kong: Chinese University, 2003), 204–207. 另見 Yuri Pines 尤
　　銳, "Between Merit and Pedigree: Evolution of the Concept of
　　'Elevating the Worthy' in Pre-Imperial China," in *The Idea of
　　Political Meritocracy,* ed. Daniel Bell 貝淡寧 and Chenyang Li 李晨
　　陽 (Cambridge: Cambridge University Press, 2013).

主義和古典教育適合現代初期歐洲民族國家的精英。考試生活，就像死亡和稅收，成了精英教育和大眾文化的一個固定組成部分（fixtures）。考試成了調控帝國利益、家庭發展策略和個人志向的焦點。不僅如此，教育觀念還滲入醫學、法律、財政政策和軍務領域。

　　明王朝絕非閉塞的帝國，而是現代初期世界上內部流動性最強的帝國。到 1500 年，明帝國已是一個 2.5 億人左右的龐大社會，其中 10% 的人（約 250 萬人）每兩年聚集在 1,350 個縣中的一個，爭取獲得關在考場裡面參加科舉考試的特權。其中約 7.5 萬人通過考試，他們將在 17 個省會城市中的一個登記注冊，參加戒備森嚴的三年一次的鄉試。6,000 人跨過鄉試一關，每三年前往首都北京參加全國性的會試和殿試，爭取獲得進士功名而入仕為官。

　　在擴張的清帝國治下，到 1850 年，就地方層面而言，經由這些分級考試大門而流動的人數翻了一番，為 450 萬至 500 萬人。其中 15 萬人有幸參加鄉試。可以說，科舉考試是連接晚期中華帝國政治、社會、經濟和知識生活流動性最強、管制程度最高的交叉點之一。本書的內容便是從 1400 年到科舉制度宣告終結的 1905 年間前現代中國社會和文明的向上、向下流動。

　　古典學問和治國術的力量驅使數百萬人遠離家鄉和家人擔任公職，只是故事的一部分。只有 5% 的人能夠得償所願。成功難得一見。這個故事更重要的部分是其他那些未能入仕為官的 95% 的人。文言的權威性賦予科舉考試以「文化陀螺儀」（cultural gyroscope）般的牽引力，甚至能夠牽動數百萬失敗者的心靈。古典知識體系不只是造就了數以千計的具有古典文化素養的官員，還造就了數以百萬計的士人，他們在屢次失敗

後做了醫生、僧人、訟師、教師、公證人、商人和宗族管理者，更不用說天文學家、算學家、印刷商和出版商了。

　　科舉考試反映了更大的士人文化，因為國家機構因帝國利益與地方精英之間的政治、社會合作關係而被這種文化所滲透。雙方共同宣揚一套規模和範圍空前的古典課程，用來選拔官員和生產具有古典文化素養的候選人。地方士人和帝國朝廷還不斷促使政府重新審視並調整古典課程、採用各種新辦法來改善文官選拔的制度體系。因此，作為對教育效果（educational merit）的一種測試，科舉考試借助文化把朝廷及其精英在官僚體制上捆綁在了一起。但是，文化領域還藏着一個更廣泛的秘密。

　　國家、統治者及其大臣們隱約意識到精英不只是那些通過最後的殿試並當上高官的人，這樣的人明清兩代共約 5 萬人。數以百萬計的失敗者，社會上受過古典教育的階層中「水平較差的選手」（lesser lights），他們的命運讓皇帝及其朝廷感到擔憂。他們會變成叛亂者和亡命徒，挑戰統治者的合法性嗎？他們能在社會上找到古典教育所促成並鼓勵的適合他們生存的一席之地嗎？當參加地方考試的年過八十的老人人數急劇上升時，皇帝們也感到擔憂。如果數十年來屢戰屢敗的祖父和父親陪同年輕的孫子和兒子進入地方考場參加同一場考試可以稱為佳話的話，朝廷為甚麼還要擔心這些屢試不售的人呢？

　　晚期帝國科舉起到社會流動性作用的一個條件是朝廷注重改進和改革考試制度。以往對中國教育和現代化的描述，低估了 1860 年西化開始以前帝國制度順應內部批評、進行改革的程度。儘管官僚機構內外有很多人都認為以考試作為進身之階是糟糕的解決方案，但他們也承認，實事求是地說，除了按嚴格程序來匿名考選年輕人入仕為官以外，別無選擇。絕大多數

318

人認為，不言而喻，科舉考試是平民獲得精英地位、行使政治
權力的一種公正手段。

（二）教育、社會和文官制度

　　十九世紀末為精英和大眾教育所確立的新體制尚未完全
站穩腳跟，科舉制度就終結了（1905 年），清王朝也滅亡了
（1911 年）。帝國利益和精英價值觀一同在二十世紀的中國革
命中土崩瓦解。群眾動員的目標日漸重於官員選拔。在改革派
釋放出動搖滿族統治的去合法化的內部力量後，清王朝也成了
其自身解體的同謀。1860 年以後，為了應對太平天國運動和
西方帝國主義的挑戰，開始了激進改革。反滿的太平天國建立
了以基督教為基礎的文官制度，但他們更注重群眾動員。

　　滿族統治的最後幾年，中國的文官制度失去了其早熟的
光彩，反而成了受人嘲笑的老古董。二十世紀東亞的文官制度
改革，與建立西式政府和現代經濟體的新國家目標密切相關，
這些目標取代了古典共識和王朝團結。中國變成了一個掙扎求
存的共和政體。儘管有着重要的連續性，但 1905 年以後的中
國，基於傳統教育的長期內化的對權力、財富和聲望的期望，
與政府基於西方模式改革後的政治制度，二者不再協調一致，
出現了徹底的斷裂。

　　儘管革命者的說辭層出不窮，但總體而言，前現代中國的
科舉考試制度並不是建設現代國家的障礙。不僅如此，考試制
度還是一種有效的文化、社會、政治、教育架構，不僅滿足了
帝國官僚機構的需要，同時也撐起了晚期帝國的社會結構。紳
士和商人身分群體，部分是由科舉功名定義的。雖然選拔過程
旨在社會、政治和文化的再生產，但考試失敗者大軍也造就了
相當一大批文學人才，他們很容易就能改行擇業。文獻表明，

319

明清兩代，佔人口 90% 的農民、商人和手工業者，不在每年的 100 名進士（明清時期共 5 萬名）之列，也不是每兩年一次地方考試 250 萬–450 萬失敗考生中值得注意的一部分。[138]

商人、軍人家庭和紳士的職業流動性，體現為下層和上層精英在考試市場上某種程度的社會流通。一般說來，「平民」在獲得科舉功名前已屬於下層精英。如果在這種競爭中再加上掌握古典文本的教育要求，我們就能理解那些有資格參加考試的人與那些因不通文墨而沒有資格參加考試的人之間的教育壁壘。其他論者所說的「流動社會」或「社會流動」（fluid society / social mobility），我則稱之為下層和上層精英的適度流通（modest circulation）。

如果把粗通文墨的非精英和「水平較差的選手」的流通也視為科舉考試教育過程的意外副產品，我們就能更好理解中華帝國「考試的意義」是相對於很多人而言的，而不只是一少部分人。[139] 屢試不中的蒲松齡，把那些身陷晚期帝國無情考試機制中的人變成了不朽的文學形象。如前文所述，他在清初對考試體制的戲謔，揭示了考生及其家人所感受到的內心煎熬。

當現代改革者在 1905 年倉促廢除科舉考試制度時，還沒等到新的教育體制在全國落實到位，末代王朝就有效地提前破壞了其與紳士─商人精英的長期合作關係。但是，1911 年滿族王朝覆亡了。而 1900 年以前，帝國利益和士人價值觀都同時得到了滿足。它們一同在二十世紀的中國革命中土崩瓦解。

革命性的改革仍在繼續，先後出現在 1930 年代的國民黨治下和 1950 年代的共產黨治下。在國共兩黨看來，文官制度

320

138　Iona Man-Cheong 文朵蓮, *The Class of 1761*.

139　Ping-ti Ho 何炳棣, *The Ladder of Success in Imperial China* (New York: Wiley and Sons, 1962).

從屬於一個注重群眾動員的單一政黨。1930 年代以來的很多民國精英，未能把他們新繼承的西化身分轉化為新的社會、政治資歷，留給他們生活在中華人民共和國的子女。大多數人因其在民國時期的聲望而受到懲罰。文官制度大眾化取向的第二次革命性變革，伴隨着中華人民共和國對官員選拔條件的激進改革。1960 年代和 1970 年代，大學入學考試被視為精英主義的罪魁禍首，毛澤東及其紅衛兵擔心精英主義會顛覆革命。今天，黨員，像過去的文官一樣，也由書面考試選拔，另外還根據教育成績鼓勵大學生、工程師和其他人入黨，積極進取。[140]

321

---

140 Joel Andreas 安舟, *Rise of the Red Engineers: The Cultural Revolution and the Origins of China's New Class* (Stanford, CA: Stanford University Press, 2009).

附 錄 一

中國歷代王朝時間表

商：前 1600– 前 1100

周：前 1100– 前 221

秦：前 221– 前 207

漢：前 206–220

    前漢（西漢）：前 206– 前 8

    後漢（東漢）：25–220

魏：220–265

西晉：265–316

南北朝：386/420–581

    劉宋（南朝）：420–479

    北魏：386–534

    北周：557–581

隋：581–618

唐：618–907

五代：907–960

遼：916–1125

宋：960–1280

    北宋：960–1127

    南宋：1127–1280

金：1115–1234

元：1206/1280–1368

明：1368–1644

清：1644–1911

附錄二

大明（1368－1644）皇帝列表

在位時間	姓名	年號
1368–1398	朱元璋	洪武
1399–1402	朱允炆	建文
1403–1424	朱　棣	永樂
1425	朱高熾	洪熙
1426–1435	朱瞻基	宣德
1436–1449	朱祁鎮	正統
/1457–1464		/天順
1450–1456	朱祁鈺	景泰
1465–1487	朱見深	成化
1488–1505	朱祐樘	弘治
1506–1521	朱厚照	正德
1522–1566	朱厚熜	嘉靖
1567–1572	朱載垕	隆慶
1573–1620	朱翊鈞	萬曆
1620	朱常洛	泰昌
1621–1627	朱由校	天啟
1628–1644	朱由檢	崇禎

附錄三

大清（1644－1911）皇帝列表

在位時間	姓名	年號
1636–1643	皇太極	崇德（金）
1644–1661	福　臨	順治
1662–1722	玄　燁	康熙
1723–1735	胤　禛	雍正
1736–1795	弘　曆	乾隆
1796–1820	顒　琰	嘉慶
1821–1850	旻　寧	道光
1851–1861	奕　詝	咸豐
1862–1874	載　淳	同治
1875–1908	載　湉	光緒
1909–1911	溥　儀	宣統

致謝

　　本書的基礎，是 1990 年代我作為富布賴特基金會研究員在臺灣開展的初步研究工作，我得以研究臺北故宮博物院、臺北「中央圖書館」、臺灣中央研究院「明清檔案」和傅斯年圖書館收藏的科舉文獻。我特別想再次感謝張偉仁（Chang Wejen）教授，我在查閱「明清檔案」期間，得到他的接待。還要感謝當時梁其姿（Angela Leung）、吳靜吉（Wu Jing-jyi）教授對我的鼓勵。我的研究工作，後來還得到蔣經國基金會（2007–2008 年間）、太平洋文化基金會和「國科會」的資助，讓我得以成為臺灣清華大學歷史研究所的客座教授。在臺灣清華大學，張永堂、傅大為、黃一農教授是熱情好客的東道主。最近，我還在臺灣政治大學木柵校區任訪問學者，與歷史學系的研究生們一起工作，查閱相關主題的原始文獻。感謝楊瑞松（Yang Juisung）教授邀請我訪問臺灣政治大學。

　　1991 年的日本基金會獎金，使我得以在京都大學、東京大學開展研究工作。在京都大學，人文科學研究所的小野和子（Ono Kazuko）、狹間直樹（Hazama Naoki）教授為我的研究提供了方便。2000 年以來，平田昌司（Hirata Shoji）教授也多次歡迎我訪問京都大學。在東京大學，中國文化研究院是我的官方東道主，感謝佐藤進一（Sato Shin'ichi）、溝口雄三（Mizoguchi Yuzo）教授的厚愛。還要感謝羽田正

（Haneda Masashi）、大木康（Oki Yasushi）、小島毅（Kojima Tsuyoshi）教授邀請我在 2011 年、2012 年冬訪問東京大學。我還擔任過法國社會科學高等研究院東亞語言研究中心主任，得以查閱法國國家圖書館、法蘭西學院東亞圖書館所藏的中國科舉文獻。感謝貝羅貝（Alain Peyraube）、魏丕信（Pierre-Etienne Will）、林力娜（Karine Chemla）、巴蒂斯（Marianne Bastid）、程艾藍（Ann Cheng）、梅泰理（Georges Métailié）、艾樂桐（Viviane Alleton）教授的盛情款待。1999 年以來，我在德國哥廷根大學、海德堡大學、馬克斯·普朗克科學史研究所（柏林）和荷蘭萊頓大學參加的幾次會議，也有助於我對相關主題的研究。感謝郎密榭（Michael Lackner）、魏格林（Susanne Weigelin-Schwiedrzik）、施耐德（Axel Schneider）、薛鳳（Dagmar Schäfer）教授邀請我參加這些會議。

美中學術交流委員會的研究基金，使我得以在北京、上海、南京、成都、杭州、寧波展開研究。我的官方、非官方東道主是中國社會科學院（歷史研究所）、中國人民大學（清史研究所）、復旦大學圖書館（古籍部）。我的研究還利用了南京圖書館、浙江圖書館、北京圖書館、上海圖書館的古籍部，以及四川省檔案館所藏的「巴縣檔案」。我還幾次造訪寧波天一閣博物館，查閱那裡收藏的明代科舉文獻。衷心感謝王俊義（中國社會科學院）、陳祖武（中國社會科學院）、吳格（復旦大學）和湯志鈞（上海社會科學院）教授對我的支持。近年來，作為中國人民大學訪問學者幾次逗留北京期間，該校的戴逸、黃愛萍教授也給予我很多幫助。

2008 年以來，我很高興以長江客座教授的身分參加復旦大學文史研究院和歷史學系的活動。使這本新書成為可能的大

部分編輯、重寫工作，都是過去四年多以來在復旦大學完成的。感謝葛兆光、章清、金光耀教授慷慨地視我為復旦同仁。我在復旦參加的各種研討會還包括不時會見上海的一些學者和學生，這些會議為本書所論主題提供了新鮮的視角。2011年以來，我的工作還得到了梅隆基金會傑出成就獎的支持。

最後，要感謝哈佛大學出版社人文學部的執行編輯

388 Lindsay Waters、Shanshan Wang，感謝他們對這個項目感興趣，支持本書出版。感謝達特茅斯學院柯嬌燕（Pamela Crossley）教授對本書初稿的修改意見。本書的寫作靈感源於2000年我在加利福尼亞大學出版社出版的專著《晚期中華帝國的科舉文化史》（*A Cultural History of Civil Examinations in Late Imperial China*），並且主要是作為一種專門參考書來構思的。在這本書中，我重組、重構並修訂了我的核心論點，着重強調1450年以後訓練有素的科舉考生帝國所帶來的意外積極後果，以往的研究大多只關注「成功」的一小部分人，不提「失敗」的大多數人。要理解科舉考試在中國社會中所處的更大位置，我們就必須超越成功登第者及其直係親屬的官方精英體制。如果說當時存在高度的社會流通，也就是下層階級成員在晚期帝國社會文化等級制度中的上升機會，那麼，這種流通，很大程度上也是以這些所謂的「失敗者」的「成功」故事

389 為基礎的，他們都是過得很不錯的傑出人士。

索引

（本索引為原著頁碼，頁碼後的字母 f 指「圖」，t 指「表」）

譯後記

　　寫這篇譯後記，主要是想藉此機會解釋一下書名中譯。本書英文標題 *Civil Examinations and Meritocracy in Late Imperial China* 中的 meritocracy 一詞，中文學界一般譯為「賢能政治」或「尚賢制」，但我認為，直接套用該譯法，似乎不能準確概括艾爾曼此書內容——科舉取士制度及其在明清政治、社會和知識生活中的作用。譯稿完成後，我先是通過中山大學黃仕忠教授求得了國內一些科舉研究專家的意見，他們建議的譯法包括「賢能政治」、「精英政治」、「掄才／選才制度」等；接着，我又分別咨詢了北京交通大學人文學院專治西哲史的田立年教授、中國社會科學院哲學研究所專治政治哲學的陳德中研究員，經過反覆討論，我們一致認為，在明清語境中，艾爾曼所說的 meritocracy，更準確對應的是「取士制度」。但另一方面，如果譯為「取士制度」，作為一種過於熟悉的用語，讀者在面對它時很容易不作停留、不假思索，並且也「看不見」原書標題中的 meritocracy 一詞。因此，考慮到 merit 意為「優點、長處、功績」，後綴 cracy 意為「統治、政體、制度」，再結合艾爾曼書中對科舉與文官制度的論述，斟酌再三，我決定意譯為「政治擇優體制」。譯稿送交中華書局（香港）有限公司後，編委會就書名中譯問題進行了嚴肅、負責任的討論，建議改譯為《晚期中華帝國的科舉與選士》。這個建議好，確

如編委會所言，meritocracy 一詞譯為「政治擇優體制」，不僅「有點翻譯腔」，且「『擇優』一詞容易產生歧義」，而譯為「選士」，則既能傳達艾爾曼用詞的本意，也避開了中文學界太過熟悉的「取士」一詞。

此外，還要藉此機會衷心感謝一些人，因為他們的關係本書才能翻譯出版。感謝香港浸會大學饒宗頤國學院執行主任黎詠美老師，感謝她在編輯策劃和協調統籌方面付出的努力，感謝她對我的信任和支持。感謝香港中華書局責任編輯黃杰華老師認真細緻的編輯工作，我們沒有見過面，只通過微信和電郵交流，我們都是直來直去的急性子，一開始的接觸很有火藥味，但如今我已視他為值得信賴的合作夥伴。感謝我在中國社會科學院文學研究所的同事朱曦林博士，他為我提供了原書徵引的很多不太容易獲得的文獻資料，沒有他的幫助，我的翻譯不會進展得如此順利。最後，還要感謝艾爾曼論著的眾多中譯者，他們的工作讓我少走了很多彎路。

劉倩

2021 年 12 月 19 日